Kitty Kelley
¡Jackie, oh!

Kitty Kelley
¡Jackie, oh!

Planeta

COLECCIÓN DOCUMENTO
Dirección: Rafael Borràs Betriu
Consejo de Redacción: María Teresa Arbó,
Marcel Plans, Carlos Pujol y Xavier Vilaró

Título original: Jackie oh!
Traducción del inglés por Joaquín Adsuar

© Kitty Kelley, 1978
Editorial Planeta, S. A., Córcega, 273-277,
Barcelona-8 (España)
Edición al cuidado de María Teresa Arbó
Diseño colección y sobrecubierta de Hans
Romberg (realización de Gutiérrez Chacón)

Procedencia de las ilustraciones: Archivo
Planeta, Camera Press, Europa Press,
Gamma, Sipa Press, Zardoya y Autor

Primera edición: marzo de 1979 (4.500
ejemplares)
Depósito legal: B. 11214 - 1979
ISBN 84-320-3541-6
Printed in Spain - Impreso en España
Talleres Gráficos «Duplex, S. A.»,
Ciudad de la Asunción, 26-D, Barcelona-30

A mi esposo y a mis padres

NOTA DE LA AUTORA

Resulta muy difícil escribir una biografía sobre alguien que
aún vive y, sobre todo, tratándose de la mujer más famosa
del mundo. Jacqueline Kennedy Onassis es una figura pública de rango no alcanzado hasta ahora por ninguna otra mujer;
por otra parte, la tarea se dificulta más debido a que son infi-
nitas las personas que se niegan a hablar de ella, salvo en privado, por temor a verse sometidas al ostracismo social. Durante la preparación de este libro entré en contacto con más de
350 personas, entre ellas amigos íntimos y miembros de la familia. Algunos se mostraron temerosos de cooperar sin su permiso; otros accedieron a ser entrevistados, pero con la condición expresa de que no fueran mencionados sus nombres. Debido a esta circunstancia sólo puedo expresar aquí mi agradecimiento a un reducido número de personas citándolas por
su nombre, pero les doy las más expresivas gracias a todos
por su ayuda y cooperación.

Realicé igualmente varios intentos de entrevistar a la señora Onassis en persona, pero todas mis cartas y llamadas telefónicas quedaron sin respuesta. Más tarde comencé a escribir y telefonear a su secretaria, Nancy Tuckerman, quien en
todas y cada una de las ocasiones me informó de que no estaba en condiciones de cooperar en modo alguno. Por eso me
he visto en la necesidad de basar mi trabajo en entrevistas
personales más un material informativo secundario, extraído
de varios libros y de artículos periodísticos.

Me hubiera resultado imposible conseguir el tiempo y la
energía necesarios para lograr toda esa información sin la
ayuda de personas como Leslie Helfer, Julia Kogut, Mary Ha-
verstock, L. Mac Gregor Phipps, Keri Corcoran, Smith Bagley,
Dick Leggitt, Betty Burke, John Sullivan, Tom Wolfe, Philip
Nobile, Marcus y Barbara Raskin, Judy Klemesrud, Carey Win-
frey, Paul Wieck, Al Maysles, Anne Chamberlin, Joe Oppenhei-
mer, Silvia Koner, Jerry Anderson, Mervin Block, Betty Teitgen,

Pat Tidwell, Joe Goulden, Jane O'Reilly, Don Uffinger, Terry Gwyn, David Michel, Steve Blaschke, Muffie Childs, Patricia Bosworth, K. T. McLay, Bod Clark, Priscilla Crane Baker y Frank Waldrop.

Liz Smith, autora de una famosa columna del New York Daily News, que es distribuida ampliamente por una agencia de prensa, fue para mí un auxilio especial en relación con el tema de la señora Onassis; las entrevistas y notas confidenciales que reunió a lo largo de muchos años, gran parte de las cuales jamás se publicaron con anterioridad, me fueron ofrecidas generosamente y sin ninguna reserva.

También estoy sumamente agradecida a los archiveros William Hifner del Washington Post, a Dick Machi de Scripps-Howard y a Sunday Orme del New York Times, por sus inalterables buen humor y paciencia.

Algunos amigos muy estimados, como Tom y Heather Foley, me aliviaron la carga de la investigación y la redacción para que, después, Cosette Saslaw e Irene King, mecanografiando sin pausa, dejaran listo el manuscrito en un tiempo mínimo.

Expreso asimismo mis más profundas gracias a mi esposo, Michael Edgley; a mi abogado, Ian Volner, y a mi editor, Lyle Stuart.

KITTY KELLEY

Washington D.C., 21 de junio de 1978.

Lo que hace al periodismo tan fascinante y da tanto interés a una biografía es la lucha por responder a esta sencilla pregunta: «¿Cómo es esta persona?»

JOHN FITZGERALD KENNEDY

A lo largo y a lo ancho del mundo, a la gente le gustan los cuentos de hadas y, en especial, los que se relacionan con la vida de los ricos. Hay que aprender a comprender y aceptar este hecho.

ARISTÓTELES SÓCRATES ONASSIS

CAPÍTULO UNO

El día en que se recibieron las invitaciones de los señores Dudley Auchincloss que anunciaban el próximo matrimonio de su hija Jacqueline Lee Bouvier con John Fitzgerald Kennedy, comenzó para la alta sociedad con los más diversos comentarios y chismorreos. En aquel entonces el apellido Auchincloss formaba parte ya de la aristocracia norteamericana desde hacía siete generaciones. Por lazos matrimoniales se enlazaba con familias tan respetadas como los Rockefeller, los Sloan, los Winthrop, los Saltonstall, los Du Pont, los Tiffany y los Vanderbilt. Por el contrario, los Kennedy, familia católica y de origen irlandés, apenas si comenzaban a destacar de entre la clase media.

Pese a su fortuna de 400 millones de dólares, los borrascosos Kennedy nunca fueron aceptados en las apacibles bibliotecas y salones de la élite social norteamericana. A partir de aquel anuncio matrimonial, las puertas de la aristocracia protestante anglosajona se abrirían para ellos, y las grandes damas de Newport se sentarían junto a las rubicundas matronas de Boston.

En 1953, el matrimonio que enlazaría a una joven de la alta sociedad con el joven senador de Massachusetts, fue proclamado a los cuatro vientos como la boda del año, superando mucho el público interés que en 1934 despertaron las nupcias Astor-French. La boda de John Kennedy y Jacqueline Lee Bouvier llegaría a entrar en las páginas de la historia y nadie deseaba perdérsela.

Por regla general, es la familia de la novia la que establece el estilo y la grandeza de la boda. No debía ser así en esa ocasión. No, cuando el padre del novio era un ex embajador en la Corte de St. James y hombre cuya mayor ambición se centraba en el futuro político del mayor de sus hijos vivos. Gran creyente en las «carreras» matrimoniales, Joe Kennedy estaba encantado con esta boda, que por fin facilitaría a su

11

familia la aceptación social que siempre se le había negado. Estaba decidido firmemente a que los antiguos ritos que unirían al nieto del propietario de una taberna y a la hija de una familia de la aristocracia norteamericana se llevaran a cabo con toda la suntuosidad propia de una coronación.

Había demasiado en juego para permitir que la planificación de esa ceremonia quedara sometida a los dictados sociales de la madre de la novia. Al fin y al cabo, Janet Auchincloss no hacía otra cosa que casar a su hija, mientras que Joe Kennedy estaba presentando al país su próxima Primera Dama. A Janet sólo le preocupaba que todo se hiciera apropiadamente; él estaba decidido a llevar a cabo una extravagancia digna de la primera página de *The New York Times*. Consecuentemente, dejó a la madre de la novia los detalles relacionados con los pétalos de rosas y la abundancia de champaña, y comenzó a organizar todo lo demás, desde la protección policiaca hasta la información de la prensa.

—El viejo Joe se hizo cargo de todo el asunto —recuerda un miembro de la familia— y Jane se sintió atada. Especialmente cuando Joe insistió en traer a todos los curas católicos irlandeses ordenados para celebrar la misa nupcial. Aun cuando tanto Jack como Jackie eran católicos bautizados desde niños, nunca asistieron a las Escuelas Parroquiales y no puede afirmarse que fueran fervientes practicantes de su religión. Dado que casi todos los pajes y las damas de honor eran protestantes, a Janet, una episcopaliana casada con un presbiteriano, le pareció inadecuado convertir la boda de su hija en un ritual católico romano de tal categoría. Pero nada podía impedir que Joe siguiera su camino, que comenzó con la designación de un antiguo amigo de la familia, el arzobispo Cushing, como celebrante, y de monseñor Francis Rossiter, miembro de la archidiócesis de Boston, como su acólito.

Cuatro sacerdotes asistieron al arzobispo en el altar, más todo un santuario de celebrantes de blanco, entre los que se incluía el obispo Weldon, de Springfield (Massachusetts); al reverendísimo John Cavanagh, ex presidente de la Universidad de Notre Dame, y al reverendo James Keller, de Nueva York, jefe de los «Christophers». Todos ellos eran amigos del señor Kennedy padre, que insistió en que cada uno de ellos tuviera una misión destacada en la boda de su hijo.

El embajador eligió a Luigi Vena, un tenor solista de Boston, para que cantara el *Ave María* y a la señora Maloney, también de Boston, para que tocara el órgano. Consiguió que el papa Pío XII enviara su bendición a los novios y fue él, personalmente, quien encargó a una pastelería de Quincy (Massachusetts), que fabricara una tarta nupcial de casi metro y medio de altura.

Joe Kennedy supo reconocer el valor político de ese matrimonio. Sus proyectos para hacer de su hijo el primer presidente católico e irlandés de los Estados Unidos pueden descubrirse en la lista de invitados: destacados columnistas políticos, reputados cronistas de sociedad, estrellas de cine, miembros del Congreso y el presidente de la Cámara de Representantes.

Mientras el novio se divertía por Europa, echando una última cana al aire, la novia recorría las tiendas de Nueva York comprando su *trousseau* y Janet Auchincloss luchaba con Joe Kennedy hasta que todos los detalles de la ceremonia fueron planeados con precisión.

Janet era hija de un hombre que se hizo a sí mismo y cuya familia adquirió una buena posición en la sociedad neoyorquina muy avanzada ya su vida. Como ella misma ganó su posición social gracias a su matrimonio, comprendía perfectamente el valor de una buena boda. Pero tenía ciertas reservas con respecto a los Kennedy y hubiera preferido que su hija Jackie se casase con alguien de origen más aristocrático, como hizo su hermana Lee al contraer matrimonio con Michael Canfield. Enfrentada con la elección entre una posición social impecable y una gran fortuna, su decisión fue la de una mujer pragmática.

Ya el año anterior se había visto encarada con una elección semejante, cuando Jackie, que por entonces tenía 23 años, se prometió a John G. W. Husted, júnior, un joven muy atractivo, hijo de un destacado banquero de Nueva York. Pese a que provenía de su misma clase social, conocía a la gente adecuada, vivía en Westchester County, se había graduado en la Universidad de Yale y sus hermanas fueron condiscípulas de Jackie con Miss Porter, en Farmington, a los ojos de Janet no resultaba financieramente adecuado para su hija.

—Su madre no confiaba en absoluto en mí —me dice sonriendo Husted, que sigue siendo un hombre esbelto y atractivo a sus 51 años y que trabaja como agente de Bolsa con la firma Dominick and Dominick—. Cuando Jackie y yo salíamos y estábamos a punto de prometernos, Janet me preguntó cuánto ganaba. Le dije que diecisiete mil dólares. Mis posibilidades de llegar a pasar muy pronto esa cifra eran razonables, pero no seguras, y no dispongo de una buena fortuna familiar, al menos no de la categoría que ella deseaba para Jackie. En consecuencia, se opuso vehementemente a nuestro compromiso y no me dio su aprobación. Janet Auchincloss es una mujer de alto sentido práctico y muy ambiciosa para su hija. Mi compromiso con Jackie duró unos cuatro meses.

Sentado en su lujosa oficina a cuarenta y tres pisos por encima de la Wall Street, John Husted habla sobre los días en que Jacqueline Bouvier era sólo una muchacha trabajadora, en Washington, y, pese a su aristocrática familia disponía de muy poco dinero.

—En esos días, Jackie conducía un pequeño coche usado, y nada en su forma de vida indicaba que tuviera dinero. No había en ella elegancia ni opulencia. Recuerdo que un día vimos un cuadro, una pintura caprichosa de caballos, bastante impresionista, y Jackie se sintió entusiasmada por ella, pero no estaba en condiciones de comprarla. Era una chica deliciosa, de ideas muy libres, bastante refinada y con un buen sentido del humor.

Recordando cómo llegaron a enamorarse, Husted se refiere a su turbulento noviazgo:

—La primera vez que nos citamos fuimos a la Clase de Baile en Washington, cosa que socialmente estaba muy bien vista en aquellos días. Me sentí atraído de inmediato por ella y comenzamos a vernos cada fin de semana. Por lo general, era yo quien iba a Washington y la ayudaba en su trabajo como redactora de su columna, «Encuesta de la Chica de la Cámara», una ocupación realmente insípida que, sin embargo, en ocasiones podía resultar divertida. Jackie trabajaba para el viejo *Washington Times-Herald* y tenía que ir de un lado a otro preguntando a las gentes cuestiones estúpidas y tomando sus fotografías. Nos reíamos mucho con ello. Íbamos a los supermercados y nos dirigíamos a las compradoras con preguntas estúpidas como: «¿Cree usted que los maridos llevan siempre puestos sus anillos de boda?» Jackie anotaba sus respuestas, tomaba sus fotografías y escribía su artículo.

»Un fin de semana —continúa relatando— vino a Bedford para pasarlo con mi familia, y mi madre le ofreció una fotografía mía, creo que de cuando yo era niño o algo así, pero Jackie la rechazó diciendo: «Cuando quiera una fotografía de John la tomaré yo misma.» Mi madre se sintió muy disgustada por su actitud y, a partir de entonces, sus relaciones nunca fueron buenas. En realidad, mi madre la odiaba. Pero yo amaba a Jackie y deseaba con todas mis fuerzas casarme con ella, así que le dije: «Si te reúnes conmigo en el Polo Bar del Westbury Hotel tal día a tal hora, eso quiere decir que aceptas.» Cuando llegó ese día nevaba terriblemente. Me dirigí al Westbury Hotel y esperé, esperé, esperé, preguntándome si aparecería o no. Finalmente llegó, cenamos y decidimos prometernos en matrimonio.

Husted continúa contando:

—El compromiso se publicó en los periódicos y los Auchincloss organizaron una gran fiesta en Merrywood, su hogar en Virginia. Con tal motivo regalé a Jackie una sortija con un zafiro y dos brillantes, que había sido de mi madre. Después regresé a Nueva York, comenzamos a escribirnos y seguimos viéndonos. Unas veces iba yo a verla y otras venía ella.

Husted se apresura a añadir que su noviazgo fue «muy casto»:

—Jackie me pidió que hablara con su padre y cuando le pregunté a Black Jack si me concedía la mano de su hija, me respondió: «Claro, claro... pero no resultará.» No me explicó la razón de sus palabras y yo, desde luego, no insistí. Fue la primera y la última vez que me encontré con él. Jackie y yo comenzamos a escribirnos y, al principio, sus cartas eran muy románticas, como las mías, pero al cabo de algún tiempo pude darme cuenta de que las cosas se iban enfriando. Me escribió una carta en la que me decía que su madre se quejaba de que estábamos precipitando demasiado las cosas, que hacía muy poco tiempo que nos conocíamos y que tal vez fuera mejor esperar.

»Recuerdo una carta que me escribió Jackie —aún las conservo todas— en la que me decía: «No prestes atención a los comentarios que puedas oír sobre mí y Jack Kennedy. No significan nada.» Pero poco después recibí otra carta en la que me decía que acaso fuera conveniente para nuestras relaciones esperar otros seis meses antes de casarnos. Para entonces ya estaban muy avanzados los preparativos de la boda y, por su parte, Jackie incluso había consultado con un sacerdote al respecto. Un fin de semana fui a Washington a verla y Jackie me puso en el bolsillo la sortija de compromiso cuando estábamos despidiéndonos en el aeropuerto. No tuvo ni una lágrima, pero yo me sentí muy desgraciado.

Jackie se sintió aliviada de librarse tan fácilmente de su compromiso. Su madre se quedó como si tal cosa y comenzó seguidamente a devolver los regalos de boda, al mismo tiempo que se aseguraba de que los periódicos publicaban la noticia de la ruptura del compromiso. Eso era algo que solía hacerse entonces para avisar a la sociedad de que ambas partes se separaban «de mutuo acuerdo» y, consecuentemente, quedaban de nuevo en situación de elegibles.

El padrastro de Jackie, sin embargo, había sentido muchas simpatías por el joven Husted y era partidario del matrimonio.

—Hugh era un tipo estupendo, un buen amigo de mi padre y sé que me quería y aprobaba el matrimonio —continúa Husted—. Después que todo hubo terminado, me escribió diciéndome cuánto sentía lo ocurrido. En esa carta citaba a Tennyson: «Es mejor haber amado y perdido que no haber amado nunca», y añadía: «P. S.: Y esto es algo que yo sé.» Efectivamente, debía de saberlo muy bien puesto que se había casado lo menos otras dos veces antes de hacerlo con la madre de Jackie.

En esos días Jackie se enamoró de un joven congresista de Massachusetts que le había confiado sus intenciones de llegar a presidente de la nación. Para ello, desde luego, tendría que derrotar a Henry Cabot Lodge y ser elegido senador, trabajo que requirió todo su tiempo y energía durante 1952. No obstante, entre una y otra parada de su campaña a través del Estado, volaba a Washington para invitar a Jackie al cine y a cenar.

Obviamente, lo que Jackie encontraba más excitante que

la tranquila vida social de John Husted y la respetabilidad convencional de los Auchincloss era la impresión de dinero y poder que Kennedy generaba.

—Jackie se aburría entrevistando a la gente en los supermercados —recuerda John Husted—. Deseaba conocer a gente famosa y comenzó a relacionarse con congresistas, senadores y tipos así.

El agitado estilo de vida de un político multimillonario resultaba una lógica atracción para una mujer joven cuya vida siempre estuvo presidida por las restricciones económicas, pese a educarse en la opulencia. Mientras Jackie trabajó, su dinero disponible consistía en los 56,27 dólares que a la semana cobraba, más una subvención de 50 dólares al mes que recibía de su padre y, de vez en cuando, algún obsequio ocasional de su madre.

El abuelo materno de Jackie, James Lee, odiaba a Jack Bouvier hasta tal punto, que decidió arruinarlo después que se divorciara de su hija, y desposeer a los hijos de Bouvier de todo derecho a su fortuna. Por ese motivo obligó a Jackie y a su hermana Lee a firmar sendos documentos por los que se comprometían, bajo juramento, a nunca reclamar su dinero. El saberse desheredadas de la fortuna de su abuelo significó para las dos Bouvier una temprana lección: si querían sentirse seguras desde un punto de vista financiero, tendrían que hacer buenas bodas.

—La principal motivación de Jackie era el dinero —dice Nancy Dickerson, la comentarista de la televisión que posteriormente adquiriría Merrywood—. Pese a que creció y se educó en medio del mayor lujo, nunca pudo gastar en ella sumas considerables, así que muy pronto hizo voto de casarse con alguien «más rico que el tío Hughdie», su padrastro.

Gore Vidal, que vivió en Marrywood con su madre cuando ésta estuvo casada con Hugh Auchincloss se muestra de acuerdo:

—Jackie, Lee y yo mismo no teníamos dinero, contrariamente a lo que la gente pueda pensar. El señor Auchincloss era muy rico y nuestras hermanastras y hermanastros estaban muy bien atendidos. No así nosotros, y teníamos que sobrevivir. Ésa es la razón por la que tuve que trabajar, y Jackie y Lee que casarse bien. Merrywood, no obstante, estaba tan alejado de la depresión que las dos chicas nunca tuvieron idea de la realidad de la vida.

Con Jack Kennedy, Jackie reconoció que lo tenía todo y le confió a una periodista amiga: «Lo que más deseo en el mundo es casarme con él.» Dedicó su tiempo y atención a la consecución de ese fin y toleró lo que más tarde llamaría un «noviazgo espasmódico» e ignoró a las otras mujeres que pasarían a ser para siempre parte de su vida.

Un político cuyo padre era en Boston un proscrito social

Joseph P. Kennedy con sus cuatro hijos en el año 1934.

no era exactamente el marido que sueña una madre ambiciosa para su hija, pero considerando la cuenta bancaria que había tras aquel joven, Janet Auchincloss anunció llena de entusiasmo el compromiso el 25 de junio de 1953, o sea, una semana después que el *Saturday Evening Post* hubiera publicado un artículo titulado: «Jack Kennedy, el alegre soltero del Senado.»

En la primera ocasión que se le ofreció, la futura suegra se llevó aparte el novio y le dijo:

—Mira, Jack, por favor. Deja que celebremos la boda agradablemente. Nada de prensa ni fotografías; sólo una discreta comunicación en los periódicos de Newport.

Kennedy se rio de la señora Auchincloss.

—Tenga en cuenta que su hija se casa con una figura pública —le respondió—, un senador de los Estados Unidos, un hombre que es posible se convierta un día en presidente. Tanto si nos gusta como si no, tendrá que haber fotógrafos de prensa. Lo que tenemos que hacer es presentar a Jackie de la manera que le sea más favorable.

Favorecido por una buena apariencia, Kennedy por lo regular se mostraba bastante descuidado en su aspecto personal y se mostraba frecuentemente con ropas arrugadas, camisas bastante usadas y calcetines que no hacían juego. Mas para su boda se permitió hacer alarde de cierta vanidad. Encargó su vestuario formal al sastre de Rockefeller, H. Harris, y pagó el viaje en avión de su peluquero desde el hotel Sherry-Netherland, en Nueva York, para que le cortara el pelo.

La lista de invitados a la boda se hacía cada vez más larga. Kennedy invitó a todo el Senado de Estados Unidos y su padre incluyó a sus compañeros de negocios de sus tiempos en Hollywood. Al observar cómo esa lista crecía y pasaba desde unos cientos a varios miles de personas, la señora Auchincloss empezó a sentirse intranquila e insistió en que Jackie telefoneara a la oficina de Kennedy en Nueva York y hablara con Kay Donovan, encargada por el embajador de enviar las invitaciones.

Inmediatamente después de su conversación con Jackie, la señorita Donovan llamó a Evelyn Lincoln, la secretaria privada de Kennedy en el Senado.

—Jackie cree que la lista de invitados se está haciendo demasiado larga —dijo—. ¿No podemos quitar algunos nombres?

Se transmitió el mensaje a Kennedy el cual, según la señora Lincoln, se limitó a hacer caso omiso «y continuó añadiendo nuevos nombres».

La archirrepublicana madre comenzó a discutir tercamente con sus parientes políticos demócratas sobre los detalles de la ceremonia. Temía que el viejo Kennedy introdujera en la lista de invitados a su amante, Gloria Swanson, con la que mantenía relaciones desde hacía mucho tiempo, lo que daría lugar a más chismorreos de los que estaba dispuesta soportar con respecto a una boda que deseaba fuera perfecta, apropiada y acorde con los hábitos de la alta sociedad. Incluso la tía de Jackie, Michelle Bouvier Putnam, se sintió afectada por el chismorreo.

—El clan de los Kennedy no se deja perturbar por la publicidad —dijo—. Nosotros tenemos puntos de vista distintos. Su clan está totalmente unido; el nuestro, no.

Cuando llegó la mañana del 12 de septiembre, los bien cuidados jardines y los macizos de rosas que rodeaban la Hammersmith Farm, la casa de campo de los Auchincloss, habían sido dispuestos a la perfección para la fiesta. Un camino de guijarros azules serpenteaba entre los campos de cultivo y los huertos, dispuesto para recibir a los 1 200 invitados. Un batallón de proveedores había alzado un colosal toldo para Meyer Davis y su orquesta. Para completar este escenario pastoral, Janet Auchincloss hizo colocar mesas protegidas por parasoles sobre el prado rodeado de arroyuelos y en el que pastaban ponies retozones y ejemplares decorativos de los rebaños de Blach Angus.

En el interior de la mansión victoriana que se alzaba sobre la bahía de Narragansett, sirvientes silenciosos y doncellas con uniformes de seda negra iban de un lado a otro por las distintas habitaciones ordenando flores y los cientos de regalos de boda, que anteriormente fueron catalogados y numerados en la oficina de Joe Kennedy en Nueva York. El día anterior, la modista de la familia había terminado de coser los cuarenta metros de fruncidos del vestido de tafetán de seda color blanco marfil que debía lucir la novia. Doblado cuidadosamente en un cajón del piso de arriba, estaba el velo de novia de la familia, de encaje de punto de rosa, que había sido llevado por generaciones de novias de la familia Lee.

En el hotel Munchener King se reservaron habitaciones para el senador Joseph McCarthy, íntimo amigo de Kennedy, el demagogo cazador de comunistas de Wisconsin, que había telefoneado para decir que asistiría a la boda «si me lo permiten mis obligaciones en las investigaciones oficiales del Senado».

Kennedy padre se hospedó en la mansión de Robert Young en Newport, donde frecuentemente se alojaban el duque y la duquesa de Windsor, y que en esa ocasión daría cabida a Westbrook Pegler, Morton Downey, Bernard Gimbel, Marion Davies y otros invitados a la boda.

Se dispusieron doce pequeñas fotografías de Jackie, con marcos de plata en los que se grabaron sus iniciales y la fecha de la boda, para ser entregados como regalo a las doce damas de honor, lo mismo que quince paraguas de seda negra, con mangos de plata con el monograma del novio, destinados a los pajes de honor.

Mientras tanto, los ayudas de cámara del hotel Viking planchaban, hasta dejar la raya tan afilada como el filo de un cuchillo, los pantalones rayados de John Vernon Bouvier III, el tan amado padre de la novia, que, pese a su odio por los Auchincloss, había llegado a Newport para hacer entrega de su hija.

Pese a que su matrimonio con Janet Lee había terminado en un amargo fracaso muchos años antes, seguía profesando un paternal afecto y se sentía orgulloso de sus dos hijas, lo que no era obstáculo para que cuando se refería a su próspero padrastro, lo calificara de «patán aburrido y sin gracia». Ambos caballeros eran agentes de Bolsa, lo único que tenían en común, aparte de Janet. Después que su ex esposa volvió a casarse en 1942, Jack Bouvier creó una frase en la sala de cambios de la Bolsa de Nueva York que pronto se convertiría en un chiste en la Wall Street: *«Take a loss with Auchincloss.»* [1]

Esta frase resultaría profética años después cuando la compañía inversionista de Hugh Auchincloss en Washington conoció muy malos tiempos y su viuda se vio obligada a vender su tan querida finca, Hammersmith Farm, por ciento cincuenta mil dólares menos del precio pedido. Pero cuando Jack Bouvier la pronunció, fue él quien sufrió la mayor pérdida con el nuevo matrimonio de Janet, que le privó de sus dos hijas, las cuales pasaron a depender de otro hombre que ya contaba con dos grandes fincas y una familia completa.

Jack Bouvier nunca volvió a casarse y continuó viendo a sus hijas con tanta frecuencia como le era posible; se hizo cargo de sus gastos, costeaba su educación, les entregaba una asignación mensual, les costeaba sus clases de equitación, cortejándolas, más que como un padre como un galanteador, para conservar su lealtad y afecto.

Conocido como Black Jack, Jack *el Negro*, por su aspecto moreno y atezado, era un tipo bizarro, y Jackie lo adoraba.

—Jack me dijo que Jackie perdía la chaveta por su padre —cuenta George Smathers, el senador de Florida que fue uno de los pajes en la boda—. Kennedy me señaló al padre de Jackie en la cena previa a la boda y me dijo: «Ahí está Black Jack, el de las pelotas azules.» Bouvier tenía la piel azulada a consecuencia de cierta enfermedad, pero sus facciones resultaban agradables. Estaba muy afectado y Jackie se volvía loca por él.

La virilidad de Jack atraía a los hombres igual que a las mujeres. Se rumoreaba que era bisexual y que antaño disfrutó de íntimas relaciones con Cole Porter, su compañero de estudios en la Universidad de Yale, donde ambos se graduaron en 1914.

—Simplemente estoy loco por Jack —les contó Cole a sus

1. Esta frase podría ser traducida como «Tome un perdedor con Auchincloss». (*N. del t.*)

En 1953 el matrimonio que enlazaría a una joven de la alta sociedad con el joven senador de Massachusetts fue proclamado a los cuatro vientos como la boda del año.

más íntimos amigos cuando sus relaciones con Bouvier estaban en su apogeo.

El flirteo entre los dos hombres pronto perdió intensidad, pero Cole Porter y Jack Bouvier mantuvieron su amistad durante el resto de sus vidas.

Debido a que era un hombre un tanto llamativo y aventurero, con gran clase y caprichos extravagantes, Jackie y Lee adoraban a su padre. Nunca perdonaron a su madre que se divorciara de él, y la separación constituyó un auténtico *shock* emocional para ambas. Jackie tenía entonces sólo trece años y el verse obligada a trasladarse a Merrywood, con su padrastro y los tres hijos de éste, significaba dejar Nueva York y la frivolidad que sólo su padre podía concederle.

—Yo era el ogro —cuenta la señora Auchincloss—, la única que debía enseñarles buenas maneras, obligarles a sentarse erguidas y a limpiarse los dientes. Su padre les permitía todo.

En su nuevo ambiente, Jackie se sentía encogida, rígida, y sólo vivía esperando las visitas de su padre y las animadas reuniones familiares con los Bouvier, en East Hampton donde ella misma había nacido.

—Jack Kennedy es el duplicado más parecido de su padre que Jackie pudo crear —dijo uno de sus primos.

Aunque Black Jack era republicano conservador y Kennedy demócrata, los dos hombres se llevaban estupendamente y tenían muchas cosas en común, empezando por su actitud tolerante y displicente hacia las mujeres. Ninguno de los dos se identificaba con la estólida virtud de la fidelidad. Ni aceptaba la transición de la soltería ciudadana y alegre a la vida de hombre casado, a la monogamia del esposo. Ni siquiera eran lo bastante hipócritas para fingir que lo intentaban.

Ambos eran ingeniosos y abiertamente intolerantes con los zoquetes. Compartían cierta sofisticación y mundanería nacida de su amplia experiencia con las mujeres. A los dos les gustaban los deportes, ambos padecían de la espalda y gozaban de la buena vida. Cuando se conocieron, Jack Bouvier, que ya tenía cincuenta y tres años, estaba en el declive de su vida, había dilapidado la mayor parte de su dinero y sostenía una batalla perdida contra el alcoholismo. Jack Kennedy, a sus treinta y seis años, estaba en lo mejor de su vida, acababa de ser elegido senador y se encaminaba hacia la presidencia de la nación.

Jackie recuerda su primer encuentro con estas palabras:

—Eran muy parecidos, casi iguales. Cenamos los tres juntos y hablaron de política, de deportes y de mujeres... De las cosas que suelen hablar los hombres con sangre en las venas.

Para un hombre de la vanidad de Black Jack resultaba bastante difícil hacer aquel viaje al territorio de los Auchincloss, pero llegó como si fuera un maharajá visitante, luciendo un magnífico bronceado deportivo y un elegantísimo vestuario hecho a la medida y de excelente corte, alfiler de corbata de perla y un par de guantes de ante gris recién estrenados. Estaba dispuesto a cruzar la nave del templo en plena gloria y conseguir que Jackie y también Jack Kennedy, se sintieran orgullosos de él. Y los demás miembros de las familias Bouvier y Kennedy, reunidos en esa grandiosa ocasión.

Ésa era precisamente la parte del día que Janet Auchincloss temía en secreto. Lo menos que podía decirse era que le resultaba difícil soportar la presencia de su ex marido. Tener que contemplar su gran estilo durante toda la boda y escuchar a esos socialistas de Newport, cuyo trato tan cuidadosamente había cultivado, murmurar «ése es su primer marido, que estuvo dando vueltas a su alrededor hasta que no pudo más y se libró de ella», era más de lo que podía soportar.

Había sufrido mucho con ocasión de la boda de Lee con Michael Canfield, pocos meses antes, cuando Jack se presentó para hacer los honores como padre de la novia. Odiaba el pensamiento de tener que pasar otra vez por la misma prueba y estaba decidida a que no ocurriera así, sobre todo teniendo en cuenta lo mucho que los Kennedy atraían a la opinión pública. En una llamada telefónica glacial, Janet le dijo a Jack Bouvier que no acudiera, puesto que su presencia estropearía el día, y que si realmente amaba a su hija, lo mejor que podía hacer era mantenerse alejado. Janet, sin embargo, no sólo pensaba en su hija sino que estaba convencida de que la presencia de su ex esposo era una mala jugada para Hughdie, su actual marido, que la había salvado del abandono y la soledad de su vida de divorciada, y que en una ocasión tan importante iba a ser echado a un lado, como un criado, cuando él les había ofrecido a Jackie y a Lee mucho más de lo que nunca hubieran recibido si ella hubiese seguido casada con su padre.

Se le subía la bilis sólo de pensar en las comparaciones envidiosas que surgirían, sin duda, entre el gallardo y fanfarrón Bouvier y el pesado Auchincloss, calvo y con la piel entumecida por el enfisema. No obstante, cuando Jackie insistió en que su padre debía estar allí y ser él quien la entregara a su futuro esposo, todo lo que la madre pudo hacer fue una mueca y tratar de comportarse con la mayor simpatía posible. Janet jamás podía dejar de ser una auténtica dama.

Para alivio de todos, el día de la boda amaneció claro y brillante, con una leve brisa. Ni siquiera Joe Kennedy hubiera podido mejorar lo estupendo del tiempo. El temprano sol de la mañana enviaba sus rayos a través de las vidrieras de colores de la iglesia de Santa María, y una multitud de curiosos se colocaron en los lugares más estratégicos desde donde observar a los amigos más prominentes de los Auchincloss y los Bouvier cuando se encontraran con la corte de senadores, congresistas, alcaldes y los muñidores políticos de Massachusetts, llegados en masa para rendir homenaje a los Kennedy.

Sí, iba a ser una boda verdaderamente gloriosa. Casi en seguida una novia preciosa, precedida por un grupo de damas de honor vestidas de seda rosa, recorrería ingrávida el atrio de aquella iglesia histórica para reunirse con su guapo novio.

Pero una hora antes de que las campanas de la iglesia sonaran, la elegante fachada social de la ceremonia comenzó a agrietarse. Cuando Rose Kennedy se ponía su vestido de encaje azul y el embajador se colocaba la faja de su chaqué, un teléfono sonó, desde varios kilómetros de distancia, en Hammersmith Farm. Mientras Jack Kennedy jugaba al rugby con sus hermanos y caía sobre un rosal, la animosidad, que durante mucho tiempo estuvo en estado latente entre Janet Auchincloss y Jack Bouvier, hizo explosión hiriendo a su hija con humillación y vergüenza.

La primera llamada fue de un primo de Bouvier informando que el adorado padre de la novia estaba borracho perdido en su habitación del hotel, devolviendo sobre su levita. Pocos minutos después el teléfono volvió a sonar. En esta ocasión era el propio Black Jack, que amenazaba con presentarse en la iglesia, borracho como estaba, para acompañar a su hija hasta el altar.

—Ya pueden imaginarse la confusión subsiguiente —recuerda John Davis—. Janet parecía a punto de fallecer y Jac-Leen sufrió una auténtica conmoción.

Janet se volvió furiosa a su hija.

—Ya sabía yo que tu padre iba a hacer una de las suyas para arruinarnos el día. Estaba segura —gritó—. No comprendo tu insistencia en que viniera para hacernos una cosa así.

Jackie corrió a refugiarse en su habitación diciendo, entre sollozos, que no podía subir al altar sin su padre. Janet fue tras ella para suplicarle, pero Jackie insistió en que la boda fuera aplazada para que su padre pudiera estar presente en ella.

Años más tarde, la esposa de unos de los pajes de Jack Kennedy en la boda dijo confidencialmente que todo aquello había sido preparado adrede. Dado que Jack Bouvier había desafiado las órdenes de Janet al presentarse en Newport, ésta se vengó de la única manera que le era posible, y dio instrucciones a la dirección del hotel Viking que mantuviera un servicio permanente de bebidas alcohólicas, hielo y demás accesorios a disposición del alcohólico Bouvier, de manera que éste no tuviera la menor oportunidad de substraerse a la tentación y estar sereno en el día más importante en la vida de su hija. Para estar más segura, Janet convenció a un amigo de la familia para que acudiera a beber con Jack Bouvier y le emborrachara intencionadamente de manera que le fuera imposible asistir a la ceremonia.

—He olvidado ya los detalles exactos, pero todos nosotros estábamos enterados de que el padre de Jackie tenía un grave problema con la bebida, que Janet no lo quería en Newport ese día y que ésta contó con alguien para emborracharlo hasta el punto que no pudiera hacer acto de presencia y causarle problemas —explica esa señora—. También resulta extraña la coincidencia de que Hughdie, el padrastro de Jackie, tuviera preparado su chaqué de ceremonias alquilado días antes, y que en menos de una hora estuviera en condiciones de acudir a la iglesia para acompañar hasta el altar a su hijastra. Me pregunto si Jackie se enteró de lo que realmente le ocurrió a su padre ese día y por qué razón no pudo acudir para acompañarla.

Cuando finalmente Jackie hizo su aparición en la iglesia de St. Mary, con su ramo de orquídeas rosas y blancas, fue rodeada por una muchedumbre que llevaba esperando horas en la puerta del templo gótico para testimoniarle sus mejores deseos. Tenía un aspecto tan encantador, que muy pocas personas, aparte de los parientes y los más íntimos amigos, prestaron atención al hecho de que fuera del brazo de su padrastro. Joe Kennedy se hizo cargo personalmente de la tarea de explicar a *The New York Times* que el padre de Jackie no había podido asistir debido a una gripe de última hora.

La muchedumbre volvió a rodear a la novia y al novio cuando abandonaron la iglesia y posaron unos breves minutos para los fotógrafos: el senador Kennedy con una extraña mueca en el rostro y la reciente señora Kennedy con aspecto de sorpresa.

Rodeada de las doce damas de honor y los quince pajes, la brillante joven pareja estuvo recibiendo las felicitaciones y saludos de los invitados durante dos horas y media, de pie junto a la enorme chimenea del salón de Hammersmith Farm, mientras bailaban las damas de Newport y miraban las elegantes de Boston.

Finalmente, Jackie arrojó su ramo de novia y subió escalera arriba a cambiarse de ropa para el vuelo a Acapulco, donde pasarían su luna de miel. Minutos más tarde regresó con un conjunto gris de viaje adornado con el alfiler de brillantes que había recibido de su suegro como regalo de bodas y el brazalete de brillantes que le ofreciera su esposo: las dos primeras joyas auténticas que poseía en su vida.

Mientras Jack Kennedy se despedía de su madre con un beso y acompañaba a su novia fuera de la casa, Jack Bouvier era metido en una ambulancia para ser trasladado a Nueva York. Su hija, que era para él el sol, la luna y las estrellas, iba a entrar en su nueva órbita en el mundo que un día la convertiría en la más famosa mujer del siglo XX.

CAPÍTULO DOS

—Realmente no quiero entrar en detalles sobre mis relaciones con John F. —me dice la bonita mujer de pelo plateado tras tomar un sorbo de su copa de vino—. Al fin y al cabo, él ha muerto y lo que yo tengo que decir no servirá para nada bueno, pero lo que sí puedo afirmarle, y me siento orgullosa de ello, es que le impusiese sin misericordia a casarse con Jackie. Mire: él tenía relaciones íntimas conmigo al mismo tiempo que con ella.

Mientras decía estas palabras, como quien no quiere la cosa, Noel dobló sus piernas, largas y delgadas, con la gracia de un gatito, y las puso sobre la silla. Incluso a sus cincuenta años de edad conservaba bastante de esa belleza que hizo que Kennedy se sintiera atraído por ella años antes. Las paredes del dormitorio de su apartamento estaban cubiertas con fotografías suyas, de joven, una versión sorprendente de Vivien Leigh en *Lo que el viento se llevó*. Cabello negro y espeso cayéndole sobre los hombros enmarcando un rostro perfectamente cincelado con facciones exquisitas, ojos grandes, una boca plena y sensual y pómulos salientes. Indudablemente, era una auténtica belleza.

—Envejecí terriblemente al llegar a los cuarenta —dice casi como disculpándose—. Tras la muerte de Philip, que fue el amor de mi vida durante catorce años, mi pelo encaneció en tres días.

Tomó otro trago de vino y encendió un cigarrillo.

Noel, que vive en Washington y trabaja por las noches en un despacho de abogados, me explica que Philip Graham, el editor de *The Washington Post* fue el mayor amor de su vida y John F. Kennedy el mejor de sus amigos.

—Philip se suicidó en agosto de 1963 y John F. fue asesinado tres meses más tarde. Durante muchos años no pude regresar a esta ciudad porque ambos habían fallecido. Washington estaba lleno de fantasmas para mí. Ahora... —se estremece y guarda un silencio momentáneo.

Ha pasado tiempo suficiente y los recuerdos no son demasiado dolorosos. En una de las paredes de su dormitorio aún pende una gran fotografía de Philip Graham, y en la cocina, en un pequeño tablón de notas, hay una instantánea de John F. Kennedy, entre una nota recordándole que debe dar la comida a su gato *Sweet Vittles*, y los números telefónicos de su peluquero y de la tienda de licores.

—Era un hombre delicioso —dice recordando su aventura con Kennedy—, y yo me llevaba estupendamente con él. No porque fuera magnífico en la cama, aunque tampoco lo hacía mal del todo, sino porque tenía un gran sentido del humor y sabía pasarlo bien. Le gustaba el sexo, pero no puede decirse que fuera un hombre cariñoso, y no le agradaban demasiado los besos y los mimos, pero ¡era tan divertido! Recuerdo un día que hicimos el amor y después él se quedó dormido. Se había quitado una especie de corsé que utilizaba debido a su lesión en la espalda y dio la casualidad de que yo tenía a mano algunas cintas de encaje de color de rosa, así que mientras dormía tomé la faja y le cosí cintas de encaje por todas partes. Había que ver su cara cuando se despertó y fue a ponerse la faja. No se echó a reír a carcajadas, pero sus ojos chisporrotearon de alegría. Se puso su prenda ortopédica ignorando por completo que parecía el corsé de una ramera de lujo, y no hizo el menor comentario. ¡Tenía siempre tan buen humor!

Noel hizo una pausa y continuó:

—En cierta ocasión, en esos días en los que se acostaba al mismo tiempo con Jackie y conmigo, le regalé por Navidad un bigote postizo de color rojo para que cuando entraba en mi casa o salía, no fuera reconocido. ¿Qué puede regalársele a un hombre que tiene todo lo que el dinero puede comprar?

Con un poco más de vino, Noel pasó a explicarnos cómo impulsó a Jack Kennedy a casarse con Jackie.

—Estábamos juntos en Europa y después de hacer el amor en Italia, le dije que iba a mandarlo a casa para que pidiera en matrimonio a la chica con la que debía casarse. Le dije que Jackie era joven y bonita, pertenecía a la alta sociedad y, por una maravillosa coincidencia, era católica como él, lo que resultaba ideal. Tenía que casarse con alguien así si deseaba llegar a presidente. Y ambos sabíamos que lo sería.

En esos días de 1952, Jackie, que vivía con su madre y su padrastro, comenzó a perseguir a Kennedy usando los medios más ingeniosos que se le ocurrían, siempre dispuesta a aceptar sus invitaciones telefónicas de última hora para ir al cine o a cenar. Llegó a pasarse horas traduciendo y compendiando una docena de libros franceses sobre Indochina, que él necesitaba, trabajando hasta altas horas de la noche para acabar la tarea, en la desordenada y pequeña habitación de la buhardilla que compartía con su hermana en Merrywood.

—No tendrá más remedio que pedirme que me case con él

después de todo lo que estoy haciendo en su favor —le dijo a una amiga.

Se pasaba el tiempo comprándole libros, le llevaba el almuerzo a su oficina del Senado y utilizaba su sección en el periódico para llamar su atención con preguntas tan intencionadas como: «¿Qué piensa usted del matrimonio?», «¿Cuál es su idea sobre la compañera ideal?», «¿Considera usted a una esposa un lujo o una necesidad?», o «¿Puede usted darme una razón por la que un soltero satisfecho deba casarse?»

Y había también otras preguntas que estaba segura de que Kennedy sabría apreciar, pues a ellas incorporaba citas de los autores favoritos del senador: «Noël Coward dijo en cierta ocasión: "Hay mujeres a las que hay que golpear regularmente como a un gong"; ¿está usted de acuerdo en ello?» O «Winston Churchill dijo en cierta ocasión: "Para que un matrimonio sea feliz cada uno de los cónyuges debe desayunarse solo"; ¿está usted de acuerdo?» Y «El escritor irlandés Sean O'Faolain afirma que los irlandeses son deficientes en el arte del amor. ¿Está usted de acuerdo con él?»

Años después habría muchas mujeres que podrían responder a esa pregunta, con respecto a Kennedy, porque, al igual que la simpática Noel, lo conocieron íntimamente antes y después de sus relaciones con Jacqueline Lee Bouvier. Aceptar la existencia de esas mujeres fue uno de los mayores logros de Jackie puesto que se había casado con un hombre muy parecido a su padre, incapaz de consagrarse exclusivamente a una sola mujer.

Resulta en cierto modo triste que Jackie estuviera preparada de antemano para ello. Dado que nunca fue la hija preferida de su madre, al verse obligada a vivir separada de su padre Jackie creció solitaria, sintiéndose como una extraña en el seno de la familia de *snobs* de los Auchincloss y obligada a ocupar un segundo puesto detrás de su hermana menor, una chica radiante de extraordinaria belleza.

—Lee siempre era la guapa —diría Jackie suspirando años después—. Supongo que se esperaba de mí que yo fuese la inteligente.

La desintegración del matrimonio de sus padres resultó tan devastadora para ella, que poco después del divorcio los miembros de su familia paterna empezaron a darse cuenta de su tendencia a refugiarse en un mundo propio, exclusivo, y que se iba volviendo solitaria y distante, lo que no era más que el camuflaje infantil utilizado por ella para ocultar la vergüenza y la humillación que sentía.

Pese a todo, seguía adorando a su padre, símbolo encantado de su vida juvenil. Sin tener en cuenta los odiosos comentarios de su madre, que condenaba totalmente la extravagante forma de vida de Jack Bouvier, despotricaba sobre sus líos con otras mujeres de poca categoría a sus ojos y ridiculizaba su buen aspecto y sus maneras elegantes, Jackie seguía adorando esas cualidades de su padre. El retrato de éste que hacía ante sus amigos era el de un arrojado bucanero, totalmente irresistible para las mujeres. En el álbum familiar había una fotografía que le encantaba y que mostraba a los amigos, con el mayor entusiasmo, siempre que se ofrecía la ocasión para ello. En la foto podía verse a sus padres junto a una mujer muy llamativa llamada Virginia Kernochan. Janet, con traje de amazona, estaba apoyada en una cerca, mientras que Black Jack, resplandeciente en un distinguido terno de corte europeo, con un elegante pañuelo asomando del bolsillo del pecho, estaba de pie junto a la guapísima Miss Kernochan, con la mano enlazada con las suyas y aprentado su pecho.

John Husted recuerda muy bien esa fotografía.

—Jackie me la enseñó: su padre haciendo manitas con otra mujer en presencia de su esposa... Jackie se rio al mostrármela. No cabe duda de que le encantaba la escena.

Otra amiga recuerda que Jackie le habló de un ligue de su padre con otra mujer cuando estaba en viaje de luna de miel.

—Jackie me contó que antes de que hubieran transcurrido cuarenta y ocho horas desde que Jack llevara al altar a Janet, cuando iban a bordo de un buque en su viaje de boda, Jack descubrió en el buque a una encantadora muchacha a la que persiguió y conquistó en cuestión de minutos y mantuvo relaciones íntimas con ella durante todo el tiempo que duró el crucero. Janet descubrió el asunto y se sintió muy desgraciada. Fue ella misma quien se lo contó a su hija en un intento de dejar en mal lugar y desacreditar a su marido, pero a Jackie le encantó la historia y se la contó a sus amigas.

Años después, según esa misma amiga, cuando se descubrieron unas doscientas cartas muy picantes, escritas por su abuelo paterno a su amante, en los años cuarenta, y se pusieron a la venta, Jackie sonrió encantada. Las cartas del difunto John Vernon Bouvier, Jr., un abogado retirado de Nueva York que tenía en aquel entonces setenta años, estaban adornadas con quintillas jocosas bastante malintencionadas, poemas amorosos originales y divertidas especulaciones sobre la naturaleza del amor, el sexo, el matrimonio y los atavíos femeninos. En las cartas se mencionaba a la «fragante Jacquelinne» que tenía entonces dieciocho años y que, a juicio de su abuelo, era «una de las muchachitas más encantadoras y bellas que jamás conocí, aparte de poseer una despierta inteligencia».

Lo mismo que a su abuelo, Jackie consideraba a su padre un tipo romántico, un hombre capaz de volver a casa y al amor de su corazón después de haber ido revoloteando de mujer en mujer, y que siempre era perdonado porque nunca descuidaba la atención a sus hijos ni la demostración de su amor y afecto hacia ellos.

Durante el resto de su vida Jackie consideraría a su padre

como la unidad de medida para todos los hombres que se cruzaban en su camino, y siempre se sintió atraída por hombres mayores que mostraban las cualidades de su padre y que, al igual que éste, eran capaces de hacer que se sintiera de nuevo como una niña.

Jackie nunca llegó a crecer lo suficiente para salir de su niñez solitaria, pese al lujo de que estuvo rodeada en su hogar de Park Avenue y su casa de veraneo en East Hampton. En la época en que conoció a Jack Kennedy su inseguridad era fácilmente apreciable para sus amigas que aún recuerdan aquellos días.

—Jackie era muy dulce, pero también muy tímida —recuerda la esposa de un senador amigo de Kennedy—. Estaba muy enamorada de Jack, aunque éste apenas si le prestaba atención, y siempre se burlaba de ella porque era tan lisa de pecho que tenía que llevar sostenes con rellenos de guata. Resultaba claro para todos nosotros que ella deseaba el matrimonio mucho más que él, aunque hay que admitir que Kennedy tenía en cuenta esa posibilidad y les preguntaba a sus amigos qué pensaban que debía hacer. Se mostraba tan ambivalente, tan lleno de dudas, que en broma le dijimos debía plantear la cuestión al Senado y someterla a votación.

»Cuando finalmente se decidió a pedir la mano de Jackie, ésta se quedó verdaderamente extasiada y no creo que fuera sólo porque estaba loca por Jack —continúa la amiga—, sino también porque eso le daba la oportunidad de escapar del dominio de su madre, que criticaba todo lo que ella hacía. Creo que su madre no le perdonó jamás la idolatría que sentía por su padre. En cierta ocasión, cuando Jackie y Lee aún no habían cumplido los veinte años, se las arreglaron para sacarlo del hospital donde estaba sometido a una cura de desintoxicación alcohólica y Janet se puso furiosa porque a sus ojos nada de lo que pudiera sucederle a Black Jack Bouvier era demasiado malo para él. Volviendo al compromiso matrimonial: tan pronto como Jack pidió su mano, Jackie dejó su trabajo y se concentró en los preparativos de la boda. Para Jack Kennedy toda esa presión resultó excesiva y poco después de que se anunció el compromiso matrimonial se marchó a Europa, en compañía de Torby Mac Donald, que había sido su compañero de habitación en los tiempos de estudiantes en Harvard; en Europa alquilaron un yate con el que recorrieron las costas de Francia. Tuvimos miedo de que no regresara jamás.

Un amigo de Jackie en Newport, que también lo fue de J. F. K. recuerda que la noche antes de que el anuncio del compromiso matrimonial apareciera en los periódicos, estuvo en una fiesta con Kennedy.

—Estuvo cenando conmigo y mi esposa y se emborrachó bastante. Más tarde se llevó una chica a casa y pasó la noche con ella. Pero antes habíamos estado juntos tres horas y ni en una ocasión mencionó su compromiso matrimonial, que se haría público el día siguiente. Como puede ver, esto no es muy propio de un hombre enamorado a punto de casarse con la mujer que quiere.

Pese a todo, Jackie se sentía segura con Kennedy, que era doce años mayor que ella y poseía una confianza en sí mismo tan grande que a veces lindaba con la arrogancia. Era el soltero más solicitado del país, rico, famoso, guapo... Naturalmente, Jackie estaba maravillada y afirmó:

—Soy la mujer más feliz del mundo.

Lo que le causaba mayor placer era el hecho de que su madre estaba terriblemente impresionada y asustada por él. Jackie se refirió a esto y le dijo a una amiga:

—Mamá está aterrorizada por Jack, porque no puede dominarlo de ningún modo.

Por su parte, Jack Kennedy mantuvo unas correctas relaciones con su formidable suegra, nada más, e incluso muchos años después de estar casado con Jackie seguía llamándola exclusivamente señora Auchincloss.

—Cuando Jackie conoció a Jack, éste tenía treinta y cinco años, acababa de ser designado senador —recuerda Betty Spalding, una amiga de mucho tiempo de los Kennedy—, y su postura ante el matrimonio fue superada por la necesidad política de contar con una esposa. Ésa es la razón por la que se casó con ella. Iba a ser presidente y, ciertamente, no podía llevar a Angie Dickinson con él a la Casa Blanca. Jackie reunía las condiciones exigidas para ello.

Jackie rompió también otra de las normas de la existencia de Jack Kennedy, que sólo se sentía atraído por modelos bellísimas, llamativas estarletes y coristas de categoría que no tenían el título de bachiller, ni carreras universitarias, así como tampoco inclinaciones intelectuales o elevada posición social. Jackie se daba perfecta cuenta de cuál fue la postura anterior de Kennedy con respecto a las mujeres y de sus amoríos previos, y así lo manifestó expresando sorpresa y ternura:

—Soy tan distinta del tipo de chicas que Jack consideraba atractivas...

De su padre, Jack Kennedy había aprendido cómo trazar una línea divisoria insalvable entre las amantes y las mujeres con las que uno puede casarse. Jackie era de este último tipo.

—Jackie era bastante bonita, pero no tenía la deliciosa belleza de algunas de las otras mujeres de Jack, como Inga Arvad, Agela Green y Flo Prichet —dice uno de los camaradas de Jack Kennedy en la Armada—, pero estaba muy bien educada, tenía unas credenciales sociales impecables y, no hay que olvidarlo, era católica. Jack no podía casarse fuera de la iglesia si quería ser presidente.

Estos comentarios de íntimos amigos indican que la petición de mano de Jackie fue motivada más que por otra cosa por razones de tipo político. Sí, se sentía atraído por ella, pero no fue el compromiso romántico de un joven enamorado locamente lo que le impulsó al altar. Había una intencionalidad, un designio definido en su selección de una esposa que había asistido a las más distinguidas escuelas, la de Miss Chapin, la de Miss Porter y Vassar, que hablaba francés fluidamente y que provenía de una familia con una posición social firmemente establecida. Fue una decisión algo más refinada que la que haría un carnicero al elegir el trozo de buey adecuado, pero tenía la misma deliberada intencionalidad.

—En cierta ocasión le pregunté a Kennedy si alguna vez había estado enamorado hasta la desesperación, sin esperanza —recuerda James Burns— y se limitó a responderme con un encogimiento de hombros: «Yo no soy un tipo de los que se enamoran de ese modo.»

Por haberse criado junto a un padre que hacía pública ostentación de su querida y que la invitaba a su casa a cenar, con su mujer y sus hijos, y la acompañaba abiertamente en las vacaciones, Jack Kennedy creció con una idea deformada del matrimonio. En contraste con el mariposeador padre, la madre representaba el papel de la perfecta esposa, fervientemente religiosa, y parecía conformarse con la educación de sus hijos y supervisar el ejército de criados, doncellas, cocineros y ayudas de cámara, como un general a sus tropas.

—De acuerdo con la forma de pensar de Jack, las mujeres estaban en este mundo para servir a los hombres —dice Betty Spalding— y cualquiera que llegara a ser su esposa tenía que comportarse con él como Mama Rose lo hacía con el Gran Joe, facilitándole alimentos adecuados, buenas ropas limpias y planchadas, las comidas a tiempo y una casa bien administrada de manera que él pudiera dedicarse a sus negocios sin necesidad de preocuparse del lado doméstico de la vida cuando llegaba a casa.

Esto resultaba perfectamente compatible con la forma de pensar de Jackie, que consideraba que el papel primordial de su vida era el de esposa y madre. Incluso cuando era Primera Dama su intención fue crear un hogar, distraer y divertir a su marido por las noches cuando estaba agobiado por las presiones y los problemas de su cargo. Eso era todo lo que ella deseaba realmente, todo lo que sabía y conocía.

Producto de un hogar roto, su propio punto de vista del matrimonio estaba marcado por las relaciones frías y desapasionadas existentes entre sus padres, sus separaciones de medio año, sus abismales reconciliaciones y, finalmente, su doloroso divorcio que conmovió toda la seguridad emocional de que disfrutó hasta entonces. Mientras se desarrollaba en ella una profunda fijación sentimental hacia su padre, vio cómo su madre volvía a casarse con un hombre rico y de buena posición social que, de acuerdo con los niveles de la alta sociedad, podía considerarse como un buen proveedor. Crecida en una subcultura en la que las mujeres deben casarse bien para poder sobrevivir y prosperar, Jackie, comprensiblemente, gravitó hacia John F. Kennedy que venía como anillo al dedo en el esquema del mundo que ella conocía.

Como diría una de sus amigas de Newport:

—En esos días nuestro futuro consistía en hacer una buena boda. Eso era lo único que sabíamos hacer, lo único para lo que se nos había preparado y entrenado, lo único que hacíamos como lo hicieron nuestras madres antes que nosotras. Jackie se apartó de ese camino sólo en que se buscó un trabajo después de terminar sus estudios, algo muy atrevido en esos días... Pero al final utilizó ese empleo para entrar en contacto con gente interesante y pescar a Jack. Una vez que esto fue conseguido, se casó como el resto de nosotras.

Esta amiga que creció con Jackie y fue presentada en sociedad el mismo día y en la misma fiesta social, recuerda a Jackie yendo de un lado a otro por la cabaña familiar en Bailey's Beach, en Newport, volando con Steve Spencer en su avioneta particular, jugando al tenis con Bin Lewis y nadando con John Stirling.

—Sin embargo —aclara—, nunca resultó demasiado popular entre los chicos como lo era su hermana Lee. Steve, Bin y John formaban parte de nuestra pandilla en Newport y Jackie lo pasaba bien con ellos, pero no era perseguida. Tal vez porque era reservada y no tan vivaz, ni mucho menos, como su hermana menor. En esos días todas éramos superficiales y la verdad es que no sabíamos cómo comunicarnos. Pasábamos todo el tiempo sin hacer otra cosa que divertirnos y esperar el momento de casarnos.

Jackie esperó más tiempo que la mayor parte de sus amigas. Ya en la Escuela Superior se preguntó si acabaría por encontrar marido.

—La verdad es que sé que nadie querrá casarse conmigo —le dijo a una amiga en el internado de Miss Porter— y acabaré vistiendo santos en Farmington.

Posteriormente no fueron muchos los hombres que se interesaron en serio por ella; aparte de con su hermanastro Yusha, que estaba locamente enamorado de ella, tenía muy pocas citas.

Un caballero que en la actualidad reside en Washington, recuerda que un día su madre, buena amiga de Janet Auchincloss, lo obligó a salir con Jackie y nos cuenta:

—Yo estaba sirviendo en la Marina en esos días y estacionado en Newport, y mi madre no hacía más que insistir en que la llamara por teléfono, pues era una chica estupenda con la que me convenía salir. Finalmente la llamé y fuimos juntos a varias fiestas y bailes. Creo que salimos unas seis o siete veces y cada una de ellas resultó una terrible experiencia. No era muy bonita, además introvertida y tímida, como si estuviera en la edad del pavo. Costaba trabajo estar con ella. Me invitaron a hacerme socio de su club privado en Bailey's Beach, así que casi me sentí obligado a acompañarla, pero era tan insegura y complicada, que no puede decirse que fuera un placer salir con ella.

Jackie siempre se sintió incómoda en Newport y le resultaba difícil hacer amigos. El resentimiento que sentía hacia su madre se transfirió a todas las mujeres en general, así que sus amistades fueron escasas de muchacha y, ya de mayor, nunca mantuvo relaciones profundas con ninguna mujer, salvo con su hermana. Le gustaban más los animales domésticos que las personas y se sentía muy feliz cuando podía montar a caballo y galopar a solas.

Zsa Zsa Gabor recuerda cuando coincidió con ella en el avión de regreso de la coronación de la reina Elizabeth de Inglaterra en 1953. En esos días Jackie iba de un lado a otro haciendo sus fotografías y salía con Kennedy.

—Durante las veinticuatro horas que duró el vuelo no cesó de preguntarme, ¡no, no es una broma!: «¿qué hace usted para tener ese cutis?» Yo ni siquiera me molesté en preguntarle su nombre. No puede decirse que fuera la más brillante ni la más bella de las mujeres. Tenía el pelo ensortijado y un cutis muy feo.

»Cuando llegamos al aeropuerto —continúa Zsa Zsa— Jackie me dijo: «Me espera un joven que va a casarse conmigo.» Yo salí del avión antes que ella y allí estaba Jack Kennedy. Y Jack me dijo: «Cariño mío, siempre estuve enamorado de ti.» Jack solía incitarme a salir con él con bastante frecuencia... y era una dulzura. Me cogió en sus brazos y me alzó en el aire. En esos momentos Jackie salía del avión y vio lo que Jack estaba haciendo conmigo. Después de haberse pasado veinticuatro horas dándome la lata, preguntándome por cremas y lociones, ni siquiera me dijo una palabra, así que Jack Kennedy hizo las presentaciones y me dijo: «Quiero que conozcas a la señorita Bouvier.» No dijo «mi futura esposa». Y yo le respondí: ¡Oh, Dios mío! Nos hemos pasado veinticuatro horas hablando en el avión. ¡Es una chica estupenda!

Antes de que Jack se presentara en su vida, Jackie trató de divertirse en las fiestas y bailes, a los que asistía por insistencia de su madre.

—No estaban mal —diría más tarde—, pero no me gustaba demasiado Newport. Cuando tenía diecinueve años, ya sabía que no deseaba pasar allí el resto de mi vida. No deseaba casarme con ninguno de aquellos jóvenes junto a los cuales había crecido... No por ellos, sino por su género de vida. Realmente, no sabía lo que quería. Estaba como desorientada.

La alegre y vivaz Lee, tres años y medio más joven que su hermana, más delgada, más bonita, más femenina y no tan desorientada, derrotó a su hermana en la carrera hacia el altar y se casó con Michael Temple Canfield en abril de 1953, cuando sólo tenía veinte años. Al igual que su hermana, Lee había asistido a la Chapin School y más tarde a la de la señorita Porter en Farmington. Al igual que Jackie, fue proclamada la «debutante del Año», cuando fue presentada en sociedad, en 1950. Pero Lee también en eso superó a su hermana y mereció un reportaje de cinco páginas en *Life*, más una película de un adelantado de Hollywood. Más tarde, en vez de seguir a Jackie. a Vassar, Lee fue a la escuela de Sarah Lawrence, donde pasó dos años. Destacó en el diseño y tomó parte activa en las representaciones teatrales de la escuela.

Después de tomar lecciones de canto en Italia durante algunos meses («Mi madre cree que tengo una bonita voz»), regresó a casa para casarse con Canfield, un muchacho muy destacado en la alta sociedad e hijo del editor Cass Canfield.

Graduado en Harvard y veterano de los *marines*, con los que combatió en Iwo Jima, trabajaba con su padre en su editorial de Nueva York. Más tarde aceptaría un empleo en la Embajada norteamericana en Londres, como secretario particular de Winthrop Aldrich, el embajador de Estados Unidos en la Corte de St. James, por lo que él y Lee pasaron pronto a formar parte de la alta sociedad internacional.

Consideradas como extrañas en el seno de la familia Auchincloss, Jackie y Lee siempre estuvieron muy unidas. Jackie, obligada siempre a cuidar de su hermana pequeña, comenzó a mostrarse resentida, sobre todo cuando Lee empezó a destacar por encima de ella. Años más tarde, sería Lee la que vacilaría e intentaría varios caminos en la vida, primero tratando de abrirse paso como actriz, hasta que, apabullada por los críticos teatrales, dejó la escena y comenzó a escribir. Después del fracaso de su primer libro, titulado *One Special Summer*, en el que relata sus aventuras con Jackie por Europa en su época de estudiante, también renunció a la literatura. Seguidamente probó con la televisión, pero tampoco logró despertar interés como presentadora en un programa de entrevistas, así que se puso a trabajar como decoradora de interiores. Aun cuando posteriormente Lee se convertiría en princesa con un título real y una inmensa fortuna, siempre se sintió derrotada por el éxito de su hermana como Primera Dama de Estados Unidos.

La rivalidad que sintieron en su infancia las dos hermanas por el cariño de su padre, hizo sus relaciones de adultas bastante complejas y a veces explosivas. Mientras crecían, ambas gravitaban hacia el mismo tipo de hombre. A Jackie le molestaba la atención que Jack Kennedy prestaba a su hermana y le indignaba el hecho de que cuando ella estaba fuera de la ciudad o por cualquier otra causa no podía acompañar a su marido, éste orgullosamente se llevaba con él a su cuñada, incluso en viajes oficiales al extranjero. Fue Lee y no Jackie la que estaba al lado del presidente, en Alemania, cuando éste pronunció su famoso discurso *Ich bin ein Berliner*. También fue Lee, y no Jackie, la que acompañó a Kennedy en su viaje sentimental por Irlanda.

—Lee tiene tal inclinación por Jack, que resulta enfermiza —se quejó en cierta ocasión Jackie hablando con una amiga.

Pero el mayor motivo de resentimiento hacia su hermana provenía de que Kennedy respondía igualmente a esta inclinación de Lee y parecía esperar ansioso sus visitas y los chismorreos que siempre le traía sobre quién se acostaba con quién en la alta sociedad de Londres y París.

—Solía coleccionar anécdotas para divertirlo al contárselas —dijo Lee—. Estaba interesado por todo... Su interés y vitalidad formaban parte intrínseca de su carácter. Cuando una historia quedaba sin terminar, recordaba ese detalle y me preguntaba sobre él en nuestro próximo encuentro.

Aunque entonces era costumbre que la hermana mayor fuera la primera en casarse, no sorprendió a nadie que, en este caso, fuera Lee la primera en hacerlo.

—Lee era una mujercita delicada y sexy, mientras que Jackie era más viril y dada a la equitación y los juegos —dice una mujer que conoció muy bien a las dos hermanas.

—La virginidad, considerada una virtud propia de la clase media allá por los cincuenta, era algo que todas estábamos deseando perder, y estoy segura de que Lee fue también la primera en eso —añade la mujer en cuestión—. Jackie no estaba tan adelantada como su hermana en ese terreno, aunque no me cabe duda de que trataba con todas sus fuerzas de hacerlo. Acostumbraba a decir que le gustaban más los períodos anterior y posterior al acto sexual que el acto en sí. Y todas nos reíamos a carcajadas con la historia, posiblemente más apócrifa que cierta, de su desvirgamiento, hazaña que llevaron a cabo Jackie y John P. Marquand, Jr., cuando Jackie, con la franqueza de siempre, exclamó cuando la cosa hubo terminado: «¡Oh! ¿Y esto es todo?»

Aunque difícilmente puede decirse que Jackie fuera una virgen tímida, siempre trató de ser discreta sobre sus relaciones con Jack Kennedy antes de su boda. En una ocasión, en el tren nocturno de Newport a Washington, después de un fin de semana en Hammersmith Farm, Jack estaba sentado en una de las literas, hablando con un amigo que se preparaba a meterse en la cama. Según cuenta este amigo, Jackie entró en el departamento, vio a los dos charlando y se dispuso a alejarse sin tan siquiera saludar o sonreír.

—Kennedy —cuenta el amigo— se echó a reír con fuerza, la cogió de la mano y le dijo: «Vamos, Jackie, vuelve y deja de hacerte la tonta. Fulano de tal está enterado de todo.» Yo era de la edad de Jack, estaba casado y tenía por entonces mis propias aventuras, que él conocía perfectamente. No me cabe

Jackie se sintió humillada por el incidente y, más aún, cuando vio que las hermanas de Jack se hacían señas con el codo y se reían de ella.

—Conocí a Jackie en una de las fiestas que dieron con motivo de su compromiso matrimonial, en Cape. Yo estaba entonces casada con Chuck y he de decir que la chica me gustó mucho —explica la señora Spalding—. No era el tipo de mujer con las que Jack había alternado anteriormente. Tenía cierta distinción. Nos llevábamos muy bien y me dijo que yo era una de las pocas amistades de Jack con la que podía entenderse y charlar. Me confió que le causaba pánico casarse con un miembro de esa fortaleza irlandesa que eran los Kennedy.

»Lo que más le preocupaba era cómo tratar a la familia —continúa la señora Spalding—. ¡Dios mío! Los Kennedy formaban un clan despótico, imperioso, siempre de un lado para otro, cambiantes, entrando y saliendo sin previo aviso, con sus chistes particulares entre ellos, siempre dispuestos a reírse de cualquiera y ponerlo en ridículo a los ojos de todos. Los Kennedy eran como la familia en *Guerra y Paz* de Tolstói, pero carentes de su brillo e inteligencia. Todas sus energías se volcaban en los deportes y en la política. Jackie sufrió un auténtico *shock* cultural y estaba completamente estupefacta sobre el modo de comportarse en aquella reunión irlandesa.

—La competencia entre ellos... eso es lo que los hace avanzar —dijo Joe Kennedy refiriéndose a su familia—. Todos son competitivos, incluso las chicas. De hecho, Eunice tiene más ímpetu que Jack e incluso que Bobby. Si tuviera pelotas, probablemente sería ella la que llegara a la presidencia.

Esa familia estridente, ruidosa, de supertriunfadores, cada uno de sus miembros tratando de superar a los otros atléticamente, era anatema para una mujer que odiaba las competiciones deportivas. Al principio, Jackie trató valerosamente de participar en los rudos juegos de los Kennedy, pero después que Teddy le rompió el tobillo cayendo sobre ella en un partido de rugby, acabó por apartarse a un lado.

—Me canso sólo mirándolos —dijo un día públicamente. En privado le dijo a Lee que todos ellos eran unos gorilas, que luchaban y peleaban entre sí, como un grupo de mandriles que de repente hubieran sido dejados sueltos. Después de una estancia en Hyannis Port, Jackie regresó a Washington llena de morados y golpes, y le dijo a su hermana:

—Me matarán antes de que haya logrado casarme con él. Te juro que lo harán.

Jackie hubo de admitir que sintió más que una ligera aprehensión el día de su primera reunión con la familia entera, incluso Rose, a la que siempre se negó a respetar por considerarla autocrática y egoísta y de la que se burlaba llamándola «la gran señora madre».

—Ya anteriormente me había reunido con Jack en Washington, cuando estaba en el Congreso y acostumbraba ir a la casa de Bobby y Ethel, así que sabía bien como era Jack cuando estaba con los suyos. También conocía a Eunice, pero nunca me las había visto con todo el grupo reunido. Es obvio que una mujer que quiere al hermano mayor y es bastante tímida, debe de estar un tanto nerviosa.

Y estaba justificado su nerviosismo, porque a sus espaldas las hermanas de Kennedy comenzaban a poner en entredicho el buen gusto de su hermano con las mujeres. Mientras Jackie y Lee se sonreían entre dientes burlándose de las chicas de la familia Kennedy, a las que llamaban «las Rah Rah girls»,[1] las hermanas Kennedy menospreciaban a Jackie llamándola «la debutante» y burlándose de lo que calificaban su «voz de bebé», que en realidad era suave y susurrante.

Las mujeres de la familia Kennedy incluso le hacían burla por la forma como Jackie pronunciaba su nombre «Ya-kliin», tratando de dar la pronunciación correcta francesa de Jacqueline.

—Jackie dice que así su nombre rima con «Queen»[2] —le dijo Ethel a sus cuñadas. Cuando Jackie le confió a Ethel que su secreta ambición fue antaño convertirse en bailarina de ballet, Ethel se rió burlonamente: «¿Con esos pinreles? —exclamó señalando los pies de Jackie, que calzaba un cuarenta y dos—. Creo que hubieras debido jugar al fútbol, chica.»

Ethel se daría cuenta muy pronto que su humor descarado no podía competir con el agudo ingenio de Jackie. En confianza, ésta describió Ethel a su hermana como «el tipo capaz de forrar de plástico un sofá Louis XV y escribir "Lui Cans"».

El gusto de Jackie por la caza del zorro, el francés, las antigüedades delicadas, automáticamente enfrentó a Jackie con las mujeres de la familia Kennedy que, al igual que Jack, Bobby y Teddy, sólo se preocupaban y sentían interés por el rudo juego de la política y ganar, ganar, ganar.

—Competían hasta en la conversación —dijo Jackie— para ver quién hablaba más y más alto.

Para una mujer que le gustaba la intimidad y necesitaba soledad, los ruidosos y superactivos Kennedy resultaban, en conjunto, pesados y aburridos. No pasó mucho tiempo antes de que Jackie se negara a asistir a las cenas familiares diarias en Hyannis Port, donde se reunían para discutir de política.

—Una vez a la semana puede pasar, pero no cada noche —dijo.

Aunque encontraba incomprensible su insaciable apetito

1. «Las Rah Rah girls» son las chicas que acompañan a los equipos de rugby, sobre todo a los universitarios, y con plumeros y contorsiones animan desde la banda a los jugadores de su equipo, gritando «rah, rah, rah». (N. del t.)
2. Queen significa reina en inglés. (N. del t.)

de poder, eran las continuas discusiones sobre política lo que más la sorprendía. Se había formado y crecido en el seno de una familia tan republicana, que durante toda su niñez confundió a Franklin Delano Roosevelt con el mismísimo diablo. Hasta donde alcanzaba su memoria, recordaba a su padre achacando sus desgracias en la Wall Street a la Securities and Exchange Commission, que fue establecida por el presidente Roosevelt para regular el mercado bolsístico de la nación.

Cuando Joseph P. Kennedy se hizo cargo de esa comisión, obligó a los agentes de Bolsa como Jack Bouvier a limitar sus compras y ventas, permitiéndoles adquirir acciones sólo si éstas iban a la baja. Como consecuencia de ello, Black Jack sufrió una pérdida de ingresos de 43 000 dólares al año y nació en él un odio feroz contra la política del *New Deal* de Franklin Delano Roosevelt y la Securities and Exchange Commission, en particular contra Joe Kennedy. Tan fuertes eran estos sentimientos que, según John Davis, «Jack perdía el color gradualmente ante la sola mención del nombre de Kennedy».

Y sin embargo sería el anciano, un paterfamilias en el sentido de la gran tradición y que regía a su familia como un cacique a su tribu, el único en apreciar de veras el valor de Jackie. Acostumbrado a la agresividad de sus hijas y a la no menos bravucona Ethel, al principio se sintió confuso con Jackie y su forma de ser apacible. Pero lentamente Jackie supo ganárselo poniéndose a su lado y mostrando esas cualidades de carácter que el viejo Kennedy podía respetar.

En una ocasión, durante una de las raras pausas en la conversación familiar, Jack se volvió a Jackie y le dijo:

—¿Quieres un penique por tus pensamientos?

Jackie sonrió dulcemente y dijo con suavidad pero en voz lo suficientemente alta para que todos pudieran oírla.

—Se trata de mis pensamientos, Jack, y dejarían de ser míos si te los dijera, ¿no te parece?

La pausa en la conversación se convirtió en un mortal silencio y el resto de la familia intercambiaron miradas entre sí, extrañados ante una criatura tan extraña que insistía en seguir siendo evasiva y personal. Finalmente el viejo Joe comenzó a reírse a carcajadas.

—¡Dios mío, Jack, es una chica enérgica y lista! —dijo—. Jackie tiene su propia mente y sabe usarla... Una muchacha como nosotros.

—Puedes apostar a que es así —respondió Jack, agradecido a su padre por haber salvado la terrible situación.

Con esos pequeños detalles Joe Kennedy fue facilitándole el camino a Jackie, dándole su visto bueno, lo cual no obligaba al resto de la familia a abrazarla cariñosamente, sino simplemente a que la aceptaran, como hicieron, pese a sus diferencias. Jackie se identificó con su suegro y afirmó que se parecía más a él que ninguno de su familia, incluyendo sus propios hijos. Se divertía bromeando con él, haciéndole enfadar adrede y, en cierta ocasión, pintó una acuarela para él en la que se veía a todo el grupo de jóvenes Kennedys en la playa mirando el sol. El pie decía: «No podéis haceros con él, papá se lo llevó todo.»

Este hombre orgulloso y dominante, que estaba decidido firmemente a colocar a su hijo en la Casa Blanca, se interesaba mucho, como es lógico, por conocer a las mujeres con las que salía su hijo. Durante el tiempo en que estuvo liado con Inga Arvad, Joe Kennedy hizo todo lo posible por romper aquellas relaciones. Inga era una belleza escandinava que en su día conoció a Adolf Hitler en Berlín. Incluso acompañó al Führer a los Juegos Olímpicos en 1936. Cuando llegó a Estados Unidos y comenzó a trabajar para el *Washington Times-Herald*, fue sometida a investigación inmediata por el FBI, como sospechosa de espionaje.

A través de su red de enlaces políticos llegó a oídos de Joe Kennedy la noticia de que el FBI tenía una ficha de Inga y, lleno de rabia, trató de persuadir a su hijo de que dejara de verla, convencido de que unas relaciones tan dudosas podían arruinar la carrera política de Jack.

Inga Binga, como Jack llamaba cariñosamente a su amante, no sólo era sospechosa de ser una espía nazi sino que era, por aquel entonces, una mujer casada. Aunque Joe Kennedy hubiera podido permitirse comprar una anulación matrimonial, se negó a hacerlo sabiendo que eso nunca sería compensación bastante al escándalo desagradable que inevitablemente se produciría.

Años más tarde, los archivos privados de J. Edgar Hoover señalarían a otra mujer con la que John Kennedy tuvo relaciones íntimas a la que, según se decía, se le había ofrecido medio millón de dólares si retiraba una demanda judicial contra Kennedy porque éste la había rechazado. Los ficheros del difunto director del FBI contenían un memorándum de 1963 enviado al fiscal general Robert Kennedy, en el que anotaba un artículo publicado en el semanario italiano *Le Ore* en el que se decía que una mujer que se había identificado como Alice Purdom y que en esos días era la esposa del actor Edmund Purdom, afirmaba que había estado prometida en matrimonio con Jack Kennedy. La revista afirmaba que el compromiso se rompió en 1955 debido a las graves objeciones que Joseph P. Kennedy hizo basándose en el origen judío y polaco de la mujer.

En el memorándum del FBI al fiscal general se decía: «Aparte de la lista de referencia, se exhiben cartas en las que se menciona la asociación de John F. con esa mujer... Cuando este litigio fue archivado en Nueva York, poco antes de que el Presidente ocupara su cargo, usted (Robert Kennedy) acudió a Nueva York y llegó a un acuerdo para que se retirara el proceso a cambio del pago de 500 000 dólares. Todos los documentos relacionados con el caso, incluso la demanda, según se dice, fueron inmediatamente sellados por el Tribunal.»

Indiscutiblemente, Joe Kennedy disponía de poder suficiente para acabar con el asunto y, reservadamente, arreglárselas para hacer un pago de forma que nunca pudiera ser descubierto de modo que se le relacionara con él o pudiese perjudicar la carrera política de su hijo. Un hombre cercano al círculo de los Kennedy dice al respecto:

—El viejo Joe era demasiado listo para complicarse en un caso de chantaje, pero enfrentado con una demanda judicial que pudiera hacer explosión y arruinar la carrera de John hacia la presidencia o su permanencia en el cargo, estaría dispuesto a enfrentarse con lo que fuera y como fuera para mantener el asunto oculto. Medio millón de dólares no era nada para él y sí una buena inversión para proteger a su hijo. Estoy convencido de que las fichas del FBI son ciertas, aunque ya, a estas alturas, ¿qué pueden importar? Joe puso a su hijo Jack en la Casa Blanca y eso es lo único que verdaderamente le importaba.

Durante 1962 circularon rumores no probados que decían que el presidente Kennedy había estado casado y divorciado antes de contraer matrimonio con Jackie en 1953. Los rumores procedían de una oscura publicación genealógica publicada en 1957 con el título de *The Blauvelt Family Genealogy*, obra de Louis L. Blauvelt, hombre que murió a los ochenta y dos años, uno antes de la publicación de su libro.

La discutible inscripción en el libro decía así: «Durie (Kerr) Malcolm. No tenemos su fecha de nacimiento. Nació con el apellido Kerr, pero adoptó el de su padrastro. Anteriormente estuvo casada con Firmin Desloge IV. Se divorciaron. Seguidamente, Durie se casó con F. John Bersbach. Se divorciaron también y contrajo terceras nupcias con John F. Kennedy, hijo de Joseph P. Kennedy, ex embajador en Londres. No hubo hijos del segundo ni del tercer matrimonio.»

Los reporteros que trataron de comprobar y verificar la historia no encontraron pruebas de que se hubiera expedido ninguna licencia matrimonial, certificado de matrimonio o sentencia de divorcio relacionados con ese supuesto matrimonio entre John Kennedy y Durie Malcolm. El único documento que se encontró en los ficheros del autor de la Genealogía fué un antiguo recorte de periódico, procedente de una columna de chismorreo de un diario de Miami, en el que decía que la señorita Malcolm y el señor Kennedy habían sido vistos juntos en un restaurante poco tiempo después del fin de la II Guerra mundial.

Posteriormente, en 1974, la señorita Malcolm se casó con

Thomas Shevlin, de Palma Beach y Newport, diez años después del libro mencionado. Shevlin había estado casado anteriormente con Lorraine Cooper, esposa del senador de Kentucky John Sherman Cooper, íntimo amigo de Kennedy.

Los datos registrados prueban que esta mujer sólo estuvo soltera y por lo tanto, técnicamente, en condiciones de casarse con Kennedy dos veces en su vida: la primera entre el verano de 1938 y enero de 1939, cuando Kennedy todavía era un joven estudiante en Harvard, y la segunda entre enero y julio de 1947, durante los primeros seis meses de Kennedy en el Congreso como miembro de la Cámara de Representantes.

Kennedy se negó a hacer una negación pública, lo que sólo hubiese servido para hacer que la historia circulara aún más extensamente. Cuando un buen amigo suyo, Ben Bradlee, que trabajaba para la revista *Newsweek*, le preguntó sobre lo que había de verdad en esa historia del matrimonio, Kennedy pareció divertirse con la pregunta, y le contestó.

—Tú la conoces. ¿Te acuerdas un día que estábamos jugando al golf en Seminole y entramos en el club de los profesionales, donde había una chica sentada en un sofá y un muchacho de pie a su lado? Bien, aquella era Durie Malcolm y el hombre era Shevlin. Se trataba de la amiga de mi hermano Joe y yo la saqué por ahí un par de veces, me parece. Eso es todo.

Bradlee dice que Kennedy después añadió:

—No lo has captado, Benjy. Los periodistas todos estáis tratando de encajarme alguna chica, pero no vais a lograrlo, porque no la hay.

Como hijo de su padre, Jack Kennedy, naturalmente, era mujeriego. Su padre dijo bromeando: «Lo hace con toda honestidad.» Lo único que a Joe Kennedy le preocupaba era que su hijo llegara a cometer una tontería que hiciera peligrar su carrera política. Le encantaban las escapadas y las aventuras de su vástago con las hermosas mujeres del Everglades Club, en Palm Beach, y bromeaba con él sobre «las pájaras» que se ligaba en el Morocco Club de Nueva York. En ocasiones, padre e hijo trataron de conquistar a las mismas mujeres; pero cuando se trataba de matrimonio, Joe estaba firmemente decidido a que su hijo hiciera una elección calculada y eligiera una esposa que, según sus palabras, «no tuviera relación con la cuestión sexual».

En Jackie, Joe vio la esposa perfecta para su hijo. Era una mujer que tenía «clase», una de sus palabras favoritas; la suficiente para elevar de manera automática el rango social de su familia. Y algo todavía más importante: era católica, lo que satisfacía el primero de todos los requerimientos si iba a llevar a su hijo hasta la Casa Blanca. Casarse con una mujer de religión protestante o con una divorciada era algo que quedaba fuera de lugar si Jack Kennedy iba a demoler las barreras de fanatismo e intolerancia existentes desde que Al

Smith trató de llegar a la Presidencia sin conseguirlo. El que Jackie fuese una católica francesa la hacía, a los ojos de Joe, una aristócrata en comparación con las mujeres católicas irlandesas de Boston.

Durante los años de su matrimonio, el padre de Jack fue la única persona a la que Jackie se dirigiría siempre en busca de apoyo o protección. Sus relaciones eran tan profundas, que en cierta ocasión Jackie dijo:

—Después de a mi marido y a mi propio padre, amo a Joe Kennedy más que a nadie en este mundo.

Pero pese a todo lo fuerte que era, Joe no estuvo en condiciones de protegerla contra las presiones internas que la atenazaron y que pronto se hicieron tan intensas, como consecuencia de su matrimonio político, que, cada vez más deprimida y desesperada, llegó finalmente, a tomar la decisión de internarse en una clínica siquiátrica privada para someterse a una terapia por electroshock.

CAPÍTULO TRES

—Jack me contó en cierta ocasión que Jackie, bromeando con él, le había dicho que era muy posible que hubiera hecho con ella, durante su luna de miel, lo mismo que su padre hizo con su madre en circunstancias semejantes, criticándole por no haber dejado a «su mejor parte» obtener lo mejor de él —recuerda un compañero de Kennedy en la Armada—. Le gustaba esta irreverente agudeza de su esposa y cómo podía, al mismo tiempo, parecer tan señora y decir algo tan... no diremos propio de una mujer ligera, pero sí atrevido y burlón, dentro de un estilo en cierto modo sexual.

Ciertamente, Jackie no tuvo razones para preocuparse en su luna de miel, porque durante aquellas primeras semanas en Acapulco tuvo a su marido enteramente para ella. Más tarde, recordando aquellos idílicos días en una villa pintada de rosa y mirando al océano Pacífico, diría: «La luna de miel fue muy corta y todo pasó demasiado de prisa.»

Desde Méjico le escribió a su padre una carta perdonándolo por no haber estado en condiciones de llevarla al altar el día de su boda. Esa carta causaría a Jack Bouvier una emoción de tal intensidad que lloró y se la enseñó a su socio, el cual dijo que era una de las cartas más patéticas y conmovedoras que había leído, «una carta que sólo podía haber sido escrita por un espíritu noble y excelso».

Antes de regresar a casa, Kennedy fue con su esposa a California para visitar a su viejo amigo de la Armada Red Fay y a su esposa, Anita. Después, Jackie y él, acompañados por los Fay, se dirigieron en automóvil desde la península de Monterrey a Palo Alto, para visitar a otro compañero de la Marina llamado Tom Casey. Las cosas se pusieron un poco tensas porque Jackie y Anita, un tanto marginadas por sus maridos para que se entretuvieran juntas, no se llevaban tan bien como los respectivos esposos, y Jackie hubiera preferido pasar esos últimos pocos días de su luna de miel a solas con Jack en

Acapulco. Kennedy, que lo estaba pasando muy bien, no pareció darse cuenta de las fricciones entre las dos mujeres y en su último día juntos decidió acompañar a Fay a un partido de rugby, dejando a su esposa en compañía de la de su camarada, para que ésta le enseñara la zona de la bahía.

De regreso a la costa oriental, Jack y Jackie se dirigieron a la finca de los Kennedy en Hyannis Port, donde Jackie había decidido quedarse en tanto lograba hallar una casa a su gusto en Washington. Jack le dijo a su esposa que tendría tanto que hacer en el Senado, después de un mes de ausencia, que no le quedaría mucho tiempo libre para dedicárselo, era mejor que ella se quedase con su familia en Cape, donde él acudiría a visitarla los fines de semana.

—Así tendrás tiempo de escribir todas las cartas de agradecimiento pendientes —le dijo.

Durante ese tiempo Jackie, que había ganado el concurso «Prix de Paris», concedido por la revista *Vogue,* con su ensayo, comenzó a componer un poema para su esposo, inspirado en *John Brown's Body.* De muchacha, Jackie se había permitido hacer una colección de pequeños libros manuscritos como regalos especiales para sus familiares. Generalmente tomaba como base algún poema, por ejemplo, *The Midnight Ride of Paul Revere,* pero componiendo sus propias rimas originales. En esa ocasión utilizó como modelo los versos del poema de Stephen Vincent Benet. Y escribió:

Mientras tanto, en Massachusetts, Jack Kennedy soñaba,
caminando por la playa en Cape Cod Sea,
con todas las cosas que iba a llegar a ser.

Respiraba el aroma picante del otoño en Nueva Inglaterra
y en su mente se representaba, en su totalidad,
el paisaje bruñido de Nueva Inglaterra
y los nombres que un patriota menciona con orgullo:
Concord y Lexington, Bunker Hill,
Plymouth y Falmouth y Marstons Mill,
Winthrop y Salem, Lowell, Revere
Quincy y Cambridge, Louisburg Square.
Ésta era su herencia, ésta su participación
en los sueños que un joven escucha en el aire.
El pasado se extiende hasta llegar a tocarlo,
siente la llamada sin saber cómo.
Porque debe servir, realizar su parte,
responder a dos llamadas a dos necesidades.
En parte era hijo de Nueva Inglaterra, de una casta
tan tenazmente guardada como la Roca de Plymouth.
Él tenía los pies muy firmes en el suelo
pero su corazón y sus sueños no estaban sujetos a la tierra.
Llamaría a Nueva Inglaterra su país y su credo,

pero otra parte de él era de casta extraña,
de una raza que rió en las colinas de Irlanda
y escuchó las voces de los riachuelos irlandeses.

El ritmo de esa tierra verde bailaba en su sangre,
Tara, Killarney, una inundación mágica
surgida en lo profundo de un corazón demasiado orgulloso
y que ponía solera al ácido ponche de Nueva Inglaterra.
Los hombres lo llamarían reflexivo, sincero,
y viendo, casi, en él el Último Caballero.

Se volvió en la playa y miró hacia la casa.

Su casa, blanca, estaba en un prado verde
y el viento arrastraba los juncos marinos sobre la arena.
Allí jugaron y rieron sus hermanos y hermanas
y después se tumbaron a descansar a la sombra.
En la mansión las luces se encendieron,
llamando a la cena en cuanto sonara el gong
y él volverá a la casa, donde su padre es rey.
Mas aún sigue allí, con el viento y el mar
pensando en esas cosas que un día a ser llegará.
Él construirá imperios
y tendrá hijos.
Otros caerán
en la corriente que pasa.

Y hallará el amor
y nunca encontrará paz
y el Vellocino de Oro
por siempre buscará.

Todas esas cosas un día a ser llegará,
todas esas cosas en el viento y la mar.

JACQUELINE KENNEDY
Octubre 1955

Jack Kennedy quedó tan encantado con el poema de su esposa que quiso publicarlo, pero Jackie se negó y le dijo que se trataba de algo tan íntimo como una carta de amor, demasiado «personal» para ser mostrada a nadie. Pese a ello, Kennedy lo enseñó a sus familiares y a algunos amigos íntimos. Años más tarde Rose Kennedy lo incluyó en sus Memorias y admitió que si al principio existieron ciertas reservas sobre Jackie «en varios de los hermanos, hermanas y primos de Jack, éstas se derrumbaron cuando leyeron "ese maravilloso poema"».

Durante sus años de juventud, Kennedy llevaba una agenda en la que recogía sus citas favoritas y, posteriormente, cuando se presentó a su cargo, en los discursos que pronunciaba citaba de memoria a Goethe, Swift, Bismarck e incluso a la reina Victoria de Inglaterra. Cuando regresó de su luna de miel, le leyó a Jackie un poema que había recopilado y que le gustaba mucho. Su esposa se lo aprendió de memoria y posteriormente solía recitárselo para complacerlo. El poema era *I have a rendezvous with Death*, de Alan Seeger, y la parte que más le gustaba de él, era:

> *It may be he shall take my hand*
> *and lead me into his dark land*
> *and close my eyes and quench my breath.*
>
> *But I've a rendezvous with Death*
> *at midnight in some flaming town,*
> *when spring trips north again this year,*
> *and I to my pledged word am true*
> *I shall not fail that rendezvous.*[1]

En cuestión de pocos meses Kennedy comenzaría su propia cita con la muerte y sólo con dificultad escapó a la llamada del «oscuro país». Tuvo una grave recaída de la lesión de su espalda, exacerbada por la enfermedad de Adison, comenzó a sentir grandes dolores que le obligaron a usar muletas para caminar.

Cuando su peso se redujo de más de setenta y cinco kilos a unos sesenta, y su hermana Eunice se dio cuenta de lo delgado que se estaba quedando, Jack trató de bromear al principio con estas palabras:

—No os preocupéis, no es nada serio. Se trata sólo del resultado de tener a Jackie en la cocina.

Finalmente, sus dolores fueron tan intensos que se decidió a pedir hora para una consulta en la sección de rayos X en el hospital de cirugía especial de Nueva York, donde se le

---

1. He preferido dejar en el original el texto de ese poema, cuya traducción dice así:

TENGO UNA CITA CON LA MUERTE

Es posible que tome mi mano
y me lleve a su oscuro país
y cierre mis ojos y apague mi respiración.

Pero yo tengo una cita con la Muerte
a medianoche, en cualquier ciudad en llamas,
cuando la primavera este año, otra vez, se nos vaya al norte
y como soy fiel a mi palabra empeñada
no faltaré a esa cita.
   (N. del t.)

enfrentó con la grave alternativa de seguir viviendo con esos dolores continuos, o someterse a una operación de fusión de la espina dorsal que podía costarle la vida.

Se le dijo que la posibilidad de sobrevivir a esa operación era de un cincuenta por ciento, debido a la ineficacia de su sistema adrenal. No obstante, decidió aceptar el riesgo y comentó:

—Prefiero morir a pasarme el resto de mi vida con estas malditas muletas.

Así, el 21 de octubre de 1955, Jackie acompañó a su esposo a Nueva York para la operación, que resultó un fracaso. Una infección por estafilococos se declaró y sumió a Kennedy en un estado tal de delirio que cayó en coma y fue incluido en la lista de los casos críticos. Se dio la alarma a la familia, a medianoche, avisándola que debía presentarse en el hospital inmediatamente y al enfermo se le dio la extremaunción, de acuerdo con los ritos de su Iglesia, en preparación de la muerte.

Fumando en cadena durante las veinticuatro horas, Jackie acudió junto a Joe Kennedy en busca de apoyo. Más tarde Jackie le diría a una amiga:

—Fue la primera vez en mi vida que recé de verdad.

Días antes, Jackie había planeado asistir a una exhibición de modas benéfica en Boston, pero debido a que su marido estaba tan enfermo, decidió no ir. Escribió una sentida carta al director explicándole el porqué de su ausencia.

Siento enormemente tener que decirle a usted, con esta fecha tan tardía, que no podré estar con ustedes el 30 de noviembre. Se trata de que no quiero dejar solo a Jack durante todo el día o el tiempo que mi asistencia requiera, puesto que no le está permitido tener otras visitas, y eso significaría dejarlo todo el día solo, lo que en ese hórrido hospital realmente podría bajar su moral. Confío en que comprenderá. Él se entristecerá mucho cuando sepa que me ha sido imposible asistir, pues me ha dicho muchas veces la gran ayuda que usted le ha prestado... Incluso si hubiese ido, la cosa no hubiera servido de nada porque no habría hecho nada más que preocuparme por el estado de Jack...

Cuando Jack comenzó a recuperarse, su padre decidió llevarlo en avión a Palm Beach para pasar allí las vacaciones de Navidad, de modo que pudiera reposar y relajarse en la comodidad de un ambiente familiar. La familia confiaba que el clima cálido reviviría su decaído espíritu.

Años más tarde, cuando Jackie estaba ya en condiciones de bromear al pensar retrospectivamente en aquellas Navidades, dijo:

—Fue algo horrible. Nos pasábamos el tiempo girando en torno al heredero forzoso.

Eso pudo parecer un chiste años más tarde, pero en aquella época fue algo traumatizante para todos y Jackie se pasaba el día tratando de darle ánimos a su marido.

Seis semanas después, Kennedy, todavía destrozado por los dolores y sufriendo terriblemente, decidió regresar a Nueva York para someterse a una segunda operación y que le fuera quitada la placa metálica que había dejado abierto un agujero en su espalda. En esa ocasión la operación fue un éxito, pero siguieron meses de convalecencia durante los cuales la familia temió que nunca se recobrara lo suficiente para reasumir sus deberes en el Senado.

Mientras se recuperaba, en la casa de los Kennedy en Palm Beach, Jack ocupaba una habitación del patio, junto a la piscina, y Jackie la habitación próxima a la suya. Fue una época verdaderamente dura para ella, pues casi no había nada que ella pudiera hacer por ayudar a su marido.

—Creo que una convalecencia es más difícil de soportar que un gran dolor —dijo, viendo cómo su marido cada día estaba más inquieto y frustrado.

Tendido de espaldas, imposibilitado incluso de utilizar una almohada, Kennedy no podía dormir más de una o dos horas seguidas, así que se dedicó a leer, recogiendo material para un artículo que, al parecer, después se convertiría en *Profiles in Courage*, el libro que ganó en 1957 el premio Pulitzer de biografías.

—Ese proyecto fue el que salvó su vida —dijo su esposa—. Le ayudó a canalizar todas sus energías y le hacía olvidarse del dolor.

También hizo que hubiera una continua corriente de visitantes en la finca de la playa. Cartas, memorandos y cintas con mensajes en dictáfono, iban desde la cama del enfermo a las oficinas del Senado, en petición de más de doscientos libros, diarios y revistas de la biblioteca del Congreso, que se mandaron de inmediato a Florida vía aérea. Taquígrafas iban y volvían transcribiendo sus dictados, mientras que Theodore Sorenson y otros ayudantes trabajaban redactando en limpio las notas originales de Jack Kennedy.

Durante todo ese tiempo Jackie colaboró con su marido, leyéndole en voz alta cuando él estaba demasiado cansado para sostener un libro en las manos, tomando abundantes notas y escribiendo mensajes para su secretaria en Washington en petición de más libros y artículos. Vivir bajo el mismo techo que su severa madre política, que se levantaba diariamente al alba para asistir a misa resultaba bastante difícil para Jackie. Cuando no estaba al lado de la cama de su esposo, salía sola a recorrer las tiendas de la Worth Avenue. Ir de compras se convirtió para Jackie en un lujoso escape con que paliar las horas desagradables y tediosas que componían su mundo real.

Durante esa temporada, Kennedy necesitaba más que nunca la compañía de sus camaradas políticos que le ayudara a salir de su grave estado de depresión. Jackie compartió sus horas de paseo junto a hombres tales como Red Fay y Dave Powers, a los que el embajador llamó para que acudieran a visitar a su hijo en Palm Beach.

Powers era un hombre cálido y genial que se describía frecuentemente a sí mismo como «un irlandés de tres pisos», con lo que quería dar a entender que procedía de un barrio pobre con casas de vecindad de tres pisos en el distrito más humilde del puerto de Boston. Era el mejor amigo de Jack Kennedy, a quien le gustaba tenerlo a su lado todo lo más posible. Experto en cuestiones internas del Partido Demócrata y con una prodigiosa memoria para la estadística política y las cifras electorales, tenía también un abundante repertorio de anécdotas y chistes verdes que hacían de él un acompañante simpático. Era fuente de diversión constante para Kennedy. Sabiendo esto, Joe Kennedy insistió en que Powers se pasara con su hijo los dos primeros meses después que fue dado de alta del hospital.

Jackie, pese a que tenía ya veinticuatro años cuando se casó, jamás había votado. No comprendía en absoluto la fascinación de la política, pero aceptaba a Dave Powers porque ejercía un efecto tan tonificante sobre su marido. Al resto de los políticos que los rodeaban los aceptaba con mucho menos entusiasmo. Se refería a la mayor parte de ellos, burlonamente, como los «lacayos de Jack» y los consideraba unos cretinos mugrientos que se pasaban el día dándose palmaditas en la espalda y fumando cigarros.

Sentía que su esposo no era uno de tantos. A sus ojos, el buen gusto de Jack, su encanto, su inteligencia y el indudable atractivo que ejercía sobre los demás, hacían de él más bien un estadista al estilo de Lord Melbourne que un político de camarilla.

Jackie cita a Shakespeare para describir a su marido de este modo: «Sus encantos eran como los del delfín, cuyo lomo sobresale sobre el elemento en que vive.» No lo consideraba como un político duro de pelar y con un gran depósito de experiencia en todas las cosas. Incluso se negaba a considerarlo un pragmático.

—¡Es un idealista... sin ilusiones! —decía.

Lo mismo lo aplicaba a Bobby, su cuñado.

—A veces me gustaría que Bobby fuese una ameba, para que pudiera reproducirse en sí mismo.

Jackie era despiadada en sus burlas de los demás en el círculo que rodeaba a Kennedy, a los que llamaba «aburridos y groseros». Ella era lo bastante inteligente, sin embargo, para comprender que su matrimonio se derrumbaría si se le privaba a su marido de su pasión absorbente por la política. Mientras él se sumergía en ella como el pez en el agua, ella continuó totalmente apolítica.

—No puedo entenderlo —dijo Kennedy—. Respira todos los gases políticos que flotan alrededor, pero como si nunca los inhalara.

Jackie, que conocía la gran ambición de su esposo por llegar a presidente, y al mismo tiempo se daba cuenta de lo precario de su salud y de su profunda depresión, estaba muy preocupada pensando en la posibilidad de que Jack no fuera físicamente capaz de conseguir su objetivo. Durante su penosa convalecencia, en cierta ocasión le preguntó a Ted Sorenson si creía que Jack realmente alcanzaría la Casa Blanca. Al verlo enfermo en cama y casi cadavérico, se preguntaba cómo lo lograría si alguna vez llegaba a intentarlo. Sorenson le aseguró que Kennedy debía y podía ser presidente, pero que lo más probable era que primero tuviera que conformarse con la vicepresidencia.

Apenas capaz de comer por sí solo y menos aún de salir de la cama o meterse en ella sin ayuda, Kennedy comenzó a planear su campaña para asegurarse el segundo lugar en la candidatura del Partido Demócrata. Su mayor preocupación no era su estado de salud, sino más bien qué podía hacer con su esposa a la que, frecuentemente, definía como una mujer que tenía «un pequeño exceso de *status* y no suficiente *quo*».

—Cómo hacer que Jackie, la aficionada a la caza del zorro, perfecta en su francés y mujer de la alta sociedad resultara digerible para los votantes fue el tema de muchas reuniones y conferencias familiares —recuerda Betty Spalding—. En cierta ocasión los visitamos en Palm Beach y discutimos el asunto con Jack, que dijo: «El pueblo norteamericano, realmente, no está todavía a la altura de alguien como tú, Jackie, y no sé lo que vamos a hacer al respecto. Supongo que tendremos que hacerte aparecer de modo casi imperceptible en uno de esos "spots" de la televisión, de manera que nadie se dé cuenta.»

—Esto —continúa Betty— fue como una bofetada en pleno rostro para Jackie, que se echó a llorar y salió de la habitación sollozando histéricamente. Jack estaba totalmente dolorido por el asunto y no podía entender las razones por las que su esposa se había afectado tanto. Estaba acostumbrado a sus hermanas, que le hubieran contestado que era él quien debía pasar inadvertido. Pero Jackie no era como Eunice, Pat o Jean. Se sintió anonadada por el comentario. Aun cuando estaba costumbrada a ser ignorada por el resto de la familia, se sentía terriblemente herida al ser tratada del mismo modo por Jack.

—Como Jack no podía contradecirse a sí mismo corriendo tras ella para disculparse —sigue recordando Betty Spalding—, pensé que era mi deber ir a buscarla y hacerla regresar con nosotros. Yo misma me encontraba un tanto molesta, pues siempre defendía a Jackie en aquellas reuniones tribales, y afirmaba que podía significar una magnífica aportación política, lo que hacía que todos saltaran sobre mí como demonios por haberme atrevido a hacer tal sugestión. Eran muy crueles en este aspecto y también hacían que yo me sintiera incómoda en ocasiones. Así que fui a buscar a Jackie para que volviera. Cuando dejó de llorar y regresó al salón, Jack dijo: «Me parece que debí haberme expresado mejor, ¿eh?» Naturalmente, no podía llegar a su esposa y decirle directa y claramente, «lo siento», porque era un hombre que no sabía disculparse. Pero aquellas palabras ya eran una disculpa y Jackie las aceptó como tal. En todo el día no volvió a ser mencionado el incidente.

Pero hubo otras conferencias y reuniones en las que se trató el tema de Jackie, que en esos momentos estaba desarrollando tal disgusto por la perspectiva de una campaña política a gran escala que ni siquiera quería discutir el asunto. Rose, Eunice, Ethel, Jean y Pat estaban ansiosas de empezar de nuevo a ofrecer sus tés y fiestas. Jackie, por el contrario, temblaba de terror sólo de pensar en tener que estrechar manos y manos y conversar sobre cosas indiferentes con personas totalmente desconocidas para ella y, lo que aún era peor, por el temor de dar un *faux pas* público en presencia de las hermanas de Jack.

Despreciaba también a «la mafia irlandesa» que estratégicamente rodeaba a los Kennedy. Ellos, a su vez, estaban resentidos con ella, pues creían que podía ser un peligro para sus esperanzas e impedir que el hombre por ellos elegido llegara a la cumbre. Trataban de decirle que era tan bonita que podía hacer palidecer de envidia a toda la población femenina, pero Jackie sabía lo que realmente pensaban y los odiaba por ello. El propio embajador, su único aliado, acabó por decirle medio en chanza:

—Bien, Jackie, si quieres marginarte, lo mejor que puedes hacer es quedarte embarazada.

Años después, cuando Kennedy ganó la Presidencia y Jackie comenzó a dar muestras de pánico ante los deberes oficiales que la esperaban como Primera Dama de la nación, le dijo a una amiga:

—Me quedaré embarazada y lo estaré todo el tiempo necesario. Es la única manera de escapar de esto.

Tras ocho meses de reconvalecencia, Kennedy se recuperó por completo y su libro quedó terminado. Arrojó las muletas y regresó al Senado, mientras Jackie se dedicaba a buscar casa. Una multitud de turistas, reporteros, fotógrafos y figuras de la televisión, lo esperaban en el Senado. Al contemplar la difusión de la noticia en los medios de información, Jackie bromeó:

—¡Dios mío! Es como si estuvieran informando de los primeros pasos del príncipe heredero.

En pocos días Jackie encontró una gran mansión georgiana de ladrillos blancos llamada Hickory Hill. Estaba situada al otro lado del río Potomac, en McLean (Virginia), no demasiado lejos de Merrywood, donde creció Jackie. Hickory Hill fue el hogar del difunto magistrado del Tribunal Supremo Robert Jackson y usada antaño como cuartel general del general McClellan durante la guerra civil.

Mientras Jackie se pasaba los días arreglando la casa, Jack se sumergió en su trabajo y puso en marcha una gira de discursos que lo mantendría ocupado de un lado a otro hasta el próximo otoño. Después, él y su esposa emprendieron un viaje oficial a Europa, que incluyó una audiencia con el Papa y una visita al otro lado del Telón de Acero, a Polonia. El Día de Acción de Gracias lo pasaron con el resto de la familia Kennedy en Hyannis Port y, pocas semanas más tarde, las Navidades, con el clan, en Palm Beach. Al año siguiente, los compromisos políticos de Jack Kennedy fueron más intensos y con ellos trató de explorar cuáles eran sus posibilidades de ser elegido vicepresidente.

—Me pasaba sola casi cada fin de semana, mientras Jack viajaba de un lado a otro del país pronunciando sus discursos —dice Jackie—. Las cosas iban mal para mí. La política se había convertido en una especie de enemigo mío en lo que se refiere a las pocas posibilidades que me dejaban verlo. Y no teníamos tampoco una vida hogareña.

Jackie no hizo el menor esfuerzo por tomar parte activa en los planes políticos de su marido.

—Jack no aceptaría, no podría aceptar, simplemente, tener una esposa que compartiera con él el brillo de la fama —dijo Jackie reconociendo su posición secundaria.

Consecuentemente, su papel político quedó reducido a mera decoración y eso, incluso, casi a la fuerza.

—Yo me exhibo y sonrío —dijo refiriéndose a sus actividades en la campaña— y algunas veces digo unas palabras. Y Jack considera que eso es todo lo que tengo que hacer.

Por lo general, esas pocas palabras consistían en un discursito en un suave francés o español, según el grupo étnico al que los Kennedy trataban de impresionar.

Jackie sabía desde el principio que Jack Kennedy estaba decidido a convertirse en Presidente de los Estados Unidos y que, como esposa, ella sería la Primera Dama. Inicialmente se sintió atraída por la novedad de casarse con un senador de los Estados Unidos, pero ignoraba casi por completo las realidades que implica ser la esposa de un político. Cuando un periodista le preguntó si su vida junto a un senador había sido lo que ella previó, contestó honestamente:

—La verdad es que no sabía qué podía esperar.

Más tarde admitiría que tuvo que realizar un duro aprendizaje.

—Una mañana, durante nuestro primer año de matrimonio, Jack me dijo: «¿Qué menú piensas preparar para los cuarenta invitados que tendremos para el almuerzo?» Nadie me había dicho nada hasta ese momento. Eran las once y los invitados llegarían a la una. Me dio auténtico pánico.

La esposa de un senador amigo íntimo de Kennedy recuerda que Jack llevó su esposa a una cena, poco antes de casarse y que comentó: «Bien, explícale a ella lo que supone ser la esposa de un político en carrera ascendente.» Le expliqué que un senador se debe a sus electores y no tiene tiempo para su familia —recuerda esa señora—. Como esposa suya no le queda a una tiempo de ver a los amigos porque siempre se está ocupada con el marido, dedicando la mayor parte del tiempo a ayudarle para que vuelva a ser reelegido. Jackie soltó una risita y dijo que aquello era excitante... Parecía como si no pudiera esperar que le llegara el momento. Y después, al cabo de unos meses, vino a verme y me dijo: «Dios mío, me dijiste lo que me esperaba, pero realmente no me lo explicaste todo. Sólo la mitad...»

Otro problema era mantener el horario de trabajo de Kennedy.

—Resultó realmente difícil en nuestro primer año de matrimonio —dijo Jackie—. Al estar casada con un senador, una mujer tiene que aceptar el hecho de que la única rutina es que no existe rutina. Nunca llegará a casa antes de las ocho menos cuarto o las ocho de la noche y, generalmente, más tarde. Se pasa fuera casi todos los fines de semana pronunciando un discurso en cualquier parte. No, yo no voy con él. Me quedo en casa. Y por lo general él está tan cansado que apenas si podemos salir o invitar a alguien a casa un día a la semana.

Otras incompatibilidades hicieron difícil el matrimonio para Jackie. Mientras que a Kennedy le gustaban las grandes multitudes de gente y asistir a musicales alegres y ligeros, ella prefería ofrecer cenas íntimas, en casa, reservadas a un número limitado de amigos. Eso le facilitaba la oportunidad de que las fiestas resultaran distinguidas y refinadas y de lucir su elegante cubertería de plata y su vajilla de porcelana de Sèvres. A Jackie le gustaba ofrecer unos *daiquiris* a la luz de las velas y charlar de filmes extranjeros o de arte. Kennedy prefería la cerveza y pasarse la noche hablando de política, tras una simple cena a base de un buen filete con puré de patatas.

—No era una compañera fácil en las cenas —dice el columnista Marquis Childs—. Sus amigos más íntimos la describen como reservada y tímida. Su conversación siempre se refería a la caza, al ballet, a Baudelaire, a la gente que ella había conocido, siempre en los lugares más correctos. Al lado de un marido tan egoísta, tan ambicioso, que era el centro de un clan celoso y protector, encontraba que su papel quedaba muy restringido.

Otra amiga de los primeros días cuenta:

—En las cenas que ofrecía siempre teníamos que acabar jugando a alguno de esos juegos de sociedad, como el de Categorías, que tanto les gustaba a los Kennedy.[2] Jackie era la mejor en lo que se refería a grandes modistas y Jack siempre ganaba cuando el tema eran los generales de la guerra civil o los equipos de la Copa Davis de tenis. Al resto de nosotros la cosa no nos divertía demasiado. Cuando Jackie servía queso y frutas de postre, él se iba a la cocina y volvía con un plato lleno de helado de vainilla y salsa de chocolate. Si dejábamos de hablar de política y nos referíamos a cualquier otro tema, cosa que Jackie intentaba siempre, Jack se aburría y se marchaba a la cama. Podía ser enormemente crudo y rudo y, además, en la mesa era un verdadero cerdo, pero Jackie mejoró sus modales de manera considerable al cabo de poco tiempo de estar casados. Siempre le estaba diciendo que comiera más despacio. Antes de casarse solía ir mal vestido con trajes arrugados y rodilleras, pero también en ese terreno Jackie lo mejoró mucho.

Después de una vida de nómadas yendo y viniendo de Washington a Boston, de Newport a Palm Beach, viviendo con una u otra familia, Jackie confiaba en que Hickory Hill le daría un hogar en el estricto sentido de la palabra, un lugar donde su padre pudiera pasar unos fines de semana plácidos y su marido relajarse y descansar de su agotador trabajo. Se pasó meses y meses comprando muebles y antigüedades y planeando la decoración de su nueva casa.

Concedió especial interés al cuarto infantil, pues esperaba dar a luz en octubre.

Quizá por temor a un aborto —ya había tenido uno el primer año de su matrimonio— mantuvo en secreto su embarazo tanto como le fue posible. Pero cuando llegó el momento de la Convención demócrata en Chicago, en el mes de agosto, estaba demasiado excitada para pensar en que iba a ser madre.

Debido a su estado, se quedaba con los Shriver en su apartamento en vez de compartir la suite, con Kennedy y sus ayudantes en la campaña electoral, en el Conrad Hilton Hotel.

Ese verano fue horriblemente caluroso en Chicago. Bañados en humedad, con el mal olor de los muelles extendiéndose por toda la ciudad como una nube nociva. Cada vez que salía de casa, Jackie sentía oleadas de náuseas, pero se las arreglaba

2. Se trata de un juego en el que cada uno de los participantes elige tema y debe nombrar los personajes más importantes de la especialidad. (*N. del t.*)

para acompañar a su marido a desayunarse con los delegados de Nueva Inglaterra en Palmer House y la fiesta del champaña de Perle Mesta, en el Sheraton Blacksyone, al día siguiente.

Conocida en esos días como «la anfitriona de los de arriba», Perle Mesta nunca fue una de las favoritas de Jackie. Nada pudo impresionarla menos que la burbujeante fuente de champaña rosado de la señora Mesta.

—Actúa como si fuera la esposa de un destilador de licores —comentó Jackie, asombrada por las extravagantes fiestas que solía ofrecer y que, según ella, resultaban vulgares y obvias.

Cuando la anfitriona del Partido Demócrata, que dicho sea de paso nunca apoyó a Kennedy, llamó a Jackie «una beatnik» y comentó indignada ante la prensa que no llevaba medias, la señora Mesta se encontró con que muchas de sus invitaciones no obtenían reciprocidad. Cuando la beatnik se convirtió en Primera Dama, Perle Mesta fue desterrada a una Siberia social. Ni una sola vez volvió a ver el interior de la Casa Blanca durante la administración Kennedy.

Jackie, como afirma su madre, tenía una amplia memoria y nunca olvidaba un desaire, sobre todo si iba dirigido a su esposo. Por otra parte, no sabía tener en cuenta la realidad política de que el enemigo de hoy puede ser el aliado de mañana. Cuando su marido llegaba a casa irritado contra algún colega político, Jackie concluía que aquel hombre era un enemigo y la próxima vez que se lo encontraba miraba a otro lado para no saludarlo, y se negaba a hablarle. Si posteriormente Jack decía algo agradable sobre ese hombre, Jackie, indignada y encontrando aquello un disparate, exclamaba:

—¿Cómo es posible que digas algo bueno de esa rata? Me he pasado tres semanas odiándolo.

—Jack acabaría por explicarle a su esposa que en política uno difícilmente encuentra amigos o enemigos, sólo colegas —dice Arthur Schlesinger Jr.—, y que nunca debe profundizarse en una divergencia tanto que se pierda toda oportunidad de reconciliación, pues siempre existe la posibilidad de que haya que colaborar con el otro más tarde o más temprano.

Kennedy trató de explicarle cómo se hacía el juego político, previniéndola de que no debía dejar que sus sentimientos fueran heridos.

—No se puede tomar la política como algo personal —le dijo—, pues eso levantaría las emociones más encendidas y si uno es sensible ante lo que la gente dice, siempre estará irritado.

Jackie nunca pudo entender esta faceta de la vida política. Su inocente lealtad a su esposo, la conducía a adoptar una postura de «primero yo, después los demás», con respecto a sus oponentes y a ignorar los términos medios y las indecisiones.

Consecuentemente, siempre se mostró resentida con Eleanor Roosevelt. En la época en que Kennedy aspiraba a la vicepresidencia, la señora Roosevelt dijo que no le daría su apoyo mientras no declarase su oposición al senador Joseph McCarthy y sus filípicas anticomunistas. Esa petición resultaba dura de cumplir para Kennedy, debido a que aquel republicano católico irlandés de Wisconsin era un buen amigo personal de los Kennedy e invitado frecuente en Hyannis Port. Cuando se reunió con la señora Roosevelt dejó de lado el asunto afirmando que expresaría con claridad sus puntos de vista cuando la ocasión se presentara por sí sola.

Eleanor insistió en que era él quien debía buscar la ocasión y aclarar cuanto antes el asunto. Kennedy se opuso y, como consecuencia, la señora Roosevelt le negó su apoyo.

Desde un punto de vista político, Eleanor Roosevelt estaba usando una táctica legítima en política, y Kennedy lo reconocía así, pero no Jackie, que opinaba que Eleanor era una mujer «tozuda, mediocre y rencorosa» y se negó a hablar con ella. Incluso cuando ya era «First Lady», Jackie no se suavizó e insistió en abandonar la Casa Blanca cuando su marido invitó a la señora Roosevelt a recorrer las dependencias familiares.

Cuando fue Primera Dama, Eleanor Roosevelt viajó por todo el mundo como representante confidencial de su marido inválido. Formaba parte de un sindicato, escribía una sección fija en un periódico, daba conferencias de prensa, se reunía con los mineros y sabía apaciguar a los piquetes que se formaban en torno a la Casa Blanca. Su estado de salud conmovió a todo el país, pero no a Jackie Kennedy. Realmente ni siquiera quiso asistir a su funeral al que solo acudió cuando su marido insistió en que su presencia era requisito imprescindible.

Patricia Peabody Roosevelt recuerda la ocasión perfectamente:

—Jackie Kennedy estaba sentada cómodamente en un sofá próximo, escuchando con fría indiferencia fragmentos de las conversaciones que se desarrollaban a su alrededor. Con un gesto elegante tomó un cigarrillo de su bolso y lo alzó, esperando que alguien le diera fuego... Los hijos de Elliott estaban demasiado asombrados para reaccionar y se quedaron sin hacer nada mirando como Jackie balanceaba su cigarrillo apagado esperando. Finalmente con un suspiro de resignación, sacó una caja de cerillas y lo encendió.

Cuando la familia Kennedy y su contorno político cayeron sobre Chicago a principios de semana, comenzaron a rondar y a visitar a sus delegados en busca de apoyo para sus candidatos. Como una de las anfitrionas del «Chicago Women's Hospitality Committee», Eunice arrastró a sus hermanas y a Ethel a una total participación, mientras Sargent Shriver y Bobby Kennedy, preparaban el terreno, yendo de una delegación a otra, tratando de conseguir los votos de los sureños. Mientras tanto, Papá Joe llamaba por teléfono desde el otro lado del Atlántico, en Francia, y trataba de atraer a jefes del partido al lado de su hijo. Durante esas largas horas de campaña, Jackie pasó la mayor parte de su tiempo en el apartamento de los Shriver y casi no veía a su marido. Éste, echado en la cama de la habitación del hotel, analizaba la situación con sus ayudantes políticos.

Sumergido en la espuma de un baño, en la Stockyard Inn, Kennedy observaba en su receptor de televisión la turbulenta acción que se desarrollaba en el *hall*, mientras su esposa esperaba dentro de la sala a que comenzara la votación. En la primera vuelta Kennedy consiguió 304 votos, por detrás de Estes Kefauver, pero todavía en competición. Cuando su nombre surgió en la segunda vuelta, en la que Kennedy superaba a Kefauver por 618 votos a 551 1/2, Jackie comenzó a gritar y agitar su cartel en favor de Adlai Stevenson para la Presidencia con todo entusiasmo desde el palco de los Kennedy, donde estaba sentada en compañía de otros miembros de la familia. Kennedy·sólo necesitaba sesenta y ocho votos más para ser proclamado candidato y Jackie estaba convencida de que podía conseguirlos.

En la tercera votación Kennedy consiguió treinta votos más y la delegación de Massachusetts comenzó a patear. El presidente golpeó su mazo pidiendo orden; los delegados agitaron sus estandartes reconocidos. Seguidamente Missouri echó por tierra todas las esperanzas de Kennedy, al ceder sus votos al hombre de Tennessee, que así, en cuestión de minutos, se colocó por encima y con los votos suficientes.

Cuando Jack Kennedy entró en la sala de la convención unos minutos más tarde y pidió que Kefauver fuese proclamado candidato por aclamación, su esposa comenzó a llorar, pues sabía lo amargamente desilusionado que debía de estar por su derrota después de haber llegado tan cerca de la victoria.

Kennedy aceptó el fracaso con una sonrisa forzada y abandonó el podio mientras la banda tocaba *The Tennessee Waltz*. Cincuenta y cuatro meses más tarde regresaría triunfante para conseguir el premio máximo de los demócratas, pero en esos momentos era un hombre derrotado, cansado, amargado y desilusionado.

Se reunió con Jackie y su buen amigo el senador George Smathers y regresó con ellos a las habitaciones de su hotel, desde donde llamaron por teléfono a Joe, que se hallaba en la Riviera francesa.

—Hicimos cuanto pudimos, papá —le dijo Jack a su padre—, me he divertido y no me he puesto en ridículo.

Seguidamente colgó el teléfono y empezó a analizar las posibles causas de su derrota.

—Jamás antes estuve en un velatorio irlandés —diría Smathers—, pero supongo que aquél lo fue. Los tres sentados en la habitación del hotel, en penumbra, sin decir nada. Nos pasamos allí casi una hora y media, y todo lo que se le ocurrió a Jackie fue referirse a las cosas que su marido debió hacer y que hubieran cambiado el resultado. Él estaba herido, muy herido y afectado. Creo que lo peor de todo fue que se sintió tan cerca del triunfo.

Kennedy estaba decidido a salir para Francia al día siguiente, acompañado por George Smathers, para pasar unas vacaciones con sus padres, pese a las súplicas de Jackie, que le pidió se quedara con ella en Newport. Jackie odiaba viajar en avión y, muy en especial en esos momentos, cuando se encontraba embarazada. En vez de quedarse sola, decidió que residiría con su madre y su padrastro en Hammersmith Farm.

—Jackie estaba tan disgustada y resentida con su esposo, por haberla dejado sola, que dijo que el futuro bebé le importaba un pito —recuerda una amiga que estuvo con ella en Newport—. No era así desde luego, pero estaba tan molesta por su partida que interiormente se sentía desolada y, para colmo, se encontraba tan fatigada y agitada por la convención, con sus multitudes y escándalo, que finalmente acabó en una clínica.

Una semana después de su llegada a Hammersmith Farm, Jackie comenzó a tener hemorragias y experimentó calambres muy intensos. Fue hospitalizada y sometida a una cesárea de emergencia. El feto —una niña— llegó a nacer. Avisado por la señora Auchincloss, Robert Kennedy se dirigió en avión a Newport y se quedó con Jackie en el hospital mientras Eunice trataba desesperadamente de dar con su hermano por el sur de Francia.

Al día siguiente el *Washington Post* publicaba en primera página una información titulada: «El senador Kennedy, de viaje por el Mediterráneo sin saber que su esposa ha perdido a su hijo.»

—Jack casi enloqueció cuando posteriormente leyó el reportaje —cuenta un amigo—, pero Jackie dijo que se lo tenía bien merecido. «¿Qué otra cosa podías esperar?», le pregunto indignada.

El periódico afirmaba que «la tensión nerviosa y el cansancio, como consecuencia de la convención demócrata» habían sido causa del aborto. Jackie culpaba a Jack.

Tres días más tarde Kennedy, que hacía un crucero por la isla de Capri en un yate alquilado, se enteró de la noticia. Cuando pudo ser localizado por una estación de radio costera, se tomó las cosas con calma y, al enterarse de que Jackie se encontraba relativamente bien, decidió continuar sus vacaciones. Sólo la insistencia de George Smathers le persuadió de que debía regresar.

—Si quieres presentarte a la Presidencia, ve corriendo al

lado de tu mujer y quédate allí. Si no lo haces así, todas las esposas del país se volverán contra ti —le dijo Smathers—. «Pero ¿para qué demonio tengo que volver ahora?», me preguntó. Le dije que lo iba a llevar de vuelta a su casa aun cuando tuviera que arrastrarlo. Joe Kennedy se mostró conforme, así que volvimos juntos.

Totalmente agotada física y emocionalmente, Jackie se quedó en el hospital mientras su familia preparaba el funeral para la niñita, que no vivió el tiempo suficiente para ser bautizada. Años más tarde, un pequeño ataúd con una plaquita con el nombre *Baby Kennedy* fue exhumado y vuelto a enterrar junto a las otras dos tumbas de los Kennedy en el Cementerio Nacional de Arlington.

Kennedy sólo se quedó unos cuantos días con su esposa en Newport antes de dejarla de nuevo para emprender otra campaña en pro de la candidatura Stevenson-Kefauver, realizando ciento cuarenta apariciones en público en veintiséis Estados. Cuando regresó, él y Jackie se quedaron unos días en Nueva York, para asistir a estrenos teatrales y después regresaron a Washington. En esos días Jack Kennedy le confió a su secretaria, Evelyn Lincoln:

—No creo que continuemos viviendo en Hickory Hill el año próximo. Ya sabe que Jackie se pasó muchísimo tiempo preparando el cuarto para su hijo y no quiere regresar allí. Está enormemente afectada por lo ocurrido a su hijita.

CAPÍTULO CUATRO

Eisenhower regresó a la Casa Blanca tras de haber obtenido una victoria electoral arrolladora. Kennedy reflexionó sobre el hecho de que tal vez hubiera sido un bien para él la pérdida de su candidatura a la vicepresidencia. Si él hubiera sido el compañero de Stevenson, la derrota de los demócratas podría haberse achacado a su catolicismo, y con ello se hubiera arruinado para siempre cualquier futura ocasión de alcanzar cargos más altos.

Recordando a su hermano mayor, muerto en la segunda guerra mundial, Kennedy dijo:

—Joe era la estrella de nuestra familia. Lo hacía todo mejor que el resto de nosotros. Si hubiese vivido, se hubiera dedicado a la política y él sería el elegido para el Congreso y el Senado en mi lugar. Y como yo, hubiera buscado la nominación para la vicepresidencia; pero, a diferencia de lo que me sucedió a mí, él no habría sido derrotado. Joe habría conseguido la candidatura. Y después él y Stevenson resultarían derrotados aparatosamente por Eisenhower y en estos momentos la carrera política de Joe estaría rota y tendría que dedicarse a recomponer sus pedazos.

Esto lo dijo Jack Kennedy no sin cierta satisfacción. Había controlado por completo su fracaso político. A los cuarenta años de edad, era conocido en toda la nación como el senador guapo y joven que pronunció el discurso que siguió a la designación de Stevenson como candidato a la presidencia, en la convención del Partido Demócrata, y la gente empezaba a referirse a él como un posible contendiente a la presidencia, aun antes de que recibiera el premio Pulitzer de 1957 por su libro *Profiles in Courage.*

Joe Kennedy había confiado mucho en su íntima amistad con Arthur Krock, el conocido columnista del *New York Times* y miembro del consejo del premio Pulitzer, para asegurarse de que su hijo recibiría ese prestigioso galardón.

—Te sorprenderás de ver cómo un libro que verdaderamente consigue altura entre la gente de categoría, te será de utilidad en los años próximos —le dijo a su hijo.

El premio Pulitzer elevó el *status* intelectual del senador, que empezó a programar su futuro político. Comenzó con una colosal campaña para asegurarse su reelección al Senado, lo que logró con la más destacada mayoría conocida en la historia de Massachusetts. A partir de ahí emprendió despiadadamente su camino hacia la presidencia.

Durante los tres años siguientes, su esposa trató de seguir su rumbo, aferrándose a un matrimonio que, según sus propias palabras era «equivocado, totalmente equivocado».

Durante algún tiempo circularon por Washington rumores de que los Kennedy tenían problemas matrimoniales y no sorprendía a nadie verlos salir por la noche separados, cada uno por su cuenta. Incluso se publicaron algunos reportajes indicando que el matrimonio estaba roto, entre ellos uno en *Time* que decía que Jackie había amenazado a Jack con el divorcio y que su padre, Joe Kennedy, había llegado a un acuerdo con Jackie, en la River House de Nueva York, pagándole un millón de dólares para que siguiera con su hijo.

Esta historia, que realmente no tiene base, comenzó poco después de que se proclamara públicamente a Joe Kennedy como el número once entre las personas más ricas de los Estados Unidos, con una fortuna de 400 millones de dólares. Esa fortuna se basaba principalmente en la manipulación de acciones, en la producción, en Hollywood, de películas de baja calidad y en la importación de licores en el período inmediato que siguió a la suspensión de la Ley Seca. Ciertamente estaba en condiciones de poder ofrecer a su hija política una buena cantidad de dinero, pero no existió esa transacción. No obstante, Joe Kennedy habló largamente con Jackie sobre su matrimonio, convenciéndola de que, pese a que la evidencia parecía indicar lo contrario, su marido la quería mucho. Logró convencerla también de la importancia que tenía el que siguieran juntos, para que las cosas marcharan bien, y de que lo que Jack sí necesitaba más que nada para sentar cabeza era tener un hijo.

Preocupado por todos esos rumores que corrían con respecto al matrimonio de su amigo, Red Fay se decidió a preguntarle a Kennedy qué había de cierto en ellos. Recuerda que le planteó la cuestión más o menos de este modo:

—La hermana de la esposa de uno de mis mejores amigos, que se dice ha viajado en Nueva York con Jackie y Lee, ha hecho circular la historia de que Jackie sólo seguirá contigo hasta que hayas sido elegido candidato o haya pasado la elección. Después se divorciará. Dice que se ha enterado por una de las amigas más íntimas de Jackie. Quiero que seas tú, personalmente, quien me niegue este rumor para que de ese modo yo pueda desmentir la historia. Cuando le hube dicho esto, Jack se me quedó mirando tranquilamente y me respondió: «No me sentiría tan confiado como tú en poder desmentirlo y acabar con los rumores. La gente que hace circular rumores como ése no acepta con gusto un mentís. Creo que conozco a la muchacha que está difundiendo esa historia en Nueva York. Ella y Jackie han asistido a veces a las mismas reuniones y, cosa que resulta bastante sorprendente, Jackie dice que siempre está muy amable y amistosa con esos ella.»

Jackie también estaba enterada de esos rumores. Pero como se trataba de una persona pasiva, con poca tendencia a enfrentarse a nadie, permanecía reservada y en guardia, confiando en su soledad sólo a los íntimos. De todos modos, trataba de tener cierta independencia y empezó a ver a hombres como Walter Sohier y Phillip Carroll con toda la frecuencia que le era posible.

—Créase o no, Jack tenía celos cuando Jackie salía con otro hombre —dice Betty Spalding—, aun cuando se tratara de un antiguo compañero como Bill Walton, porque estaba convencido de que ella era capaz de hacer las mismas cosas que él estaba haciendo. Le molestaba tener esa especie de envidia porque amenazaba la imagen de *macho* que se había forjado de sí mismo como esposo y como hombre que debe serlo todo tanto para su esposa como para cualquier otra mujer en el mundo. En la mentalidad de Jack, las demás mujeres eran algo aparte, separado de sus responsabilidades hacia su esposa. Los mujeriegos impenitentes sienten que hay algo que necesitan profundamente en su propio interior para reforzar su propia sexualidad, y eso no tiene nada que ver con las mujeres con las que están casados.

Frecuentemente, Jackie jugaba con esos celos, en venganza por alguna aventura amorosa de Kennedy, y se sentía complacida y en cierto modo más segura, cuando veía que su marido respondía a su juego. Cuando ya era Primera Dama, se llevó a Carolina en uno de sus viajes a Italia y los periódicos se llenaron con fotografías suyas acompañada del magnate de la FIAT Gianni Agnelli. Cuando Kennedy vio las fotos y oyó los chismes que corrían por la embajada, le envió a Jackie un cable, vía valija diplomática, en el que le decía: «Un poco más de Caroline y un poco menos de Agnelli.»

—Jackie tenía un buen número de amigos varones porque se entendía mejor con los hombres que con las mujeres —dice la señora Spalding—; lo que, estoy segura, se debe al hecho de que nunca se llevó bien con su madre. Pero no se trataba de flirteos ni de cosa parecida, y no había nada de intenciones seductoras ni sexuales en ella. Se guardaba demasiado.

Desde luego que circulaban rumores sobre Jackie también, y ella estaba enterada de que se cotilleaba sobre sus asuntos. Con Robin Douglas-Home comentó:

—¿Qué puedo hacer al respecto? Si ceno con alguien, bailo con alguien más de una pieza, salgo con alguien, soy fotografiada con alguien sin que esté Jack, y todo el mundo, automáticamente, dice: «¡Oh, ese debe de ser su nuevo amante!» ¿Qué puedo hacer para impedirlo?

Cuando Home le preguntó sobre uno de sus amigos, personaje bastante conocido y por qué circulaban siempre con tanta intensidad los rumores de sus relaciones amorosas, Jackie respondió:

—¿Sabe por qué? Porque cada vez que él viene a verme, telefonea a tres de los mayores chismosos de Nueva York y les dice, como si por casualidad eso formara parte de la conversación: «¡Ah, voy a ver a Jackie... Me ha pedido que vaya, pues se encuentra terriblemente sola y me necesita... Naturalmente que esto te lo digo de manera confidencial y espero que no se lo comuniques a nadie. Puedo confiar en ti, ¿verdad? Ya sabes lo embarazoso que resultaría para ella.»

Home sacó la impresión de que Jackie consideraba el poder de atracción de su esposo con las mujeres como una especie de desafío que la obligaba a ser lo más atractiva y deseable como esposa.

Otra amiga dice:

—La cuestión de «las otras mujeres» siempre estaba presente en su mente. En ocasiones podía actuar con madurez respecto a las pequeñas aventuras de Jack, pero otras se lo tomaba por lo trágico y se alejaba, discutía con irritación y se lamentaba durante varios días, refugiándose en sí misma y adoptando una postura helada hacia su marido. En esas ocasiones era cuando se lanzaba a la calle, se iba de compras y se pasaba horas y horas visitando a Walter Sohier en su casa de Georgetown. Muchas veces atormentaba a su marido. Recuerdo un día en que todos nos habíamos ido a nadar y ella regresó a la casa y le dijo a Jack: «Creo que debes ir abajo corriendo. He visto a dos de las mujeres que te gustan.» Frecuentemente, Jack y Jackie hablaban de cuestiones sexuales y sobre quién se acostaba con quién y las cosas que hacían en la cama. A los dos les gustaba hablar de esas cosas continuamente. La curiosidad sexual de Jackie por saber las cosas sucias que hacían las personas de la alta sociedad era exactamente tan grande como la de Jack. Podían pasarse horas y horas hablando de los líos amorosos de los demás.

Una mujer recuerda la conversación mantenida con Jackie en la Casa Blanca poco después de una visita oficial del sha del Irán.

—Nos reíamos del sha, que era tan rígido y seco, y de su nueva esposa, tan joven, tan bonita y tan vibrante —me cuenta—. Jackie tenía verdadera curiosidad sobre el matrimonio del sha y dijo que no creía que pudiera tratarse de una boda por amor. Se preguntaba si el sha visitaría alguna vez el lecho de su esposa. Nos pasamos un rato estupendo chismorreando sobre esas cosas.

En otra ocasión, en calidad de Primera Dama asistió a una recepción que se ofreció en la Casa Blanca en honor de los astronautas y los interrumpió para preguntarles si conocían a Sigismund Braun, hermano de Werner, que se había visto profundamente involucrado en el escandaloso caso de divorcio del duque de Argyll.

Si Jackie tenía un delicioso sentido del humor sobre la vida sexual de los demás, no mostraba la misma cualidad cuando se trataba de su propio esposo.

—La única indicación que he tenido de que Jackie conociera la existencia de las otras mujeres de Jack fue cuando estaban en la Casa Blanca y Jackie me preguntó si su marido tenía en esos momentos relaciones amorosas con Pamela Turnure —me dice Betty Spalding—. Repuse que no lo sabía, pero aunque lo supiera tampoco iba a decírselo. Era un asunto que debían poner en claro ella y Jack, y en el que yo no tenía ningún derecho de mezclarme. Le preocupaba que esas relaciones existieran, dado que tenía que ver a diario a la secretaria de su marido y tratar con ella de algunos asuntos. Esto la preocupaba más que el hecho de que Jack, posiblemente, se estaba acostando con ella.

Esa aventura, que comenzó cuando la señorita Turnure era secretaria en la oficina de Kennedy en el Senado, pudo haberse convertido en un obstáculo para la llegada de Jack a la presidencia. Si Kennedy hubiera sido sometido por parte de la prensa al mismo escrutinio que se hizo habitual después de Watergate, lo más posible es que Kennedy no hubiera llegado a la Casa Blanca. Incluso su secretario de prensa, Pierre Salinger, llegó casi a admitirlo cuando dijo, en 1977: «Si Kennedy hubiese estado en la presidencia aquellos días, se nos hubiera echado antes de seis meses por las cosas que hicimos.» Sin embargo, cuando Kennedy era candidato a la Presidencia no tuvo que enfrentarse con un cuerpo de periodistas que se dedicara a investigar la vida privada de los hombres públicos.

Durante el verano de 1958, estando Jackie en Hyannis Port, Jack hizo una tardía visita nocturna a su guapa secretaria, que entonces sólo tenía veintiún años, y que había alquilado un apartamento en Georgetown, en casa del matrimonio Kater.

—Una noche estábamos levantados todavía aunque era ya tarde —nos cuenta la señora Kater— cuando oímos que alguien desde fuera estaba arrojando unas piedrecitas a la ventana de Pam. Debía de ser la una de la madrugada. Miramos por la ventana y vimos al senador Kennedy, que estaba en el jardín, y le decía a Pam en voz muy alta: «Si no bajas, treparé hasta tu terraza.» En vista de lo cual ella lo dejó entrar. Mi marido y yo nos sentimos tan intrigados por aquel asunto, que colocamos un magnetófono en una repisa de la cocina y otro en el sótano para recoger los ruidos del dormitorio. La próxima vez que se presentó Kennedy mi marido puso en marcha los magnetófonos y escuchó la conversación en la sala de estar. Cuando se metieron en el dormitorio pudimos oír el inconfundible sonido de una pareja haciendo el amor.

—Puedo asegurarle —continúa la señora Kater— que Kennedy no es un amante muy locuaz.

Nuestra informante dice que durante la conversación que tuvieron en la sala de estar, el senador le preguntó: «¿Estás dispuesta?», y su secretaria le replicó: «Siempre que tú lo estés.»

La señora Kater recuerda que tuvo problemas con su inquilina y finalmente hubo de pedirle que se marchara cuando se negó a vaciar su cubo de basura.

—Cuando eché a Pam, J. F. K. se las arregló para que se alojara en la casa de Mary Meyer, en Georgetown, durante el verano y continuó visitándola allí. Yo estaba tan indignada de ver que ese senador católico irlandés, que pretendía ser un buen padre de familia, pero actuaba de modo distinto, pensara presentarse a la Presidencia, que decidí que mi obligación era hacer algo para evitarlo. Yo era muy inocente e ignorante en aquellos días y no tenía idea de la potencia de las fuerzas con que iba a enfrentarme. Sabía que nadie creería mi relato si no presentaba pruebas de su veracidad, así que decidimos tomar una fotografía para añadirla a las cintas ya en nuestro poder.

—En la noche del 11 de julio de 1958 —es extraño que aún pueda recordar la fecha con tanta exactitud después de todos estos años—, mi esposo y yo tomamos el coche y nos dirigimos a la calle Treinta y Cuatro, donde Pam vivía entonces, y vimos a Kennedy, que a pie se dirigía a la casa. Después vimos cómo los dos salían juntos y se dirigían al Alfa Romeo blanco de la secretaria. Ésta reconoció nuestro auto, así que nos fuimos y alquilamos otro más pequeño dentro del cual nos pusimos a esperar, en la oscuridad, que la pareja regresara. No puede suponer lo emocionante que resultó para nosotros. La noche desolada y siguiendo los pasos al futuro presidente de Estados Unidos.

—Kennedy apareció a eso de la una de la madrugada y mi esposo estaba esperándolo en la acera. «¡Eh, senador», le gritó. Kennedy se volvió para mirarlo, y cuando vio a mi esposo con la cámara se tapó el rostro con la mano. Después le dijo: «¿Qué demonio está usted haciendo aquí? ¿Cómo se atreve a hacerme una foto?»

La señora Kater sigue contando:

—Yo salté del coche y grité: «¿Y cómo se atreve usted a presentarse a presidente haciéndose pasar por un buen cristiano?» Le dije que yo también era católica e irlandesa y que, al cabo de treinta años, podíamos hacer algo mejor que llevar

"No creo que haya hombres que les sean fieles a sus esposas. Los hombres son una combinación de bondad y maldad."
(Declaraciones de Jacqueline Kennedy.)

un libertino a la Casa Blanca. Le entregué un libro titulado *The Irish and Catholic Power* y él anotó nuestro número de matrícula en él. Al día siguiente llamé a Joe Kennedy. Era un hombre untuoso, correcto y suave. Me dijo que se marchaba a Europa y no creía que lo que yo tenía que decirle tuviera la menor importancia.

Varias noches después, los Kater volvieron a tomar su coche y se dirigieron a casa de los Kennedy en Georgetown, frente a la cual aparcaron y esperaron.

—El senador salió de la casa y se dirigió a nuestro coche —recuerda la señora Kater— anotó la matrícula y volvió a entrar en la casa. Poco después salió de nuevo y le dijo a mi marido: «Quiero que sepa que estoy enterado de todo lo relacionado con su ocupación. Usted es muy apto en su trabajo. ¿Por qué no sigue ocupándose de él? Si vuelve usted a molestarme, o a mi padre, me ocuparé de que no pueda trabajar en Washington lo que le quede de vida.» Yo salté del coche y le grité a la cara: «Tengo una cinta de usted puteando con su amiguita. Es usted indigno de utilizar la bandera de su catolicismo para llegar a la Presidencia de este país.» Creo que su rostro adquirió una expresión de temor en aquel instante y yo me di la vuelta y me volví al auto.

Cuando J. F. Kennedy se alejó del coche, la señora Kater le dijo a su marido:

—Este hombre se está alejando cada vez más de la Casa Blanca y yo voy a fastidiarlo. Hubiera estado bien que te hubiera dado un puñetazo en las narices, pero no es justo que te haya amenazado con quitarte tu trabajo.

Antes de que la señora Kater empezara su campaña individual y solitaria para desacreditar a Kennedy, recibió una llamada del abogado del embajador Kennedy, James M. Mc Inerney, que anteriormente trabajó en la división de lo criminal del FBI. De acuerdo con las palabras de la señora Kater, McInerney, ya fallecido, le pidió que le entregara la fotografía y las cintas y se olvidara del asunto.

—Me dijo —añade la señora Kater— que si hacía pública mi información eso sería un suicidio político para el senador y un suicidio económico para mi marido. «Todos los católicos de este país la odiarán a usted —me dijo—, y su esposo dejará de serle útil a la compañía para la que trabaja.» La compañía en la que estaba empleado, la Standard Register, había recibido ya varias llamadas telefónicas con respecto al empleo del señor Kater.

Discutieron el asunto entre ellos y la señora Kater dice que su marido le dijo al abogado que a ellos les gustaba mucho el arte y siempre habían querido poseer un Modigliani para añadirlo a su colección, así que si recibían el cuadro el incidente sería olvidado. McInerney nunca les llevó el cuadro, pero continuó visitándolos.

—Vino a vernos unas nueve veces —dice la señora Kater— y después volví a llamar a Joe Kennedy para hablarle del senador y decirle lo que pensaba de él. Me dijo que no me pusiera demasiado nerviosa y que le gustaría verme después de nuestro regreso del viaje que teníamos proyectado a California. Me preguntó cuándo regresaríamos a Washington y se lo dije. Me contestó que la fecha coincidía perfectamente con la de un viaje que él pensaba hacer a la capital y añadió que le gustaría verme en cualquier lugar que yo le indicara. Le sugerí nuestra casa. Me preguntó si deseaba que me diera un pase especial para visitar los estudios cuando estuviéramos en Hollywood y le dije que no lo necesitábamos. Añadió que había oído decir que yo era «un auténtico carácter» y que trataría de verme muy pronto. Su actitud fue como si yo fuese una estúpida orgullosa.

»A continuación —sigue relatando la señora Kater— telefoneé al cardenal Cushing para pedirle una cita, que me fue concedida. Me presenté con las pruebas que tenía sobre la incompetencia moral del senador Kennedy para ser presidente de los Estados Unidos. Le dije al cardenal Cushing que si el senador Kennedy no se retiraba de la carrera hacia la Presidencia, yo haría todo lo que estaba en mi poder para que se hiciera pública la historia de su libertinaje. El cardenal me repuso que mi información le había impresionado mucho, pero que carecía de influencia y no podía hacer nada en el asunto.

La señora Kater empezó a mandar copias de la fotografía a los periodistas y a los políticos de todo el país, pero nadie le prestó la menor atención hasta que se presentó en uno de los actos políticos en los que intervenía Kennedy llevando un poster con la fotografía aumentada y preguntó en voz alta: «¿Por qué oculta usted el rostro en esta foto, senador?»

Un fotógrafo del *Washington Star* tomó una fotografía de Florence Kater mostrando su cartel a Kennedy, el cual le hacía una mueca de desagrado. La fotografía apareció en el periódico al día siguiente. Pocos minutos después de que la edición local hiciera su aparición, se presentó Robert Kennedy, que llamó al director en funciones del periódico, Bill Hill, al que le dijo que si la foto no era retirada de inmediato presentaría una querella contra el periódico.

—Bob Kennedy dijo que la fotografía no era de su hermano y que si no la suprimíamos, el periódico sería suyo antes de que transcurriera el día siguiente —recuerda Hill.

De inmediato el *Star* comenzó a investigar el incidente, encargó de la información a sus mejores reporteros y envió a varios fotógrafos a que trataran de localizar en Georgetown la casa de la que se veía salir a Kennedy. Entretanto, los ayudantes de la campaña de Kennedy hicieron correr la noticia de que la señora Kater era una religiosa fanática que perseguía a Kennedy por todo el país. La señora Kater afirma que incluso hicieron circular el bulo de que había estado recluida en un manicomio.

Tras de haber logrado la suficiente información para defenderse ante los tribunales en caso de que Kennedy se decidiera a recurrir a ellos, el *Washington Star* decidió no seguir adelante con la historia debido a su naturaleza personal y privada. Aun cuando los periodistas que llevaron el asunto consideraron a la señora Kater un tanto excéntrica, no dudaron de la veracidad de lo que decía.

Cuando Florence Kater se dio cuenta de que los periódicos dejarían el asunto, se puso el sombrero y el abrigo y se lanzó a la calle, con su cartel, para dar vueltas en torno a la redacción del *Star* y, después, de la Casa Blanca. En el cartel, además de la famosa fotografía, podía leerse el siguiente mensaje:

Esta es una fotografía del senador Jack Kennedy, de Massachusetts, saliendo de la casa de su amante a la una de la madrugada. Observen bien la mano izquierda del senador, con la que se cubre la cara. ¿Pueden ustedes pensar que ésa será la misma mano que coloque sobre la Santa Biblia el próximo 20 de enero, prestando juramento a la más alta magistratura de la nación? ¿Está dispuesto el país a aceptar al senador Kennedy? ¿Es ésta la fotografía de un presidente de Estados Unidos?

Por haber tomado esta foto, el senador Kennedy trató de quitar su empleo a mi esposo. Al no conseguirlo, su abogado James McInerney (un ex ayudante del fiscal general) se pasó cinco meses tratando de intimidarnos para que no hiciéramos público el asunto.

El pasado 14 de mayo, en una reunión política en la Universidad de Maryland, hice que el senador Kennedy se enfrentara a este cartel y le pregunté qué pensaba de él. Fui arrojada de allí, escoltada por la policía. Después los ayudantes del senador Kennedy dijeron que el hombre de la fotografía no era el senador Kennedy, que se trataba de una foto trucada hecha por religiosos fanáticos en Arizona. Esta foto del senador Kennedy fue tomada en Georgetown en Washington D.C.

Soy americana, de origen irlandés y católica romana. Mi nombre es Florence Mary Kater (Mrs. Leonard), 2733 Dunbarton Avenue, N.W. Washington D.C. 20007.

Le entregaré mi cuadro de Renoir, valorado en diez mil dólares, a cualquiera que pueda probar que esta reciente fotografía es falsa o ha sido alterada de cualquier forma.

No hubo nadie que desafiara a la señora Kater o que reclamara su cuadro.

—Nadie pudo probar nunca que yo mintiera. Había dicho la verdad, pero nadie quiso escucharme. La prensa quería que Kennedy fuese presidente. Eso era todo.

»Después que llegó a la Presidencia —añade Florence Kater— me telefoneó y me dijo que mi problema consistía en que estaba necesitada de un buen polvo. Me telefoneó otras cinco o seis veces desde la Casa Blanca sólo para ofenderme. Una vez me llamó y me dijo que iba a un mitin político y no sabía por qué tipo de corbata decidirse. «Usted es una mujer muy distinguida, señora Kater, así que, ¿puede decirme sinceramente qué clase de corbata debo usar? ¿De rayas o de un solo color?» Se divertía de ese modo, supongo. No lo sé. Nunca llegué a entenderlo.

Jacqueline Kennedy tenía que enfrentarse con la dolorosa realidad de vivir con un hombre así. Supo adaptarse a ello en los primeros tiempos de su matrimonio, ignorando lo que la hería y aceptando aquello que a su entender era sólo un básico impulso machista, una necesidad masculina que tenía que ser satisfecha. Había reconocido esta tendencia en todos los hombres a los que verdaderamente amó. Su padre, su abuelo y su suegro fueron muy sensibles al encanto femenino. Mientras que no se negaban ninguna diversión amorosa tenían un sentido de la familia tan profundo que no permitirían por ningún concepto que sus familias fuesen puestas en peligro de desintegración.

Las historias sobre las amenazas de divorcio de Jackie no sólo fueron falsas sino que además no concuerdan con el carácter de una mujer que sabía, desde siempre, que una aventura casual, sin el menor factor emocional, jamás haría peligrar su matrimonio. Eso no quiere decir que estuviera inmune ante el dolor de los líos amorosos de Kennedy, pues no era así. Pero en el fondo de su mente sabía que aquéllos no tenían nada que ver con Kennedy como esposo. Formaban parte del hombre político que era Jack, y para Jackie la política era poder y el poder promiscuidad, parte de un juego que los niños tienen que jugar cuando se sienten vulnerables.

—Separo la política de mi vida privada —dijo—; quizá sea ésa la razón por la que considero mi vida hogareña como un verdadero tesoro.

Jackie era una mujer pragmática y, como tal, se daba cuenta de que su futuro si se convertía en una mujer divorciada, se vería estrictamente limitado, aun cuando pudiera conseguir una generosa asignación y suficiente ayuda para la manutención de los hijos.

Por si fuera poco, había sufrido mucho como consecuencia del penoso divorcio de sus padres, cuando ella no era más que una niña y, a sabiendas, no permitiría nunca que sus hijos se vieran obligados, por su causa, a enfrentarse con el mismo trauma.

—En este campo de la política siempre se lanzarán las campanas al vuelo por una causa u otra —comentó—. Y una tiene que aceptarlo de manera que el disgusto no sea insoportable. Creo que siempre fui bastante noble en ese terreno. Puedo hacer caer ese telón en mi mente.

Y ese telón mental le permitía superar el dolor, evitar la realidad y vivir con placidez dentro de su propio mundo insular, en el cual se sentía a salvo, protegida e incólume.

—Su reacción, que posteriormente llegaría a ser tan familiar —dice Ben Bradlee— era imprimir en su rostro una sombra invisible y apagarse espiritualmente. Así, estaba físicamente presente, pero intelectualmente se había ido muy lejos.

Lo cierto era que Jackie sabía lo que estaba sucediendo y, por ello, adoptó una postura cínica con respecto al matrimonio.

—No creo que haya hombres que les sean fieles a sus esposas —dijo—. Los hombres son una combinación de bondad y maldad.

CAPÍTULO CINCO

Los Kennedy comenzaron a intervenir activamente en el terreno de la salud mental en 1946, cuando la familia creó la «Joseph P. Kennedy, Jr. Foundation». Establecida por Joe y Rose Kennedy en memoria de su hijo mayor, que resultó muerto en la segunda guerra mundial, fue la primera que en Estados Unidos dirigió sus actividades exclusivamente a favor de los retrasados mentales. Nacida del remordimiento y el sentimiento de culpabilidad, esa entidad filantrópica fue el medio expiatorio familiar.

Hasta 1962, fecha en que Eunice Kennedy Shriver escribió un artículo en *The Saturday Evening Post* titulado «Esperanza para los niños retrasados», pocas personas sabían que los Kennedy tenían una hija deficiente mental que había tenido que ser recluida en una institución. Durante la campaña presidencial de Jack Kennedy circularon rumores de que algo no era normal en una de sus hermanas, pero la familia insistió en que se trataba sólo de una muchacha retraída que había decidido dedicar su vida a las hermanas de St. Coletta y ayudar a los retardados. No se atrevían a reconocer, ni siquiera entre ellos, la dolorosa realidad de la situación de su hija. Permitieron incluso que circulara la noticia de que había asistido a la toma de posesión de la presidencia por parte de su hermano, con el resto de la familia, cuando la verdad es que nunca apareció en público en Washington durante la administración Kennedy ni puso el pie en la Casa Blanca.

Rosemary, la tercera de nueve hermanos, llevaba viviendo en la escuela de St. Coletta, en Jefferson (Virginia) desde sus veintiún años de edad. Fue colocada en esa institución religiosa porque realmente no estaba en condiciones de vivir normalmente en un mundo real. El estigma de la deficiencia mental llevó a los Kennedy a ocultar a su hija. Sólo hablaron del estado de su hija a sus médicos.

Desde el momento de su nacimiento, en 1918 —dice su madre— dio muestras de lentitud en su desarrollo y aprendió con mucha dificultad a andar y hablar. Más tarde la señora Kennedy diría que la deficiencia mental de su hija debía de ser resultado de un accidente genético o de nacimiento, pero la familia siguió manteniendo la esperanza de que mejorase, especialmente en el ambiente competitivo en que se hallaba, entre sus hermanos y hermanas.

Tan decididos estaban a hacer que Rosemary pareciera normal, que llegaron a presentarla al rey y la reina de Inglaterra en el palacio de Buckingham siendo el padre embajador en la Corte de St. James. Cuando la familia regresó a Estados Unidos, aquel verano, Rosemary dio muestras de extraordinaria excitación e hiperactividad. Cogía terribles rabietas durante las cuales atacaba a las personas y rompía todo lo que caía en sus manos. Se la llevó a la consulta de los mejores doctores y éstos diagnosticaron que sus ataques eran consecuencia de una enfermedad neurológica. Muy afectados por esa conducta extremadamente anormal de su hija, el embajador y su esposa decidieron tomar una determinación drástica e irreversible. En 1941, dispusieron que su hija fuera objeto de una lobotomía prefrontal.

Las lobotomías prefrontales fueron llevadas a cabo por primera vez en seres humanos en 1935, después que la cirugía experimental con chimpancés había indicado que ciertos síntomas neuróticos podían ser modificados cortando determinadas fibras nerviosas. Esta forma de cirugía se consideró tratamiento radical de las enfermedades mentales. La operación causa daños irreparables en el cerebro con el objetivo de alterar una conducta indeseable. Los Kennedy estaban desesperados y decididos a intentarlo todo. Celebraron conferencias con varios doctores y a consecuencia de ellas, en secreto, hicieron que Rosemary fuera hospitalizada para ser sometida a la operación.

Durante esa operación se abren agujeros en el cráneo y determinadas incisiones en la materia blanca que rodea los lóbulos frontales del cerebro. La intención de la operación era convertir a Rosemary en un ser más tratable. Por desgracia la lobotomía prefrontal dejó a la joven con un uso mínimo de sus facultades mentales. En la actualidad, los médicos le hubieran prescrito drogas sicoactivas para mejorar su condición hiperactiva en vez de recurrir a un tipo de operación quirúrgica que altera la mente hasta tal punto.

Hasta ese día la familia nunca divulgó la naturaleza exacta de la operación a que fue sometida Rosemary. En sus Memorias Rose Kennedy alude sólo a cierta forma de neurocirugía que fue probada después de consultar a los especialistas médicos más eminentes del país. «La operación eliminó la violencia y los ataques convulsivos —escribió—, pero produjo también el efecto de dejar a Rosemary incapacitada de manera permanente... Sus funciones están a un nivel semejante al de un niño, pero en condiciones de dar paseos en su automóvil y hacer algunas compras personales para sus necesidades —siempre con una acompañante— y disfrutar de la vida dentro del límite de sus capacidades. Es perfectamente feliz en su propio medio ambiente y se encontraría confusa y molesta en cualquier otra parte.»

La hermana Paulus, la monja que acompaña a Rosemary, admite que la enferma, que en la actualidad tiene cincuenta y nueve años, fue sometida a una lobotomía.

—Es algo muy triste —dice—, pero no creo que en esa época dispusieran de los tranquilizantes que existen en nuestros días. La lobotomía hoy no sería necesaria porque con la medicación adecuada Rosemary se hubiese encontrado bien. Eso no importa ya. Es una mujer cariñosa y simpática, y está bien atendida.

Eunice Kennedy Shriver se siente especialmente unida a su hermana deficiente. Como directora de la «Fundación Joseph P. Kennedy», se ha dedicado al campo de la salud mental. Una vez al año abre su finca en Rockville (Maryland) para una especie de olimpiada de los deficientes, y a lo largo del año pronuncia frecuentes discursos sobre el tema de la deficiencia y el retraso mentales, subrayando la necesidad de que se fomente la investigación y la rehabilitación. También visita a Rosemary regularmente y la lleva consigo a la finca de los Kennedy, en Hyannis Port, cada verano. Esas visitas son bastante duras para Rose Kennedy, que no ha logrado superar el sentimiento de culpabilidad que tiene desde que se lobotomizó a su hija. Reconoce que siente una profunda angustia al pensar en ella.

—Incesantemente me pregunto por qué razón tenía que sucederle esto a ella —dijo—. Considero poco justo que tenga esas graves deficiencias y todos sus demás hermanos estén bien dotados. Cuanto más pienso en ello, más clara se me hace la idea de que Dios, en su infinita sabiduría, tendrá una razón aunque permanezca oculta para mí todavía, pero que alguna vez y de algún modo lle ará a serme descubierta.

La abrumadora personalidad de Joe Kennedy dejó su huella en todos sus hijos, que fueron criados para destacar y no admitir la derrota en ningún terreno.

—Pronto aprendimos que la competencia en el seno de la familia era una especie de entrenamiento para prepararnos a luchar contra el mundo exterior —dijo Jack Kennedy.

En una familia tan amplia, los hijos más jóvenes fueron privados frecuentemente de la atención de sus padres, con poco tiempo disponible para ellos. Bobby Kennedy reconoce el obstáculo emocional que supone ser el séptimo vástago en una familia tan altamente competitiva.

—Cuando uno se encuentra tan abajo, hay que luchar fuertemente para sobrevivir —dice—. Lo que recuerdo más vivamente de la época de mi niñez era el tener que cambiar tantas veces de escuela, siempre obligado a hacer nuevos amigos y que yo era siempre bastante torpón y me pasaba el tiempo tirando cosas y cayéndome. Tuve que ir al hospital varias veces para que me dieran unos puntos en la cabeza o en las piernas. La mayor parte del tiempo era un chico tranquilo, sin embargo. No me importaba quedarme solo.

El paso de la infancia a la juventud resultó aún más duro para las chicas, que tenían que competir con sus hermanos para ganarse un lugar bajo el sol de su padre. Ya adulta, Jean Kennedy Smith se quejó a su madre del poco tiempo que sus padres le dedicaron de niña.

—Me enviasteis a un internado cuando sólo tenía ocho años —dijo.

—Bien, ¿y qué otra cosa podía hacer? —se defendió Rose Kennedy—. Tu padre siempre estaba fuera o teníamos que dar cenas y fiestas en la Embajada. No me quedaba tiempo para estar con los niños.

—Ésa es la causa por la que todavía sigo intentando ser más comprensiva —replicó Jean, la octava de los hijos de la familia.

Eunice Kennedy Shriver, la quinta, demostró ser la más fuerte.

De niña Eunice desplegó una energía feroz, compitiendo con sus hermanos en la navegación a vela, la natación y el rugby. Años más tarde, en Hyannis Port, cuando sufrió un ataque de apoplejía durante el verano de 1977, esa circunstancia fue camuflada y se mantuvo como un secreto familiar. Eunice se negó a ser hospitalizada e insistió en que podía cuidarse sola. La autosuficiencia se había convertido en una obsesión tan grande, que no podía tolerar la enfermedad física.

Los hombres y las mujeres que se casaron con las hijas y los hijos de los Kennedy quedaron sometidos a la aplastante ambición de los Kennedy lo mismo que sus hijos e hijas. Steve Smith y Sargent Shriver ocuparon una posición en la administración de la fortuna familiar. Más tarde ambos ayudaron en el desarrollo de las campañas políticas de sus cuñados, pero nunca consiguieron triunfar ellos mismos, aunque sí trataron de presentarse para la obtención de cargos públicos. Peter Lawford, el más débil de los yernos de Joe Kennedy, se convirtió en el enlace de la familia con las celebridades de Hollywood, facilitando a Jack el acceso a las *starletts* y a la vida social del mundo del cine.

—La confusión y la violencia de una extensa familia gregaria era algo completamente nuevo para mí —dice el actor británico—, y por eso, y debido a mi matrimonio, me convertí en un extraño en medio de una situación casi agobiante... Realmente tuve que estar sometido durante dos años a esa exposición del espíritu de la familia Kennedy antes de empezar a entender el mensaje de que el secreto era la participación.

La participación en los negocios de la familia era obligada para los hombres que se casaron con las hijas de Joe Kennedy. No se le permitió a ninguno de ellos que dirigiera su propia vida ni que cargara por completo con los gastos de la familia. Apabullados por su dominante suegro, pasaron a depender totalmente de él por lo que al dinero se refería. Sus esposas continuaban enviando sus cuentas a la oficina de Kennedy para que fueran pagadas allí y nunca permitieron que los maridos olvidaran su dependencia económica.

Frecuentemente el embajador se ponía a discursear sobre las finanzas de la familia, amonestando a sus hijos despilfarradores por las extravagancias que él mismo había animado en ellos. Una noche, durante la cena, dijo:

—No sé qué va a pasar a esta familia el día que yo muera. No hay nadie en toda la familia, con la excepción de Joan y Teddy, que viva con sus propios medios. Nadie parece preocuparse por lo mucho que gasta. No, no sé qué va ser de vosotros cuando me haya ido.

Se volvió a su hija Jean y la amonestó:

—Y tú, señorita, eres la peor. No hay nada que indique que tienes idea de en qué gastas tu dinero. Tus cuentas me llegan de todos los rincones del país y por los objetos más diversos que pensarse pueda. Resulta completamente ridículo mostrar tal desconsideración por el dinero.

Cuando vio que su esposa rompía a llorar, se levantaba y se iba de la habitación, Steve Smith, la defendió:

—Me parece que ha ido demasiado lejos.

Unos minutos más tarde regresó con su esposa a la mesa donde todo el mundo, incluso Jackie, seguía sumiso y en tensión. Jack Kennedy levantó los ojos, miró a su hermana y sonrió.

—Bueno, muchacha, no te preocupes —le dijo—. Entre todos hemos llegado a la conclusión de que la única solución posible es hacer que papá trabaje más duramente.

Siguiendo los pasos de su padre, todos y cada uno de sus hijos varones se casaron con mujeres que en la sociedad ocupaban un puesto más destacado que el suyo. Aparte de que aportaran cierta categoría social al matrimonio, se les exigía a esas mujeres que fueran ayudantes y compañeras felices, que se dedicaran exclusivamente a servir la carrera de sus maridos. Se esperaba de ellas que produjeran hijos, herederos, «Kennedys», en períodos regulares y sin esfuerzos. Las esposas de los Kennedy quedaban siempre relegadas a segundo término, dominadas por la imparable ambición de sus maridos. Se esperaba de ellas igualmente que renunciaran a su identidad personal y apoyaran con todo entusiasmo las ambiciones de sus resolutos esposos, haciéndolas suyas.

Este papel resultaba imposible de aceptar para Jacqueline Bouvier Kennedy. Al principio trató de hacerlo así con mucha fuerza, pero no podía cambiar su personalidad básica.

—Mi natural tendencia es introvertida y solitaria, y pienso demasiado —dijo.

De niña era una chica solitaria que pasaba el tiempo leyendo o haciendo largos paseos a solas. Estaba tan apartada de sus compañeras de clase, que éstas empezaron a llamarla Jacqueline Borgia. Incluso ya mayor, le resultaba más fácil ofrecer a alguien un lujoso regalo que expresarle personalmente su afecto.

Suele ver a sus amigos muy de tarde en tarde, cada seis u ocho meses, porque no puede soportar una compañía permanente.

—La vida cotidiana es para ella una carga mucho mayor que para la mayoría de nosotros —dice una de sus amigas—. Sabe responder adecuadamente en circunstancias dramáticas, pero no sabe arreglárselas para enfrentarse a los acontecimientos más triviales y comunes. No es partidaria de amistades estrechas con llamadas telefónicas e invitaciones semanales, con todo el esfuerzo por intimar que implican. Jackie es capaz de verse involucrada de manera caprichosa e intermitente con otra gente, pero no puede mantener ningún tipo de relación amistosa de manera continuada.

Paul Mathias, un periodista francés de la redacción del *Paris Macht* y buen amigo de Jackie, dice:

—Hubo épocas en las que me llamaba por teléfono o me veía, a mí y a otro amigos, y era encantadora, amable y simpática, pero a continuación se producía un largo período en el cual no se ponía en contacto con nadie en todo un año. No quería sentirse atada e, inclusive, en ocasiones se enfadaba si se la hacía demasiado caso. No es una mujer caprichosa, pero suele herir a la gente con frecuencia, aunque después se apresta a consolarla. Siempre está luchando consigo misma.

Tiene un carácter extremadamente variable y dado a los cambios de humor, lo que llevó a su esposo a trazar este gráfico ilustrando sus relaciones mutuas:

Jack dice que él está representado por la línea recta, sólida y firme que indica su temperamento consistente, que es el fundamento en que se apoyan los volátiles cambios de humor de su esposa. Jackie se mostró conforme con esta teoría y añadió:

—Jack es una roca y yo descanso y me apoyo en él para

todo. Es muy amable y cariñoso. Puede preguntárselo a cualquiera de los que trabajan para él. Nunca se irrita ni está de mal humor.

En cierta ocasión se le pidió a Kennedy que definiera a su mujer con una sola palabra. Hizo una pausa antes de responder y sonrió.

—Élfica —dijo.

Mucha gente pensó que se estaba refiriendo a cierta inclinación céltica hacia un mundo de fantasía que contrasta fuertemente con un sentido concreto de la realidad en los hechos. En realidad élfica significa, al mismo tiempo, que tiene la calidad de los elfos, esas deidades de la mitología escandinava de naturaleza generosa y benéfica y el rostro más bello que el Sol y también, en el sentido que le daba Kennedy en su idioma, la «capacidad de ver hadas». Una fórmula encantadora, en labios de un curtido político bostoniano, para describir a su etérea esposa. Nadie se preocupó de estudiar las oscuras definiciones de esa palabra que también significa, en la lengua inglesa y en un sentido más amplio y figurado, «persona marcada por aprehensiones de muerte o calamidad» y, en el menos común de sus usos, locura.

Los momentos de mal humor de Jackie se ponían al descubierto muy pronto a los ojos de quienes pasaban algún tiempo con ella. Aunque de apariencia externa calmada y compuesta, tenía la costumbre de morderse las uñas. Nunca las llevaba pintadas por temor a llamar la atención sobre sus manos.

Norman Mailer la describió como «una dama con los nervios delicados y exacerbados...», y añadía: «Cierto que hay en ella algo remoto... pero no frío ni voluntarioso, y que no se refiere a nadie en particular, pero que la hace permanecer distante, desligada, como diría un psicólogo, caprichosa y abstraída como suelen decir los novelistas... En ella había, quizá, un toque de esa artera locura que sugiere un drama futuro.»

—No es una persona feliz —dijo Paul Mathias—. Es muy complicada, un tanto errática. Hay momentos en los que pierde su autodominio. Todas estas cosas pueden agravar el desequilibrio latente en ella.

La resquebrajada personalidad, rota a pedazos, que se desarrolló en ella de niña se fragmentó aún más al ir creciendo. Cuando se casó con Kennedy cayeron sobre ella distintas presiones y en diferentes direcciones. Las humillaciones que sufrió al tratar de enfrentarse con las otras mujeres que se cruzaron en su vida, sólo sirvieron para exacerbar sus conflictos confusos. Sentíase resentida contra sus cuñadas y sus himnos constantes en alabanzas del dinero y el poder de la familia. Sentíase superior a ellas en cierto sentido; pero, al mismo tiempo, dependiente de ellas.

—Jackie no se llevaba bien con Rose y Rose no quería demasiado a Jackie —dice el senador George Smathers—. Y las hermanas de Jack eran increíblemente despóticas. ¡Dios mío, esas chicas se pasaban todo el tiempo hablando del dinero que poseía la familia, las grandes influencias de Joe y el poder de los Kennedy! Con ese tipo de conversación podían volverlo a uno loco. Todos ellos eran iguales en este sentido, con la excepción de Pat, más femenina que el resto. Creo, sinceramente, que a la larga fue demasiado para Jackie.

Las tensiones impuestas por la carrera política de su esposo y las exigencias de la familia la torturaban. Atormentada por lo extremado de su carácter y su profunda depresión, finalmente acudió a Valleyhead en busca de ayuda. Valleyhead era una clínica siquiátrica privada situada en Carlisle (Massachussets) especializada en la terapia por electrochoque.

La terapia del electrochoque convulsivo fue introducida en Estados Unidos en 1939, y se aplicó sin peligro a mujeres embarazadas, a personas de edad avanzada, ochenta y noventa años, e, incluso, a pacientes que anteriormente sufrieron operaciones cardiacas. No se sabe con exactitud cómo actúa esa terapia. Estudios e investigaciones realizados con animales muestran que las convulsiones producen cambios en las aminas del cerebro que restablecen el equilibrio del sistema nervioso en pacientes que padecen enfermedades mentales. Otra teoría sugiere que el electrochoque rompe la nueva conducta anormal del paciente que causa la depresión y permite que las normas de conducta saludables, que son más básicas, se sitúan sobre ellas. Eso, desde luego, presupone que la depresión del paciente está causada por modelos de conducta adquiridos externamente y no por desórdenes básicos del carácter.

Algunos psicoanalistas que creen que los problemas mentales proceden de desórdenes profundamente arraigados en el paciente, se oponen al tratamiento por electrochoque porque creen que este tratamiento hace totalmente imposible una psicoterapia posterior. Jackie tenía ya más de cuarenta años y vivía en Nueva York cuando comenzó a visitar con regularidad a su psicoanalista. Muchos años después de haber probado la terapia por el electrochoque, comenzó el tratamiento con un psiquiatra al que visitaba una hora diaria cinco días a la semana.

Durante la época que estuvo en la clínica de Valleyhead, un joven abogado de St. Louis llamado Thomas Eagleton fue hospitalizado para someterse a un tratamiento por electrochoque en la clínica Mayo de Rochester (Minnesota).

—En esos días eso formaba parte del tratamiento prescrito a aquellos que padecían de agotamiento nervioso y tenían síntomas de depresión —dijo. Eeagleton también guardó en secreto que se había sometido a ese tratamiento terapéutico. Muchos años más tarde, cuando se había convertido en senador de Estados Unidos y fue elegido por George McGovern para ocupar la candidatura a la vicepresidencia, en el tándem del Partido Demócrata, el secreto se hizo público.

Las repentinas revelaciones de que Eagleton se había visto en necesidad de someterse a un trataminto tan drástico, hizo temblar al Partido Demócrata, que comenzó a dudar de su estabilidad y resistencia y dotes intelectuales. Cuando fue enfrentado con los hechos, acabó por admitirlos y reconoció que al mismo tiempo que la electroterapia estuvo sometido al consejo psiquiátrico.

—Tenia que aprender a marchar a mi paso —dijo—, a medir y calcular mis propias energías de mejor manera, comprender cuáles eran las cargas que podía soportar y entender y evitar los altibajos excesivos de una campaña.

Unos días más tarde, McGovern le pidió que él mismo dimitiera de la candidatura demócrata y eligió a Sargent Shriver, cuñado de Jackie y Jack como compañero de candidatura.

Pensando que políticamente podía resultar embarazoso para Jack Kennedy si se descubría que su esposa había sido sometida a tratamiento por electrochoque el secreto fue guardado y casi nunca se mencionó, ni siquiera en familia. La verdad es que durante muchos años celebridades de todos los campos sociales acudieron a Valleyhead. La fichas médicas confidenciales de los pacientes famosos que estuvieron en esa clínica —cerrada definitivamente en 1977— están guardadas a salvo en el interior de una caja de caudales en Springfield (Massachusetts) y no pueden ser desenterrados sin permiso escrito del paciente.

Pocas personas estarían enteradas de la rápida visita de la señora Kennedy a Valleyhead si aquélla no se hubiera efectuado en un fin de semana, cuando el equipo fijo de anestesia de la clínica estaba libre. El sustituto ese día fue un anestesista empleado en el Carney Hospital de Boston, que acudía libremente a Valleyhead para ganarse unos dólares más, anestesiando a pacientes que iban a ser sometidos a un tratamiento de electrochoque. Ese hombre, que sigue empleado en el hospital Carney, le contó a su mujer que una de sus pacientes esa semana había sido la esposa de John F. Kennedy. Años más tarde, cuando la directora gerente, Josephine Delfino, fue interrogada sobre la estancia de la señora Kennedy en Valleyhead, dijo:

—Yo no estaba allí en esa época pero recuerdo que la gente habló del caso. ¡Pobre señora Kennedy! La verdad es que por nuestra casa pasaban muchas personas más famosas que ella para someterse al tratamiento.

El procedimiento de la terapia convulsiva es simple. Se hace dormir al paciente mediante una anestesia intravenosa y después se le da una medicación que relaje sus músculos. El médico que le atiende aplica en esos momentos la corriente eléctrica a los electrodos fijos en el cráneo. Esa corriente produce una serie de cambios en la forma de emisión del sistema nervioso central. Esto, a su vez, da lugar a una serie de convulsiones que consisten sólo en un mínimo retorcimiento del cuerpo. Estos movimientos convulsivos del paciente pueden horrorizar a los no iniciados, pero lo cierto es que el paciente no siente dolor. Durante todo el tratamiento y varios minutos después, el paciente duerme. Después que es despertado gradualmente, vuelve a encontrarse bien al cabo de 15 a 30 minutos.

Ese procedimiento es recomendado para pacientes psicóticos o que padecen graves neurosis. Personas en la fase de depresión de la enfermedad maníaco-depresiva y los esquizofrénicos obtienen beneficios cuando son sometidos a un tratamiento completo, que requiere una serie de aplicaciones durante un período bastante largo. Otros, por el contrario, necesitan un número menor de aplicaciones según sus síntomas.

El efecto secundario más corriente de la terapia electroconvulsiva es una confusión temporal de la memoria o una pérdida absoluta de ella, que se produce inmediatamente después de que se les administra el tratamiento. Esas modificaciones de la memoria incluyen el olvido completo de las cosas cotidianas, aunque la amnesia no siempre está presente. El efecto desaparece en el transcurso de unas semanas tras el tratamiento y el paciente vuelve, por regla general, a la normalidad en el transcurso de un período de uno a dos meses.

Son muy pocos los amigos de Jackie, incluso los íntimos, que se enteraron de que ésta había acudido a Valleyhead para someterse a la terapia del electrochoque, pero ninguno de ellos se hubiera sorprendido demasiado al saberlo. Truman Capote, que la conocía desde los tiempos en que fue colega juvenil suya, cuando trabajó para la revista *Vogue* en Nueva York, dijo:

—No sé qué es lo que no funciona en Jackie, excepto que parece estar en otro mundo.

Paul Mathias nos pinta un cuadro aún más patético:

—Jackie se sintió dolorosamente afectada por los problemas existentes entre su padre y su madre cuando todavía era muy joven, y jamás supo reponerse de ello. No creo que tuviera un nacimiento muy feliz... Jackie trataba de llenar su vida con cosas materiales, pero sufría. Siento compasión humana por ella. Cada vez me conmueve más profundamente la sensación de lo irreversiblemente desgraciada que se siente.

CAPÍTULO SEIS

Durante 1957, Jackie hizo varios viajes a Nueva York para visitar a su padre, achacoso; pero jamás le dijo que estaba embarazada. Por esa razón Black Jack se enteró, con una confusa sensación de sorpresa y deleite, cuando lo leyó en los periódicos, de que iba a ser abuelo en noviembre.

Ese verano Jack Bouvier estaba agonizando. Mientras Jackie celebraba su veintiocho cumpleaños en Hammersmith Farm, empeoró y fue conducido apresuradamente al hospital Lenox. Nadie le dijo que tenía cáncer de hígado y, aunque Jackie sabía que su padre estaba enfermo, no se hallaba preparada para el golpe que habría de producirle la muerte una semana más tarde.

Profundamente conmovida, tomó el avión de Nueva York para preparar el funeral. Mientras se alojaba en el apartamento de Joe Kennedy, envió a su marido que encargase el ataúd y se dirigió a una de las amigas de Black Jack para conseguir una foto destinada a la esquela mortuoria. Fue ella misma quien, cuidadosamente, compuso el texto, subrayando su origen familiar, e insistió en que fuera su esposo en persona quien lo entregara al director de *The New York Times*. El periódico no consideró oportuno utilizar la fotografía.

En el salón de actos de la funeraria se situó junto al ataúd y miró el rostro de su padre, el primer cadáver que veía en su vida. Impulsivamente se quitó el brazalete que Blak Jack le regaló el día de su graduación y lo colocó entre sus manos. Le dio un beso de adiós y se echó a llorar.

Para la ceremonia funeraria en la Catedral de St. Patrick, Jackie encargó guirnaldas de margaritas, en grandes cestos de mimbre, y comentó al respecto:

—Quiero que se parezca lo más posible a un jardín veraniego.

Despreciando los solemnes ramos de flores y las severas

coronas fúnebres, cubrió el ataúd con campanillas y rodeó el altar con alegres flores silvestres.

Desgraciadamente, sólo muy pocos amigos se unieron a la familia Bouvier, y a su enfermera Esther, en el bizarro funeral de aquel *bon vivant*. Su ex esposa, Janet Auchincloss, recibió la noticia a bordo del *Queen Elizabeth 2*, en el cual ella, su esposo y su hijo Jamie iban de vacaciones en ruta hacia Europa.

Jackie aceptó con tristeza el hecho de que su padre no vivió lo suficiente para conocer a su primer nieto.

—¡Hubiera sido tan feliz! —dijo—. ¡Tan feliz! Prométeme, Jack, que tanto si es niño como niña le daremos el nombre Bouvier.

La simple lápida del cementerio de St. Philomena, en East Hampton, lleva solamente las iniciales J. V. B., pero Jackie, antes de marcharse, tomó las medidas oportunas para que la tumba siempre tuviera el aspecto de un jardín en el campo.

Black Jack, en su testamento, dejó su mesa de despacho a Lee y a Jacqueline «un cuadro de caballos árabes pintado por Shreyer». Además, a cada una de sus hijas, la suma de 80 000 dólares.

De regreso a Londres, Jackie reunió todas las cartas que su padre le había escrito mientras estuvo en la escuela, y ordenó a su secretaria que hiciera de ellas una copia mecanografiada que envió a su hermana Lee, que se hallaba en Londres.

Para entonces, Jackie ya estaba en disposición de trasladarse a otra casa, en Georgetown, después de haber vendido Hickory Hill a Bobby y Ethel Kennedy. Se pasó meses pensando cómo sería la decoración de su nuevo hogar. Al darse cuenta de que no había un lugar apropiado para el cuadro que su padre le había legado, vendió éste, lo mismo que hizo con algunos regalos de boda, entre ellos una caja de plata de cigarrillos que había recibido de los ordenanzas de Jack Kennedy y en la que estaban grabados los nombres de los que se la regalaban.

Pocos meses después nació Caroline Bouvier Kennedy. Al cabo de tres semanas, los Kennedy se trasladaron a su nuevo hogar, acompañados de una doncella personal, un cocinero, un sirviente, un chófer y una niñera británica, Maud Shaw, para que se cuidara de la niña. Pese a ese ejército de sirvientes, Jackie se definió a sí misma como «una esposa pasada de moda». Como una castellana del siglo XIX, creía que su papel era el de dueña del castillo, señora de todo. En su libro de memorias de la escuela de la señorita Porter, escribió que su ambición para lo futuro era «no ser una mujer de su casa». Y nunca lo fue.

—Creo que lo mejor que puedo ser es una distracción para mi marido —dijo—, y Jack necesita este tipo de esposa. Se pasa el día viviendo y respirando política. Si cuando llega a casa se encuentra con problemas caseros, ¿cómo puede descansar?

Jackie vigilaba la dieta de su marido y se aseguraba de que tomase los medicamentos que el médico le prescribía y de que hiciera tres comidas diarias. Con frecuencia le enviaba el almuerzo a su oficina del Senado.

—Creo que llevé cierto orden a su vida —dijo—. Teníamos alimentos excelentes en casa, y no sólo las simples cosas que estaba acostumbrado a comer. Dejó de salir de casa por las mañanas con un zapato marrón y otro negro. Sus trajes estaban bien planchados y cuando iba a coger el avión no tenía que salir a toda prisa para el aeropuerto, olvidándolo todo, porque yo me había preocupado de hacerle el equipaje. Puedo ser muy útil haciendo maletas, poniéndole bien las ropas, recuperando maletas y abrigos perdidos. Son esas cosas, aparentemente sin importancia, las que hacen que uno se sienta fatigado.

»Una de las cosas —continúa Jackie— que me causaban mayor satisfacción era conseguir que nuestro hogar marchara perfectamente, sin problemas domésticos, cuando Jack llegaba a casa, tarde o temprano y trayendo consigo tantos invitados imprevistos como quisiera. Francamente, eso requiere una buena planificación.

Al principio de su matrimonio Jackie recopiló para su propio uso un manual casero en el que se explicaban todas las operaciones necesarias para mantener en buen estado un hogar agradable y acogedor. Las instrucciones que en él se daban iban desde cómo una doncella debe llevar una cama, a consejos sobre el modo como conservar heladas las jarras de cerveza para los invitados varones. Con esa guía Jackie daba instrucciones a sus sirvientes de manera que todo se hiciese de acuerdo con el horario y el plan previsto y le quedara a ella tiempo suficiente para pintar, leer y jugar con Caroline.

Organizada hasta el punto máximo, se pasaba horas arreglando su guardarropa, consultando con anticipación el tiempo que tenía libre y asegurándose de que para ese momento tendría a su disposición todos los accesorios necesarios. Siempre planeaba con una temporada de anticipación la compra de sus ropas. Hojeaba revistas de moda, recortaba los modelos que le gustaban y los enviaba a París, donde cada casa de modas tenía un maniquí reproduciendo exactamente las medidas de Jacqueline. Después se pasaba horas haciendo reformas para asegurarse de que le caían perfectamente y de que tenía ropa interior suficiente para todos los vestidos que pensaba utilizar en las giras políticas de su esposo. Prestaba la misma atención a los trajes de su marido, organizando su armario de acuerdo con los colores y poniendo junto a cada traje los zapatos adecuados.

Una mujer que la visitó durante los días que residió en Georgetown, dice:

—Resultaba divertido verla abrir sus armarios, pues podían verse filas y filas de zapatos de color marrón y lo menos 25 lápices de labios, con tubo de oro, sobre su tocador. Podía pasarse una tarde entera frente al espejo de tocador con un lápiz de labios, un pincel y una caja de maquillaje. Tenía un cajón para sus guantes cortos y otro para sus guantes largos, y bolsas especiales para su ropa interior de nylon, y catálogos y álbumes de recortes para todo. Vivía regaladamente de manera muy regular y metódica. Tenía cita permanente con su peluquero para ir a arreglarse el pelo una vez a la semana y lo mismo para un masaje. Dormía regularmente la siesta cada día.

»Odiaba ser sorprendida o cogida de improviso, así que hacía que sus vecinos la visitaran cuando menos les esperaba para estar siempre segura de que estaba en condiciones de recibir visitas, y con suficientes bebidas y alimentos a mano en cualquier momento. En realidad, tenía a su disposición un jefe de cocina, y litros y litros congelados de esa sopa de pescado que tanto le gustaba a Jack, de modo que siempre se dispusiera de ella en cantidad suficiente.

»Con todo ese servicio doméstico preparado —continúa nuestra informante—, para realizar las faenas difíciles y pesadas, Jackie podía concentrarse en pulir los pequeños detalles, por ejemplo, elegir el adecuado matiz del blanco de las paredes de su comedor, elegir los marcos de sus cuadros y cambiar de sitio los muebles, cosa que parecía hacer continuamente. No tenía muchas amigas, porque así lo deseaba. En una ocasión le pregunté por qué se pasaba tanto tiempo sola, y ella se echó a reír y me respondió: «Necesito concentrarme en mi mal humor.» Lo variable de su humor era parte inseparable de su carácter, lo que Jack no toleraba, por lo que ella se pasaba gran parte de su tiempo a solas. Ésa es la razón de que leyese lo que ella llamaba «su basura»: todos los *bestsellers* que podían llegar a sus manos.

—Mamá piensa que el problema conmigo estriba en que no juego al *bridge* con mis damas de honor —decía Jackie, que gustaba de pasar gran parte del tiempo sola y temblaba sólo pensando unirse a grupos femeninos o dedicarse voluntariamente a trabajos colectivos de beneficiencia—. Creo que eso es muy poco americano de mi parte, porque en este país la gente gusta de reunirse y colaborar. No sé si fueron los hombres los que comenzaron a reunirse y después los siguieron las mujeres o si...

El nacimiento de su hija pareció completar la vida de Jackie y le dio la sensación de ser necesaria y útil.

—La niña fue para ella la diferencia entre el ser y el no ser —dice una amiga de Georgetown—. Siempre trató con todas sus fuerzas de tener un hijo y se cuidó mucho para estar segura de que lo traería al mundo sin complicaciones, por lo que si el nacimiento de Caroline se hubiese visto truncado, hubiera significado para ella otra crisis nerviosa. El nacimiento haría que fuera mejor considerada entre los Kennedy, que traían hijos al mundo sin esfuerzo alguno y que pensaban seriamente que algo no funcionaba bien en Jackie, que siempre tenía tantos problemas con algo que para ellas resultaba sencillo.

En esos días Jackie vivía dentro de su concepto de lo que debe ser una joven dama bien educada que debía estar «un poco» interesada por las artes; aprendía el año de una buena cosecha de los mejores vinos, daba pequeñas cenas, se cuidaba de que los cigarros puros que se ofrecían a los caballeros fuesen de buena calidad y estaba en condiciones de galopar en una cacería. Sin embargo, la menor participación en las actividades políticas de Jack era para ella como una droga que agotaba su energía y su interés. Contrariamente a su esposo, no se desenvolvía en medio de esa frenética actividad y no comprendía la razón por la cual tenía que fatigarse y pasar un mal rato estrechando las manos de personas a las que no conocía y pidiéndoles sus votos.

Incluso posar para los fotógrafos y responder a las preguntas de los periodistas resultaba demasiado cansado para ella, y trataba consecuentemente de reducir al mínimo su aparición en la prensa. En una carta dirigida al director de un periódico trató de explicar lo fatigoso que aquello le resultaba:

La cuestión es que ya se han publicado muchos reportajes últimamente, cuatro en este verano, más uno que está a punto de aparecer (una entrevista con Richard Rovere para McCall's). Las anteriores las concedimos a Life, Look, Ladies Home Journal *y* Redbook. *Estoy cansada de ese pesado trabajo y la confusión que exige la preparación de un reportaje, especialmente si se trata de un reportaje gráfico, pues en estos momentos me encuentro un tanto apagada. ¿No puede usted utilizar algunas de las fotografías de Jacques Lowe? No hace mucho tomó varias de nosotros tratando de conseguir algo que Jack pudiera utilizar para una tarjeta de felicitación navideña. Pero no crea que se trata de un pequeño ensayo fotográfico, pues Jacques Lowe y yo trabajamos en tres sesiones, y nos tuvimos que cambiar de ropa, colocar luces, buscar el fondo adecuado, tratando de conseguir que la niña sonriera... Estoy segura que él se alegrará de no tener que repetir ese trabajo tanto como yo.*

Rechazó igualmente otra petición de entrevista con estas palabras:

*Me gustaría mucho decirle a usted que estoy encantada
con su oferta o que acababa de ser atropellada por un auto-
bús y por esa razón no puedo posar durante un mes. Sus artículos, desde luego, son excelentes; pero le ruego que no se
enfade conmigo si, pese a ello, le digo que no deseo conceder,
por lo pronto, ninguna entrevista más de ese tipo en las que
se comentan los limitados secretos de belleza que poseo o mi
desorganizado guardarropa. Algunas veces tengo que compartir algunas entrevistas con mi marido y éstas tienen carácter
y contenido político —se trata de una parte ineludible de su
trabajo—, pero la verdad es que en estos casos siempre me
siento bastante confusa. Si supiera posar me gustaría mucho
hacerlo... pero no sé. Estoy segura de que se hará usted cargo
de los motivos de mi poca predisposición...*

La campaña presidencial que se aproximaba era para Jackie como un monstruo horrendo dispuesto a despedazarla y
dejar trozos de su cuerpo repartidos por todo el país.

—¡Dios mío, me causa pánico! —le confió a una amiga—.
Sólo pensarlo me revuelve el estómago. Jack se pasará el tiempo viajando y yo me agotaré tratando de seguirle la pista.

También en esos días Jackie le confió a una amiga lo profundamente sola que se sentía.. En una ocasión dijo:

—Incluso cuando Jack está en casa no podemos cenar en
paz, pues el teléfono no cesa de sonar pese a que tenemos un
número que no figura en el listín. Cuando le pido a Jack que
no conteste o que descuelgue el teléfono, acabamos peleándo-
nos. Le he dicho que a veces tengo la sensación de estar diri-
giendo una casa de huéspedes. Pero no me comprende. Se
limita a dirigirme una de esas peculiares miradas suyas y me
dice: «No te preocupes, lo estás haciendo muy bien.»

Kennedy estaba tan obsesionado por su objetivo único, que
no parecía darse cuenta de la necesidad de afecto y atenciones
que tenía su mujer. En bastantes ocasiones Jackie se sentía
incapaz de dominar sus frustraciones, estallaba llena de có-
lera y se refugiaba en sí misma, sintiéndose incomprendida y
abandonada. Cuando Kennedy comenzaba a hablar de política
con algún invitado, Jackie abandonaba casi siempre la habitación.

Jackie contaba con pocas amistades que le fueran verdaderamente leales y eso la hacía volverse agresiva y burlarse
agriamente de quienes la rodeaban. Ni siquiera su marido estaba a salvo de su lengua hiriente. A una de sus vecinas le explicó,
lamentándose:

—Me llena la casa de gentes tan mayores como los amigos
de mi madre o de esos politicastros que con su charlatanería
logran ponerme furiosa. Me subiría por las paredes.

Otra amiga recuerda:

—Siempre se estaba burlando de su madre, imitando su

voz cantarina y repitiendo en ese mismo tono: «Sí, mamá», «No, mamá», «Está bien, mamá». Claro que sólo lo hacía a sus espaldas, pero aun así la cosa resultaba desagradable. También, ya de casada, imitaba burlonamente a su esposo en su voz, su entonación y sus gestos; pero, sobre todo, en su pronunciación. La cosa resultaba divertida y desagradable al mismo tiempo, porque se veía con claridad meridiana que bajo esas burlas se ocultaba una auténtica hostilidad reprimida. Tenía una forma especial de cazar al vuelo trozos de la conversación que mantenían otras personas y después imitaba burlonamente sus palabras. Era realmente implacable en este aspecto. Resultaba divertido, como ya he dicho; sin embargo, todos sabíamos que haría lo mismo con nosotros tan pronto le volviéramos la espalda.

En una ocasión Robin Douglas-Home hubo de admitir que necesitó mucho tiempo y varias conversaciones con Jackie antes de sentirse a gusto con ella y librarse del «continuo temor, que sentí en las conversaciones anteriores, de que su afilada lengua y su agudo cerebro se volvieran de pronto contra mí, aun cuando me limitaba a escucharla en silencio. Tenía miedo de que las burlas implacables de que hacía objeto a otras personas, costumbres, protocolos e instituciones, cayera sobre mis ojos como el chorro de amoníaco empleado por un atracador. Es posible que la quintaesencia de su atractivo radicara en su capacidad de hacer sentir ese temor».

Su secretaria privada, que trabajó con ella siete años, recuerda:

—Jackie parecía sentirse más feliz en aquellas ocasiones que su hermana estaba cerca de ella, debido a que Lee era la única persona en la que podía confiar, con quien se relajaba y a la que explicaba sus sentimientos. Cuando estaban juntas eran como dos jóvenes estudiantes que se hacían mutuas confidencias y criticaban a esas personas frustradas o agobiantes que, al decir de Jackie, «la hacían ponerse furiosa y gritar y destrozar cualquier cosa que estuviera al alcance de su mano», o que tenían tal o cual manía y que inútilmente se esforzaban en parecer interesantes. Recordaban burlonamente hasta los más sombríos detalles de aquellas personas que componían el contorno político de Kennedy y que eran las que recibían las mayores dosis de su sarcasmo. A sus espaldas les colocaba las más despreciativas etiquetas y los calificaba de «lacayos», «quitapelusas», «chacales de la política» o «imbéciles». Sin embargo, en su presencia sabía sonreírles y conversar discretamente con ellos.

Pero por mucho que odiara la idea de una nueva campaña, no le quedaba otra solución sino acomodarse y participar.

—Si Jack no se presentara a la Presidencia, sería como un tigre encerrado en una jaula —comentó.

En esos momentos Kennedy estaba cruzando el país de arriba abajo, y en un año pronunció más de cien discursos en cien ciudades distintas; tomó contacto con jefes del partido, buscando votos, aprendiendo los nombres de los trabajadores más destacados en cada distrito; reunió delegados y voluntarios y edificó una maquinaria política colosal y poderosa que lo colocaría victorioso en las elecciones preliminares de varios Estados. Al mismo tiempo estaba interponiendo la mayor distancia pública posible entre él mismo y su padre, cuyas ideas conservadoras y su imagen política, muy discutida, estaban en conflicto con la estrategia política de Jack. Joe Kennedy se retiró cuanto pudo de la vida pública durante el tiempo que duró la campaña de su hijo y no apareció en una sola fotografía de prensa en su compañía hasta el día siguiente a la elección.

En la época en que luchaba por la Presidencia, Kennedy sólo tenía 42 años. Al principio, su candidatura no fue tomada en serio; su carrera legislativa en el Senado no se había distinguido en nada importante y su religión se consideraba un inconveniente. Debido a ello se le preguntó varias veces si no se conformaba con un segundo lugar en la candidatura, es decir optar a la vicepresidencia. Jack respondió:

—No, no voy a aceptar la denominación para la vicepresidencia. Estoy dispuesto a apoyar la candidatura demócrata y a trabajar duramente por ella, pero observa la historia de los últimos sesenta años: no recuerdo ni siquiera un solo caso en el que un candidato a la vicepresidencia influyera en la votación electoral.

El padre de Jack se mostró de acuerdo con su hijo. Había invertido más de siete millones de dólares para poner a John en la Casa Blanca y declaró:

—No hay dinero, honores o halagos que nos hagan aceptar, nunca, un segundo lugar.

También Jackie se mostraba implacable en este sentido. Una noche, cuando Bill Attwood, ayudante de Stevenson, estaba cenando con los Kennedy, en la casa de Ben y Tony Bradlee, se le preguntó a Attwood qué pensaba hacer Stevenson. En esos días buscaba el apoyo, aunque sólo fuera teórico, de Stevenson, y se sintió aterrorizado cuando Attwood dijo que si la convención designaba a Stevenson éste propondría a Kennedy para la vicepresidencia.

—No aceptaré la designación —replicó Kennedy con voz fuerte y sin entonación—. Estoy luchando por la presidencia.

Jackie, que generalmente no participaba en las discusiones políticas, habló con pasión:

—Deja que Adlai sea derrotado solo —dijo—. Si no crees a Jack estoy dispuesta a cortarme las muñecas y con mi sangre firmar una declaración jurada de que se negará a figurar en la candidatura por debajo de Stevenson.

El embarazo libró a Jackie de los más reñidos y penosos

Jackie con su hija Caroline.

Kennedy, junto a su esposa,
durante su campaña electoral
para la presidencia, en 1960.

aspectos de la campaña, aunque al principio acompañó a su esposo en las primarias de cada Estado y se pasó varios días apoyando la campaña de su marido antes de regresar a casa.

—Gracias a Dios que he terminado con esas espantosas cenas a base de pollo —dijo— sentada a una mesa donde no se puede fumar un cigarrillo y en las que tenía que llevar esas espantosas fajas y escuchar a cualquier estúpido viejo charlatán. ¡Pobre Jack!

Jackie se mostró conforme en ayudar a su esposo en las elecciones primarias de West Virginia y Wisconsin, donde Kennedy tendría que enfrentarse a la más dura oposición, representada por el senador Hubert Humphrey. El senador de Minnesota, abrumado por la invasión de toda esa parentela de los Kennedy, se quejó:

—Están en todos los lugares del Estado. Son todos iguales, tienen el mismo aspecto y dicen las mismas palabras, así que si Teddy o Eunice hablan ante la multitud con una chaqueta de piel de mapache y una gorra montañera de punto, la gente creería estar oyendo a Jack. He recibido informes de que Jack ha hecho aparición en dos o tres sitios al mismo tiempo.

Jackie esquivaba los cotilleos de café y de los tés ofrecidos a las amas de casa por Rose y Jean y Pat y Ethel por todo el Estado de Wisconsin y tenía sus propias ideas de cómo debía llevarse a cabo una campaña política que en ocasiones ponía en práctica sin consultar con nadie. Un día, en Kenosha, entró en un supermercado atestado de gente y después de oír al director anunciar la venta en saldo de algunos artículos, trató de encontrar el micrófono y cuando lo halló comenzó a hablar:

—Sigan comprando —dijo en voz suave— mientras les cuento a ustedes cosas de mi marido, John F. Kennedy.

Se refirió brevemente a los servicios que Jack prestara en la Armada durante la guerra y en el Congreso, y terminó con estas palabras:

—Se preocupa enormemente por el bienestar de este país. ¡Por favor, voten por él!

En Fort Atkinson, la mujer de un pastor luterano estaba esperando en la puerta del Blackhawk Hotel con sus doce niños, ansiosa de ver a Kennedy. Después que Jack salió y estrechó la mano de la prolífera madre, le dijo a Dave Powers:

—Ve a buscar a Jackie y tráela aquí.

Powers escoltó a Jackie al cruzar la calle y Kennedy hizo las presentaciones.

—Estrecha la mano de esta señora, Jackie, quizá llegue a raspar la tuya.

Cuando Kennedy dejó Wisconsin para regresar a Washington por un día, Jackie lo sustituyó en sus compromisos y habló en su lugar. Después se pasó la noche de la elección despierta en espera de los resultados. Jack ganó la elección primaria con más del 56 % de los votos y Jackie tomó el avión para Washington y después a Palm Beach, para reponerse. Le prometió a su esposo que participaría también en la campaña en Indiana, Nebraska y Virginia occidental si él le prometía llevarla a Jamaica en Pentecostés.

—Jackie no aparecía si antes no se le había prometido que tendría, después, unas buenas vacaciones —comentó uno de los ayudantes de su marido.

La campaña de Virginia occidental fue brutal, con toda la rica maquinaria de los Kennedy arrollando a Humphrey. El senador de Minnesota no podía competir con los famosos personajes que Kennedy reunía para pedir votos a su favor por todo el Estado. Uno de ellos, Franklin D. Roosevelt, hijo, se presentó en una reunión de mineros y dijo ante ellos, levantando los dedos índice y medio de la mano estrechamente unidos entre sí:

—Así estaban de unidos el padre de Jack Kennedy y mi padre.

Por su parte, las mujeres de la familia Kennedy organizaban reuniones y barbacoas, con reparto de perritos calientes y asado en los pueblos mineros, y asistían a recepciones en los clubs de campo de las grandes ciudades. La mayor parte de las veces Jackie sólo llevaba la compañía de un chófer cuando visitaba los miserables hogares de las esposas de los mineros. Aquella pobreza la conmovió e impresionó tanto, que tardó mucho en olvidarla. Poco después de llegar a la Casa Blanca, Jackie hizo un pedido de copas de champaña en forma de tulipán a una de las empresas de fabricación y venta de cristalerías en Morgantown (Virginia occidental).

—Poco después, esas copas fueron objeto de una campaña de promoción que las presentaba como «las copas de vino de la Casa Blanca» y resaltaba que sólo costaban unos seis dólares la docena —contó Jackie—. No fue esa mi intención al comprarlas, pero me sentí dichosa de ayudar a esa buena gente de Virginia occidental y hacerles ver que esas copas tan sencillas, fabricadas por ellos, eran lo suficientemente buenas y bonitas para la Casa Blanca.

No pasó mucho tiempo sin que los fabricantes, agradecidos, intentaran hacerle el valioso obsequio de una cristalería de lujo y magnífica. Jackie se la devolvió a su decorador, Parrish, con una nota en la que le explicaba por qué se negaba a aceptarlo:

«El problema de la pobreza subsiste en Virginia occidental... Mi respuesta sigue siendo NO... y lo será hasta que allí no queden pobres. Es algo muy curioso lo que me sucedió en esos días, pero en todos los lugares donde estuve durante la campaña electoral me sentía tan cansada que no sabía ni dónde me encontraba... Ésa es la gente que me impresionó más.

Su pobreza me conmovió más que la que vi en la India, tal vez porque no suponía que pudiera existir en los Estados Unidos... Niños pequeños en porches casi en ruinas, con madres —madres muy jóvenes— preñadas de nuevo y que habían perdido casi todos sus dientes, pese a su juventud, debido a una mala alimentación. Estaría dispuesta a romper todas las copas cada semana y hacer un nuevo pedido si ese fuese el único camino que tuviera para ayudarlos...»

La noche de las elecciones primarias en Virginia occidental, los Kennedy se hallaban en Washington cenando y viendo una película en compañía de Ben y Tony Bradlee. De nuevo en su casa, en la calle N, recibieron una llamada telefónica anunciándoles la victoria. La llamada procedía de su hermano Bobby. Inmediatamente los Kennedy pidieron el «Caroline», su avión privado utilizado durante la campaña, y emprendieron el vuelo hacia Charleston.

—Cuando estuvieron en Virginia occidental, para que Kennedy hiciera su aparición en conmemoración del triunfo, Jack pareció olvidar por completo a su mujer, que se sintió enormemente afectada y decaída al ser dada de lado —cuenta Bradlee—. Esa noche, ella y Tony se quedaron en una escalera totalmente ignorada, cuando JFK hizo su declaración victoriosa en la televisión. Más tarde, mientras Kennedy seguía disfrutando los mejores momentos de triunfo conseguidos hasta entonces, Jackie desapareció en silencio, se metió en el coche y se quedó sola hasta que llegó la hora de regresar a Washington.

En julio, cuando Kennedy llegó a la convención demócrata de Los Ángeles, su designación estaba ya sellada, pues contaba con los votos, duramente conseguidos, de 761 delegados. Cuando vio en la televisión la manifestación que se hizo en favor de Adlai Stevenson, tranquilizó a su padre:

—No te preocupes, papá. Stevenson lo tiene todo menos los delegados.

Momentos antes había estado en la sala de la convención para aceptar la designación, y llamó a Jackie a Hyannis Port.

—Ha sido una buena cosa que no vinieras por aquí —le dijo—. Hay demasiado barullo, un auténtico pandemónium. Dentro de unos minutos podrás verme en televisión. Te llamaré después para que me digas si te ha gustado.

Para aumentar sus posibilidades de victoria en la elección, Kennedy eligió al senador Lyndon Johnson como compañero de candidatura, pese a las protestas desaforadas de sus consejeros en la campaña, que insistieron en Stuart Symington, Henry Jackson, Orville Freeman y Adlai Stevenson. Su hermano Robert, que era el director de su campaña, se quedó anonadado. Pero la designación fue apoyada al menos por una persona: Joe Kennedy, que le dijo a su hijo:

—¡Tiene que ser Lyndon!

Esa noche hubo una gran fiesta, para celebrar la victoria, en la casa de Pat Kennedy y su marido, Peter Lawford, en California. Los participantes —entre los que se contaban Angie Dickinson, Pierre Salinger, Bobby Kennedy, el matrimonio Lawford y el que sería futuro presidente de los Estados Unidos— se emborracharon y se arrojaron desnudos a la piscina, divirtiéndose y gritando hasta las tantas de la mañana.

—Hicieron tanto ruido, que algunos vecinos llamaron a la policía, que llegó en sus coches con las sirenas y se los llevaron a todos a la comisaría, dispuestos a ficharlos y acusarlos de conducta desordenada y embriaguez pública —recuerda uno de los ayudantes de Kennedy en la campaña—. Ninguno de ellos llevaba documentos personales para identificarse, por lo que fueron metidos en los coches de la policía sin darles tiempo a vestirse del todo, así que les costó las de Dios es Cristo hasta que pudieron explicar quiénes eran y por qué estaban celebrándolo de ese modo. Pero cuando los policías se dieron cuenta con quien tenían que vérselas, los dejaron libres. Se dirigieron a Jack, que estaba empapado, y se reía como un loco: «¡Llévese a estos chicos de aquí cuanto antes!»

En esos momentos, Jackie estaba en Hyannis Port trabajando en un cuadro, que pensaba regalar a su marido y que representaba a éste sentado en el puente de su velero, el *Victura*, con un sombrero napoleónico y rodeado de parientes mientras que una gran multitud los vitoreaba desde la orilla. Esa acuarela impresionista, ejecutada con una técnica que combinaba la de Grandma Moses y Raoul Dufy, representaba también a Jackie, en el muelle, con los brazos cruzados, y a su lado estaba Caroline con sus perritos mientras la niñera británica, Maud Shaw, agitaba con entusiasmo una bandera de los Estados Unidos con una mano y con la otra una de Gran Bretaña. Por encima de la banda de música que tocaba en el muelle, una gran pancarta con la inscripción: «¡Bien venido de regreso, Mr. Jack!»

Entrevistada ese día por unos periodistas, Jackie dijo:

—Supongo que no estaré en condiciones de realizar un papel muy importante en la campaña, pero haré lo que pueda. Tengo la impresión de que debo estar junto a mi marido, enfrascado en una lucha como ésta, y si no fuera por el bebé intervendría en la campaña aún con más vigor que lo hace la señora Nixon. No soy tan presuntuosa como para pensar que puedo influir de un modo u otro en el resultado, pero sería trágico que mi esposo perdiera por sólo unos votos, simplemente porque yo no estuve a su lado y la gente que conocía a la señora Nixon se sintiera atraída por ella.

El interés por las esposas de los dos candidatos se había hecho tan intenso, que los periódicos dedicaban la primera página a hablar de sus respectivos peinados y sus formas de vestir, comparando la cantidad de dinero que cada una de ellas gastaba en su apariencia personal. Jackie se puso furiosa cuando leyó comentarios de otras mujeres que se sentían resentidas con ella por que gastaba tanto dinero en vestidos.

—Eso es terriblemente injusto —dijo—. Han comenzado a tomarla conmigo por eso, como atacan a Jack por su catolicismo. Estoy segura de que gasto en vestidos menos dinero que la señora Nixon, que compra los suyos en Elizabeth Arden, y en su tienda nada vale menos de doscientos o trescientos dólares.

Irritada por un reportaje publicado en *Women's Wear Daily*, Jackie manifestó:

—El domingo, un periódico informó que gasto 30 000 dólares al año comprando vestidos en París, y que muchas mujeres me odian por eso. Está claro que no puedo gastar todo ese dinero, salvo que llevara ropa interior de piel de marta cebellina

Jack Kennedy leyó el reportaje y estalló:

—¡Por amor de Dios! Ésta es la última entrevista de esta condenada mujer hasta que hayan pasado las elecciones.

Meses antes, cuando los periodistas le preguntaron a Jackie dónde, a su juicio, debía celebrarse la convención demócrata replicó haciendo un alarde de ingenio:

—En Acapulco.

Después, cuando fue preguntada por qué no le gustaba tomar parte en la campaña dijo con candidez:

—Simplemente porque no me gustan las multitudes.

De nuevo su marido se puso furioso ante esa respuesta.

Más tarde un periodista le dijo que pensaba que el margen de votos favorables a Kennedy en Nueva York sería superior al medio millón; se lo quedó mirando con los ojos muy abiertos y una expresión de hastío y comentó:

—¿Es cierto? Eso es importante, ¿no? ¡Qué bonito!

Siguieron haciéndose críticas sobre Kennedy, por su catolicismo, y Jackie comentó:

—Me parece injusto y poco noble que haya gente que está contra Jack porque es católico. ¡Es tan poco católico! Si fuera Bobby, podría entenderlo.

Kennedy se puso lívido al enterarse de ese torpe comentario, y preocupado por la creciente impresión que su esposa estaba causando de ser una especie de «cursilona de Newport con los cabellos cardados, vestidos franceses y odio hacia la política», trató de tranquilizar a los reporteros y dijo:

—Cuando nos casamos, mi esposa no creía que su papel en mi carrera sería especialmente importante. Yo formaba ya parte del Senado y ella tenía la impresión de que su contribución sería limitada. Resulta obvio que ahora que me encuentro en una dura lucha política —con resultado incierto—, ha pasado a tener un papel importante. Lo que haga o deje de hacer influye en la lucha. Dado que yo estoy entregado a esta lucha electoral por completo y ella está conmigo, debe entregarse también.

Insistía, en privado, en que Jackie debía reunirse con periodistas siempre que le fuera posible y cultivar buenas relaciones, subrayando la necesidad de que se mantuviera, en tanto fuera posible, al margen de toda controversia.

—Limítate a sonreír mucho y háblales de Caroline —le aconsejó. Le recordó, también que no debía fumar en público.

Kennedy insistió en que Jackie apareciera con él en determinados programas de la televisión. Ya muy avanzada la campaña, Dorothy Schiff, la editora del *New York Post*, le dijo que creía que Jackie había estado muy bien en un reciente programa televisado.

—Me dijo Jack Kennedy —recuerda la periodista—, que su mujer estaba mejor en televisión que en entrevistas personales. Era muy frío en sus observaciones sobre su esposa y es mi impresión que tenío poco interés en ella, excepto por lo que podía afectar a su campaña.

Jackie sólo se encontraba a gusto con periodistas famosos, como Joseph Alsop, Arthur Krock y Walter Lippmann, a los que consideraba sus iguales. En privado se refería a las periodistas enviadas para entrevistarla llamándolas «las detestables», y le molestaban sus preguntas «estúpidas y sin importancia». Nancy Dickerson se dio cuenta de que cuando pasó de la radio a la televisión, Jackie, que la conocía desde mucho tiempo, comenzó de repente a tratarla como si fuera una celebridad, mientras se burlaba de otros reporteros a los que consideraba inferiores a ella.

—A principios de 1961, dio en la Casa Blanca un almuerzo para las mujeres de la prensa —recuerda la señora Dickerson— y todo el mundo quedó asombrado. Delante de mí, en la fila de las que nos aprestábamos a saludarla, estaba Doris Fleeson, una articulista especializada en temas políticos bastante respetada. Al verla, Jackie le dijo: «¡Oh, Doris...! ¿Qué haces aquí con todas las demás?» lo que resultó un golpe para todas las que estaban al alcance de su voz. Cuando nos alejábamos de allí Doris me dijo en voz baja: «Esta joven tiene todavía mucho que aprender.»

Jackie creía además que los periodistas con los que la unía amistad personal no tenían derecho a hacer a Kennedy preguntas comprometidas ni enfrentarlo con problemas graves. En cierta ocasión acompañó a su marido a un programa de televisión muy famoso, llamado *Face the Nation*. Jackie hizo llegar una nota a la mesa donde estaban los periodistas invitados, a muchos de los cuales conocía, que decía: «No preguntéis a Jack cuestiones arteras.»

Forzada por su marido a hablar con las periodistas que cubrían la información suya, Jackie apenas si disimuló su condescendencia. Cuando se le hicieron preguntas sobre su punto de vista relacionado con varios asuntos importantes, replicó:

—No debo hablar de política.

—¿Por qué no? —inquirió una de las mujeres.

—No me gusta hablar por mi marido.

—En ese caso, hable por usted misma.

—¿Por qué están todas ustedes aquí? —replicó—. Porque yo soy su esposa, está claro. Mis opiniones son las suyas, pero él puede expresarlas mejor.

Se le preguntó si iba a continuar escribiendo su artículo semanal «Campaign Wife» que era distribuido por el comité nacional del Partido Demócrata.

—Depende de cómo vayan las cosas.

—¿Tiene un «negro» que escribe por usted?

—¡Oiga...! No pondría mi firma en algo que no hubiera escrito yo misma.

—¿Seguirá usted yendo de compras sin escolta y con pantalones ceñidos si su marido es elegido presidente? —preguntó una periodista acostumbrada a ver a Jackie vestida con estilo libre y deportivo y, en ocasiones, descalza por las calles de Georgetown.

—¡Oh, Dios mío! Claro que no —dijo—. Nunca salgo de casa hasta estar segura de que voy convenientemente vestida.

Más tarde, Jackie se quejó de los periodistas y sus preguntas desconsideradas, y una amiga le dijo:

—Cuando seas la Primera Dama no podrás saltar al coche y dirigirte, así por las buenas, a Orange County a la caza del zorro.

—No puedes estar más equivocada —dijo Jackie—. Eso es algo a lo que nunca renunciaré.

—Pero tendrás que hacer ciertas concesiones a tu nuevo papel, ¿no crees?

—¡Oh, claro que las haré! —fue la respuesta—. Llevaré sombrero.

Hacia el término de la campaña, admitía que con frecuencia estaba nerviosa y expresaba dudas sobre el resultado. Eso irritaba a su confiado esposo. Jack estaba tan seguro de derrotar a Richard Nixon, que meses antes de la elección le dijo a Jackie que empezara a buscar una secretaria oficial para las cuestiones sociales de la Casa Blanca y a alguien que se encargara de regular sus relaciones con la prensa.

La mañana del día de las elecciones, Jack y Jackie fueron en avión a Boston para votar y seguidamente regresaron a Hyannis Port para ver los resultados en la televisión. Durante el almuerzo, Jackie le dijo a Arthur Schlesinger Jr.:

—Yo sólo he votado una vez: por Jack. Es algo muy raro poder votar al propio esposo para Presidente de Estados Unidos, y no querría renunciar a este placer votando a otro.

Los Kennedy cenaron con Bill Walton, Ben y Tony Bradlee y después se reunieron todos en casa de Bobby Kennedy, con el resto del clan, para ir tabulando los resultados electorales. A las tres de la mañana Nixon, terriblemente cansado, apareció en la pantalla de televisión con su desolada esposa, que estaba al borde de las lágrimas. En esos momentos Jackie se volvió hacia su marido:

—¡Oh, «conejito», ahora eres ya presidente!

Kennedy sacudió la cabeza.

—No, todavía no —dijo.

Y, con los resultados electorales todavía bastante dudosos, se levantó y se fue a la cama.

La elección de 1960 se resolvió por un escaso margen de ciento dieciocho mil quinientos cincuenta votos a favor de Kennedy, uno de los más estrechos márgenes conocidos en unas elecciones presidenciales.

Un reportero comentó que si sólo en cinco Estados Nixon hubiera tenido 24 000 votos, habría sido él quien ascendiera a la Casa Blanca. Joe Kennedy le respondió:

—¿Esperaba usted que pagara por obtener una arrolladora victoria electoral?

Esa mañana, mientras Kennedy jugaba al rugby de trece, Jackie salió de la casa con un impermeable con capucha verde y zapatos de tacón bajo, y se dirigió a la playa para estar sola. Personal del servicio secreto protegía ya a los Kennedy y a su casa, y los periodistas no cesaban de llamar para expresarle su felicitación.

—¿Creéis que podéis darlo ya por bueno? —dijo—. ¿Es realmente cierto?

Convencida de que era así, continuó caminando junto a las villas de la playa, entre las que se habían escondido los fotógrafos, que le gritaron sus felicitaciones. Hizo como que no los veía y volvió la cabeza para que no viesen sus lágrimas.

La perspectiva de convertirse en Primera Dama era demasiado terrible para que nadie pudiera comprenderlo.

CAPÍTULO SIETE

Jackie estaba tan confusa y se sentía tan desgraciada a su regreso a Washington, que no podía enfrentarse con toda la actividad que reinaba en su casa de Georgetown. Embarazada de ocho meses, abrumada por la responsabilidad de convertirse en Primera Dama, estaba aterrorizada y a veces deprimida hasta el punto de llorar. Orgullosa de la victoria de su marido, pero eso no significaba ninguna alegría para ella. Si durante la campaña fue criticada por su modo de peinarse, de vestirse, sabía que en lo sucesivo estaría siempre sometida a los focos de la atención pública, y cada uno de sus actos sería comentado y observado con un cristal de aumento. Se daba cuenta de que la propia identidad, que tan duramente había luchado por conseguir le sería imposible de mantener una vez que pasara a ser un personaje público, y de que cualquier intento de vivir una vida privada sería sometido a escrutinio y puesto en conocimiento de todos.

—Tenía la sensación de haberme convertido en un objeto de propiedad pública —dijo—. Es realmente espantoso perder el anónimo a los 31 años.

Acostumbrada a la monotonía rutinaria en la intimidad de su hogar, de repente se vio asaltada por los colaboradores de la campaña, nuevas citas, miembros del Senado, agentes del servicio secreto, grupos de periodistas, gentes de la televisión y secretarias.

Se instalaron nuevas líneas telefónicas de seguridad y los teléfonos sonaban constantemente, aunque nadie la llamaba a ella. Toda la actividad se centraba en torno a Jack Kennedy, que se sentía animado y alegre cuando apareció en los escalones de la entrada de la casa para hacer una declaración preinaugural a los periodistas que esperaban en la calle bajo la nieve.

Jackie se sintió furiosa contra la multitud de turistas que se congregaron a miles frente a la casa de ladrillo rojo, con la esperanza de verlos a ella y a Jack, aunque sólo fuera unos segundos. Ver a su marido «siempre a sus pies» —como ella expresó—, resolviendo los asuntos en casa y saltando de su silla para acudir a la ventana y saludar agitando la mano a aquellos extraños, era algo que la exasperaba.

Llegaban sacos y sacos de cartas conjuntamente con una auténtica lluvia de regalos para el bebé a punto de nacer. Paquetes con ropita hecha a punto, mantitas, colchas, peleles y camisitas se acumularon en el estudio al estilo francés de Jackie. Finalmente dio orden a su secretaria de que se librara de aquellos regalos indeseados.

—Póngalos todos en su coche y líbrese de ellos cuando se vaya —le dijo.

A su esposo, que parecía disfrutar de cada segundo de excitación, le dijo:

—No puedo resistir todo este caos, Jack. Me está volviendo loca.

—¡Por amor de Dios, Jackie! Ahora de lo único que tienes que preocuparte es de tu vestido para el baile de gala de toma de posesión. Deja todo lo demás en manos de Tish.

Letitia Baldrige, republicana de toda la vida y que precedió a Jackie dos años en la Escuela de la señorita Porter y en Vassar, había sido seleccionada para el cargo de secretaria social de la Casa Blanca. Al día siguiente de su nombramiento, los periodistas le preguntaron por las responsabilidades de su nuevo cargo.

—Probablemente quedaré entre bastidores y no haré otra cosa que distribuir copias de las fórmulas del biberón del nuevo bebé.

La observación, desde luego, trataba de ser humorística, pero molestó a Jackie, que estaba decidida a mantener a sus hijos dentro de un terreno estrictamente privado «en este horrible lugar», como solía llamar a la Casa Blanca.

Tish era una mujer rubia, entusiasta, que previamente había trabajado como secretaria social con el embajador David Bruce y señora, en París; como secretaria particular de la embajadora Clara Booth Luce, en Roma, y que había sido directora de relaciones públicas de la cadena Tiffany en Nueva York. Kennedy, impresionado por su energía y experiencia, sugirió a Jackie que se pusiera en contacto con ella durante el verano y le insinuara la posibilidad de trabajar en la Casa Blanca. Sólo después de que la señorita Baldrige llegó a Washington para mantener su primera rueda de prensa deseó haber cambiado de opinión.

Con un modelo de Christian Dior y un sombrero de piel de leopardo, recibió a los periodistas en el Sulgrave Club. Comenzó por definir a Jacqueline Kennedy como «la mujer que lo tenía todo, incluyendo al próximo presidente de los Estados Unidos». Añadió que la señora Kennedy convertiría la Casa

Blanca en la muestra del gran arte y los grandes artistas norteamericanos.

—Planea hacer de la mansión del Ejecutivo un lugar de interés tanto histórico como actual. Desea decorarla con pinturas de los más destacados artistas, tanto recibiéndolas como préstamo o en calidad de donación permanente.

—Bien, ¿y dónde piensa colgarlas? —preguntó uno de los reporteros—. La verdad es que no hay mucho espacio vacío en las paredes... al menos en el primer piso.

—Ése es un problema que la Primera Dama y los miembros de su equipo tendrán que resolver cuando haya tomado posesión —dijo Tish—. No van a arrancar los retratos de los presidentes y Primeras Damas que ya ocupan las paredes, pero se encontrará un sitio, aunque haya que colgar los cuadros unos frente a otros.

Después, al responder a una pregunta con relación a todas las mujeres miembros de clubes que tratarían de ver a la Primera Dama, dijo:

—La señora Kennedy lleva tiempo pensando qué hacer con esas grandes y amplias hordas que quieren ser recibidas en la Casa Blanca... Quiero decir con esos amplios grupos de señoras muy interesantes.

Sin pausa continuó diciendo que iba a rascar los paneles que cubrían las paredes del comedor de la Casa Blanca para ver lo que había bajo la pintura gris.

—El primer día que esté allí utilizaré mi pequeño cortaplumas y veré qué aspecto tiene aquello.

Se le preguntó si Mamie Eisenhower había invitado a su sucesora, la señora Kennedy, para que conociera las habitaciones privadas de la Casa Blanca, que pronto se convertirían en su hogar, Tish dijo:

—Hasta ahora no se ha extendido tal invitación, pero confío en que se hará pronto.

A la mañana siguiente, cuando Kennedy leyó la entrevista, salió de su estudio con el periódico en una mano y agitándolo en el aire.

—Dios mío, Jackie —gritó—. ¿Qué demonio pasa aquí? ¿Es que ni siquiera sabes manejar a tu secretaria de relaciones públicas? ¿Te das cuenta de lo que esa mujer nos ha hecho?

Con el *Washington Daily News* bajo la nariz, se quedó mirando los grandes titulares: «A JACKIE NO LE PREOCUPA NO HABER RECIBIDO LA INVITACIÓN.»

Kennedy salió de la habitación y ordenó a una de sus secretarias que «hiciera callar a aquella maldita mujer antes de que volviera a abrir la boca de nuevo». Después regresó al lado de Jackie y le dijo que él no había recibido tanta atención por parte de la prensa como le habían dedicado a ella, en ninguna de sus tomas de posesión.

—Pero no habrá más conferencias de prensa de Letitia Baldrige. ¿Está claro? —respondió.

Posteriormente, la pequeña Caroline entró en la habitación y preguntó a su niñera:

—¿Qué le ha hecho esa condenada señora a papá para que esté tan enfadado?

Fuera de la casa de la calle N la excitación estaba en el aire y la gente seguía congregándose junto a la puerta, ansiosos de ver a ese hombre joven que habían elegido para presidente. Incluso los periodistas se habían incorporado al remolino de adulación.

—Los periodistas, que cada día se pasaban unas cuantas horas a la puerta de la casa, en espera de cualquier noticia por insignificante que fuera, también éramos presa de la misma excitación —dijo Helen Thomas, de *United Press International*—. Estábamos ateridos, pero sabíamos que presenciábamos y registrábamos un fascinante período de nuestra historia desde un ángulo privilegiado.

Pero en el interior de la casa, la tensión entre el presidente y su esposa crecía. Unos días antes, Kennedy llevó a su casa al ex presidente Truman y se sintió furioso porque Jackie estaba aún en bata, en su dormitorio, y no pudo bajar a saludar al ilustre invitado. Más tarde se quejó hablando con un amigo:

—La emperatriz se dignó asomarse a la barandilla de la escalera para saludar. ¡Dios mío, cualquiera podría pensar que era ella la que tenía que administrar el gobierno y yo, simplemente, el príncipe consorte!

Kennedy dejó su casa para pasar una semana en el rancho de Lyndon B. Johnson, en Tejas, y después se dirigió a Palm Beach para descansar con sus padres. Regresó a Washington para cenar con Jackie y Caroline el día de Acción de Gracias, pero insistió en regresar a Florida esa misma noche.

—¿Por qué no te quedas conmigo hasta que dé a luz, y después nos vamos allí todos juntos? —le preguntó Jackie, que se sentía resentida al pensar que su marido regresaría al maravilloso sol de Florida mientras ella seguía congelada en Washington. Kennedy se negó a cambiar sus planes. Cuando Jackie lo acompañó con Caroline hasta la puerta de la casa para decirle adiós, daba la sensación de que se había pasado mucho rato llorando y apenas si pudo dibujar una sonrisa para ocultar su desencanto.

Una hora después de que Kennedy dejó la casa Jackie se echó a descansar en su dormitorio del segundo piso y, de repente, llamó a la niñera de Caroline:

—¿Puede usted venir en seguida, señorita Shaw?

La joven acudió a toda prisa y se dio cuenta de que el bebé, cuyo nacimiento debía tardar todavía cuatro semanas, se presentaba de manera prematura. Se apresuró a llamar al ginecólogo, doctor John Walsh. En menos de 15 minutos Jackie estaba en camino hacia el hospital de la Universidad de Georgetown, donde fue sometida a una cesárea de urgencia. En esos mismos instantes se estaban radiando mensajes a Kennedy, que saboreaba una copa a bordo de su avión privado. Sorprendido por la noticia, se sintió afectado profundamente con un sentimiento de culpabilidad, por no estar con su esposa, y comentó:

—Nunca estoy a su lado cuando me necesita.

Tan pronto como tomó tierra en Palm Beach, subió al avión de la prensa para regresar a Washington e insistió en viajar en la cabina del piloto por si se recibía algún nuevo mensaje. A la una y diecisiete minutos, los altavoces de la radio anunciaron que había nacido John Fitzgerald Kennedy, Jr. Los periodistas, que iban en la parte de atrás del avión, aplaudieron con entusiasmo.

Cuando el avión aterrizó en Washington, Kennedy se dirigió al hospital para visitar a Jackie y ver a su hijo a través del panel de vidrio de la sala de recién nacidos.

—Es el niño más hermoso que he visto en mi vida —le dijo a los reporteros—. Estoy pensando en llamarlo Abraham Lincoln.

Pocos días después el embajador llevó en avión a Washington a Luella Hennessey, para que la enfermera de los Kennedy pudiera atender a Jackie, como había hecho con todas las demás mamás de la familia Kennedy. El principal cometido de esta alegre mujer de Nueva Inglaterra era calmar la depresión postparto. Mientras la señorita Hennessey atendía a Jackie, Maud Shaw se ocupaba de Caroline y Elsie Phillips llegó para hacerse cargo del recién nacido que tuvo que pasar seis días en la incubadora.

Un día Jackie estaba tomando el sol en la terraza del hospital, envuelta en un largo abrigo de cuero negro, cuando otra paciente se acercó a ella y se la quedó mirando.

—Usted es la señora Kennedy, ¿verdad? —exclamó efusivamente—. La he reconocido por las fotografías.

—Lo sé. Ése es ahora mi problema —replicó Jackie, que de inmediato se incorporó y corrió a refugiarse en la intimidad de su cuarto.

El día del bautizo del niño, Kennedy llegó al hospital y sentó a Jackie en una silla de ruedas para llevarla a la capilla. Vio un grupo de reporteros al final de corredor y aminoró un poco la marcha. Jackie apretó los dientes.

—¡Oh, Dios mío! Por favor, Jack, no te detengas —le suplicó.

Pero Kennedy, que se daba perfecta cuenta que era la primera vez que nacía un hijo a un presidente electo y su esposa, sonrió satisfecho y permitió a los fotógrafos que tomaran sus fotos.

En la Casa Blanca, Mamie Eisenhower, convocó a su mayordomo, J. B. West.

—He invitado a la señora Kennedy para que pueda recorrer la casa el día 9 de diciembre al mediodía —le dijo—. Ocúpese de que todas las habitaciones estén arregladas, pero que no haya sirvientes en los pisos de arriba. Yo pienso salir a la una y media, así que téngame el coche dispuesto para esa hora.

—El agente del servicio secreto de la señora Kennedy ha llamado desde el hospital esta mañana —le explicó el mayordomo— para pedir que tengamos preparada una silla de ruedas para cuando la señora Kennedy llegue.

—¡Vaya por Dios! Quería dejarla sola para que se sintiera más libre —dijo la todavía primera dama, tamborileando con sus bien cuidadas uñas sobre la mesa—. Bien, bien, ya le diré cómo lo haremos. Tendremos dispuesta la silla de ruedas de manera discreta, disimulada detrás de una puerta o algo así. Estará disponible si la pide.

En la mañana del 9 de diciembre, Jackie llegó a su casa procedente del hospital. Unas horas más tarde salió por la puerta de servicio, para esquivar a los periodistas, y tomó una furgoneta de tipo rubia, de color verde, para dirigirse a la Casa Blanca. La acompañaron hasta el segundo piso, donde la esperaba la señora Eisenhower, que compartía su mismo horror por esta ceremonia tradicional de mostrar la casa a la sustituta.

Una hora más tarde, después que hubieron recorrido las 30 habitaciones de la sección privada y Jackie se horrorizó por los ramos de flores de plástico, los muebles, que eran reproducciones baratas, y los ventiladores de plástico junto a la chimenea, las dos mujeres posaron juntas para los periodistas en el Pórtico Norte.

—Creo que ya es bastante —dijo la señora Eisenhower, que tenía prisa por acudir a su partida de bridge. Estrechó la mano de Jackie y se despidió de ella—. ¡Adiós!

—¡Adiós! —respondió Jackie Kennedy—. Muchas gracias por todo lo que ha hecho por mí. No puede suponer cuánto se lo agradezco.

—He tenido mucho gusto —dijo la señora Eisenhower—. Buena suerte. Páselo bien ahora en el Sur.

Con esa voz suave y baja característica de la señora Kennedy sonaron las últimas palabras:

—Adiós, querida.

Cuando llegó a su casa de la calle N sollozaba presa de un ataque de histeria.

—¡Oh Dios mío! —exclamó—. Es el lugar más horrible del mundo. Tan frío y espantoso. Una mazmorra como la Lubianka. Parece como si la hubieran amueblado recorriendo las tiendas de saldos. Nunca he visto nada semejante. No puedo hacerme a la idea de que debo trasladarme allí. ¡Odio ese lugar! ¡Lo odio! ¡Lo odio!

En Palm Beach llamó a su amiga Jayne Wrighsman, para contarle la visita y el recibimiento de Mamie Eisenhower, que ni siquiera le había ofrecido una taza de té.

—¡Oh, Dios mío! Fue algo tan espantoso que por poco no me hace volver al hospital con un ataque de llanto.

Kennedy estaba verdaderamente sorprendido por la reacción explosiva de su esposa. No podía entender que existiera ni una sola mujer en el mundo que no se volviera loca de alegría ante la perspectiva de habitar en la Casa Blanca como Primera Dama.

—Es algo que va más allá de mi capacidad de comprensión —dijo sin el menor asomo de ironía.

Jackie se pasó en la cama la mayor parte del tiempo que estuvieron en Florida, escribiendo cartas y anotaciones a mano en una agenda de hojas amarillas encuadernada en lino azul.

—Supongo que traté de organizar mi vida mientras estuve allí —dijo posteriormente—, pensando cómo sería mi despacho..., los cambios de mobiliario...

Se negó a reunirse con el resto del clan de los Kennedy a las horas de la comida y prefería hacerlas en su dormitorio, evitando de ese modo participar en la actividad de torbellino de la casa del embajador, que empezaba a verse tan atestada de gente como la de Jackie en la calle N, de Georgetown.

—Había tanta gente allí —se quejó Jackie— que podía dejar mi dormitorio para tomar un baño y al regreso encontrarme con que Pierre Salinger estaba celebrando allí una conferencia de prensa.

Rose Kennedy, la enérgica matrona, aparecía por todas partes, interviniendo en todo y estableciendo la mayor confusión en cuanto comenzaba su jornada cotidiana, casi de madrugada. Misa, golf y la vigilancia de la continua corriente de gente que entraba y salía. Molesta por la reclusión voluntaria de su nuera, un día se dirigió a Mary Gallagher.

—¿Sabe usted si Jackie ha dejado la cama hoy? Recuérdele que esperamos invitados muy destacados para el almuerzo. Sería muy amable de su parte que se reuniera a comer con nosotros.

Cuando la señora Gallagher le transmitió el mensaje, Jackie respondió burlándose de su suegra, imitando su forma cantarina de hablar: «Recuérdele que esperamos invitados muy destacados para el almuerzo.»

Los invitados a comer llegaron y se fueron sin ver a Jackie, que se quedó en sus habitaciones, insistiendo en que necesitaba intimidad y soledad para organizar su nueva vida.

Durante ese tiempo llegaron los expertos de Bergdorf Goodman para probarle la blanca túnica de crepé de seda que la propia Jackie había diseñado para el baile de gala inaugural.

Era una creación muy complicada, con una falda y un cuerpo bordado de plata bajo un delicado blusón blanco: algo decepcionantemente simple, pero al mismo tiempo exquisito en sus detalles. Dado que no poseía una colección de joyas espectacular, Jackie trató desesperadamente de que alguien le prestara un espléndido broche de brillantes y pendientes haciendo juego, y se puso en contacto con Tiffany para que se lo alquilaran. Cuando Kennedy se enteró de que su esposa estaba negociando ese alquiler de las preciosas joyas, se negó a permitírselo. Después de haber hecho ya los primeros contactos, Jackie le dijo a su secretaria que le dijera a Tish Baldrige, en secreto, que continuara adelante afirmando que si Tiffany se comprometía a apoyar su versión de que las joyas se las había prestado su suegra, las luciría en la fiesta.

—Dile a Tish que si la historia aparece en los periódicos jamás volveré a comprar nada en Tiffany. Si la cosa se mantiene en secreto, haré que se compren allí todos los regalos oficiales.

Puesto en claro ese asunto, Jackie volvió su atención a su vestido para la gala inaugural, planeada por Peter Lawford y Frank Sinatra la noche antes de los bailes de toma de posesión.

Anteriormente, Oleg Cassini le había escrito una carta ofreciéndole sus servicios y en ella le decía que la Primera Dama de Estados Unidos debía tener su propio diseñador, como la reina de Inglaterra. Dado que Kennedy insistía en que su esposa siguiera la moda norteamericana mientras estuviese en la Casa Blanca, Jackie decidió nombrar al costurero de Hollywood modista oficial de la Casa Blanca, siendo ésa la primera vez en la historia que una esposa del presidente de Estados Unidos hacía un nombramiento semejante.

Los hombres de la familia Kennedy, a quienes les agradaba reunirse con tipos divertidos y juerguistas como Oleg y su hermano Igor (que escribía la sección de *Cholly Knickerbocker*) sabían que el modista era mujeriego y no homosexual, por lo que se sentían a salvo de cualquier escándalo que pudiera causar turbación al gobierno. Durante años y años Oleg e Igor fueron los enlaces del embajador con sus amantes, poniéndolo en contacto con *starlets* y acompañándolo a La Caravelle, en Nueva York, donde gastaban enormes cantidades de dinero dando de comer y beber a las mujeres. Con frecuencia Jackie bromeaba con Cassini sobre esos «vergonzosos asuntos», como ella los llamaba, y le suplicaba le facilitara la máxima información.

El diseñador, que estuvo casado con la estrella Gene Tierney, no era aceptado en la Séptima Avenida, pero sabía crear vestidos sencillos y elegantes que eran del agrado de Jackie. Además, el modista la trataba como un modista europeo trata a las grandes damas, y eso encantaba a la señora Kennedy.

Oleg se sintió ofendido cuando Jackie decidió dirigirse a Bergdorf para su vestido de gala para la toma de posesión, pero Jackie tenía confianza en poder controlar a Oleg con respecto al resto de su vestuario, cuyo encargo ocupaba la mayor parte del tiempo en Palm Beach. En el mes de diciembre le envió una nota muy extensa explicándole exactamente lo que quería que hiciera para ella:

Querido Oleg:

Gracias a Dios ya ha pasado todo el temporal y las cosas se han normalizado sin que tenga que romper mi palabra ni contigo ni con Bergdorf. ¡Ahora comprendo lo mal que debe de sentirse Jack al haberle dicho a dos o tres personas que podrían ser secretarios de Estado!

Pero creo que todo se ha arreglado de manera agradable para ti, ¿no? y sigues siendo encantador, galante y un caballero, y todo eso que debes ser y eres.

Esta carta contiene una serie de pensamientos e ideas incoherentes que deben ser ordenados de manera que pueda dedicar las próximas semanas a recuperarme de veras sin tener que pensar en detalles... De otro modo seré una ruina y me faltarán las fuerzas para hacer todas esas cosas que tengo que hacer.

Seguidamente le hacía una lista minuciosamente detallada de siete sistemas que debía seguir en relación con su vestuario. Lo más importante era asegurar su originalidad. «Asegurarse por completo de que nadie tiene el mismo vestido que yo —escribió—, o del mismo color y tela.»

Me imagino que desearás incluir algunos de mis vestidos en tu colección, pero deseo que todos los míos sean originales y no que aparezca alguna mujerota regordeta y pequeña luciendo un vestido como el mío. Tú sabes mejor que yo cómo protegerse contra los confeccionistas que hacen copias baratas. No me importa en absoluto lo que suceda después, en tanto que cuando yo estrene ese vestido sea nuevo y original y el único en la sala. Consecuentemente no debemos describirlo con detalle antes...

Ahora, pobre amigo Oleg, ya no tienes que leer nada más, aparte de estas pequeñas cosillas que creo debo decirte:

1) Perdóname por no haberme dirigido a ti desde el principio. Ahora me siento muy feliz.

2) PROTÉGEME, puesto que estoy tan implacablemente expuesta y no sé cómo enfrentarme con ello (¡He leído esta noche que me tiño el pelo porque lo tengo casi totalmente gris!)

3) Sé eficiente, teniendo todas mis cosas listas a tiempo y evitándome tener que preocuparme con detalles minuciosos.

4) Planea las cosas para que puedas quedarte a cenar con nosotros cada vez que vengas a Washington con tus diseños... Y distrae un poco al pobre presidente y su esposa en esta horrible Casa Blanca; y sé discreto al hablar de nosotros... aunque creo que esto no es necesario que te lo diga, pues tienes el tacto suficiente para no ser de otra manera.

5) Siempre pensé que si Jack y yo íbamos a Francia en visita ofcial, recurriría en secreto a Givenchy para que diseñara mis vestidos y no sentirme avergonzada. Ahora sé que no tendré que hacerlo... los tuyos serán maravillosos. Ésta es la mejor alabanza que puedo hacer de ti... ¡como diseñador, se entiende!

Jackie no consideraba el baile inaugural como una fiesta, sino como un acto político de pago y agradecimiento a los ayudantes que colaboraron con Kennedy en la campaña, que estaban deseosos de ser conocidos por el público. Dado que Jackie iba a verse expuesta a la luz pública por las cámaras de televisión, estaba decidida a representar, al menos, dignamente el papel de una señorial y distinguida Primera Dama, lo que, según su criterio estaba a miles de kilómetros de distancia de la vulgaridad llamativa de las joyas de Mamie Eisenhower.

CAPÍTULO OCHO

Jack Kennedy estaba ansioso por regresar a Washington pensando en la serie de fiestas que le esperaban como presidente electo. Deseoso de celebrar cuanto antes su victoria, aceptaba con entusiasmo toda invitación que se le ofrecía. Pese a que no sentía demasiado fervor por la música clásica, pensaba asistir al concierto inaugural en el Constitution Hall. Se proyectaba la celebración de cinco bailes de gala en la ciudad y tenía decidido asistir a cada uno de ellos. La planificación del desfile inaugural frente a la Casa Blanca le causaba deleite aun cuando sabía que tendría que pasarse sentado seis horas, apenas protegido contra la baja temperatura.

Había disfrutado durante años en compañía de estrellas de cine y, consecuentemente, estaba excitado al ver la gran cantidad de celebridades de Hollywood que se habían ofrecido a actuar para él en la gala a fin de recoger fondos para el Partido Demócrata, organizada por Peter Lawford y Frank Sinatra. Estaba orgulloso de que Robert Frost recitara un poema en la ceremonia de su juramento y de que Marian Anderson cantara *The Star-Spangled Banner*. En términos generales esperaba todas esas celebraciones con la misma excitación que un muchacho en plena juventud.

Por el contrario, Jackie temía como si fuese a enfrentarse con algo obligado y desagradable. Odiaba la idea de verse rodeada de una multitud de gentes casi desconocidas, tener que estrechar manos sudorosas bajo las luces deslumbrantes. Se negó a asistir a la recepción preinaugural para señoras distinguidas en la Galería Nacional de Arte, lo que la hubiera obligado a recibir el apretón de manos de 4 500 invitadas. Se negó asimismo a acudir a la recepción en honor del vicepresidente Johnson y esposa, a quienes en su intimidad llamaba «el coronel Cornpone y su pequeña costilla de cerdo». Tampoco se presentó en el baile de los Jóvenes Demócratas ni en la recepción de gobernadores. Declinó igualmente la invitación de los señores Wheeler para asistir a una cena privada antes del baile de la toma de posesión y rehusó acudir a la cena-baile ofrecida por Jean Kennedy Smith y su esposo en Georgetown. Así, el nuevo presidente tuvo que asistir solo a la mayor parte de las fiestas y ceremonias que se celebraban con motivo de su toma de posesión.

Por lo general, una mujer tarda unas seis semanas en reponerse de una operación de cesárea, que implica una incisión en el abdomen y en el útero para sacar al bebé. Aun cuando Jackie había dispuesto ya de dos meses desde el nacimiento de su hijo, se negaba a considerarse totalmente repuesta.

Cuando Kennedy tomó el avión para Washington, unos periodistas se aproximaron a él y uno de ellos le dijo:

—Sabemos que la señora Kennedy es la mujer mejor vestida del mundo.

Kennedy le dirigió una mirada glacial y le respondió:

—Si desea hablar de algo serio, tendré mucho gusto en charlar con usted.

Había estado temiendo esa pregunta desde el momento en que se enteró de que Jackie había sido elegida Primera Dama de la moda y seleccionada para figurar en la lista de las mujeres oficialmente mejor vestidas del mundo en 1960. Poco antes, en Palm Beach, cuando Jackie se enteró de que había pasado a formar parte de las elegantes de la moda internacional, se sintió extasiada, pero trató de aparentar que aquello no le interesaba en absoluto, porque su marido estaba furioso y le gritó que su «extraordinario interés por la ropa» y su «embriaguez de moda» acabaría por arruinar la nueva administración.

—No sé por qué. La Nueva Frontera es saboteada por un puñado de malditos modistas franceses —le gritó irónicamente.

Joe Kennedy se divirtió mucho con el incidente.

—Durante toda mi vida he estado gastando miles y miles de dólares en vestir a las mujeres de mi familia —dijo—, y ahora tengo que negarlo.

Rose Kennedy estaba tan disgustada como su hijo, pero supo sobreponerse y felicitar a su hija política, aunque se sentía defraudada porque ella jamás consiguió figurar en esa lista de las elegantes del mundo. Jackie trató de quitarle importancia al honor, en un esfuerzo por no herir más aún los sentimientos de su suegra.

—Ahora, heme aquí, por primera vez en mi vida, en la lista de las mujeres mejor vestidas del mundo, después de que me he pasado un año embarazada y criando a mi hijito —dijo—. Me satisface ayudar a la industria de la moda, pero creo que soy utilizada para su propaganda por los comerciantes. No quiero convertirme en un símbolo de la moda. Me basta con saber que voy vestida de manera apropiada. Los vestidos son

113

para mí una lata. Una verdadera lata. Vestir es algo que hay que hacer y nada más.

Jack Kennedy, que conocía mejor la forma de pensar de su mujer, empezaba a preocuparse por la secreta obsesión de Jackie por los vestidos de los grandes modistas franceses más caros. Pero Jackie trató de darle seguridades:

—Jack, te prometí que sólo compraría vestidos americanos en lo futuro... Sólo de Oleg... E incluso estoy dispuesta a vestirme de segunda mano si eso evita que te encuentres molesto.

Algún tiempo después le diría a una periodista:

—Estoy decidida a evitar que la administración de mi esposo tenga problemas con historias sobre mis trapos. Me lo he prometido a mí misma, después de toda una noche de insomnio.

De inmediato le dio instrucciones a Tish Baldrige para que hiciera pública una declaración con el siguiente texto:

La señora Kennedy se da cuenta de que su forma de vestir es objeto de interés público, pero se siente molesta por las implicaciones de extravagancia o de exceso de interés por la moda que se le atribuyen y por el mal uso que se hace de su nombre por algunas firmas donde jamás compró ni un solo vestido. Durante los próximos cuatro años, las ropas de la señora Kennedy serán modelos de Oleg Cassini. Diseñadas y hechas en Estados Unidos. Se limitará a comprar lo que necesite, sin extravagancias y con frecuencia podrán verla fotografiada con el mismo vestido.

Lo cierto es que mientras fue Primera Dama jamás se fotografió dos veces vestida igual. Jackie gastaba más de cuarenta mil dólares al año en ropa, lo cual le permitía fácilmente cambiar de ropa a diario y no usar dos veces la misma. Si hizo pública esa declaración fue sólo para tranquilizar a su marido.

Decidida también a evitar que la presidencia fuera comercializada, escribió al director de orquesta Meyer Davis una carta muy fuerte en la que le decía:

Preferiría que no utilizara nuestra fotografía en la portada de su Álbum Inaugural... y también que imprima esta carta (es decir ninguna fotografía mía en el reportaje sobre Jacqueline). Creo que no hacerlo así significaría comercializar la Presidencia —lo que es algo contra lo cual lucharé a diario mientras dure la administración de mi esposo—. Creo que si pone en la contraportada de su álbum que usted tocó en la ceremonia de boda de mi madre (¡aunque no puedo creerlo!) y en mi fiesta de esponsales y en nuestra boda y en la ceremonia de toma de posesión de mi esposo, ya habrá suficiente interés para todo el mundo.

Aunque me siento muy orgullosa de usted, querido señor Meyer, debe comprender que no deseo utilizar el cargo de mi esposo para vender música y discos o cualquier otra cosa, como no quiero que haya «muñecas Caroline Kennedy» o nada semejante. En lo que respecta a nuestra canción favorita, creo que verdaderamente me gusta todo lo que usted toca, desde Traviata a mi vals preferido, es decir Libiamo. Creo que a mi marido le gusta mucho Greenleeves. Realmente, no tenemos canciones favoritas. Decida usted mismo entre esas canciones que toca siempre.

No deseo que ese álbum sea anunciado como nuestro favorito. Eso está pasado de moda. Lo que hace que me gusten casi todas sus canciones es la forma como usted las toca (no utilice esa cita, pero es la mejor alabanza que puedo hacerle). Si yo fuera usted, para lograr un éxito en el Baile Inaugural y en el álbum elegiría las mismas canciones que tocaría si se tratara de un baile normal, que deseara resultase un éxito. Música rápida, cambio de ritmo, etc.

Pese a sus protestas de que la presidencia no sería explotada, Jackie se parecía mucho a Nekkie Taft en lo de conseguir negocios convenientes para ella personalmente. La señora Taft, mientras fue Primera Dama, recibió una gratificación de 12 000 dólares para gastos de transporte. Compró los coches de la Casa Blanca a precios reducidos y, a cambio de ello, permitió a los fabricantes anunciar que sus coches habían sido seleccionados por el presidente. Lo mismo hizo Jackie al realizar negociaciones secretas con Tiffany y Cía para que le prestaran los diámantes para lucirlos en el baile inaugural a cambio de cederles el negocio de vender a la Casa Blanca los regalos para las visitas oficiales.

Cuando Jackie fue a comprar una alfombra persa para el comedor privado del presidente, en el segundo piso de la Casa Blanca, le escribió una nota al mayordomo: «También a mí me gusta la alfombra, pero estamos escasos de dólares y estoy furiosa porque todo el mundo pretende estafar a la Casa Blanca. Dígale que si la regala podrá tener un descuento en los impuestos y una foto en nuestro álbum. Si no... ¡adiós!» El comerciante le regaló la alfombra.

Tampoco le importaba favorecer a fotógrafos como Richard Avedon y Mark Shaw, a los que permitía que tomaran fotografías suyas y de sus hijos en las habitaciones privadas de la Casa Blanca y después distribuir esas fotos en las publicaciones nacionales, mientras insistía en que Pierre Salinger protegiera su intimidad y mantuviera siempre a los demás periodistas alejados de sus habitaciones privadas. Jackie también favoreció a su peluquero, haciendo venir a su favorito, Kenneth Battelle desde Nueva York, en ocasiones especiales, e incluso le enviaba un coche oficial de la Casa Blanca a recogerlo al aeropuerto, mientras que a su otro peluquero, Jean-Louis, de Georgetown, sólo le permitía arreglarla los días corrientes.

—Mientras era Primera Dama —recuerda Jean-Louis— me hacía ir a la Casa Blanca tres o cuatro veces por semana a arreglarle el pelo, y me hacía esperar tanto tiempo que, finalmente, hice que se lo lavara ella misma y yo sólo iba para peinarla. Pero cuando había una cena oficial siempre hacía venir a Kenneth. Los dos estuvimos en su casa cuando la toma de posesión. Yo la peiné para la ceremonia del juramento de su esposo y Kenneth lo hizo para los bailes. Realmente, era una cliente casi imposible.

Jackie dejó a sus hijos en Florida con sus niñeras y, finalmente, se dirigió a Washington el día antes de la gala inaugural. Llegó sola y se dirigió a la casa de la calle N, en Georgetown, que estaba invadida por un emjambre de criadas, ayudas de cámara, secretarias, peluqueros, mozos de cuerda, una masajista irlandesa y un esposo que no cesaba de recibir una marea constante de visitantes.

Dado que accedió a asistir a la cena privada ofrecida por Philip Grahams antes del concierto y la fiesta de gala, su doncella personal, Provi, tuvo que apresurarse tratando de organizar su vestuario, dejando dispuestos los vestidos adecuados para cada ocasión, reuniendo todos los accesorios con meticulosa atención hasta el extremo de planchar hasta la ropa interior de nylon. El presidente electo estuvo en casa de Bill Walton todo el día, para continuar allí con sus asuntos oficiales y que Jackie pudiera tener la casa y los peluqueros a su exclusiva disposición.

—Kenneth y yo llegamos desde Lily Daché, en Nueva York, para arreglar la cabeza de Jackie durante la toma de posesión, y aquello parecía un manicomio, se lo juro —dijo Rosemary Sorrentino—. Nevaba muchísimo y el tráfico era imposible por toda la ciudad. La policía estaba por todas partes. Aunque yo era republicana de toda la vida, siempre me gustó Kennedy, incluso desde la primera vez que lo vi en Hyannis Port, cuando estuve allí para peinar a Jackie durante la campaña. Recuerdo que Jackie me presentó como su peluquera y añadió: «Jack, Rosemary también arregla el pelo a Marilyn Monroe, a Joanne Woodward y a Lauren Bacall.» Estábamos sentadas a la mesa, almorzando, y Jack daba instrucciones a Ted Sorenson. Kennedy levantó la vista hacia mí y lo primero que hizo fue preguntarme: «¿Tiene Marilyn realmente tanto temperamento como todo el mundo dice?» Sentía mucha curiosidad por saber cosas de Marilyn. Después me preguntó si tenía idea de lo que eran unas elecciones primarias y su importancia. Le dije que no sabía nada de política, votaciones, etc., pero que podía decirle todo lo que deseara saber sobre permanentes. ¿Y sabe lo que me dijo? «Bien, bien, hábleme entonces de permanentes.» Y yo, como una idiota, le hablé de eso.

»Cuando llegamos a Washington dos días antes de la toma de posesión, nos dirigimos a su casa en Georgetown y nos pasamos la mayor parte del tiempo en el piso de arriba, arreglando el pelo a Jackie —continúa la peluquera— y ayudándola a arreglarse para asistir a la gala y a la ceremonia de juramento. El presidente odiaba verla con rulos. Se quedó horrorizado una ocasión en que entró y me vio crepando su pelo, todo tieso sobre su cabeza. Le echó una mirada y exclamó: «¡Oh, Dios mío!», y se marchó de la habitación a toda velocidad. Él parecía lleno de energía y muy expansivo, pero Jackie estaba terriblemente deprimida y todo aquello no parecía divertirla en absoluto. Y sin embargo todo el mundo se lo estaba pasando bien, bebiendo y celebrando fiestas y reuniones. Pat Lawford se emborrachó de tal modo que tuve que volver a la Casa Blanca la tarde de la toma de posesión y arreglarle el pelo en la cama porque no se podía tener en pie de la resaca.

El día de la toma de posesión Kennedy asistió a misa en la iglesia de la Santísima Trinidad con Walton y después regresó a su casa para preparar su discurso, en la biblioteca del piso bajo y a puerta cerrada. Mientras Jackie se desayunaba, Provi empaquetó el traje de baile que la Primera Dama había de lucir esa noche y lo llevó a la Casa Blanca. Debido a que tenía órdenes concretas de entregar el vestido en persona y dejarlo colgado en la Habitación de la Reina, la doncella personal de Jackie no pudo asistir a la ceremonia de la toma de juramento en el Capitolio. Tish Baldrige estaba ya en la Casa Blanca vigilando a los que hacían el traslado y disponiéndolo todo para la recepción de la noche.

El presidente Kennedy había llamado personalmente a su familia la noche anterior y les pidió que se detuvieran a tomar café con él antes de dirigirse al Capitolio. Kennedy se lamentaba continuamente de los retrasos de su mujer, y en esa ocasión insistió al máximo con ella para que no llegara tarde.

Jack Kennedy comenzó a vestirse esa mañana muy temprano, pero se puso nervioso al no poder abrocharse el pasador del cuello debido que había ganado mucho peso después de la campaña. Se llamó a todos los secretarios de la casa para que le ayudaran a buscarle un cuello que le viniera bien. Al no encontrarlo se decidió finalmente a enviar a su chófer, Muggsy O'Leary, a que fuera a pedirle uno a su padre, que estaba alojado por allí cerca. Cuando el Cadillac negro aparcó frente a la puerta de la casa de la calle N, el presidente electo, vestido de chaqué, chaleco gris perla, pantalón rayado y un cuello de camisa que le venía grande, estaba listo para partir, pero su esposa, a punto de convertirse en la tercera entre las más jóvenes primeras damas en la historia de Estados Unidos, estaba todavía frente al tocador, maquillándose.

—¡Por amor de Dios, Jackie, termina de una vez!

Jack la esperó paseándose nerviosamente, dándole vueltas

a su sombrero de copa de seda negra mientras esperaba nervioso la llegada de su esposa.

Pasaron varios minutos sin que Jackie diera señales de vida. Finalmente, descendió por la escalera, muy elegante, abrigo de lana beige con cuello de marta cebellina y manguito haciendo juego. Se tocaba con un pequeño gorrito en forma de bonete del mismo color que el abrigo. Sería la única mujer en el estrado presidencial que no iba envuelta en visón.

—No quise ponerme un abrigo de piel —explicó Jackie posteriormente—, sin saber exactamente por qué. Quizá porque recordé que cuando se reúnen en un espacio pequeño muchas mujeres vestidas con pieles parecen una fila de animales peludos.

—En el momento en que iban a partir —cuenta la señora Sorrentino—, el presidente electo volvió a entrar en la casa sin duda para recoger algo que había olvidado. Al volver a salir nos vio a Kenneth y a mí, que estábamos junto a la ventana; antes de subir al coche se volvió para mirarnos y nos saludó agitando la mano. Eso emocionó a Kenneth, que hasta entonces no sintió demasiada simpatía por Kennedy, debido a las cosas que sus clientes le habían contado sobre su modo de tratar a las mujeres. Pero cuando vio que aquel gran hombre que se dirigía a jurar el cargo de presidente de Estados Unidos no se consideraba demasiado importante como para no molestarse en saludarnos, su opinión sobre él cambió y empezó a apreciarlo.

El coche oficial de Kennedy llegó a la Casa Blanca, donde esperaba el matrimonio Eisenhower. Las relaciones entre los Kennedy y los Eisenhower eran tensas, aunque todos trataron de mostrarse cordiales. Durante el viaje conjunto desde la avenida de Pensilvania al Capitolio, el presidente Eisenhower ocupó el lugar de honor. Su esposa se lo quedó mirando y bromeó con su voz chillona: «¿Verdad que con ese sombrero de copa, Ike se parece a Paddy el Irlandés?» A Jack el comentario no le hizo gracia ni tampoco a Jackie, que no dijo ni pío.

A los setenta años de edad, Eisenhower era el presidente más anciano de Estados Unidos. El 20 de enero de 1960 sería sucedido por John F. Kennedy, el hombre más joven elegido para ese cargo. Además, era el primer presidente católico y nacido en el siglo XX de los Estados Unidos.

Todo eso resultaba simbólico para Jackie, que tenía la sensación de ser testigo de excepción de algo más importante que un simple cambio de administración mientras escuchaba a su marido pronunciar el más corto de todos los discursos de toma de posesión de la historia.

—Lo había oído parcialmente, a trozos muchas veces. Mientras Kennedy trabajaba en su preparación en Florida —dijo Jackie— siempre había montañas de papel amarillo llenas de notas, por todas partes, cubriendo el suelo de nuestro dormitorio. Pero en esos momentos, cuando lo oí entero por primera vez lo encontré tan puro, tan hermoso e inmenso que supe que estaba escuchando algo realmente grande. Ahora sé que pasará a la historia como uno de los discursos más conmovedores que jamás se pronunciaron, digno de ser comparado con la *Oración fúnebre* de Pericles o el Discurso de Gettysburg.

Contrariamente a otros presidentes, Kennedy no besó a su mujer después de prestar juramento. En vez de eso, se movió tan entusiásticamente por el estrado que causó la impresión de que momentáneamente había olvidado que su mujer estaba allí. En la rotonda del Capitolio, cuando se encontraron por primera vez después de haberse convertido Jack en presidente y ella en Primera Dama, Jackie trató de demostrarle su afecto, pero fue incapaz de expresarlo.

—¡Me sentía tan orgullosa de Jack! —dijo—. ¡Eran tantas las cosas que me hubiera gustado decirle! Pero lo único que pude hacer fue abrazarlo delante de toda aquella gente. Recuerdo que le acaricié la mejilla con la mano y le dije: «¡Jack, eres maravilloso!» Y él me respondió del modo más conmovedor y vulnerable que darse puede. Parecía muy feliz.

Mientras el presidente y su esposa asistían a un almuerzo en su honor ofrecido en el Capitolio, sus parientes se dirigieron a un suntuoso *buffet* servido en el Mayflower Hotel y pagado por el padre del nuevo presidente. Los Kennedy, los Bouvier, los Lee y los Auchincloss, la mayor parte de los cuales no se habían visto nunca, se arremolinaron por allí para ser presentados.

—Antes de que transcurriera mucho tiempo, cuando ya cada uno se había servido un buen primer plato y hallado un lugar en la mesa, las distintas familias formaron grupos separados por completo —cuenta John Davis, pariente de los Bouvier—. Rose y Joe con los otros Kennedy ocupaban varias mesas, cinco o seis, situadas a un extremo de la sala. La mesa donde se servía era «tierra de nadie» entre los dos bandos, en la cual se hacían incursiones procedentes de ambos lados de vez en cuando. Sólo en esas ocasiones, tras servirse un nuevo trozo de langosta o un pedazo de pato a la naranja, era cuando algún intercambio ocasional de palabras corteses y vacías se llevaba a cabo entre un Kennedy y un Bouvier. Una vez lleno de nuevo el plato, cada uno se retiraba a sus anteriores posiciones.

La temperatura esa tarde no sobrepasó apenas el límite de los cero grados, mientras que las bandas de música, los soldados y los partidarios de Kennedy desfilaban por la avenida de Pensilvania y eran revistados por el presidente y la Primera Dama. El nuevo comandante jefe estaba determinado a saludar a cada una de las unidades que pasaban frente a él, pero al cabo de una hora su mujer se aburrió cansada de presenciar el marcial desfile y, alegando frío y cansancio, le pidió a su buen amigo Godfrey McHugh, que acababa de ser nombrado ayudante de las Fuerzas Aéreas en la Casa Blanca, que la acompañara hasta la mansión presidencial.

Al levantarse Jackie estrechó la mano del vicepresidente Johnson y su esposa, le dio una palmadita en el hombro a su marido y dejó que el presidente siguiera saludando a las ateridas *majorettes* que pasaban ante él con una sonrisa contraída por el frío.

Cuando cruzó el vestíbulo de mármol de la Casa Blanca, el jefe de ujieres le dio la bienvenida y la acompañó hasta el dormitorio de la Reina, que Jackie había decidido ocupar y que se hallaba situado al otro lado de un *hall*, frente a la habitación Lincoln, donde dormiría Jack Kennedy.

La primera recepción oficial del día, que se celebró en la Casa Blanca, estuvo dedicada a los familiares de Jack Kennedy y Jacqueline. Se había determinado de antemano que comenzara tan pronto como terminara el desfile, pero comenzó mucho antes porque los Kennedy, los Lee, los Bouvier y los Auchincloss, helados hasta los huesos, dejaron la tribuna en busca de calor en el interior de la mansión del ejecutivo.

Al llegar allí, se encontraron con una mesa elegantemente puesta, con servicio de café y té de plata, más una inmensa ponchera llena de caviar ruso. Rose Kennedy y Janet Auchincloss actuaron de anfitrionas y comenzaron a hacer las presentaciones mientras esperaban al presidente y a la Primera Dama. Muy pronto los invitados comenzaron a explorar la cavernosa mansión, interesados en ver la habitación Oriental, las columnas doradas y los enormes candelabros y lámparas, tocando el brocado de las paredes y examinando los muebles franceses del siglo XVIII.

Uno de los familiares se dirigió a la escalera para ver las habitaciones oficiales, pero un miembro del servicio secreto le dijo que no se podía subir al segundo piso.

—La señora Kennedy está descansando allí —le explicó.

—Pero soy su prima.

—Eso no me importa... Ha dejado instrucciones de que no desea ser molestada.

Molesta y disgustada por la negativa de su hija a bajar para saludar a sus parientes, Janet Auchincloss pensó que al menos debía hacer acto de presencia en su primera recepción como esposa del presidente. Subió al segundo piso para hablar con ella. Unos minutos más tarde regresó con aspecto de disgusto y comenzó a presentar disculpas sin demasiada convicción.

—Está en el dormitorio de la Reina y trata de descansar un rato —explicó—. Se ha tomado una tableta para dormir, así que no estoy segura de que pueda bajar.

Una hora más tarde, una vez concluido el desfile, el nuevo presidente llegó para ser saludado efusivamente por un enjambre de hermanas, primas y tías, que trataban de abrazarlo y felicitarlo llenas de excitación. Cruzó la habitación, saludó a todo el mundo y preguntó dónde estaba Jackie. Alguien le informó de que se hallaba arriba, descansando. Después de tomarse una copa, Kennedy anunció a los presentes que también él tenía que ir a su habitación y empezar a cambiarse para los bailes de la toma de posesión. La recepción terminó pronto y la mayor parte de los Bouvier se quejaron de que Jackie no hubiera tenido ni siquiera un par de minutos para bajar y saludar a su familia, algunos de cuyos miembros habían llegado de países tan lejanos como Perú o Italia.

—Más tarde, durante la cena —dijo John Davis—, los Bouvier consideraron que tal vez resultara más sencillo para Jackie, que siempre fue tímida y retraída con sus parientes, enfrentarse a toda la nación a través de las pantallas de la televisión, que con sus parientes en aquel día tan agitado para ella. Para Estados Unidos era la nueva Primera Dama. Para los Bouvier, los Lee, los Auchincloss y los Kennedy, simplemente Jackie. El representar esos dos papeles simultáneamente requería unos cambios emocionales difíciles de soportar para ella.

Mientras duraba el desfile, Jackie envió a uno de los ayudantes de la Casa Blanca a buscar a la doctora Janet Travell, que se hallaba sentada junto al presidente en la tribuna de honor. Jackie lo explica así:

—Cuando llegó el momento de estar lista para el banquete, no podía salir de la cama. No tenía fuerza en absoluto; era como si mis energías se hubieran evaporado en el aire. Me llené de pánico. No me acuerdo cómo pude ponerme en contacto con la doctora Travell.

La doctora, que había estado tratando a Kennedy con inyecciones de cortisona contra la enfermedad de Addison, se apresuró a hacer acto de presencia al lado del lecho de la Primera Dama y le dio una tableta de Dexedrina. La anfetamina contenida en la tableta le daría a Jackie la energía artificial suficiente para poder soportar la agotadora velada que la esperaba. Más tarde Jackie se habituó bastante a esas tabletas, a las que recurría con frecuencia para estar en forma.

Mientras tanto, Kennedy se apresuraba a vestirse porque deseaba asistir a la cena que los Wheeler habían organizado en honor de los componentes de la «caravana de la campaña», un grupo de amigos que alquilaron un avión durante la campaña electoral de Kennedy y recorrieron varios Estados en busca de votos. A la cena estaban invitados miembros del gobierno, así como los más distinguidos miembros del grupo, Ethel y Bobby, Joan y Ted, Eunice y Sargent, Jean y Steve Smith, Pat y Peter Lawford, Arthur Schlesinger, Jr., Jeff Chandler, Angie Dickinson, Paul Fay, James Michener, Byron White y Stan Musial.

—Jackie había sido invitada —cuenta una de las asistentes—, pero sabíamos que no vendría. No fue una desilusión para nadie ni tampoco una gran sorpresa. Creo que Jack, por su parte, se lo pasó mejor sin su mujer, porque podía sentirse más liberado y a su gusto sin tenerse que preocupar de que su mujer lo pasara bien. Al fin y al cabo, se trataba de una fiesta en honor de la gente que había trabajado para él... ¡no para ella!

—Una reunión de los que habían ayudado durante la campaña presidencial no era precisamente algo que divirtiera a Jackie —cuenta una de sus amigas—, y además sabía perfectamente que la anfitriona, como todas las demás mujeres presentes, flirtearía con Jack, y ese tipo de cosas, como era natural, le causaban irritación. Ya había tenido que enfrentarse y apartar muchas de esas cosas y nunca logró soportar el ver cómo las mujeres se volcaban sobre su marido mientras nadie hacía el menor caso de ella. Tuvo, por lo tanto, buenas razones para renunciar a la invitación.

Eran bastante más de las nueve de la noche cuando el presidente regresó a la Casa Blanca para recoger a su esposa. El vicepresidente y la señora Johnson llevaban allí veinte minutos esperando solos en la habitación Roja. Jackie descendió al oír llegar a su marido, envuelta en su túnica de gasa blanca, con sus brillantes prestados y una capa de seda blanca que llegaba hasta el suelo. Cuando el ujier le abrió la puerta, Kennedy se la quedó mirando y tiró su cigarro puro:

—Cariño, nunca te he visto tan bonita. Tu vestido es precioso.

Después se volvió al sirviente y le ordenó:

—Traiga algo de beber. Esto merece ser celebrado.

Después de brindar con unas copas de champaña, los Kennedy y los Johnson hicieron su ronda por los distintos bailes que celebraban la toma de posesión, deteniéndose en primer lugar en el del hotel Mayflower, donde entre los invitados figuraban el ex presidente Truman y señora. En el transcurso de las elecciones primarias Truman se había opuesto ferozmente a Kennedy, acusándolo públicamente de tratar de comprar la presidencia, pero después de que la convención lo eligió y Kennedy fue nombrado oficialmente candidto del Partido Demócrata el ex presidente se puso de su parte. De camino hacia una entrevista con Truman, después de la convención, Kennedy dijo:

—Espero me pida disculpas por haberme llamado un sensiblero y yo me disculparé por serlo.

A partir de esos momentos, Kennedy se esforzó por estar en buenas relaciones con Truman y, por lo tanto, decidió que el primer baile de la noche que visitaría era aquel en el que Truman había sido invitado.

Bajo los gritos de «Saludos al jefe», el presidente y la Primera Dama entraron en la sala de baile, donde la multitud de invitados rompió en aplausos y se quedaron mirando fascinados a los invitados de honor, sin atreverse a bailar.

—No conozco mejor modo de pasar una noche... Vosotros mirándonos a nosotros y nosotros mirándoos a vosotros —le dijo Kennedy a la multitud que lo aclamaba.

Jackie sonrió y se quedó impasible, como una bella estatua, mientras los flashes empezaron a brillar en todas direcciones. De su expresión podía deducirse que le agradaba mucho la atención que despertaba, pero odiaba todo aquel clamor. En un momento determinado el presidente, que lo estaba pasando muy bien, vio a su amigo Red Fay, que acompañaba a Angie Dickinson, porque su mujer estaba en Suiza. Kennedy no pudo resistir la tentación de bromear con su amigo a costa de su llamativa acompañante.

—Estás muy confiado, gozando de la compañía de una de las más brillantes estrellas de Hollywood, Angie Dickinson, mientras las cámaras recogen toda tu emoción amorosa. Antes de veinticuatro horas tu esposa podrá disfrutar de esa misma intimidad en los periódicos suizos.

Cuando llegaron al segundo baile, en el Statler Hilton, el presidente dejó a Jackie sentada junto a los Johnson en el palco presidencial mientras él se daba una vuelta para echar un vistazo a la fiesta privada que Frank Sinatra estaba dando a los distintos artistas que habían actuado en honor del presidente la noche anterior.

—Quiero darle las gracias personalmente a Sinatra... y a todos esos californianos que anoche nos ofrecieron tan estupendo espectáculo —dijo cuando se separaba de su esposa y del vicepresidente y señora—. Sólo tardaré unos minutos.

Kennedy no podía resistir la tentación de una fiesta en la que figuraban personajes como Ethel Merman, Nat King Cole, Jimmy Durante, Gene Kelly, Frederic March, Tony Curtis y Janet Leigh. Cuando regresó, Jackie estaba furiosa y así se lo demostró con una mirada fría. Se quejó de que nadie bailaba y que los bailes carecían de dignidad.

—No es más que un puñado de gente que va de un lado a otro como un rebaño hipnotizado —dijo.

El exuberante presidente no le prestó la menor atención y comenzó a ir de un palco a otro, para saludar a sus amigos y recibir sus felicitaciones. Jackie se quedó sentada sola en el palco presidencial.

Ya estaba harta de fiestas cuando llegaron al tercero de los bailes.

—Me sentía paralizada, como una inválida —dijo posteriormente—; toda mi energía se había evaporado por completo, así que regresé a casa y dejé a Kennedy con los demás.

A las dos de la madrugada, ya había estado Kennedy en todos los bailes con que se celebraba su toma de posesión, de acuerdo con la costumbre tradicional, así que se despidió de los Johnson, tomó su coche oficial y se hizo conducir a la casa de Joseph Alsop, en la calle Dumbarton, en Georgetown, donde se había reunido un grupo reducido de amigos para tomar una última copa y un bocadillo. Allí había una joven que especialmente esperaba su llegada. Después de que Kennedy se tomó un par de copas y un pequeño refrigerio, los dos juntos subieron la escalera y desaparecieron en el piso de arriba.

Al día siguiente, cuando preguntaron al famoso periodista sobre la razón de aquella tardía visita nocturna de Kennedy, Alsop fue el no va más de la discreción y respondió:

—Bien, la cosa es sencilla —contó—. El presidente tenía hambre y yo le di el tentempié que necesitaba.

CAPÍTULO NUEVE

—Esta administración va a hacer por el sexo más de lo que hizo la de Eisenhower por el golf —bromeó Ted Sorenson durante los primeros días de la Nueva Frontera. Esta burlona profecía resultó muy acertada. Con la protección del servicio secreto, el apoyo de ayudantes que lo adoraban y la intercesión de sus hermanos y hermanas, el nuevo presidente estuvo en condiciones de proseguir su habitual estilo de vida libre, lo que incluía el acostarse con innumerables mujeres, muchas de las cuales eran jóvenes secretarias que trabajaban en la misma Casa Blanca.

Mientras la Primera Dama estaba fuera de Washington, el presidente solía divertirse frecuentemente organizando fiestas en las que todos acababan bañándose desnudos en la piscina de la Casa Blanca. Esos ejercicios natatorios eran seguidos por divertidos almuerzos en las habitaciones privadas y una sesión de aventuras sexuales en la cama del presidente. Después regresaba a su trabajo, por la tarde, descansado y aparentemente satisfecho, dispuesto a repetir lo mismo por la noche. En tales ocasiones Kennedy hacía desaparecer a los sirvientes del segundo piso con instrucciones de que esperaba compañía, de que habían de dejar la comida dispuesta en el horno y que él mismo la serviría.

Normalmente, las secretarias de la Casa Blanca eran llamadas por teléfono para que se reunieran con el presidente a tomar un baño antes de almorzar. Otras mujeres eran contactadas por Evelyn Lincoln, recogidas por automóviles de la Casa Blanca y llevadas allí por Dave Powers sin llamar la atención. Era él quien las acompañaba hasta las habitaciones familiares del presidente, donde Kennedy las recibía, les mostraba personalmente las habitaciones privadas de la Casa Blanca y después les servía unos *daiquiris*. En ocasiones había algún otro caballero presente durante el almuerzo, pero se marchaba cuando Kennedy y las mujeres se retiraban al dormitorio. El presidente no se pasaba toda la noche con su dama invitada, sino que siempre regresaba al durísimo colchón de su cama. Si la mujer se quedaba a dormir en la habitación Lincoln, el propio Kennedy la despertaba por la mañana llevándole una bandeja con el desayuno. Después de una pausa intencionada, llegaba Dave Powers y esperaba que el presidente saliera hacia el despacho Oval para después, discretamente, acompañar a la señora desde la Casa Blanca.

Fueron muchas las mujeres que gozaron de esos interludios cálidos e íntimos con Jack Kennedy mientras fue presidente. Una de ellas, bastante conocida en la sociedad, fue misteriosamente asesinada algo más tarde. Un crimen que jamás fue aclarado.

Mary Pinchot Meyer se trasladó a Georgetown después de su divorcio y se pasaba cuatro días a la semana pintando en su estudio, situado a pocos pasos de distancia de la casa de su hermana y su cuñado Tony y Ben Bradlee. Vivía, además, muy cerca de sus amigos los Kennedy. Conocía a Jack desde su época de estudiante y, en ocasiones, dio grandes paseos con Jackie por el camino del viejo Chesapeake y el Canal de Ohio en la época en que fueron vecinas. Más tarde, cuando se divorció de Cord Meyer, funcionario de la CIA, asistió a varias de las fiestas de la Casa Blanca en compañía de los Bradlee.

A Mary Pinchot le impresionaba que sus íntimos amigos residiesen en la Casa Blanca. Una noche, en una cena ofrecida por Carey Fisher, obsequió a los invitados con una serie de anécdotas sobre la vida doméstica del presidente y la Primera Dama y las dificultades que tenían para encontrar servicio de pañales y lavandería en la Casa Blanca.

—Continuó con esos cotilleos hasta que no pude más y le pregunté, desesperado, en qué se basaba para creer que los problemas de lavandería de los Kennedy eran asunto de nuestro interés —recuerda uno de los invitados—. Se volvió hacia mí ofendida y dijo: «¡Claro que tiene interés! ¡Al fin y al cabo, se trata del presidente de Estados Unidos!» Unos días más tarde me comunicó que sentía lo ocurrido. Dijo que la ropa sucia no era un tema interesante, ni siquiera la ropa sucia del presidente. Lo cierto es que se sentía tan cautivada por los encantos de aquel hombre, que pensaba que todo lo relacionado con él tenía que ser fascinante.

La aventura amorosa de Mary con Kennedy comenzó un año después de la llegada de éste a la Casa Blanca. De acuerdo con las anotaciones de su Diario, la primera vez que el presidente le pidió que se acostara con él fue en diciembre de 1961, pero se negó porque en esos momentos ella mantenía relaciones con el pintor Kenneth Noland. Pero Kennedy insistió y cuando Mary rompió con Noland comenzó a verse con él de manera regular, y lo visitaba en la Casa Blanca dos o tres veces a la semana durante todo el tiempo que Kennedy siguió en la presidencia y siempre cuando Jackie se hallaba fuera de la ciudad.

Mary le confió detalles de sus relaciones a uno de sus mejores amigos, James Truitt, que cuenta que una noche, después que ella y Kennedy se retiraron a la alcoba, Mary le dijo que le había preparado una sorpresa especial. Sacó un pequeño estuche de rapé, dentro del cual había seis cigarrillos de marihuana. El presidente dijo:

—¡Bien, vamos a probarlos!

—Mary me contó que, al principio, el presidente no pareció sentir efecto alguno, pero poco después empezó a reír y le dijo: «Vamos a celebrar dentro de dos semanas una conferencia sobre narcóticos, aquí en la Casa Blanca» —recuerda Truitt—. Mary dice que después que se fumaron el segundo «petardo», Jack se echó hacia atrás y cerró los ojos. Se quedó así, inmóvil, durante largo rato y Mary, me dijo, pensó: «Nos hemos cargado al presidente.» Se fumaron tres de los pitillos antes que Kennedy le dijera que no deseaba más: «Suponte que a los rusos les diera por hacer algo ahora.» Añade Mary que el presidente le dijo: «Esto no es como la cocaína. Ya te facilitaré un poco de eso.» Según Mary, Jack quiso fumar otro poco de hierba al cabo de un mes, pero nunca volvieron a hacerlo.

Mary le contó también a Truitt que amaba a Kennedy, pero sabía que sus relaciones tenían que limitarse a esos breves encuentros, pese a que Jack no sentía el menor afecto de tipo profundo por Jackie.

Pocos meses después que el presidente fuera asesinado, Mary, que tenía 43 años, estaba pintando en su estudio de Georgetown y decidió salir a dar un paseo por el camino paralelo al canal, un lugar en el que anteriormente, muchas veces, paseó con Jackie, vestida con un grueso suéter con capucha y una camiseta. Aun cuando era pleno día sólo había escasas personas en las proximidades del embarcadero de madera junto al río Potomac. El encargado de una estación de gasolina recuerda haber oído los gritos de una mujer pidiendo auxilio, procedentes de las proximidades del camino. Después se oyó un disparo y, unos minutos después, otro.

El encargado de la gasolinera, que corrió hacia allá, vio cómo un hombre de raza negra, vestido con una chaqueta blanca, estaba de pie junto al cuerpo de una mujer blanca vestida con un grueso suéter. La policía llegó pocos minutos después y encontró a la que fuera la muchacha más bonita de su clase el año 1942 en la escuela Vassar, muerta con una bala en la cabeza.

Esa misma noche, James Angleton, agente de la CIA y su nueva esposa, fueron a la casa de Mary para asistir a un recital de poesía. Al ver que nadie respondía a su llamada a la puerta, requirieron su servicio de recados telefónicos y se enteraron de que había sido asesinada esa tarde. De inmediato se dirigieron a casa de los Bradlee para darles el pésame y ayudarles en los preparativos del entierro.

Antes de que James Truitt partiera para hacerse cargo de su nuevo destino, como jefe de la redacción del *Newsweek* en Tokio, Mary le había dado instrucciones sobre la disposición de su Diario en caso de muerte. Le pidió que lo guardara y se lo entregara a su hijo Quentin cuando llegara a la edad de 21 años. Pero cuando Truitt se enteró del asesinato se las arregló para hacer llegar la noticia de la existencia de ese diario a James Angelton, que entonces era jefe del servicio de contraespionaje en la CIA y uno de los mejores amigos de Mary Meyer.

Inmediatamente Angelton se dirigió a la casa de la muerta en Georgetown, y en compañía del matrimonio Bradlee y una mujer que había sido compañera de estudios y buena amiga de Mary, buscaron, desesperadamente y en vano, por toda la casa, el diario donde la asesinada había registrado los detalles de sus citas íntimas con el presidente de los Estados Unidos. Posteriormente, el diario fue encontrado por Tony Bradlee, guardado en una caja de caudales con cientos de cartas de carácter personal. La señora Bradlee lo entregó a Angelton, que afirma haberlo llevado al cuartel general de la CIA, donde fue destruido.

El único sospechoso conocido del crimen fue el hombre de raza negra visto por el encargado de la gasolinera junto al cuerpo de Mary Meyer en el camino del embarcadero. Fue detenido y juzgado y se le declaró inocente. El fiscal carecía de pruebas excepto la declaración del hombre de la gasolinera, que no vio al negro disparar sobre ella, por lo que no se pudo mantener la acusación. Después de varias horas de deliberación el jurado pronunció un veredicto de inculpabilidad. Esa absolución dejó sin resolver el caso del asesinato de Mary Meyer, al menos oficialmente, y eso dio lugar a muchos rumores sobre su misteriosa muerte. El diario, oculto durante muchos años, nunca se presentó como prueba y todos los que conocían sus relaciones con Jack Kennedy guardaron silencio hasta que éste fue destruido por James Truitt al hacer pública esta historia.

Mientras compartía su cama de la Casa Blanca con la señora Meyer, el presidente también se veía con Judith Campbell, una sorprendente belleza a la que conoció por mediación de Frank Sinatra durante su campaña. El asunto estuvo a punto de tener graves complicaciones, pues mientras Judith visitaba a Kennedy en la Casa Blanca, mantenía relaciones con uno de los grandes caciques de la Mafia, que estaba considerado como el jefe más poderoso del hampa de Chicago. J. Edgar Hoover, entonces jefe del FBI, mantenía una intensa vigilancia sobre el gángster y finalmente acabó por visitar al presidente para advertirle que su amante, a la que recibía en la Casa Blanca, estaba unida por firmes lazos con uno de los grandes del crimen organizado. Hoover no tuvo necesidad de ser más explícito sobre las pavorosas consecuencias. El presidente, rápidamente, dejó de ver a la señorita Campbell.

Esta historia hubiera seguido siendo un secreto si un jefe de la Mafia, Sam Giancana, no hubiera sido asesinado a tiros en un ajuste de cuentas entre bandidos, pocos días antes de la fecha en que debía comparecer ante un comité del Senado, que investigaba algunos casos de asesinatos en el extranjero y las relaciones de Giancana con la CIA. Durante la investigación de este asesinato el nombre de Judith Campbell salió a relucir varias veces y se dijo que era ella el personaje central entre todos los que intervenían en la intriga, y se vio obligada a contar públicamente la historia de sus amoríos con Kennedy.

Al igual que Mary Meyer también ella se enamoró del presidente. Recuerda igualmente que el presidente le dijo también a ella que no era feliz en su matrimonio con Jackie. Sin llegar nunca a criticar a Jackie, indicó que sus relaciones matrimoniales distaban de ser satisfactorias.

—Si no se me elige candidato a la presidencia —le dijo—, habrá cambios en mi vida.

»Eso es todo lo que podía decir en esos momentos —cuenta la señorita Campbell—, y yo no quise presionar. Posteriormente, como consecuencia de otras conversaciones, tuve la impresión de que era Jackie la que planeaba abandonarlo si no alcanzaba la presidencia.

Otras mujeres que conocieron a Jack Kennedy mientras él fue senador y después de presidente niegan la posibilidad de divorcio:

—Siempre estuvo «demasiado casado» —dice una de ellas—. Ni por su parte ni por la mía hubo nunca ni una palabra sobre la posibilidad de divorcio. Teníamos unas relaciones amorosas que nos divertían a los dos. No conseguía dentro de su matrimonio todo lo que deseaba, así que, lógicamente, tenía que buscarlo fuera de él. Pero Jackie era su esposa y siempre debía serlo. Lo único que Jack quería era pasarlo bien. Odiaba totalmente aburrirse. Nunca hubiera podido sentirse satisfecho con una sola mujer.

Otra mujer estuvo relacionada íntimamente con Kennedy durante los últimos años de su vida y pasó muchas veladas con él, oyendo la música caprichosa de Johnny Mathis. Reconoce con toda franqueza que fue simplemente una de sus muchas conquistas.

—Utilizo la palabra «conquista» porque es así, realmente, como Jack organizaba sus relaciones amorosas —recuerda—. No apreciaba a las mujeres como seres humanos ni siquiera como objetos de su afecto. Tenía una necesidad real, auténtica, de capturarlas y de dominarlas e iba a ello directamente, sin ambigüedades.

129

»Me llamó la noche antes de la toma de juramento y fui a su casa de Georgetown. La presencia de los agentes del servicio secreto que lo protegían y montaban guardia no pareció preocuparle lo más mínimo. Jackie no estaba allí y el hombre que abrió la puerta me esperaba; se me condujo al piso de arriba, al dormitorio. Una hora más tarde, mientras Jack se ponía su corbata blanca y el frac, me marché. Me di cuenta de que había sido llamada sólo para prestarle un servicio antes de partir para las solemnidades de la noche. Me sentía fascinada por él entonces, pero nuestras relaciones sexuales eran verdaderamente desastrosas, hasta tal punto que durante muchos años después llegué a estar convencida de que era una mujer frígida. Era terrible en la cama y yo supuse que era culpa mía, hasta que tuve relaciones amorosas con otro hombre. Sólo entonces me di cuenta de lo espantosas que fueron mis relaciones con Jack.

Las mujeres que conocieron íntimamente a Jack dicen que era un hombre ávido, codicioso, decidido sólo a conseguir su propia satisfacción y que se preocupaba bien poco de la de su pareja.

Una periodista de Washington afirma que durante una recepción oficial en la Casa Blanca el presidente se acercó a ella y le dijo:

—Vamos un momento a mi despacho; tengo que decirle algo que no deseo sea publicado.

Intrigada la periodista, que vestía un traje de noche largo y guantes blancos hasta el codo, siguió al presidente al despacho Oval, donde de inmediato fue echada en un diván. En pocos segundos tenía el vestido por encima de la cabeza y se esforzaba en respirar. Cuando se repuso de la sorpresa y la rapidez de lo sucedido, dirigió la mirada en torno y vio al presidente sentado junto a su mesa de despacho, con las ropas en perfecto orden y mirando unos documentos.

—No puede decirse que fuera un amante tímido y vacilante —dijo posteriormente riéndose del incidente.

Durante la campaña electoral para la Presidencia, el insaciable apetito de Kennedy abarcaba desde las secretarias y camareras hasta las oficinistas, las chicas encargadas del guardarropa, las ascensoristas, tenía además otros encuentros breves y circunstanciales con *starlets* de Hollywood y chicas de la sociedad a las que conocía gracias a Peter y Pat Lawford.

—En el curso de la campaña, la única ocasión en que Jack y yo estuvimos juntos fue cuando los dos nos alojamos en casa de los Lawford —dijo Joan Lundberg Hichcock, una belleza de San Francisco cuyas relaciones con Kennedy duraron tres años—. Siempre nos encontrábamos en la casa de Peter y Pat en Santa Mónica. A veces pasábamos la noche juntos en un pequeño hotel de Malibú, donde Jack se inscribía con el nombre de John Thompson. Me pasé mucho tiempo con él en la carretera mientras duró la campaña, dormimos en varios hoteles, pero una vez que fue nombrado candidato oficial nos vimos obligados a mayor discreción. Nuestras relaciones no eran un secreto para nadie en California. Pat Lawford, sin embargo, me hizo la zancadilla, y cuando nuestras relaciones se hicieron obvias para todos, no volvió a permitirme la entrada en su casa.

Mientras fue presidente, Jack Kennedy celebró la mayor parte de sus juerguecitas en la Casa Blanca. Después de ser sorprendido saltando una cerca en Palm Beach para irse a nadar con Flo Pritchett Smith, se dio cuenta de que no podía seguir llamando la atención de ese modo. No obstante, estaba convencido de que los hombres del servicio secreto que lo protegían, sus camaradas o los sirvientes, no dirían ni una palabra de lo que veían y que, incluso aunque hablaran, nadie se atrevería a publicar su historia.

—¿Quién va a atreverse a desafiar al presidente con una cosa así? —preguntó un antiguo funcionario de la Casa Blanca—. Kennedy se sentía completamente a salvo, pero en vez de irse por ahí con las mujeres como antes, las hacía ir a la Casa Blanca. Lógicamente, trataba de animar constantemente a Jackie para que se fuera de viaje siempre que quisiera, y así utilizar la Casa Blanca para sus fiestas íntimas.

El embajador de Francia en Washington, Herve Alphand, y su esposa Nicole, pasaron mucho tiempo relacionándose socialmente con los Kennedy, pero una vez que llegaron a la Casa Blanca, el embajador comenzó a preocuparse seriamente con las indiscreciones del presidente.

—Le gustan los placeres y las mujeres —dijo el embajador— y sus deseos son difíciles de satisfacer sin provocar escándalo y el uso que de él pueden hacer sus adversarios políticos. Es muy fácil que ese escándalo pueda producirse porque no toma las suficientes precauciones en este país tan puritano.

En una ocasión, durante su campaña senatorial contra Henry Cabot Lodge, se le enseñó al propio Kennedy una fotografía suya, desnudo y echado junto a una guapa chica en Palm Beach. Preocupado de que los republicanos pudieran dar con la foto y utilizarla contra él y en provecho propio, uno de los ayudantes de Kennedy la puso ante sus ojos esperando que Kennedy negara su autenticidad. Pero en vez de ello, Kennedy al ver la foto hizo una mueca.

—¡Ah, sí! —dijo—. Lo recuerdo. Era una chica terrible.

La fotografía no salió a la luz pública durante la campaña y Kennedy no parecía demasiado preocupado por sus indiscreciones sexuales ni pensó que podían perjudicar su carrera política. Sabía que ningún periódico se atrevería a publicar una fotografía de él desnudo, por temor a la inmediata venganza de su padre, el embajador. En realidad bromeaba con los periodistas sobre sus aventuras amorosas y llegó a decirles:

—Nunca dejo a una mujer hasta haberla poseído por los tres sitios.

Sabía que por mucho que les divirtiera su franqueza jamás se atreverían a publicar declaraciones suyas de ese tipo.

Consecuentemente, durante bastante tiempo no se molestó en tomar precaución alguna, pero se hizo un tanto más precavido después del escándalo causado en Georgetown por su aventura con Pamela Turnure y la situación provocada por la casera de ésta, que quiso utilizar una prueba fotográfica de sus relaciones con la secretaria para desacreditar su campaña a la Presidencia.

La duquesa de Uzes recuerda una ocasión en que Jack visitó París, sin Jackie, y acudió a una fiesta donde todo el mundo pudo verlo besando y sobando a una llamativa francesa. Un fotógrafo tomó varias fotos de los dos juntos y la duquesa, de soltera Peggy Bedford Bancroft, se guardó las fotografías en su álbum de recortes. Unas semanas más tarde, cuando quiso verlas, habían desaparecido misteriosamente. Estaba convencida de que el propio Kennedy se las había arreglado para hacerse con ellas y destruirlas, por temor a que pudieran perjudicarle posteriormente.

En la Casa Blanca, Kennedy dejó de preocuparse por esas cosas y se divertía delante de sus agentes del servicio secreto y sus sirvientes. Traphes Bryant, el hombre encargado de los perros de la Casa Blanca, cargo en el que llevaba veinte años, recuerda que durante las fiestas privadas del presidente, las chicas iban de un lado a otro desnudas, metiéndose en la piscina y recorriendo en pelota los pasillos de la Casa Blanca. Recuerda una noche que estaba de servicio y nos cuenta:

—Justamente en el momento en que abría la puerta del ascensor vi a una de las empleadas de oficina que corría desnuda por el pasillo. Sus tetas oscilaban por la carrera. No pude hacer otra cosa que volver al ascensor y desaparecer de allí a toda prisa, descendiendo al piso bajo.

Bryant dice también que en una ocasión Jackie encontró debajo de una almohada de la cama de su marido una pieza de ropa interior de mujer. La alzó delicadamente ante él y le dijo:

—¿Quieres hacer el favor de mirar por ahí a ver si encuentras a la dueña de esto? No es de mi medida.

J. Bernard West, uno de los ujieres de la Casa Blanca, estaba enterado de todo lo concerniente a las fiestas privadas de Kennedy, pero siempre guardó la mayor discreción al respecto. Sólo comentó, sin entrar en detalles:

—El presidente se divertía bastante en la Casa Blanca mientras su esposa y sus hijos estaban ausentes.

Estar casada con un hombre como Jack Kennedy, naturalmente tenía un efecto verdaderamente deprimente sobre su esposa, que exteriormente pretendía ignorar todo aquello que resultaba evidente para los que la rodeaban. Internamente, se autoprotegía manteniéndose alejada siempre que le era posible. Ajena a la situación, no tenía que enfrentarse con ella. Su constante movilidad le permitía poner el máximo de distancia posible entre ella y su marido. Mientras fue Primera Dama se pasaba cuatro días a la semana en Virginia, sitio de abundante caza.

Negándose a renunciar a la dignidad que, según ella, iba inherente con el papel de Primera Dama, Jackie se alejaba para evitar cualquier situación en la que públicamente tuviera que soportar ver a otras mujeres coqueteando con su marido. Siempre estaba obligada a controlar su situación social y prefería ser anfitriona en vez de invitada. Renunció a asistir a la extravagante fiesta para obtener fondos que se celebró en el Madison Square Garden para celebrar el cumpleaños del presidente, considerándola una exhibición vulgar.

Más de 20 000 demócratas se apretaron en el Garden esa noche, pagando 1 000 dólares por la entrada, para ver a Harry Belafonte, Jimmy Durante, María Callas y Ella Fitzgerald. La principal atracción de la velada era la actuación de la «sex simbol» norteamericana, la mayor celebridad en el mundo del espectáculo. Cuando Jackie se enteró de que Peter Lawford estaba tratando de conseguir que fuera Marilyn Monroe 'la que cantara el *Happy Birthday* en honor del presidente, se negó a asistir. En vez de eso se marchó a Glen Ora con los niños. Allí Jack se reunió con ellos al día siguiente.

Pocas cosas en este mundo podrían haber evitado que Jack Kennedy asistiera al Madison Square Garden aquella noche. Cuando Marilyn Monroe apareció en el escenario, enfundada en un vestido del que Adlai Stevenson dijo que «parecía la propia piel adornada con lentejuelas», Kennedy se hallaba en su elemento. Marilyn dio vueltas por el escenario, se retorció, se cimbreó y contorsionó ante la multitud excitada y después, apretando los brazos sobre su pecho con deleite, comenzó a cantar con su voz susurrante: «Happy Birthday, Dear President...» El más elevado arte de seducción de masas propagó gritos orgásmicos a través de todo el Square Garden, y la muchedumbre comenzó a chillar y a patear. Unos minutos más tarde el presidente, muy complacido, subió al escenario y dijo:

—Ahora ya puedo retirarme de la política, tras haber conseguido ese *Happy Birthday* cantado para mí por una chica tan dulce y sana como Marilyn Monroe.

Pocos meses después, la deslumbrante rubia moría a consecuencia de una sobredosis de somníferos. Pero antes de su muerte también ella compartió la cama de Kennedy, y pasó a ser una conquista más del presidente durante su dulce reinado en Camelot.

—No cabe duda alguna de que Jack poseía la libido más activa que cualquier otro hombre que he conocido en toda mi vida —dice George Smathers, un senador íntimo amigo de Jack Kennedy—. Realmente resultaba increíble, absolutamente increíble en ese aspecto. Y su ardor parecía aumentar más desde que se casó. Me acuerdo de una noche que estaba haciendo el amor con una famosa estrella de cine y Jackie estuvo a punto de sorprenderlo. También recuerdo el crucero que organizó con motivo de su 43 cumpleaños, siendo ya presidente. Me encargó que vigilara a Jackie para que él pudiera bajar a los camarotes. Y desapareció con la mujer de David Niven. Jackie me preguntó: «¿Dónde está Jack?» Yo le señalé precisamente en dirección opuesta a la que se había marchado y le dije que estaba por allí, confiando en que no se le ocurriría bajar. Jack volvió a los diez minutos. Era como un gallo que acabara de pisar a una gallina, rápidamente, y dejaba a la pobrecita sacudiéndose las plumas y preguntándose qué era lo que le acababa de pasar. Jack en este aspecto era algo así como un amante automático, una especie de robot sexual.

Jackie preparó cuidadosamente la fiesta de cumpleaños, el 29 de mayo de 1963, pese a que volvía a estar embarazada de cinco meses. Para divertir a su esposo, organizó un crucero nocturno a bodo del *Sequoia,* por el río Potomac. En la invitación se leía: «Se ruega ropa de yate.» Invitó a Bobby y Ethel, George y Rosemary Smathers, a los Shriver, a Teddy Kennedy, a un político de Boston llamado Clem Norton, una mujer que fue presentada a los demás como Enid, sin indicar apellido, Bill Walton, Mary Meyer, Lem Billings, el matrimonio Bradlee, Red y Anita Fay, Charlie y Martha Bartlett, David Niven y su esposa Hjordis, Jim Reed y Fifi Fell. Un terceto instrumental tocó durante toda la noche y hubo mucha juerga y bebida abundante. Red Fay entonó una obscena versión de *Hooray for Hollywood,* una actuación que siempre hacía morir de risa a los Kennedy, pero que dejaba pasmados a los demás.

Preocupada por el dolor de espalda que afectaba al presidente, Jackie le preguntó a la doctora Janet Travell si había alguna inyección que pudiera disipar el dolor durante la velada, para que pudiera celebrar su cumpleaños de la mejor manera posible. La doctora presidencial le repuso que sí, que había medicamentos capaces de conseguirlo, pero que era conveniente advertirle que perdería toda sensación de cintura para abajo. Jack Kennedy le dijo a su esposa:

—No podemos aceptar una cosa así, ¿verdad que no, Jacqueline?

En esa fiesta el presidente se divirtió inmensamente y cada vez que el capitán del yate quería hacerlo volver a la orilla, le ordenaba que volviera a hacerse a la mar.

—Eso ocurrió nada menos que cuatro veces —recuerda Ben Bradlee, que añade, además, que Kennedy había dado órdenes de volver pronto a tierra en caso de que la fiesta no le divirtiera.

Mientras compartía su cama
de la Casa Blanca
con la señorita Meyer,
el presidente se veía también
con Judith Campbell (en la foto),
una sorprendente belleza
a la que conoció
por mediación de Frank Sinatra
durante su campaña.

Pese a las aventuras de su marido, Jackie se aferraba
a su matrimonio porque, antes que nada y por encima de todo,
deseaba ser la esposa de Jack Kennedy.

Para Jackie la velada fue un auténtico desastre y no sólo porque su marido se hubiera ido a un camarote a retozar con otra mujer. Se había pasado el día recorriendo galerías de arte hasta dar con un regalo exquisito para su marido. Se sintió muy feliz cuando encontró un delicioso grabado, antiguo y de rara belleza. El regalo le costó a Jackie mil dólares. Se lo llevó cuidadosamente envuelto y en una caja de regalo.

Todo el mundo rodeó al presidente cuando éste empezó a abrir sus regalos. Los invitados recuerdan que era como un niño rompiendo las cintas de los paquetes, dejándolas junto con los papeles y cajas en el suelo, para ver lo antes posible su contenido. Aparentemente el regalo que más le gustó fue un libro de historietas regalo de su hermana Ethel, parodia de una gira de visita por la Casa Blanca, utilizando como modelo su propia casa de Hickory Hill, llena de niños, perros y gatos y tortugas.

—Tenemos de todo en nuestra casa, excepto vacas —bromeó Ethel Kennedy— y no me extrañaría que las tuviéramos pronto.

En esos momentos Jackie entregó la obra de arte a su marido. En aquel momento todos los invitados habían bebido más que suficiente. Clem Norton se aproximó, hizo caer el paquete y al poner involuntariamente el pie encima del bello grabado, lo estropeó para siempre. Se produjo un momento de silencio, como si cada uno de los presentes esperase para ver cómo reaccionaba la Primera Dama. Se quedó tensa, visiblemente afectada por el incidente, pero no dijo nada.

—Saludó la destrucción con la velada expresión que asumió —dijo Bradlee— y cuando todo el mundo le expresó su simpatía por lo ocurrido, ella se limitó a decir: «¡Oh, no tiene importancia! ¡Puedo hacer que lo arreglen!»

—¡Muy desagradable!, ¿no es así, Jackie? —dijo Jack, dejando el grabado a un lado y pasando a examinar el próximo regalo. Jackie, aparentemente sin sentirse emocionada por lo ocurrido, prescindió de Clem Norton toda la noche y se negó a hablar con él.

Comenzó el baile y Eunice Shriver se dirigió a donde estaba George Smathers y en presencia de la esposa de éste empezó a flirtear descaradamente con él.

—¡Oh, George! —le dijo echándole los brazos al cuello—, ¿no te hubiera gustado casarte conmigo? Hubieras llegado a ser presidente un día u otro. Papá se hubiese ocupado de ello y arreglado todo para el resto de tu vida. Cometiste una terrible equivocación, ¿no es así, Georgie?

El senador por Florida sonrió y amablemente le preguntó a la hermana del presidente si quería bailar. Le pidió disculpas a su mujer y se puso a bailar con Eunice, tratando de llevársela fuera del alcance de los ojos de su esposa que, desgraciadamente, podía oír cada una de sus palabras.

—¡Vamos, George! Dime por qué razón no te casaste conmigo. Verdaderamente perdiste tu oportunidad, eso es todo lo que puedo decirte.

—Le dije —sin cesar— que ya tenía una esposa dulce y cariñosa, pero Eunice no me dejó continuar.

Rosemary Smathers estaba acostumbrada a que las mujeres se echaran literalmente en los brazos de su marido y la ignoró por completo. Se había acostumbrado a la especial forma de ser de las mujeres de la familia Kennedy, que trataban de conquistar a todos los hombres guapos amigos de sus hermanos. Incluso la cuñada de Jack, Lee Radziwill, persiguió a Smathers olvidando que los dos se habían casado al mismo tiempo.

—Un simple olvido de su parte —comentó Smathers, bueno por naturaleza.

Incluso el propio Jack Kennedy animó a Lee para que buscara una cita con su buen amigo Smathers.

—Para Jack no había ninguna mujer prohibida... ni madre, ni esposa, ni hermana —comentó Smathers—. Si le gustaba una mujer, la tomaba. No me cabe duda de que lo intentó con Lee, pero no creo que llegara a ocurrir nada, aunque por otra parte tampoco me sorprendería demasiado que hubiera sucedido lo contrario. En ese aspecto Jack Kennedy iba más lejos que cualquier otro hombre de los que había conocido. Me refiero a la cantidad de mujeres y al tiempo que pasaba con ellas, aunque era un mal amante. Para él la cantidad era más importante que la calidad. No acabo de comprender cómo las mujeres aceptaban ese trato.

George Smathers y Jack Kennedy hicieron una buena cosecha de chicas en Capitol Hill durante sus días en el Congreso y después en el Senado. Los dos eran guapos y, al igual que ídolos del cine o de la canción, atraían verdaderas multitudes de jovencitas. Se pasaban mucho tiempo juntos, durante las vacaciones, viajando frecuentemente y jugando al golf. Cuando el más joven de los senadores por Massachusetts pensó en casarse con Jacqueline Lee Bouvier, pidió consejo a su buen amigo.

—Jack vino a verme y me preguntó: «¿Crees que debo casarme con ella?» —recuerda Smathers—. Yo me porté como un idiota y le dije: «No, no creo que debas hacerlo.» Añadí que mi opinión era que iba a cometer un gran error. ¿Y sabe qué ocurrió? El bueno de Jack se metió en la cama con Jackie y para probarle su amor el idiota le dijo: «Voy a casarme contigo, a pesar de que mi mejor amigo me ha aconsejado que no lo haga.» Naturalmente Jackie le sonsacó todo lo que yo le había dicho y me odió desde entonces. Me reprochó mi consejo durante años y años, incluso cuando ya estaba en la Casa Blanca. Cada vez que bailaba con ella, solía decir: «Ya sé que no querías que Jack se casara conmigo. Pensabas que no era suficiente para él, ¿verdad?» Yo le respondí: «¿Cómo se te ocurre una cosa así, Jackie? Es una locura.» Me fulminó con una de esas miradas suyas tan características y comprendí perfectamente quién se lo había dicho. Posteriormente Jack reconocería ante mí que efectivamente fue él. Me enemistó completamente con ella. No es que yo la considere como una mujer extraordinaria, pero comprendo perfectamente que mantuviera esa postura de enemistad respecto a mí.

George Smathers viajaba por el sur de Francia con Jack Kennedy cuando la esposa de éste perdió su primer hijo, después de la convención nacional demócrata de 1956. Fue precisamente Smathers quien convenció a Kennedy de que regresara al lado de su mujer y lo acompañó hasta Estados Unidos, pero Jackie sabía perfectamente que lo hicieron a regañadientes y que odiaban tener que interrumpir sus vacaciones.

—Recordaba continuamente aquel tiempo que nos pasamos divirtiéndonos por Francia mientras ella perdía su hijito —reconoce Smathers—. Incluso cuando ya estaban en la Casa Blanca, solía Jackie referirse a ello. Cuando bailaba con ella, en esas fiestas en las que el presidente y la Primera Dama comenzaban el baile y después las parejas se intercambiaban, me decía con esa voz suya tan afectada y que era poco más que un susurro: «Apostaría algo a que tú y Jack preferiríais ahora estar en Vendôme (Francia), ¿no es así?» Siempre me estaba pinchando.

»Sin embargo —sigue contando Smathers—, Jackie se ganó mi estima y mi respeto, porque sólo Dios sabe todo lo que tuvo que hacer para seguir adelante con un hombre como Kennedy. Tuvo que soportar más de lo que cualquier mujer aguanta. Y supo tolerarlo. Aceptó el juego sabiendo todas las dificultades. Jackie era una muchacha inteligente y tendría que haber sido muy idiota para no saber todo lo que Jack le hacía. Estaba enterada de la existencia de otras mujeres, aunque Jack nunca se lo dijo. A veces Kennedy era tan terrible que me hubiera gustado darle una patada. En una ocasión lo vi haciendo una de las suyas con una chica en la Cabinet Room de la Casa Blanca y le pregunté cómo era posible que creyera que podría seguir adelante con esas cosas. Él estaba convencido de que Jackie nunca lo descubriría, pero lo cierto es que Jackie sabía todo lo que estaba sucediendo. ¡Por Dios, que sí! Yo siempre estaba a la defensiva con ella, porque no dejaba nunca de pincharme. Conocía mis salidas y mis viajes con Jack, pero lógicamente yo tenía que negarlo todo para que no se descubriera.

Durante sus días en el Senado, George Smathers protegió muchas veces a su amigo. Le excusaba ante Jackie cuando Kennedy llegaba tarde, explicándole que había tenido que quedarse a trabajar con él hasta muy tarde en Capitol Hill, cuando lo cierto era que estaba en casa. De soltero Kennedy hacía lo mismo con su hermana Eunice, que compartía la casa con él, en Georgetown. En una ocasión le dijo a ella que iba con

Smathers a jugar al rugby, sin darse cuenta que se suponía que Smathers debía de estar en la ciudad ese fin de semana. Eunice vio a Smathers y a su esposa en una fiesta, mientras Jack estaba con una mujer, y le preguntó por qué no estaba jugando al rugby con Jack.

—No me importaba servirle de coartada, pero no me gustaba nada que me hiciera quedar tan mal —explica Smathers—. Jackie no me consideraba santo de su devoción porque creía que yo era una mala compañía para su marido y lo empujaba al mal camino. Jack le contaba historias sobre andanzas mías en círculos en los que jamás me había movido en aquella época. Me utilizaba como tapadera para sus deslices, pero yo lo quería mucho, así que ¿qué otra cosa podía hacer? ¿Decir que era un embustero? Yo lo pasaba muy mal yendo con él y Dios sabe que él influía en mí mucho más negativamente de lo que yo hubiera podido influir en él. Me las veía y me las deseaba para proteger mi propio territorio contra aquel tipo.

»Teníamos un lugar muy agradable junto al río —continúa Smathers—, cuando los dos éramos senadores en ocasiones íbamos allí con un par de chavalas. Recuerdo que una vez fui con una chica muy bonita y simpática y Jack ya estaba allí con otra. Se fue a otra habitación a hacer una llamada telefónica y poco después Evelyn Lincoln, desde el Senado, llamó para decirme que mi presencia era necesaria en el Capitolio. Me puse en marcha de inmediato e iba camino de allí en mi coche cuando se me ocurrió que aquella llamada no tenía razón de ser, puesto que el Senado había aplazado sus sesiones. En vista de ello di la vuelta y volví al apartamento tan discretamente como lo había dejado. ¿Y qué cree usted que encontré? El muy golfo estaba con las dos chicas pasándoselo de lo lindo. Le gustaban esas cosas. Ya le digo que era algo terrible en ese aspecto.

La curiosidad sexual de Jack Kennedy le hacía participar frecuentemente en las orgías que tenían lugar en el hotel Carroll Arms, situado en la misma calle, frente al edificio del Senado. Mientras sus colegas se hallaban en la sala votando algunas leyes, Kennedy se divertía con un par de chicas.

»Esas cosas eran posiblemente su pasatiempo favorito —dijo Smathers, que apenas pudo reprimir una sonrisa al recordar a su viejo amigo—. Incluso cuando era presidente, Kennedy se las arreglaba para hacer cama redonda con dos o tres mujeres en la misma Casa Blanca.

»Y no puede decirse que todas las mujeres a las que Kennedy concedía sus favores fueran bellezas —dice Smathers—. Había un par de golfas que trabajaban para él en la Casa Blanca y a las que apodaba Fiddle y Faddle, que siempre le rondaban. No podía creerse que tuvieran nada que ver con él. Y si Jackie se hubiese enterado, estoy seguro de que no lo hubiera creído tampoco, porque aquellas dos chicas eran las tías más feas que he visto en mi vida. Horribles.

Ted Sorenson tenía razón. El gobierno del presidente Kennedy hizo más por el sexo que el gobierno de Eisenhower pudo haber hecho por el golf, con cien hoyos y Ben Hogan como secretario de Estado. El ambiente en el despacho Oval se contagió hacia abajo al resto del personal y la mayor parte de los hombres que rodeaban al presidente tenían al menos una secretaria muy privada en la mansión del Ejecutivo. En comparación con Jack, Bobby Kennedy era un monje y se oponía duramente a la conducta de su hermano en la Casa Blanca. Nunca criticó al presidente, al que adoraba y protegía con todas sus fuerzas, pero trató de poner fin a más de una de las aventuras de su cuñado, Steve Smith.

—Bobby estaba muy disgustado como consecuencia de las relaciones amorosas que existían entre Steve y Helen Schwartz —dice uno de los ayudantes de Kennedy—. No le gustaba en absoluto. Era tan recto, que llegó a decirle a Helen que se alejara de la familia y dejara de acostarse con Steve. También le disgustó mucho ver a Lee Radziwill coqueteando con Aristóteles Onassis y dando motivo a que se dijera que iba a divorciarse de su marido para casarse con el armador griego. Eso hizo que Bobby se subiera por las paredes, y le dijo a Jackie que influyera sobre su hermana para poner fin a ese estado de cosas. Nosotros solíamos bromear con Bobby, diciéndole que un fiscal general de Estados Unidos tiene trabajo más que suficiente dando caza a los delincuentes, para perder su tiempo en los asuntos sexuales de su familia. Pero no podíamos ir muy a fondo con esas bromas porque le escocían demasiado.

Una noche, Gore Vidal asistió a una fiesta en la Casa Blanca y eso motivó la ira de Bobby Kennedy. Gore comenzó a bailar con Jackie, apretándola muy fuertemente mientras se deslizaban por la pista de baile. La vista de la esposa del presidente, estrechada tan íntimamente por un hombre que públicamente se jactaba de su bisexualidad, encolerizó al severo fiscal general. Se dirigió a la pista de baile y apartó a Gore de Jackie mientras le gritaba:

—No se le ocurra nunca volver a bailar así con la Primera Dama. Me pone enfermo.

—¡Oh, Bobby! —le dijo Jackie—. Eres un cielo viniendo a protegerme, aun cuando realmente no necesito protección.

Vidal prefirió dejar a Jackie en las garras protectoras de su cuñado antes que provocar una escena desagradable. A partir de esa noche la Casa Blanca quedó cerrada para él. Jackie obedeció a su cuñado con lealtad y jamás volvió a ver a Gore Vidal. Posteriormente Vidal escribió un artículo realmente devastador contra el fiscal general, al que trató de hombre vulgar y desconsiderado. Ese escrito terminó la amistad entre el famoso escritor y los famosos Kennedy.

Gore Vidal tenía diez años de edad cuando su madre, Nina Gore, hija de un senador, se divorció de Eugene Vidal y se casó con Hugh D. Auchincloss. La familia se trasladó a Merry-wood, la gran finca en Virginia, a orillas del río Potomac. Vivieron allí seis años. Cuando el matrimonio se rompió, Hugh Auchincloss se casó con Janet Lee Bouvier y Gore se mudó para que las hijas de Janet, Jackie y Lee, pudieran vivir en la casa. Aun cuando tenían el mismo padrastro, no se veían con demasiada frecuencia. En esos momentos Jackie estaba más impresionada que Gore por sus superficiales relaciones.

—Yo jamás me aproveché de mis relaciones con Jackie —dijo Gore—. Realmente ocurrió lo contrario. Cuando Jackie comenzó a trabajar como periodista, se jactaba por todo Washington diciendo que era mi hermana, pese a que jamás la había visto. Gracias a esa afirmación suya consiguió entrevistas con muchos personajes. Ella se aprovechó más de nuestras relaciones que yo.

Realmente nunca fueron amigos hasta después de que Jackie se casó. Gore Vidal fue uno de los apoyos más firmes de Kennedy. En 1960, Gore se presentó candidato al Congreso por Nueva York, pero no tuvo éxito. Sus relaciones con los Kennedy eran tan amistosas, que Bobby le ayudó en su campaña. A Jackie le gustaba tenerlo al lado porque era un hombre guapo, ingenioso, atractivo, brillante, inteligente, afortunado, encantador y un conversador chismoso y divertido. Una de las cualidades que fomentaban su amistad con los Kennedy era su facilidad para sacar a relucir los trapos sucios. Le gustaba establecer relaciones con personas que se tuteaban con los más famosos personajes para poder chismorrear con ellos sobre sus pecadillos.

—Jack era un chismoso empedernido y estupendo —cuenta Gore Vidal—. Mucho mejor que Jackie, probablemente porque tenía mayores recursos. Podíamos pasarnos horas hablando de las chicas de Hollywood. Lo sabía todo y estaba continuamente buscando mujeres atractivas. Eso era lo primero para Jack.

Unos pocos días antes del viaje a Dallas, Kennedy hizo una gira presidencial, sin Jackie, en su avión oficial. Estuvo en Miami para hablar con un grupo de directores de periódicos latinoamericanos y, pese a lo justo que iba de tiempo, se las arregló para divertirse a su gusto antes de regresar a la Casa Blanca. Uno de sus compañeros en este viaje recuerda a fondo las escapadas de Kennedy.

—¡Oh, Dios mío, qué bien se lo pasó Jack en ese viaje! —dice—. Había gran cantidad de mujeres a su disposición y todas ellas dispuestas a someterse a sus exigencias.

Las mujeres siempre etuvieron al alcance de Jack Kennedy y aun durante el tiempo de su matrimonio supo aprovecharse de ellas. Pero la sexualidad era, simplemente, una actividad monodimensional, que no incluía la menor actividad emocional y que no interfería su papel de marido.

—Creo que Jack amaba a Jackie a su manera —dice George Smathers—. Esos asuntos superfluos y estúpidos no significaban nada para él o, al menos, no tenían nada que ver con las relaciones con su mujer. Al comienzo, Jackie estaba enamorada de él. Aprendería más tarde.

Pese a las aventuras de su marido, Jackie se aferraba a su matrimonio porque, antes que nada y por encima de todo, deseaba ser la esposa de Jack Kennedy. Desesperadamente Jackie necesitaba estar casada y cuando eligió un marido, escogió al mejor partido, al soltero católico más codiciado de Estados Unidos, y se consideró la más feliz de las mujeres al conseguirlo. Quizá fuera feliz en cierto modo, pero no como esposa de Jack Kennedy. Incluso después de casado, el presidente de Estados Unidos siguió siendo siempre un soltero.

CAPÍTULO DIEZ

—Creo que la Casa Blanca debería mostrar la maravillosa tradición que tiene este país. Tuvimos un magnífico florecer a fines del siglo XVIII. Y la restauración es tan fascinante... Cada día puede uno ver una carta procedente del bisnieto de un presidente. Fue una gran sorpresa para mí llegar aquí y encontrar tan pocas cosas asociadas con ese pasado o que nos lo recordaran. Llevo cuatro años viviendo aquí y no he hecho nada por la Casa —dijo públicamente la Primera Dama. En privado se quejó amargamente—: Da la impresión de ser una casa donde nunca ocurrió nada. «No hay ni la menor huella del pasado.»

En el momento en que Jacqueline Kennedy se dio cuenta de que la Casa Blanca iba a ser su residencia, decidió «librarse de toda aquella basura», con lo que se refería a aquel mobiliario, reproducción de los Grandes Rápidos. Decidió eliminar «los ceniceros de la compañía Pullman», «los fantasmagóricos rosados de Mamie», «las cortinas verdes que me hacen enfermar» y todos esos adornos «que hacen daño a los ojos».

—Si hay algo que no puedo resistir son los espejos victorianos... ¡qué horribles! —dijo—. A la basura con ellos.

Tras calificar al piso bajo de «refugio antiaéreo y clínica dental» y a la Habitación Oriental de «pista de patinaje», comenzó a elaborar grandiosos proyectos para restaurar la mansión con auténticas antigüedades de los siglos XVIII y XIX.

Ése sería su proyecto único, su mayor tarea, su gran empeño, y trabajó febrilmente para realizarlo. Su marido se puso furioso ante la idea de su mujer recorriendo las mansiones históricas, y reuniendo mobiliario y obras artísticas para instalarlas en la Casa Blanca. Las protestas del público por la terraza del Pórtico Sur, que Truman añadió a la mansión presidencial, estaban todavía profundamente grabadas en la mente de Kennedy.

—Se me advirtió, se me suplicó y, prácticamente, hasta se

me amenazó para que no hiciera aquello —dijo Jackie, que no obstante siguió adelante.

Finalmente, persuadió al presidente y convenció al Congreso de que la Casa Blanca tenía que ser restaurada hasta convertirla en uno de los hogares más distinguidos y notables de América.

Su decorador de Nueva York, Parrish, recibió el encargo de decorar de nuevo las habitaciones privadas.

—Pon un montón de telas alegres y zarazas sobre estas viejas basuras —le ordenó Jackie. En secreto telefoneó a Stephan Boudin, director de Jansen, la importante firma de decoración francesa, pidiéndole que se presentara en Washington lo antes posible para ayudarle. Contratar los servicios de un francés para decorar de nuevo la residencia oficial del presidente de Estados Unidos, resultaba sumamente incorrecto y, aunque lo intentó por todos los medios a su alcance, no pudo mantener el secreto mucho tiempo. Pronto se vio al activo y pequeño monsieur Boudin yendo de un lado a otro por la Casa Blanca, gritándole sus órdenes al portero jefe en su inglés chillón.

—No es más que un consejero de mi comité —mintió Jackie.

Con sus decoradores de Nueva York y París a sus órdenes, Jackie y su comité contrataron directores y conservadores de museos, reclutaron historiadores y especialistas, se formularon leyes, se solicitaron contribuciones económicas y recurrieron a expertos en arte por todo el país para que ayudaran. Jackie halagó a donantes privados para que repartieran con ella sus muebles y piezas históricas; dio coba a fabricantes para que hicieran donaciones muy costosas, y pidió a los museos que le prestaran más de 150 cuadros de valor incalculable. En el término de un año convirtió la casa presidencial en un auténtico monumento nacional con antigüedades y piezas históricas, representativas de la herencia americana, de un valor superior a los diez millones de dólares.

—Al trasladarnos a la Casa Blanca, pensé que me hubiera gustado estar casada con Thomas Jefferson, porque él sabría mejor que nadie qué debía hacerse allí —dijo Jackie—. Pero después pensé que estaba equivocada y que las esposas de los presidentes están obligadas a contribuir de algún modo a la tarea de sus esposos y, en mi caso, la restauración de la Casa Blanca era la misión que me imponía a mí misma y en la que trabajaría duramente.

Jackie confió ampliamente en la generosidad de los multimillonarios que formaban parte de su comité, como la señora de C. Douglas Dillon, la señora de Paul Mellon, Mary Lasker y la señora de Charles Wrightsman, que aportaron grandes sumas de dinero a los proyectos de restauración, haciéndose cargo, con frecuencia, de los gastos de decoración de una habitación completa que, en algunos casos, ascendían a 250 000 dólares. El presidente estaba furioso por las gigantescas sumas de dinero gastadas y le pidió a Jackie que frenara un poco. Se encolerizó muchísimo al enterarse de que el papel de paredes antiguo que se había empleado en la sala de recepción de embajadores había costado 12 500 dólares. Su indignación fue aún mayor cuando la noticia llegó a la prensa y comenzaron a publicarse artículos sobre los opulentos planes de Jackie para la restauración de la Casa Blanca.

El papel de pared, procedente del siglo XIX, con «escenas de América» fue arrancado de una histórica mansión de Maryland y transportado en secreto a la Casa Blanca, donde fue colocado tira a tira y con el mayor cuidado. Jackie se las arregló para que la Sociedad Nacional de Diseñadores Interioristas firmara el costo del proyecto, pero cuando el presidente se enteró de que podía conseguirse papel de empapelar exactamente con el mismo dibujo por una fracción muy reducida de ese precio, se enfureció. Jackie trató de calmarlo diciéndole que los colores en el papel original eran mucho mejores.

—Me importa un pepino —exclamó él—. Doce mil quinientos dólares por simple papel de empapelar es demasiado dinero.

Años después, Lady Bird Johnson y Pat Nixon, al trasladarse a la Casa Blanca, se sorprendieron por aquel monótono papel que representaba lo que los europeos del siglo XIX imaginaban que debía de ser Norteamérica. Pero lo conservaron tal y como Jackie lo había dejado. Pero cuando Betty Ford se convirtió en Primera Dama, dijo que era «demasiado deprimente» y lo cambió.

Continuando con sus ambiciosos proyectos, Jackie obligó a los miembros de su comité a que guardaran silencio para evitar que continuara esa desfavorable publicidad. Días más tarde el *Washington Post* publicó un reportaje en el que informaba que entre los planes de Jackie figuraba el de revestir de blanco la histórica Habitación Azul. «La Habitación Azul nunca más será azul», escribió el periódico. El *Post* publicaba una fotografía de Franco Scalamandre, el fabricante de seda, frente a los telares que estaban produciendo seda blanca con adornos del mismo color, por valor de 60 000 dólares y que había prometido donar para la citada transformación. Jackie, de inmediato, anuló el pedido de la seda y dio instrucciones a Pam Turnure para que telefoneara a Scalamandre y le pidiera que utilizara una página entera del mismo periódico para negar la información.

—¿Cómo puedo hacerlo? —se quejó el fabricante de seda—. Si tienen fotografías con el tejido blanco...

Kennedy se sintió molesto por la historia. Cuando se enteró de que el *Newsweek* proyectaba publicar una fotografía de Scalamandre con los rollos de seda blanca, llamó a Ben Bradlee e insistió en la supresión de la foto. Bradlee accedió y la fotografía no se publicó.

La señora encargada de las relaciones públicas de Scalamandre, dirigió una dura carta al presidente, protestando por la humillación pública a que había sido sometido su cliente. Dijo que Scalamandre había llegado a Estados Unidos para escapar de la persecución de Mussolini y esperaba encontrar libertad en Norteamérica. Jamás recibió respuesta de la Casa Blanca y pasaron varios meses antes de que Jackie consintiera en aceptar el donativo del fabricante de seda italiano.

Continuando su trabajo de restauración, secretamente hizo un pedido de seda pura, tejida a mano, para sus cortinas, por valor de 25 000 dólares (más de millón y medio de pesetas), a Francia, y dio instrucciones a los miembros de su comité para que recorrieran los almacenes del gobierno y las tiendas de antigüedades por todo el país para encontrar lo que deseaba exactamente. Pronto la Habitación Roja pasó a ser cereza y la Habitación Verde, *chartreuse*, y la tan discutida Habitación Azul, blanca. No quedó ni un solo rincón de la Casa Blanca que no fuera tocado. Todos los muebles, desde los pequeños taburetes para los pies, a las otomanas, sillones y divanes, fueron enviados para ser tapizados de nuevo con telas de seda o brocados pintados a mano.

Jackie era una perfeccionista que no aceptaba en absoluto ningún compromiso. Dio órdenes a los pintores de la Casa Blanca para que rehicieran su trabajo en una misma habitación siete veces, hasta lograr la tonalidad exacta que deseaba. La costosa mano de obra y el tiempo de los artesanos que fue necesario para crear el profundo azul y los blancos que exigía para las cortinas de su dormitorio, hicieron que éstas salieran a más de cincuenta dólares el metro. Insistió en que las puertas de su guardarropa fueran adornadas con *trompe l'oeil* realistas que representaran los mayores acontecimientos de su vida: las cubiertas del premiado libro de J. F. Kennedy *Profiles in Courage*, una fotografía de Caroline, el modelo de un yate, etc... La laboriosa ornamentación costó 800 dólares y requirió 15 días de trabajo de uno de los pintores de Stephane Boudin, que fue contratado en secreto para ese trabajo.

Después de gastar 5 000 dólares en candelabros y lámparas y 335 000 más en una alfombra del siglo XVIII, Jackie en cuestión de semanas casi había agotado la asignación anual para restaurar la Casa Blanca. Y seguía decidida a llevar a término su proyecto, costara lo que costara.

La Primera Dama se quejó también de que no hubiera una guía destinada a los turistas que explicara la historia de la Casa Blanca y decidió publicar una y ponerla a la venta entre las personas que acudían a visitar la Casa Blanca y pasaran por las puertas destinadas al público. Eso ayudaría a conseguir fondos para la restauración. El presidente objetó que aquella idea podía hacer creer que se buscaba la obtención de beneficios, y Jackie mandó llamar al director de la National Gallery of Art, esperando que la ayudaría a convencer a su esposo de que todas las casas con tradición histórica disponían de tales folletos. Movilizó a un impresionante número de expertos para defender su causa, logró imponerse a todos aquellos que se oponían, en este caso incluso al propio presidente de los Estados Unidos. Pese a todo, Kennedy seguía inquieto por tan amplios planes, temiendo que el público pusiera el grito en el cielo por los drásticos cambios que su esposa estaba efectuando. Estaba convencido de que los contribuyentes no tolerarían esas extravagancias.

Jackie trató de darle confianza.

—Con Henry Francis du Pont al frente de mi comité, ¿quién va a atreverse a criticarnos? —le preguntó—. Por si fuera poco es republicano.

El octogenario Du Pont estaba considerado como el más famoso entre todos los grandes expertos en muebles de estilo americano del país. Era uno de los grandes benefactores del museo Winterthur, y Jackie estaba convencida de que sus títulos y prestigio impresionarían al descendiente de un patatero irlandés que no conocía la diferencia entre una alacena y un aparador.

Decidida a proteger su intimidad, Jackie se puso en contacto con el abogado de Kennedy, James McInerney y le dio instrucciones para que redactara una declaración jurada legal para los empleados de la Casa Blanca. Le entregó el documento al jefe de personal e insistió en que todos los miembros del personal —cocineros, criadas, doncellas, mayordomos, ayudas de cámara y secretarias— firmaran la declaración, por la que se comprometían, bajo juramento, a no escribir nunca una sola palabra sobre la familia presidencial o sus experiencias en la Casa Blanca de los Kennedy. La noticia se infiltró en la prensa y los periodistas escribieron reportajes sobre «El juramento de fidelidad de J. F. Kennedy». Los titulares siguientes circularon por todo el país: La Casa Blanca establece el secreto, Jackie y J. F. K. amordazan a sus sirvientes. Los editoriales de los periódicos criticaron la «política de silencio de los Kennedy», poniendo en tela de juicio ese gran abuso del poder presidencial.

Alarmado por la publicidad, Kennedy trató de convencer a su mujer de que retirara las declaraciones juradas, pero Jackie se negó, en vista de lo cual recurrió al jefe de personal.

—Deseo que me ayude usted, señor West —dijo—. Este asunto del juramento está causando muchos problemas. ¿Le importaría cargar con la responsabilidad?

—Ya le he pedido al personal que firme la declaración —respondió el jefe del servicio.

—Bien. En ese caso vamos a hacer una declaración explicando que la idea fue suya, y usted pone sus iniciales. Así tendrá un aspecto más oficial y menos personal.

Jackie estaba obsesionada por mantener su intimidad, pero al mismo tiempo deseaba que se hiciera toda la publicidad posible de su proyecto de restaurar la Casa Blanca. Estaba convencida de que si la prensa se ocupaba intensamente del asunto, se incrementaría el interés del público y aumentarían los donativos procedentes de particulares. Consecuentemente, acudió a reuniones públicas, posó para fotografías, escribió cartas y firmó autógrafos. Se emocionó de veras cuando Blair Clark, uno de los vicepresidentes de CBS.TV, una de las cadenas de televisión más importantes de Estados Unidos, se puso en contacto con ella para estudiar las posibilidades de hacer un reportaje para televisión en forma de recorrido por la Casa Blanca restaurada. Sugirió un telefilme de una hora, con la Primera Dama guiando a Charles Collingwood por la mansión presidencial.

—¡Oh, no Collingwood! —suspiró Jackie—. Es demasiado conservador y aburguesado. ¿Por qué no lo hace usted conmigo?

Clark, que estaba a cargo del departamento de noticias, le explicó que él no podía aparecer ante las cámaras, pero le dio seguridades de que vigilaría y controlaría por sí mismo todos los detalles de la producción. Mencionó que la compañía estaba dispuesta a hacer un donativo de 100 000 dólares para sus proyectos de restauración. Jackie aceptó inmediatamente el proyecto y a Collingwood como comentarista.

Los Kennedy dejaron libre la Casa Blanca un fin de semana para que CBS.TV pudiera entrar en ella las cinco toneladas de equipo lumínico y cámaras. Jackie se pasó el sábado y el domingo consultando sus notas para preparar la emisión y no tener que leer el guión delante de la cámara. Para la grabación se presentó con un traje sastre de dos piezas, de color rojo brillante y una gargantilla de perlas asomando discretamente en su cuello. Eso se convirtió en su sello personal. Como no tenía idea de la complejidad de la filmación, pensó que duraría unas tres horas.

—Yo fui designado para decirle que nos ocuparía todo un día si teníamos suerte —dijo Collingwood—. Ella me respondió que no estaba segura de poder dedicarnos todo ese tiempo, porque tenía que asistir a una cena y, lógicamente, arreglarse previamente. Sin embargo, después que le expliqué todo lo que teníamos que hacer, se mostró conforme en colaborar. Realmente sólo tuvimos que repetir las tomas dos veces y en una ocasión fue culpa mía.

—Más de cuarenta y seis millones de norteamericanos vieron el *show* de Jackie Kennedy, cuya producción costó 225 990 dólares. La Primera Dama se negó a utilizar un *script* cuando estaba frente a la cámara y nos condujo de una habitación a

Jack Kennedy animaba a su hijita, amistosa y fotogénica,
para que hablara con los reporteros
siempre que se le presentaba ocasión.
Permitía a los fotógrafos que pasaran a su despacho
para fotografiar a la niña. Jackie se indignaba.

otra de la Casa Blanca, describiéndonos sus muebles y decoración y los donativos que había recibido, mencionando, desde luego, los nombres de los donantes particulares, con esa suave voz de muchacha, según dijo Norman Mailer, capaz de producir un *shock* pequeño pero constante por todo el país.

«... La voz era una suave parodia de ese tipo de voz que se oye en la radio, en las emisiones de noche, lanzada a nuestros oídos por muchachas que hacen publicidad de colchones cómodos, productos depilatorios o cremas para embellecer la piel», escribió Norman Mailer en *Esquire Magazine*.

«*¿Algunos de vosotros recordáis todavía a aquella muchacha de fantástico suéter que solía ofrecernos el servicio meteorológico en la televisión con voz tan halagadora?*», preguntaba. «*... La chica nos recitaba el parte meteorológico con una voz que parecía sacada de esas revistas de sueños narcisistas que nos presentan a las más bellas modelos y a las estrellas de fama con una visión de lo que podría ser el sexo a la luz de la luna. La voz de Jackie Kennedy, su voz para el público, parecía influenciada por la de la de la chica del tiempo. ¡Qué locura desató en nuestros medios de comunicación! ¡Qué ridícula esa mezcla de consciencia e inconsciencia, de cálculo y de descuido lograda quizá con la ayuda de los maestros de declamación, o tal vez por su propio empeño, que se reflejaba en la elaborada voz de Jackie Kennedy! Se han oído otras mejores en épocas navideñas, en los grandes almacenes al intentar vendernos sus productos.*»

«Televisión en su mejor estilo», escribió el *Chicago Daily News* al comentar el programa de Jackie. Norman Mailer no estaba de acuerdo y expresó su opinión diciendo que la Primera Dama se movió como un caballo de madera y su voz sonaba como la de una aspirante a actriz que carece totalmente de talento. «Jackie era más bien como una *starlet* que jamás aprendería a actuar bien porque la extraordinariamente pálida irrealidad de su vida lejos de las cámaras había embotado de tal modo su cerebro y distraído su atención, que la había vuelto incapaz de cumplir con la más simple y elemental exigencia, que consiste en vibrar y respirar, en consonancia con las palabras que uno pronuncia.» Acababa censurando la emisión a la que calificó de «estúpida, mal aconsejada, carente de significado, vacía, pesada y aduladora dentro del gusto más servil de la vida norteamericana».

Kennedy se sintió dolorido por la crítica de Mailer, como si acabara de recibir una picadura de abeja, mientras que Jackie, indignada por el ataque, redobló sus esfuerzos para conservar su intimidad. Cuando contrató a Pamela Turnure como su secretaria de prensa, le dio instrucciones de «limí-

tese a sonreír y mantenga siempre una expresión evasiva.
Y añadió:

—Mis relaciones con la prensa deben ser: un mínimo de información con un máximo de cortesía.

—No quería contratar a alguna veterana cargada de experiencia y presuntuosa —dijo Jackie.

Efectivamente, prefirió contratar a alguien parecido a ella y Pamela Turnure era la más adecuada... Usaba los mismos vestidos sin mangas, los mismos cuellos de cisne muy altos y los mismos mocasines sin apenas tacón. Lucía el mismo peinado e incluso imitaba la forma de hablar y comportarse de las niñas bien, característica de la esposa del presidente. En cierta ocasión alguien le pidió que describiera un árbol, y la secretaria de prensa de la Casa Blanca, que tenía veintitrés años, replicó en un tímido susurro:

—¡Oh, es una... oh, una especie de árbol...!

Fue el propio Jack Kennedy quien le sugirió a su esposa el nombramiento de la señorita Turnure y le dijo que sería la secretaria ideal para realizar el tipo de relaciones cordiales y delicadas que pensaba mantener con la prensa.

—Desde luego fue él —dijo riendo George Smathers—, pues de ese modo la tendría allí, en la propia Casa Blanca y al alcance de su mano cuando la deseara.

Pero ¿por qué razón iba Jackie a contratar a una joven que había tenido relaciones íntimas con su esposo?

—Creo —respondió Smathers a esta pregunta— que fue una maniobra inteligente por parte de Jackie. Debió de pensar que si se lo presentaba tan fácil y evidente a su marido, éste acabaría cansándose de Pam. Desde luego sabía lo que estaba pasando.

Resulta inconcebible que Jackie ignorara el escándalo provocado por la neurótica dueña del apartamento donde vivió Pamela Turnure, cuando fue por todas partes con su cartel y las fotografías del presidente saliendo del apartamento de la chica, y trató de hacer fracasar su candidatura en 1960. Sin embargo, según cuenta una amiga, jamás se sintió amenazada por la joven secretaria.

—Pensaba sencillamente que se trataba de otro de los ligues de Jack y sabía que podía controlar a Pam y que ésta acabaría haciendo lo que ella deseara.

En un memorándum dirigido a la señorita Turnure, Jackie escribió:

No voy a conceder entrevistas, ni posar para fotógrafos, etcétera, durante los próximos cuatro años... No lo digas de manera categórica; consulta con Pierre para hacer una declaración política... un modo correcto para rechazar todas las propuestas de entrevistas, y también fotografías... Pierre la llevará a Life y a Look o a Stan Tretick unas cuantas veces al año... y todo marchará bien... Así que entérate a través de él, de lo qué debes hacer para rechazar a todo el que desee fotografiarme dando el biberón al niño, etc.

Dije que iba a conceder una conferencia de prensa, pero explícales que no lo haré... hasta que tenga algo que decirles... y que tampoco será una conferencia de prensa, sino que las invitaré a tomar el té... Cuando las periodistas te pregunten cuándo va a celebrarse la conferencia de prensa diles que la señora Kennedy trata de buscar un momento libre para invitarles a tomar el té... una vez que se haya instalado.

La pequeña reunión para tomar el té que Jackie concedió a las mujeres periodistas que se ocupaban de la Casa Blanca, fue eso; una simple reunión para tomar el té que perjudicó fuertemente su reputación de anfitriona brillante. Se negó a estrechar la mano de las «arpías», como llamaba a las periodistas, e hizo que fuera Tish Baldrige quien recibiera a las mujeres. Jackie decidió presentarse algo más tarde y sólo habló con las pocas que podía tolerar. Para añadir un nuevo insulto, les sirvió bocadillos grasientos y refrescos artificiales.

—¡Dios mío, por poco me muero! —dijo una de las periodistas—. Cuando llegó el mayordomo con una bandeja de bebidas, yo tomé un vaso de lo que creí sería zumo de naranja y casi me ahogo cuando me tragué ese repulsivo líquido sintético que se mezcla con agua. Es algo que no permitiría que bebieran mis hijos y que nunca tendría en casa. Y desde luego, algo que nunca puede ofrecerse a los invitados.

La consigna de Kennedy «No te enfurezcas... cálmate», pasó a ser también la de Jackie.

Contrariamente a su marido, Jackie jamás logró establecer buenas relaciones de trabajo con los periodistas designados para ocuparse de la información referente a ella. Al igual que su cuñada, las reporteros pronto empezaron a llamarla «la reina».

—¡Dios mío, debía de estar en el palacio de Buckingham en vez de en la Casa Blanca! —se quejó una de ellas—. Nos trata como si fuéramos palurdas.

—Nos hace cambiar la opinión que teníamos de la silenciosa Bess Truman, ¿no os parece? —opinó otra.

Jackie continuó prescindiendo de todas ellas con el mismo desdén, hasta que el presidente la tomaba del brazo y la conducía hacia el grupo de periodistas que esperaban con el bloc en la mano.

—¡Vamos, Jackie —le decía con firmeza—, vamos a saludar a las chicas y hablar con ellas unos minutos!

Como si estuviera tratando con leprosas, Jackie se acercaba sonriendo con dulzura, decía «hola» y retrocedía dejando que fuera su esposo quien llevara toda la conversación. Kennedy estaba aturdido. En cierta ocasión le confió al primer ministro de la India:

—Mi esposa no cree en la prensa libre.

Y al sha del Irán le comentó:

—A Jackie le gustaría meter en la cárcel a cualquiera que tenga una máquina de escribir.

Jackie, desde luego, no podía impedir que los periodistas informaran sobre la Casa Blanca en las ocasiones en que se celebraban banquetes oficiales, pero en una ocasión sugirió que se colocaran unos cuantos soldados con bayoneta calada junto a ellos.

En otro memorándum a Pamela Turnure, le dijo que la prensa podía ver el comedor antes de la cena «pero será mejor que lo hagan con brevedad», y que podían observar la llegada de los invitados. «Pero no quiero verlos otra vez por aquí después de la cena, pues entonces es cuando empiezan a hacer preguntas a todo el mundo, y no me parece muy digno tenerlos alrededor. Hacen que me sienta como una azafata que trata de hacer carrera en la sociedad. Me molestan sus bloques de notas, pero quizá debamos permitir que los conserven, pues, como usted sabe, se trata de la prensa. Creo que deben llevar grandes distintivos de identificación y que se larguen de aquí tan pronto como nos hayamos sentado a cenar.

»Le enviaré copia de este memorándum a MacKilduff —concluía Jackie—, y si cambiamos estas disposiciones él o Pierre se ocuparán de comunicárselo, pues no me parece justo que la arrojemos a usted en manos de las arpías. Creo, además, que lo aceptarán mejor si se lo dice un hombre.»

Pero las «arpías» estaban obligadas a buscar cualquier posible información, por pequeña que fuese. El apetito del público por todas las noticias relacionadas con la brillante Primera Dama era voraz. La gente quería conocer todo lo relacionado con la elegante joven que ocupaba la Casa Blanca, y sus vestidos franceses. Los periódicos no se cansaban de publicar reportajes sobre los sombreritos de Jackie, sus gargantillas y sus sencillos vestidos sin mangas.

«Indiscutiblemente, Jackie es la mujer más importante del mundo», tituló *Variety*. «Cada vestido suyo es objeto de una atención hipnótica», declaró el semanario *Life*. «Jackie da brillo a Norteamérica», dijo el *New York Daily News*.

En 1961, Estados Unidos no había conocido, hasta entonces, una Primera Dama tan joven ni tan bella. La gente, acostumbrada a la tenacidad lúgubre de Bess Truman y a la afición a la canasta de Mamie ·Eisenhower, estaba encantada por la alta costura de Jackie y sus cacerías de zorros. En especial le gustaban sus hijos y devoraba todo lo que se escribía sobre Caroline, que recorría la Casa Blanca en su triciclo y saltaba con los zapatos de tacón alto de su madre. La chiquilla rubia hacía las delicias de los lectores con sus comentarios mordaces. Su respuesta más célebre se la dio a un periodista que le preguntó qué estaba haciendo su padre.

—No está haciendo nada —dijo—. Está sentado sin zapatos, sin calcetines y sin hacer nada.

El presidente Kennedy había salido a dar una vuelta en un coche descapotable en compañía de su hija y se divirtió de lo lindo viendo cómo Caroline se las arreglaba con los fotógrafos, que al verlos se acercaron al coche cámara en ristre. Imitando la voz de su madre, alzó la mano imperativamente y exclamó:

—¡Nada de fotografías, por favor!

Cuando le presentaron a Sam Rayburn, el *speaker* de la Cámara de Representantes, Caroline se quedó mirando su cráneo pelado.

—¿Por qué no tiene usted pelo? —le preguntó.

Después de haberles mostrado a Eleanor Roosevelt y a Henry Morgenthau las habitaciones privadas decoradas de la Casa Blanca, el presidente les ofreció una copa. Caroline, bailando sobre sus talones, se lo quedó mirando.

—Ya se han bebido una, papá. Mira dónde han dejado sus vasos.

Comprensiblemente, la popularidad del presidente Kennedy ascendía. Llegó un momento en que las encuestas demostraron que crecía su estimación popular más que la del Partido Demócrata en conjunto.

—La diferencia es Caroline. Y no podemos hacer nada contra eso —se quejó un senador.

Un día, en el despacho oval, Caroline tomó el teléfono.

—¡Quiero hablar con el abuelito! —dijo.

La telefonista de la Casa Blanca reconoció la voz y la puso de inmediato con Joe Kennedy, que se hallaba en Palm Beach, y Caroline estuvo hablando un rato con él. Después, se volvió hacia su padre.

—¿Quieres hablar con el abuelo, papá? —le preguntó.

—¿Qué estás haciendo, Caroline? —gritó el presidente.

Tomó el teléfono para hablar con su padre y Caroline se apoderó de otro y pidió a la telefonista que la pusiera con la señora de Charles Wrightsman

—Ahora voy a llamar a Jayne —dijo.

Jack Kennedy animaba a su hijita, amable y fotogénica, para que hablara con los reporteros siempre que se le presentaba ocasión. Permitía a los fotógrafos que pasaran a su despacho para fotografiar a la niña. Jackie se indignaba. Odiaba que se utilizara a sus hijos como atracción pública con fines políticos. Cada vez que veía una fotografía de sus hijos que ella no había autorizado, enviaba un memorándum a Pierre Salinger preguntándole cómo se le había ocurrido permitir ese tipo de información no autorizada. Salinger se limitaba a explicarle concisamente que las fotos se habían hecho a petición del presidente.

—Eso no me importa nada —gritó Jackie—. No tiene ningún derecho a desobedecer mis órdenes con respecto a los niños.

La revista *Look* deseaba hacer un reportaje fotográfico del presidente y su hijo, y Salinger presentó la idea a Jackie, que le lanzó una diatriba en la que decía que aquello le parecía una invasión excesiva en la intimidad de la familia. El presidente se sonrió cuando Salinger le repitió las objeciones de su esposa y le dijo:

—Vamos a dejar el asunto de momento y lo volveremos a estudiar cuando esté fuera de la ciudad.

Tan pronto como Jackie marchó de vacaciones a Italia, con su hermana, los fotógrafos fueron convocados en el despacho oval para hacer fotografías del pequeño John escondido debajo de la mesa del presidente. Cuando la Primera Dama regresó, Salinger le dijo lo que había sucedido. Jackie gritó que su marido no tenía derecho a explotar de ese modo a sus hijos.

—Espere hasta que las vea. Le gustarán mucho esas fotografías —dijo Salinger.

—Eso es lo mismo que me dice siempre —replicó Jackie.

La intimidad se había convertido en una obsesión tan grande para ella que ordenó que se plantaran rododendros espesos y altos en los terrenos de la Casa Blanca para proteger de las miradas indiscretas a Caroline. A los hombres del servicio secreto que custodiaban la Casa Blanca les dio orden de confiscar las películas de los fotógrafos que tomaran fotos sin su permiso.

Los relatos sobre los animales domésticos de sus hijos también la irritaban. Tras de leer una historia inocua sobre *Charlie*, el terrier galés de los Kennedy, corrió a enfrentarse con el encargado de las perreras de la Casa Blanca.

—No se le ocurra nunca más decirle nada a esas entrometidas —le gritó—. Estoy harta de sus historias y no quiero que vuelva usted a decirles a esas puercas ni una sola palabra sobre mí.

Por el contrario, la prensa trataba por todos los medios de conseguir reportajes y noticias sobre los Kennedy. Había muchas informaciones sobre Caroline y John-John, así como sobre sus dos hamsters preferidos, *Marybell* y *Bluebell*; de su gatito *Tom*; de *Robín*, su canario amarillo; de su pony *Macaroni* o del perrito blanco *Pushinka*, un regalo de Nikita Kruchev.

—Estoy enferma de todas esas tonterías que he leído sobre *Macaroni*. Me dan ganas de llorar —dijo Jackie mientras dirigía otro memorándum de protesta a Pierre Salinger.

Un fotógrafo siguió a Jackie a Middleburg y tuvo la gran ocasión de tomar una fotografía de Jackie cuando salió despedida de la grupa de su caballo. Inmediatamente Jackie telefoneó a la Casa Blanca y le dijo a su marido que prohibiera al fotógrafo utilizar esa foto en cualquier circunstancia, alegando que se trataba de una violación de su intimidad. Kennedy se rió alegremente:

—Lo siento, Jackie —le dijo— pero cuando la Primera Dama se cae de culo es una noticia.

Y lo fue. El fotógrafo vendió la fotografía a la revista *Life* por 13 000 dólares.

Afortunadamente para Jackie, no había fotógrafos por allí cuando Jackie cayó del caballo por segunda vez. Su cabalgadura tropezó en un agujero de golf y la tiró de cabeza al suelo. Se quedó sin sentido, estaba ya casi asfixiada cuando otro jinete se acercó galopando y logró reanimarla. La Primera Dama se sacudió el polvo de la ropa y se unió de nuevo a la cacería.

—Gracias a Dios que esos malditos fotógrafos no han tomado ninguna foto —suspiró aliviada.

Traumatizada por la pérdida de la intimidad de su vida privada, Jackie dijo:

—Hay ocasiones, creo, en la que hacen que una se sienta algo así como... me gustaría encontrar otra palabra, pero no lo consigo..., como si fuera un bicho raro.

Menospreciaba el título de Primera Dama y se ponía lívida cuando recibía alguna carta en la que se le daba esa denominación.

—Por favor, señor West —le dijo un día al jefe de personal de la Casa Blanca—, no me gusta en absoluto que me llamen Primera Dama. Me suena como el nombre de un caballo de carreras. Dígales a las telefonistas y al resto del personal que se dirijan a mí simplemente como señora Kennedy y no usen el título de Primera Dama.

Le disgustaba igualmente que la llamaran Jackie en letra impresa.

—No es digno que la esposa del presidente sea tratada con tanta familiaridad —comentó—. Además, ¿por qué tienen que llamarme con el diminutivo de un nombre de muchacho cuando tengo un nombre tan bonito?

En ese sentido le dirigió un memorándum a Pierre Salinger en el que le ordenaba dijera a los periodistas que cuando se refiriesen a ella públicamente la llamaran Jacqueline Kennedy o señora de John F. Kennedy, de acuerdo con la costumbre norteamericana, pero nunca Jackie. Las mismas instrucciones se dieron a los fotógrafos, junto con la de que nunca tomaran una foto de ella fumando. El presidente se mostró conforme con esta orden por que no le gustaba que Jackie fumase un cigarrillo tras otro, y pensaba que una fotografía suya con un cigarrillo en la mano era poco digna.

—Es tan severo conmigo por mi hábito de fumar —comen-

El matrimonio Kennedy
con sus dos hijos, Caroline y John-John.

tó Jackie— que he empezado a animarlo a que se fume un puro después de la cena. Así no protesta tanto contra mis cigarrillos.

Lo mismo que odiaba el título de Primera Dama, se mostraba despreciativa con el tradicional papel que se reserva a la esposa del presidente, y se negaba a representarlo.

—¿Por qué demonios tengo que ir de hospital en hospital haciendo de hada buena, cuando tengo tantas cosas que hacer para convertir esta casa en algo habitable? —preguntó—. Me limitaré a enviar a los hospitales frutas, nueces y flores.

—No está dispuesta a presidir fiestas infantiles por Pascua —explicó Bill Walton—. No es la clase de mujer para ese tipo de cosas.

El presidente hubo de ceder.

—Si hay algo de lo que nadie puede acusar a Jackie es de tener una conciencia social excesivamente desarrollada —comentó.

Muchas veces se negaba a asistir a reuniones y actos políticos a los que debería haber asistido en calidad de Primera Dama.

—¡Pobre Jack! —le dijo a una amiga—. Piensa que si no acudo a esas reuniones para recaudar fondos lo van a echar de su cargo.

Esquivaba los deberes protocolarios e ignoraba todo aquello que, a su juicio, era «aburrido y una inútil pérdida de tiempo».

En vez de acompañar al presidente a votar en las elecciones generales, Jackie se quedó en Glen Ora mientras la Casa Blanca hacía público un comunicado falso diciendo que había votado por correspondencia.

—Jack no es candidato, ¿para qué voy a votar? —le explicó a una amiga—. Me importa muy poco quién sea elegido para el Congreso o el Senado.

Pese a las obligaciones de su esposo en relación con los derechos civiles, Jackie se negó a acudir al almuerzo del consejo nacional de mujeres negras.

Le dijo a Tish Baldrige:

—Envíales un mensaje firmado con mi nombre.

Y se marchó al campo, en Virginia, para asistir a una cacería de zorros. Más tarde, en otra ocasión, hizo que Tish la representara en el desayuno oficial de las esposas de los senadores.

—No puedo resistir a esas estúpidas mujeres —se justificó.

—Jackie se burlaba cruelmente de las esposas de los senadores, repitiendo sus frases hechas, y creía que aquellas reuniones no servían más que para el intercambio de recetas culinarias —dice una amiga—. En cuanto estuvo en la Casa Blanca se negó a todo contacto con ellas. ¡Dios mío, cómo les tomaba el pelo! Se burlaba de la poco elegante y sumisa devoción a las carreras políticas de sus maridos. Dijo que lady Bird Johnson era tan obediente con su marido, que no vacilaría en recorrer desnuda las calles si Lyndon se lo pedía. Jackie no tenía idea de las cosas de cocina y no sabía guisar, así que cuando no tenía más remedio que asistir a esas reunines, recurría a su jefe de cocina y le pedía algunas recetas. En la Casa Blanca se exasperaba por ello, y para fastidiar a las asistentes le pedía a René su *chef*, una de sus más complicadas recetas francesas y, a propósito, olvidaba repetirles a las senadoras uno de los componentes claves del guiso, para fastidiarlas.

El club del Congreso de Washington, formado por las esposas de los congresistas y senadores, ofrecía tradicionalmente un almuerzo en honor de la Primera Dama. El día en que Jackie debía asistir, se negó a ello. El presidente se decidió a representarla, para no arriesgarse a que las esposas de los hombres con los que tenía que contar para que aprobaran sus leyes para la Nueva Frontera se considerasen insultadas. Llegó al banquete y explicó que su esposa se encontraba indispuesta, pero minutos antes las dignas señoras habían estado viendo en los periódicos una fotografía de la señora Kennedy asistiendo a una representación de ballet la noche anterior en Nueva York.

—¿No cabía esperar de ella la cortesía suficiente para hacer acto de presencia y dirigirnos la palabra, después que todas nosotras estábamos tan interesadas en conocerla y habíamos hecho todo lo posible para serle gratas y amables? —comentó la esposa de un miembro del Congreso después de ver la fotografía.

Durante semanas, las señoras habían estado reuniendo dinero para comprarle a Jackie un frasquito de perfume francés de 150 dólares y un regalo excepcional: un frasco victoriano en cuyo interior se habían colocado valiosas miniaturas, hechas a mano, de muebles de época para simbolizar la restauración de la Casa Blanca. Aun cuando las 965 damas se mostraron encantadas con el discurso del presidente, se sintieron heridas por la ausencia de la Primera Dama. Ni el frasquito de perfume ni la botella victoriana fueron ofrecidos al presidente para que los llevara a su esposa.

En otra ocasión se había previsto que Jackie saludara a un número considerable de estudiantes extranjeros que iban a visitar la Casa Blanca, pero Jackie le dijo a su secretaria de prensa que les comunicara a los visitantes que se encontraba en cama con un fuerte resfriado. Minutos más tarde salió por la puerta trasera, con el ministro francés André Malraux, para visitar la Galería Nacional de Arte.

También cuando el presidente de Ecuador llegó a Washington, deseoso de conocer a la elegante Primera Dama, el presidente Kennedy hubo de excusar de nuevo a su mujer di-

...ciendo que se encontraba indispuesta. Al día siguiente los periódicos publicaban su fotografía esquiando en aguas de Hyannis Port, con traje de baño llamativo y en compañía del astronauta John Glenn.

—Cuando Kennedy insistía absolutamente en que Jackie hiciera acto de presencia en un acto oficial, siempre estaba preocupado por la certeza de que su mujer llegaría tarde y se marcharía antes de tiempo —explica uno de los ayudantes de la Casa Blanca.

Un día Kennedy insistió en que su esposa atendiera a las señoras de un grupo de directores de periódicos que celebraban una convención en Washington. Invitó a las señoras a tomar el té en la Habitación Azul y llegó a la recepción con cinco minutos de retraso, las saludó unos veinte minutos sonriendo y después las dejó. En otra ocasión, procedió a la inauguración de la Exposición de Flores de Washington, ceremonia tradicionalmetne llevada a cabo por la Primera Dama, y se superó en brevedad, quedándose sólo quince minutos.

—¿Por qué me estás siempre gritando? —se quejó Jackie a su esposo—. Tú eres el único que fue sorprendido comiendo carne en viernes de Cuaresma.

Nunca dejó olvidar a su marido que un viernes de Cuaresma su secretaria de prensa anunció, con un descuido imperdonable, que el católico presidente se había desayunado con jugo de naranja, café, dos huevos pasados por agua, jamón y tostadas. Pierre Salinger trató de arreglar el asunto diciendo que la secretaria había cometido una equivocación y que aquel día no se le había servido jamón, pues el presidente nunca comía carne los viernes.

—Si aceptan ese cuento —se burló Jackie—, es que son mucho más tontos de lo que siempre creí.

El presidente se esforzaba en conservar su imagen pública de hombre religioso y cumplidor de sus deberes con la Iglesia.

—Como Kennedy era católico, y el primer presidente católico de Estados Unidos, todo el mundo quería saber hasta qué punto cumplía como tal —dijo Fishbait Miller, el portero del Congreso—. ¿Iba a la iglesia? ¿Era Jackie quien le hacía ir? Bien, yo he tenido bastantes contactos con los hombres del servicio secreto, debido a las muchas visitas que el presidente hacía al Capitolio, y, aunque eran muy reservados, un día no pude evitar oír una conversación entre dos de ellos sobre lo sucedido el domingo anterior, cuando los Kennedy asistieron a misa en la iglesia católica situada apenas a ocho manzanas de distancia de la Casa Blanca. Un agente del servicio secreto comentaba con otro que la Primera Dama le había dicho indignada a su esposo: «Vamos, hijo de perra. Tú te has metido en esto y sabes lo que tu público te exige, así que ponte la maldita corbata y la chaqueta, y vamos a la iglesia.»

Los líderes del Partido Demócrata pidieron a la Primera

Dama que figurase en los actos públicos como lo había hecho Eleanor Roosevelt. Querían que visitara los centros de minusválidos, que patrocinara tómbolas benéficas y que reflejara el prestigio de su posición en los asuntos políticos acompañando a su marido en las reuniones para recogida de fondos del partido, pero Jackie se negó.

—La parte oficial de mi vida me aleja mucho de mis hijos —se quejó—. Si además tengo que hacerme cargo de otras obligaciones políticas no me quedaría prácticamente ningún tiempo para mis hijos, y éstos constituyen mi primer deber y responsabilidad. Mi esposo está conforme. Si él creyera que mi deber es asistir a esas giras, lo haría.

Pero lo cierto era que, en vez de acompañar a su marido, se marchaba a la finca de campo que había alquilado en Virginia y pasaba allí cuatro días a la semana, obligando en ocasiones al presidente a que fuera a buscar a su madre o a alguna de sus hijas para que actuaran de anfitrionas en la Casa Blanca.

—La gente me dio instrucciones sobre las 99 cosas que tenía que hacer como Primera Dama en la Casa Blanca —le dijo Jackie a Nancy Tuckerman—, pero no he hecho ninguna.

CAPÍTULO ONCE

Al principio Jackie se quejó de tener que vivir en la Casa Blanca.

—Cuando nos trasladamos allí, me sentí como una mariposa que trata. de salir por un cristal —dijo—. No podía abrir las ventanas, pues muchas de ellas no habían sido abiertas en años. Cuando probé a encender las chimeneas no tiraban, porque no habían sido encendidas nunca. Me pregunté muchas veces cómo sería posible vivir en familia en un lugar tan enorme como aquél.

—Debe de ser maravilloso ser la esposa del presidente —le dijo una de sus amigas la primera vez que la visitó en la Casa Blanca.

—Yo soy su esposa. ¿Y qué? —se interesó Jackie.

—Fíjate en cuántas ventajas... Criados, doncellas, mayordomos. Debe de ser fantástico.

—¡Oh, sí! —repuso Jackie—, como en la corte del rey de Francia. Agitas una campanilla y los siervos acuden presurosos para ponerse de rodillas a los pies del rey y de la reina. Gracias a Dios, Jack está acostumbrado a este tipo de vida. De lo contrario, sería terrible venir a vivir aquí y, de repente, verse rodeados de todo este lujo.

Sin saber qué hacían todos aquellos sirvientes, Jackie le preguntaba continuamente al jefe de personal si los 70 siervos tenían bastante trabajo.

—Supe lo que era comer en bandeja con cuatro camareros alreredor de una —explicó—. ¿No cree que podrían estar haciendo algo más útil en otra parte?

Posteriormente, le diría a una amiga:

—Resulta todo muy embarazoso. Basta con pedir unas hamburguesas para el almuerzo y pones en acción a todo un ejército.

Jackie se sentía perdida al tratar de organizar los detalles de su nueva forma de vida.

—Al principio se sentía anonadada por todo —cuenta Betty

Spalding—, y como perdida. Recuerdo una ocasión en que Jackie estaba haciendo varias listas y tratando de que todo marchara bien, pero no podía coordinar sus esfuerzos. Jack se ofreció a ayudarla haciéndose cargo del presupuesto y de la administración de los gastos. Dijo Kennedy que a él le gustaban esas responsabilidades y estaba dispuesto a ayudar a su esposa en todo cuanto pudiera.

El presidente convocó a Tom Walsh, en la oficina del embajador Kennedy en Nueva York, para que organizara un sistema de contabilidad para el presupuesto personal. El trabajo de llevar los libros fue confiado a Mary Gallagher. Después de luchar con las facturas mensuales, la señora Gallagher podía mostrar al presidente su declaración mensual de gastos. Cada vez que éste veía las extravagantes cifras de gastos personales de su mujer se ponía furioso. Pronto la señora Gallagher empezó a esquivar al presidente.

—No podía resistir la expresión de reproche de sus ojos —dijo.

Jack Kennedy se subía por las paredes cuando veía cosas como éstas: «Reloj Diette de París, 1 000 dólares», «Vestidos de Givenchy, 4 000 dólares». Censuró que se hubiera gastado 900 dólares en accesorios para la equitación y 800 dólares para un aspirador para sus cabellos, pero la gran explosión de mal humor se produjo cuando leyó una anotación: «Compras en grandes almacenes: 40 000 dólares.»

Jack se precipitó furioso fuera del despacho y se dirigió a las habitaciones privadas.

—¿Qué demonio significa esto? —le gritó.

—¡Oh, Jack, no me acuerdo! —murmuró Jackie.

—¿Qué quieres decir con que no te acuerdas?

—Bien, puedo asegurarte que no se trata de muebles ni de un abrigo de marta cebellina o algo semejante. Sólo algunas cosas que se necesitan en la casa; unos cuantos trajes de baño, ropitas para los niños y...

Kennedy se quedó estupefacto. Más tarde, cuando recibió de la señora Gallagher la lista de gastos del año, volvió a indignarse. Los gastos personales de Jackie en los primeros doce meses de estancia en la Casa Blanca, en ropas, decoración, comida y bebidas, medicamentos, joyas, salón de belleza y regalos, totalizaban 105 446,14 dólares.

—¿Te das cuenta de que mis ingresos como presidente sólo son 100 000 dólares al año? Si no tuviera bienes particulares estaríamos en bancarrota —se quejó Kennedy.

Esa noche, durante la cena, anunció que iba a contratar a un experto contable, Carmine Bellino, amigo de la familia desde hacía mucho tiempo. Carmine se hizo famoso al descifrar los registros financieros de la Mafia y poco antes había sido llamado por Bobby Kennedy para que pusiera en orden las finanzas de su esposa, Ethel.

—Estaban tan enredadas —le dijo Bobby al presidente— que Bellino tuvo que trasladarse a nuestra casa de Hickory Hill para descubrir quién estaba robando y cuánto.

Jackie se asustó.

—Quizá Carmine pueda salvarte de tu definitivo naufragio —le dijo su esposo—. Al menos podrá explicarme por qué me cuesta más caro vivir aquí que en Georgetown, donde teníamos que pagar por todo, mientras que aquí disponemos gratuitamente de todos los servicios.

Kennedy había amonestado severamente a su esposa con anterioridad; molesto por su desinterés en todo lo relacionado con el dinero, la acusó de ser una despilfarradora. Enfadada ella le llamó canalla. En otras ocasiones se limitaba a dejar que se desahogara sin responderle:

—Esto le sienta bien, le ayuda a liberarse de sus problemas —le dijo a una amiga.

En esos días las cuentas eran enviadas directamente a Nueva York y pagadas por la oficina del embajador Kennedy. De vez en cuando, Tom Walsh llamaba al presidente para consultarle sobre algún gasto excepcionalmente elevado.

—En esos casos, cuando regresaba a casa por la noche comenzaba a gritar y a quejarse de que Jackie tiraba su dinero.

—Kennedy pensaba que Jackie debía reducir sus gastos a los ingresos que él tenía como presidente —dijo Walsh—. Está clarísimo. Todos los buenos maridos son así.

Kennedy venía entregando su sueldo a obras benéficas desde que ingresó en el Congreso, en 1947, y continuó haciendo lo mismo siendo presidente. Cuando su mujer se enteró de ello, se enfadó:

—Puedes estar seguro de que yo podría usar ese dinero para mis gastos, Jack —le dijo.

Kennedy vio sensiblemente disminuido su capital después de la campaña presidencial, que le hizo gastar 13 millones de dólares para conseguir su elección. Eso aumentó el enfado de Jackie, que pensaba que la política era una inútil pérdida de dinero, especialmente cuando limitaba sus satisfacciones.

—No lo entiendo —dijo—, Jack se gasta cualquier suma de dinero en asegurarse unos votos y me arma bronca si invertimos 1 000 dólares en un cuadro lleno de belleza.

Jack se quejaba de la gran cantidad de dinero que Jackie gastaba en ropas y ella le respondía que tenía que hacerlo así porque él ocupaba un alto puesto político.

—Tengo que vestir bien, Jack, para no dejarte mal ante la gente. Como personaje público serías humillado si se me fotografiara mal vestida con una bata de andar por casa. Todo el mundo diría que tu esposa era una ordinaria y te negarían sus votos.

Pero este argumento de Jackie caía sobre oídos sordos.

—La única queja de Kennedy con respecto a Jackie en todos esos años, desde que lo conozco, era que gastaba demasiado dinero —dijo George Smathers—. Yo no podía dejar de reírme cuando empezaba a protestar e insultaba a su esposa por su despilfarro, pues si en este mundo había un hombre al que le importase poco el dinero, ése era Jack Kennedy. Yo viajé por Europa con él durante años y sus gastos eran realmente enormes. Finalmente tuve que llegar a un acuerdo con él en el sentido de que era yo el que me hacía cargo de todos los pagos y al fin del viaje repartíamos. Así las cosas marcharon a la perfección y a partir de entonces siempre empleamos ese sistema, porque Jack Kennedy jamás llevaba dinero en el bolsillo.

»Cuando Jack llegó al Senado por primera vez, su padre y él se encontraron en mi despacho y el embajador me dijo: «George, te voy a pedir que nos hagas a los dos un gran favor y le expliques a Jack la importancia del dinero. Mi hijo cree que el dinero crece en los árboles o que uno lo encuentra en la calle como si fuera grava. Quiero que le expliques lo difícil que es hacer dinero en estos días y la necesidad de conservar el que se tiene. Jack no sabe o no entiende la razón por la que debe anotar sus gastos.»

»Cada vez que visitaba a Jack —continúa Smathers—, le recordaba esta conversación cuando empezaba a protestar por los gastos de Jackie. «Es algo increíble esta Jackie —gritaba—. No aprecia en absoluto el valor del dinero. Cree que puede seguir gastando siempre. Dios mío, me vuelve loco, verdaderamente loco, te lo juro.» Yo no podía creer que eso le importara tanto y así se lo dije; pero aún se ponía más furioso: «Pero, George, es que se ha gastado todo los fondos que el Gobierno nos concede y está comenzando a meter mano en mi cuenta personal. Si los contribuyentes llegan a enterarse de la sumas que está gastando me echarán de mi cargo.» Yo volví a reírme porque jamás llegó a convencerme de que Jackie fuera tan manirrota y despilfarradora como él.

Jackie tenía la impresión de que su marido era un roñoso, incapaz de razonar, y así en vez de ponerse a hablar con él de las cuestiones de dinero evitaba toda discusión al respecto. Salvo, lógicamente, cuando era él quien ponía el asunto sobre el tapete. Y aun en esas ocasiones Jackie se negaba a decirle exactamente cuánto gastaba y en qué.

—Recuerdo dos alfombras nuevas, muy caras, que compró para la casa de Georgetown, que no se atrevió a incluir en su lista de gastos y que fue pagando poco a poco un mes tras otro —cuenta Bill Wlton—. Ni siquiera quería que su marido supiera el precio porque realmente eran una auténtica extravagancia. Jack se volvió loco por las alfombras, pero hubo ciertas discusiones y problemas al respecto.

Esas discusiones en Georgetown se convirtieron en una guerra de guerrillas cuando llegaron a la Casa Blanca. Como presidente de Estados Unidos Kennedy estąba preocupado de que el gusto de Jackie por la moda francesa, su cocinero francés, su decorador francés y todo lo demás llegaran a causar su ruina política. Lo que menos deseaba era que se hiciera público que vivía una vida llena de opulencia y, consecuentemente, pidió a su esposa que limitara sus gastos. Jackie prometió hacer economías.

Llamó a su jefe de personal y le dijo:

—Deseo que lleve la casa del mismo modo que la llevó con el más modesto de los presidentes; no tenemos tanto dinero como dicen los periódicos. Las cuentas de nuestros gastos personales han alcanzado cifras astronómicas. ¿No cree que podemos comprar nuestros alimentos en el mismo lugar que se compra para el resto de la Casa Blanca?

El jefe de personal tomó las medidas oportunas para que la cuenta de los gastos de alimentación de los Kennedy, fuera transferida del carísimo supermercado de Georgetown que venían utilizando a los mismos comerciantes que suministraban la Casa Blanca.

Jackie llamó a Tom Walsh, en Nueva York, para preguntarle si no había forma de que consiguiera una reducción de impuestos para Glen Ora declarándola finca de cultivo en vez de finca de recreo.

—Las cuatro vacas que nos regaló Lyndon ya han tenido tres terneras y un ternero —dijo Jackie— y si las vendo para carne eso podría justificar la consideración de Glen Ora como granja ganadera.

Colgó el teléfono y se volvió a su secretaria.

—Mary, ¿en qué crees que gasto la mayor parte del dinero? —le preguntó.

—En vestidos —fue la respuesta de la señora Gallagher.

—¡Ah, sí...! Mary, a partir de ahora, si encargo algo que no necesite pégame en la mano.

A continuación dictó un memorándum dirigido a Tish Baldrige: «Hasta ahora la comida y la bebida han corrido a raudales por aquí, como si estuviéramos reviviendo los últimos días del Imperio Romano.» Admitió la posibilidad de que hubiera sido ella la causante de la impresión de que allí todo el mundo podía alimentarse de *paté de foie-gras* sin pararşe a pensar en su precio y añadió:

—Las cosas han cambiado. Hemos de reducir gastos.

Unos minutos más tarde llamó a Kenny O'Donnell, el secretario privado del presidente encargado de sus visitas.

—Carmine Bellino viene a por mí, Kenny, y necesito tu ayuda. Nuestras facturas de bebidas alcohólicas son como cohetes que ascienden a las nubes y Jack insiste en que debemos hacer algo para que desciendan, así que dile a todo el mundo que si quieren regalar algo al presidente, sean bebidas alcohólicas.

Anne Lincoln, el ama de llaves, recibió el siguiente memorándum:

Los licores corren demasiado libremente por aquí. Debe procurar que en las reuniones de trabajo o en las recepciones oficiales —especialmente las de la administración de justicia— el alcohol no sea tan abundante. La única excepción debe ser en las fiestas destinadas a la recogida de fondos en las cuales cuanto más bebe la gente más espléndida se siente.

En nuestras fiestas particulares y en las recepciones oficiales, en las cuales los invitados dejan las copas a medias y van a buscar otra, debe darle instrucciones a los camareros que tomen las copas que no estén demasiado vacías o no tengan marcas de lápiz de labios, las llenen un poco más y vuelvan a ofrecerlas... aun a riesgo de que alguno pesque una hepatitis.

—No deseo que la Casa Blanca adquiera la reputación de servir banquetes pantagruélicos ni fiestas báquicas —dijo Jackie.

Se la criticó también por usar el francés al escribir sus menús y se defendió ordenando:

—Cambie esos «Oeufs Mollet à la Reine» y ponga sólo «Oeufs Mollet».

Cuando la revista *Newsweek* informó que se habían servido vinos franceses en la comida ofrecida a los directores de periódicos, llamó por teléfono a Ben Bradlee y se quejó:

—No servimos vinos franceses. Sólo había un vino en la mesa y era del país: «Almaden Cabernet Sauvignon.»

La ahorrativa Primera Dama dio órdenes a la cocina de la Casa Blanca de que suspendiera sus envíos de víveres a los orfanatos y comenzaran a usarlos para las comidas privadas de los Kennedy. Se le dijo a Provi que «pidiera algo más barato» para los baños de espuma de Jackie. La oficina de correos de la Presidencia recibió órdenes también para que dejara de repartir los regalos que llegaban a montones para Caroline y John-John. Jackie quería que se le entregaran a ella para, con la ayuda de su hermana, utilizarlos para sus hijos como regalo de Navidad.

—Todos estamos de dieta —le dijo al presidente unos días después—. Estamos tratando de economizar y creo que vas a sorprenderte de los resultados.

En privado comentaba la tacañez de Kennedy. En cierta ocasión, mientras comía con unos amigos en La Caravelle de Nueva York comentó:

—Estos días el presidente parece más preocupado por mi presupuesto que por el de los Estados Unidos.

Pero las compras continuaron. Los armarios del tercer piso

de la Casa Blanca rebosaban de vestidos y ropas que nunca se usaron.

—Tendrías que ver los vestidos que Jackie tiene arriba —le dijo Lee Radziwill a una invitada a la Casa Blanca—. Algo increíble.

Ni siquiera Carmine, el azote de la Mafia, pudo poner fin a los derroches de Jackie. A finales del segundo año los gastos de la Primera Dama ascendían a 121 461,61 dólares.

Junto al vestuario de Jackie, el gasto más importante lo representaba el alquiler y manutención de Glen Ora. Los propietarios habían insistido en incluir en el contrato una cláusula estipulando que cualquier alteración que realizaran en la casa debía volverse a restituir a su estado anterior cuando la dejaran. Jackie se gastó diez mil dólares en volver a decorarla cuando la ocupó. Posteriormente, se vio obligada a pagar otros diez mil para quitar el empapelado que había colocado y poner otro como el que había al principio; en reemplazar las cortinas y alfombras que había arrancado y en replantar las nueve mil yardas cuadradas de césped que habían convertido en campo de golf para el presidente.

—Es un desperdicio inútil de dinero —protestó Kennedy.

—No, en absoluto —replicó Jackie—. Glen Ora es mi salvación. Me moriría si no tuviese lugar al que acudir para librarme de estas terribles presiones que me agobian aquí.

El presidente se enfureció, pero Jackie siguió en sus trece de que el dinero había sido bien gastado. Glen Ora era su liberación.

—Esto es una oficina y no un hogar. Casi una prisión —se quejó, refiriéndose a la Casa Blanca.

Jackie no suponía que habría de llegar el día en que odiaría tener que dejar la Casa Blanca y renunciar a sus reales privilegios de Primera Dama. Tenía la sensación de que no podía hacer nada, ir a alguna parte o decir algo sin estar sometida al escrutinio público. Al negarse a aceptar los deberes que de repente habían caído sobre ella, en su calidad de figura pública, era lógico que no pudiera gozar de aquel nuevo ambiente. Mientras su esposo se mostraba encantado de vivir en la Casa Blanca como presidente y se sentía orgulloso al poder enseñar su nueva residencia a sus amigos, Jackie no compartía en absoluto esa actitud. Para ella, vivir en la Casa Blanca significaba la pérdida de control de su propia vida y convertirse en blanco de los comentarios públicos y del chismorreo político. La ponía enferma que toda su existencia estuviese regulada por el protocolo presidencial. Afectada la intimidad de su vida privada, pensó que no le quedaba más remedio que asistir a «unas reuniones estúpidas para tomar el té con otras damas».

Sabía que no podía elegir y que debía aceptar esas responsabilidades que le causaban claustrofobia, pero era demasiado

Jackie incluso llegó a ganarse las simpatías del mesiánico presidente francés. (En la foto, el presidente Kennedy y su esposa con el matrimonio De Gaulle durante su viaje a París en 1961.)

Casals, que tenía entonces 84 años de edad, venía negándose a tocar en cualquier país que apoyara al generalísimo Franco, dictador de España, pero hizo una excepción por complacer a Jackie.

tozuda y orgullosa para rendirse por completo. Públicamente ofrecía una apariencia feliz, controlada y sonriente. En privado despotricaba contra su papel público, despreciaba la hipocresía que implicaba y, sin embargo, seguía disfrutando de la adulación.

—En algunos momentos se sentía incomprendida, frustrada y desesperada —cuenta su amigo Robin Douglas-Home—. Poco después, sin el menor aviso, volvía a ser la majestuosa y leal Primera Dama ante la cual casi era obligatorio hacer una reverencia y rendirle pleitesía medieval. Y entonces, de nuevo sin el menor aviso, se ponía a atacar furiosamente a cualquiera por tratarla así, acusándolo de hipócrita y adulador y se quejaba de la pompa de la política de esnobismo de los arribistas dispuestos a todo con tal de escalar los altos peldaños de la sociedad. Era como una reacción pavloviana.

Celosa de la dedicación de su marido a los deberes de la Presidencia, se vengaba utilizando a sus hijos como excusa para eludir sus deberes oficiales.

—No es justo dejar a niños que viven a la luz de las candilejas, en manos de extraños para que cuiden de ellos, y esperar que todo salga bien —dijo—. Necesitan el cariño y la guía de una madre y pasarse largos períodos a solas con ella. Eso es lo único que les da seguridad en medio de un ambiente frecuentemente confuso.

Sin embargo, dejaba solos a Caroline y John-John durante largos períodos. Insistió en que se quedaran en Palm Beach cuando se trasladó a la Casa Blanca, afirmando que no podría ocuparse de ellos con todo el trabajo del traslado. Cuando llegaron a Washington un mes después, los dejó al cuidado de sus niñeras mientras se iba de compras a Nueva York, a Virginia para la caza del zorro o a Palm Beach para descansar y relajarse.

—Una se siente destrozada cuando hay que hacer tantas cosas al mismo tiempo —dijo—. Siempre es duro instalarse en una nueva casa. Todo el mundo y todas las cosas son nuevas y desconocidas.

La novedad de un papel político, que no deseaba, la atormentó al principio e hizo que la Casa Blanca fuera para ella un infierno viviente.

—Al principio pareció como si pudiera adaptarse a la nueva situación —contó su cuñada Jean Smith—. Creo que fue una sorpresa para ella darse cuenta del interés que por ella existía en Europa. Creo que fue entonces cuando empezó a disfrutar de su posición. Hasta entonces sólo era la esposa del presidente, y eso no podía bastarle. Después de aquel viaje comprendió que ejercía mucha influencia sobre la gente.

En efecto, después de ese viaje a Europa, en 1961, la familia Kennedy comenzó a darse cuenta de que habían subestimado el impacto que Jackie causaba en el público. Comprendió pronto la incompatibilidad manifiesta que existía entre ella y sus cuñadas. Jackie sabía también, aunque no se lo dijeran, que sus cuñadas pensaban que ella jamás estaría a la altura que requiere el papel de Primera Dama. Después de los muchos años en que la habían hecho sentirse tan inadecuada, Jackie sintió un secreto deleite al superar en todo a su madre política, en París, y dejar en la sombra a Eunice Shriver, que también los acompañaba en el viaje.

La visita oficial del presidente a Francia proyectó a Jackie como Primera Dama. Conquistó París y se convirtió en una sensación mundial. De la noche a la mañana la insignificante esposa del presidente surgió como una figura estelar por sus propios méritos. A través de toda Francia, Jacqueline, que hablaba francés, fue saludada como «ravissante!», «charmante!», «belle!», «LE MAGNIFIQUE», titularon los periódicos franceses. *Jack et Jackie: Triumphe «bon enfant» à Paris.*

Jacqueline Bouvier Kennedy era francesa en sí. Había vivido en París, como oscura estudiante, en los últimos años de su enseñanza media y después en la Sorbonne. Volvió a Francia como Primera Dama y eso pareció señalar un romántico regreso a sus orígenes. Los parisienses se volvieron locos por ella. A ambos lados de las calles por donde iba a pasar la comitiva, se pasaron horas y horas esperando su llegada. Cuando la comitiva oficial pasó ante ellos, la multitud agitó banderas y vitoreó: «Jacquiiii!, Jacquiiii!, Jacquiiii!». A lo largo de la ruta la policía, montada en sus caballos negros, le rindió honores. Trompetas y clarines resonaron y se inclinaron a su paso. A lo largo de la Place de la Concorde, la multitud enardecida gritaba: «Vive l'Amerique!, Vive la France!, Vive Jac-quiii!»

El alcalde de París la obsequió con un reloj de brillantes valorado en cuatro mil dólares y dijo que su visita había sido la más triunfal desde que la reina Elizabeth desfiló por la ciudad.

—La reina Elizabeth... ¡narices! —murmuró Dave Powers dirigiéndose al presidente—. No es posible que hayan organizado toda esta manifestación pública para el Segundo Advenimiento.

Kennedy no tuvo más remedio que dar su conformidad. En realidad, estaba impresionado por el extraordinario efecto que su esposa estaba causando. Tras saludar a un grupo de reporteros en una conferencia de Prensa, les dijo:

—No creo que resulte inapropiado que me presente a los aquí reunidos: soy el hombre que acompaña a Jacqueline Kennedy en París y he de decir que disfruto.

Jackie incluso llegó a ganarse las simpatías del mesiánico presidente francés.

—¡Ah, está encantadora señora Kennedy —murmuró Charles de Gaulle.

Completamente seducido, el viejo y amable galanteador se quitaba las gafas en su presencia. Se estiró orgulloso cuando Jackie le murmuró con su voz suave cuánto había disfrutado leyendo sus memorias en francés y cómo deseaba que la obra se tradujese a todos los idiomas para que el mundo entero se beneficiara de su genio.

—¡Dios mío, hay que ver cómo exagera!, ¿no te parece? —comentó Kennedy con uno de sus ayudantes.

Jackie hizo las delicias de Charles de Gaulle con la historia de su visita a la Malmaison, el hogar que fue de Josephine Bonaparte. Hizo un guiño cuando Jackie le contó que André Malraux le había descrito a Josephine como «un auténtico camello» y expresó su extrañeza de que Napoleón se interesara tanto por ella. De Gaulle se echó a reír cuando Jackie le dijo que Josephine se había mostrado extremadamente celosa de Napoleón.

—Y tenía razón, desde luego. No la censuro en absoluto por ello —susurró Jackie, moviendo sus pestañas. Le habló de Louis XVI, del duque de Angulema y de las dinásticas complejidades de los Borbones. Durante un almuerzo en el palacio del Elíseo, el presidente francés se volvió al presidente Kennedy.

—Su esposa sabe más de historia de Francia que cualquier mujer francesa —le dijo.

Posteriormente, el presidente Kennedy comentó que había sido como si la señora De Gaulle le hubiera hablado a él de Henry Clay.

Como deferencia al más antiguo de los aliados de Estados Unidos, la Primera Dama apareció en el palacio de Versalles a la noche siguiente luciendo una túnica de seda blanca creación del francés Hubert de Givenchy, el famoso modista. Jackie había encargado ese vestido, en secreto, especialmente para lucirlo en el banquete oficial. El peluquero de París, Alexandre, se pasó horas cortando, entresacando y marcando sus cabellos hasta confeccionarle un elegante *chignon* que fue cubierto con diamantes. Jacqueline rebajó un poco el bronceado que el sol de Palm Beach había puesto en su piel con un maquillaje claro. Le enseñó a su doncella personal a ponerle los largos guantes blancos, de ante suavísimo, sin arrugarlos. El efecto fue realmente espectacular.

«*Apoteosis en Versalles*», proclamó el *France-Soir*. «*La Primera Dama resplandeciente de juventud y belleza*», escribió *Le Figaro*. «*Jackie, una maravilla*», comunicó por teletipo la United Press Internacional.

Posteriormente, el general De Gaulle cambió impresiones con su ministro de Cultura, André Malraux.

—Es algo único como esposa de un presidente norteamericano, señor —replicó Malraux.

—Sí, realmente única —dijo De Gaulle—. Me la imagino

dentro de diez años en el yate de un millonario griego del petróleo.

Francia quedó agradablemente sorprendida por Jacqueline Kennedy. Ella, por su parte, se sintió impresionada por el esplendor galo. Mientras recorría el Chateau, profusamente decorado, de Luis XIV, Jackie suspiraba ante el ambiente elegante que la rodeaba. Recorriendo el Salón de los Espejos, murmuró:

—Me parece hallarme en el cielo. Nunca pude imaginar nada semejante.

Después de una cena de seis platos, servida en vajilla de Sevrès, decorada en oro, fabricada en 1850, el matrimonio De Gaulle acompañó a sus invitados al delicioso teatro del palacio, donde ocuparon el palco real. Bajo los antiguos candelabros y lámparas del más puro cristal, pudieron presenciar un espectáculo de ballet acompañado musicalmente por una orquesta uniformada con trajes del siglo XVIII.

—¡Qué magnificencia! —murmuró Jackie—. ¡Qué magnificencia!

Incluso su esposo se sintió impresionado por la *grandeur* del espectáculo.

—Tenemos que hacer algo semejante en la Casa Blanca —dijo Jack—. No sé exactamente qué, pero tenemos que pensar algo.

A partir de ese momento, la gloria de Francia se convirtió en la medida de lo excelente para la Primera Dama norteamericana. Estaba decidida a que los invitados oficiales de la Casa Blanca salieran de allí tan impresionados como ella se había sentido en el palacio de Versalles. Muy pronto sus mesas brillaron con cestas de esmalte y piezas doradas procedentes de los días de James Monroe. Se libró de las viejas sábanas de lino de la Casa Blanca y ordenó su sustitución por otras de seda rosa pálido, adornadas con bordados de lirios de los valles. Reemplazó las pesadas y grandes macetas con palmeras por otras con árboles y arbustos que recordaran los jardines de las Tullerías. Hizo más brillante la mansión con jarrones flamencos y ceniceros de porcelana francesa. Para consternación de los miembros de la «Women's Christian Temperance Union» ordenó que se sirvieran licores en todas las reuniones sociales. Y en los banquetes oficiales insistió en que se sirvieran vinos franceses.

Inspirada en los salones culturales de Marie Antoinette, Jackie comenzó a invitar a los mejores artistas y músicos de la nación para que actuaran en la Casa Blanca. Sorprendió al presidente del Sudán, Ferik Ibrahim Abboud, con una representación realizada por el American Shakespeare Festival de Stratford, Connecticut. Contrató a las grandes estrellas de la Metropolitan Opera, Roberta Peters y Jerôme Hines, para que actuaran en honor del presidente Manuel Prado, del Perú.

Hizo las delicias de Harry Truman con un recital de piano de Eugene List, y pidió a la mezzo-soprano Grace Bumbry que cantara en el banquete ofrecido en honor del vicepresidente, el *speaker* de la Cámara de Representantes y el magistrado jefe del Tribunal Supremo.

El mayor de sus éxitos culturales lo logró cuando consiguió que Pablo Casals saliera de su exilio para tocar en el banquete oficial en honor del gobernador de Puerto Rico, Luis Muñoz. Casals, que tenía entonces 84 años de edad, venía negándose a tocar en cualquier país que apoyara al generalísimo Franco, dictador de España, pero hizo una excepción por complacer a Jackie. Con la actuación en los salones de la Casa Blanca del genial violonchelista, ésta quedó consagrada como palacio de la cultura.

«*El concierto de Casals fue mucho más que un acontecimiento musical* —escribió el *New York Times*—. *Fue un indicio de que la Casa Blanca asumía sus responsabilidades y, al menos en este aspecto, se ponía a la altura de su tiempo.*»

Entusiasmada por su viaje a Francia, Jackie había decidido ofrecer los más sensacionales banquetes de la historia. Soñaba con concentrar el brillo radiante de Versalles en un lugar que, desde un punto de vista romántico, pudiera competir con el palacio del Rey Sol. Naturalmente, ese lugar no podía ser la Casa Blanca.

—Quiero un lugar más histórico —dijo—, algún sitio que esté ligado a la herencia y a la tradición americana.

Finalmente eligió Mount Vernon, hogar que fuera del primer presidente de Estados Unidos. Jackie soñó en sus fantasías con una velada de inolvidable elegancia y decidió realizarla en una cena a la luz de las velas en los prados de las plantaciones de George Washington sobre el río Potomac, en honor de Mohammed Ayub Khan, presidente del Paquistán.

—¡Oh, Dios mío! —se quejó una secretaria al enterarse de los planes de la Primera Dama—. Podría haber elegido igualmente la Torre Eiffel... Seguramente nos hubiera dado el mismo trabajo.

Jackie cruzó el Potomac para inspeccionar el lugar y convocó al jefe del personal de la Casa Blanca.

—Supongo que mañana va a saltar desde el tejado de la Casa Blanca.

—No —replicó el señor West—, lo haré al día siguiente de la cena.

—Resultó tan complicado —dijo Anne Lincoln— que tuvimos que trabajar como negros. Nunca anteriormente se había hecho algo parecido.

Grandes problemas estratégicos tuvieron que ser solucionados por el personal de la Casa Blanca que debía transformar en realidad los sueños de Jackie.

—Todo lo que tuve que hacer fue trazar el plan de batalla,

mejorarlo, rehacerlo y rezar, rezar, continuamente, a diario, pidiendo a Dios que no lloviera —dijo Tish Baldrige.

Llevando sobre sus hombros la entera responsabilidad, la secretaria de relaciones públicas de Jackie entró en acción y ordenó que una verdadera flota de embarcaciones del gobierno trasladara a más de cien invitados río abajo desde Washington a Mount Vernon. Dio órdenes de que se pusieran a su disposición grandes camiones del Ejército para transportar la porcelana, la plata y las sillas de la sala de baile que Jackie quería tener a su disposición. Llamó al servicio del Parque Nacional y se hizo enviar cocinas móviles para que René Verdon pudiera confeccionar su cena de *gourmets*. Además, ordenó que se elevara un estrado para la Orquesta Sinfónica Nacional y se las arregló para conseguir que se elevara un gran pabellón en una tienda de campaña adornado con guirnaldas y flores.

El director de aquel santuario nacional observó admirado todo lo que estaba sucediendo:

—Si hubiese sabido todo lo que implicaba aquel proyecto lo más posible es que hubiera alzado la bandera del Veto en vez de la de Bienvenida sobre los terrenos del Mount Vernon.

Jackie, que quedó entusiasmada con la orquesta francesa ataviada con ropas del siglo XVIII, que había visto en Versalles, ordenó a la «Colonial Color Guard» y al «Fife and Drum Corps», del Tercero de Infantería, que realizaran sus complicados ejercicios militares antes de la cena.

—Gocemos de toda la belleza de un desfile militar —dijo Jackie, que insistió en que el Corps vistiera sus antiguos uniformes coloniales, incluso las pelucas empolvadas, los sombreros de tres picos, las botas altas hasta las rodillas y sus guerreras rojas.

—Tal vez podrían llevar reproducciones fieles de los tambores del siglo XVIII que se usaron en el ejército de George Washington.

Deseaba que un contingente de *marines* asistieran a la ceremonia, con uniforme de gala, y cubrieran la carrera, situados a ambos lados de la carretera que va desde el muelle de Mount Vernon hasta la mansión. Dio órdenes de que se sirvieran «julepes de menta» en copas de plata previamente heladas, en el amplio prado que se abre sobre el río Potomac.

La majestuosa mansión de Mount Vernon, con sus blancas columnas, difícilmente podía competir con el lujo de Versalles, pero Jackie estaba determinada a copiar y recrear hasta el máximo sus efectos. Le dijo a Tish Baldrige que «suplicara, pidiera prestado o robara» todo lo que se necesitaba para la fiesta. La señorita Baldrige le pidió a Tiffany y Cía que se hicieran cargo de la decoración. Se hicieron prestar sillas y aparadores esmaltados de la señora de Paul Mellon y se le pidió a John Vanderherschen, Inc. de Filadelfia, que les facilitara un gigantesco entoldado; llamó a Lester Lanin para que contribuyera con su terceto de cuerda y le pidió a la Orquesta Sinfónica Nacional que prestara sus servicios e incluso pagara la construcción de su estrado.

Después de enviar una buena cantidad de memorandos y notas con órdenes sobre la organización de la cena, Jackie tomó el avión para Hyannis Port, donde pensaba descansar al sol, mientras su superocupado equipo, que se sentía bastante frustrado, sudaba y se esforzaba para llevar a cabo todos los pormenores que su mayestática fantasía había creado. Regresó a Washington el día de la cena, bronceada y guapísima.

Vestida con una especie de túnica que llegaba hasta el suelo, de encaje blanco con adornos en la cintura de seda color *chartreuse*, la Primera Dama hizo su impresionante entrada. Si existía alguna posibilidad de competir con Marie Antoinette en la Sala de los Espejos de Versalles, Jackie trató de hacerlo cuando posó frente a las grandes columnas blancas de Mount Vernon flanqueada por una guardia de honor de los *marines*, en uniforme de gala.

El presidente Kennedy hizo el siguiente brindis a su invitado de honor:

—George Washington dijo en una ocasión: «Preferiría estar en Mount Vernon con un amigo o dos que ser esperado en la sede del gobierno por los funcionarios del Estado y los altos representantes de todas las potencias europeas.»

El presidente Ayub Khan se impresionó, los invitados se maravillaron y Jackie se llenó de satisfacción. Su cena oficial rompía con todo precedente, por mucho que se profundizara en la historia de la Casa Blanca, y se clasificó como la recepción más magnífica ofrecida a un jefe de Estado en la Casa Blanca. Pero al día siguiente la Primera Dama tomó el avión para Hyannis Port, donde habría de quedarse todo el verano sin regresar a Washington hasta el mes de octubre.

—No tenía más remedio que irme a descansar —le dijo a su marido—. Esa fiesta se llevó hasta el último gramo de energía de que disponía.

CAPÍTULO DOCE

—¡Cómo pasábamos nuestras veladas...! —recordó la Primera Dama con los ojos muy abiertos por el entusiasmo—. ¡Ah, veamos...! Anoche cenamos solos y hablamos del embajador en el Congo, Ed Gullion, de lo estupendo que era... y de cómo fue condenado al ostracismo durante casi ocho años... Jack dijo que África era un auténtico desafío, en estos días, incluso para un hombre inteligente, joven y valeroso. «¡Vaya sitio!», dijo. La noche anterior tuvimos como invitados a los Roosevelt y al embajador británico, y una vez más me fascinó oír a aquellos tres hombres en su conversación. Y nosotras, las esposas, escuchábamos y sólo ocasionalmente interrumpíamos la conversación con un comentario casual a propósito de algo que estaban diciendo... Y después del famoso concierto de Casals, invitamos a Leonard Bernstein y su esposa... La reunión resultó realmente fascinante. No sé cómo decirlo, pero todo eso hacía más profundos mis sentimientos... era como si... Entonces no me daba cuenta, ahora lo entiendo mucho mejor. El recuerdo de todos esos días que vivimos y pasamos juntos... Los dos éramos jóvenes, sanos, teníamos dos hijos maravillosos... y debíamos vivir esas experiencias tan profundas.

Después de más de un año en su papel de Primera Dama de los Estados Unidos, Jacqueline Kennedy comenzó a entusiasmarse con su trabajo. Empezó a tomarle gusto a todas esas posibilidades de entrar en contacto con los líderes de todo el mundo, con diplomáticos, personalidades célebres.

—La gente se pregunta constantemente cómo son Adenauer o MacMillan —dijo—. Dos de los personajes más interesantes que he conocido fueron el presidente del Sudán, Abboud, y el presidente de Finlandia, Leikkonen... Una puede llegar a conocerlos bien aunque sólo se disponga de tres días.

Posteriormente le diría a su marido:

—Confío en que antes de salir de la Casa Blanca se me haga

una entrevista y que alguien me preguntó cuál es el más notorio entre los muchos estadistas que he conocido. No diré que De Gaulle, o Nehru o MacMillan, ni ningún otro de esos famosos, sino el presidente de Colombia, Lleras Camargo.

Otro de los favoritos de Jackie era el ministro de Cultura francés, André Malraux, intelectual, estadista, historiador de arte y novelista que participó en la revolución china, en la guerra civil española y que luchó con la resistencia francesa durante la segunda guerra mundial.

—Es un auténtico hombre del Renacimiento —dijo Jackie contando que Malraux, siendo oficial del Ejército francés, había sido herido y capturado, y logró escapar para participar activamente en la resistencia francesa. Fue capturado de nuevo, escapó otra vez y vio el fin de la guerra luchando como oficial en Alsacia.

Antes de la llegada de este caballero a la Casa Blanca, Jackie examinó cuidadosamente la lista de invitados que debían acudir a la cena ofrecida en su honor. Advirtió que en ella habían incluido cinco premios Nobel, y los tachó.

—Es posible que su presencia haga que André se encuentre incómodo, pues al fin y al cabo él también merece un Nobel y no se le ha concedido.

Posteriormente, hablando con un amigo, le expresó lo impresionada que se encontraba por el ministro francés.

—Cuando lo oigo hablar, me siento como si me encontrara en una balsa: es excitante y emocionante, pero muy peligroso. Tengo que asirme fuertemente para mantenerme a flote porque, realmente, no comprendo todo lo que dice.

Para disgusto del presidente, Jackie divertía a Malraux con chismes sobre los jefes de Estado que había conocido...

—Cuando una mujer dice algo en esta ciudad —dijo Kennedy al día siguiente—, todo el mundo piensa que expresa lo que su marido piensa realmente. ¡Imagínate cómo me sentí anoche cuando oí que Jackie le decía a Malraux que Adenauer era *un peu gaga*!

El presidente no estaba equivocado. Había oído bien a su esposa, que calificó al canciller alemán de un «poco chalado» y que continuó explicando cuánto despreciaba a la reina Federica de Grecia y lo presumido que le había parecido el sha del Irán. Después, sin venir a cuento, le preguntó al ministro francés:

—¿Ha visto usted alguna vez vomitar a su esposa?

Malraux quedó entusiasmado. Años más tarde dedicó a Jackie su libro *Anti-Memoires*.

La Casa Blanca le abrió a Jackie un mundo de privilegios y placeres. Como esposa del presidente de Estados Unidos se convirtió en una figura de importancia internacional, relacionada con reyes, príncipes y emperadores por todo el mundo; el presidente del Paquistán le regaló un collar de brillantes, esmeraldas y rubíes valorado en 100 000 dólares, y su marido le dijo, bromeando tras admirar el precioso regalo.

—Ahora no tendrás más .remedio que reconocer que también tiene sus ventajas ser Primera Dama, ¿no es así, Jackie?

Cuando el príncipe de Libia, Hassan, le presentó a Kennedy regalos para su esposa por un valor superior a 50 000 dólares, el presidente comentó:

—Mi esposa estará encantada con todo esto.

La verdad es que Jackie no se impresionó por aquel servicio de tocador en plata pura y la pitillera de oro, más unas cuantas pulseras y broches, pese a que el regalo de Hassan superaba con mucho los platos de filigrana de oro, los colmillos de elefante y las estatuillas de otros dignatarios menos importantes; pero no podían compararse con la alfombra de piel de asno blanco y negro que le regaló el primer ministro de la República Somalí, el poncho de vicuña de Argentina, o las figuritas grabadas del siglo XIX que le fueron ofrecidas por el gobernador de Puerto Rico, Muñoz Marín y señora, o el pesebre de madreperlas que le regaló el rey Hussein de Jordania.

Le gustó la piel de leopardo de la Misión Económica de Nigeria y se entusiasmó con el abrigo de piel de leopardo, largo hasta los tobillos, que le ofreció el emperador de Etiopía, Haile Selassie. La Primera Dama recibió al diminuto soberano con los brazos abiertos y marchó con él al jardín, donde se puso el magnífico abrigo, valorado en 75 000 dólares. Al ver a su marido, que se aproximaba a ellos, exclamó:

—¡Oh, Jack, mira lo que me ha traído! ¿Puedes creerlo? ¡Lo ha traído para mí, sólo para mí!

—Me estaba preguntando qué hacías en el jardín con un abrigo de piel —replicó el presidente, que sumó su agradecimiento al de su esposa.

—¡Oh, estoy realmente impresionada! —le dijo Jackie en francés y casi en un susurro al emperador.

El rey Muley Hassan de Marruecos se ganó para siempre la amistad de Jackie al regalarle un caftán de seda blanca y un ancho cinturón de oro incrustado con cientos de piedras preciosas.

—Le escribí una carta de cinco páginas, en francés, dándole las gracias por su magnífico regalo —dijo Jackie—. Y siempre querré a Ayub, que me regaló a *Sadar* —se refería al presidente paquistaní, que le regaló un caballo de silla—. Nadie montará ese caballo más que yo.

Uno de sus regalos favoritos, además del reloj de brillantes que le entregó el alcalde de París, era la *minaudière* de oro de 18 quilates que le regaló el presidente De Gaulle. El bolso de noche en malla de oro, era obra de Van Cleef y Arpels, y estaba valorado en cuatro mil dólares.

Los espléndidos regalos que llovían sobre su esposa ponían al presidente en una posición delicada. Durante la campaña presidencial se había mostrado muy rígido con los funcionarios a su servicio que aceptaban regalos de valor para ellos o sus esposas y solía decirles:

—Quiero que mis colaboradores estén, como la mujer del César, por encima de todo reproche.

Había prometido que todos los regalos que no pudieran ser rechazados, sin menoscabo, como por ejemplo los ofrecidos por organizaciones públicas o gobiernos extranjeros al presidente de Estados Unidos, deberían ser entregados de inmediato a la Smithsonian Institution o a otros organismos federales, para que fueran utilizados con fines históricos, científicos, culturales o de beneficencia. «El presidente tiene que dar ejemplo», terminó.

Después de haber defendido esa tesis durante su campaña presidencial, Kennedy, ya presidente, se negó a dar a la prensa una lista completa de los regalos que habían recibido de otros jefes de Estado, especialmente las joyas, pieles, cuadros valiosos y alfombras orientales que le fueron regalados a su esposa. No cabe duda de que Jackie Kennedy pasó a ser la Primera Dama que recibió más regalos en toda la historia de Estados Unidos y que el valor de los regalos recibidos pasó los dos millones de dólares, y que se llevó la mayor parte de ellos cuando salió de la Casa Blanca. Posteriormente, en 1966, el Congreso aprobó una ley según la cual los presidentes y sus familiares no podían llevarse, al abandonar la Casa Blanca, ningún regalo cuyo valor fuera superior a cien dólares.

Cuando el gobernador de Pennsilvania envió a los Kennedy un gran atril de madera para leer la Biblia, la Primera Dama sugirió que lo que debía hacerse con aquel chisme era utilizarlo como leña para la chimenea. Las medallas, placas y pequeños adornos no le gustaban, se los regalaba a sus secretarias. El presidente, ofendido porque le había regalado el gobernador John Chaffe, de Rhode Island, una bandeja de plata, sin grabados ni adorno alguno, se la traspasó a su suegra con gran satisfacción de Jackie. Los Kennedy mostraron gran disgusto cuando recibieron un regalo del rey Ibn Saud de Arabia Saudita: dos maletas llenas de tejidos y ropas baratas para los niños, vueltas del revés para demostrar que nadie se las había puesto antes.

—Normalmente, los regalos se exponían en el comedor privado de la Casa Blanca —recuerda un invitado frecuente de los Kennedy—, y nunca olvidaré la noche después de que el presidente del gobierno de la República de Somalia visitó a Jackie y Jackie nos llamó para que viéramos su regalo: una lámpara horrible tallada en un cuerno de rinoceronte sobre el que había un huevo de avestruz que se iluminaba. «Fíjate qué cosa tan espantosa —me dijo—; tengo miedo a encenderla porque me da la sensación de que me hará tener malos sueños o algo semejante. Muchos de los regalos que nos hacen

Para disgusto del presidente, Jackie divertía a Malraux
con chismes sobre los jefes de Estado que había conocido.

no son aptos ni para una lista de boda italiana.» Jackie se quejó de que pasaba mucho tiempo tratando de buscar los regalos que ellos hacían. Ella misma diseñó unos maravillosos pisapapeles hechos de llamativos minerales que parecían piedras preciosas. Le dio el esquema al joyero David Webb, que lo realizó y resultaron magníficos. Jackie llamaba al joyero Cellini debido a las maravillas que era capaz de producir, pero afirmó que si volvía a recibir otro regalo como aquella lámpara de cuerno de rinoceronte, empezaría a obsequiar a los jefes de Estado que los visitaran con los dibujos que su hijita Caroline pintaba con los dedos.

Jackie jamás poseyó más que algunas joyas baratas de oro y se hizo prestar brillantes de Tiffany para el baile de la toma de posesión de su marido y también, después de ser Primera Dama, para lucirlos en algún que otro acto oficial.

—Oí al presidente quejarse ante su esposa cuando ésta le dijo que tenía que pedir prestadas las mejores joyas del más prestigioso joyero de la nación, para impresionar a los emperadores del Irán —cuenta Tish Baldrige, y añade que todo el mundo en la Casa Blanca estaba intrigado por saber cómo se vestiría la Primera Dama en la recepción en honor del sha de Irán y su esposa.

Jackie sabía que la joven emperatriz llegaría luciendo enormes diamantes y esmeraldas reales del tamaño de huevos. Jackie se había enamorado de un broche de diamantes del siglo XVIII, y decidió adquirirlo para esa ocasión. Para pagar los 6 160 dólares que costaba, tuvo que vender algunas de sus otras joyas, entre ellas la gran aguamarina que le había regalado el gobierno brasileño, los pendientes de brillantes que fueron regalo de boda del embajador Kennedy y un alfiler de oro representando una hoja de laurel que le regaló el gobierno de Grecia. No le dijo a su marido que estaba comerciando con los regalos estatales para poderse comprar una joya que le gustaba, porque sabía que él se hubiera negado a permitírselo.

La noche que los monarcas iraníes llegaron a la Casa Blanca, el presidente Kennedy contempló a la emperatriz cubierta de joyas. Después miró a su esposa con aquel único brillante en el cabello.

—Te gana, Jackie —se burló sonriendo—, verdaderamente te gana.

Ver a las esposas de los grandes dignatarios que lucían las joyas más valiosas del mundo, hacía que Jackie se encontrara desplazada. Pronto empezó a correr la voz en los círculos diplomáticos de que las joyas, del tipo que fueran, serían un buen regalo para la Primera Dama; a partir de esos momentos, regalos de este tipo empezaron a inundar la Casa Blanca, procedentes de más de 66 jefes de Estado que visitaron a los Kennedy en Washington.

El rey Hassan de Marruecos se presentó allí con un magnífico obsequio: una espada antigua de oro incrustada con 50 brillantes. Jackie decidió desmontar esas piedras preciosas, sus-
tituirlas con otras falsas y quedarse con las auténticas. Ordenó
a su secretaria que llevara a cabo los preparativos necesarios
para la operación.

—Jackie me pidió que llamara a Tom Walsh, en Nueva
York, y le pidiera que se presentase en la Casa Blanca para
un asunto estrictamente confidencial —dijo la señora Gallagher,
que le explicó lo que tenía que hacer: llevar la espada a un
discreto joyero y vigilar mientras el hombre desmontaba las
piedras. Después, Tom Walsh debía guardarlas para Jackie.

Tom Walsh, en efecto, se desplazó en avión a Washington
para llevar a cabo la operación, pero una vez que examinó la
espada decidió que los diamantes de la Arabia Saudí serían
muy difíciles de desmontar y le aclaró a Jackie que el costo
resultaba absolutamente prohibitivo.

—A veces me ponía furiosa conmigo misma cuando pensaba en toda la energía que estaba desperdiciando, preocu-
pándome de cómo sería mi vida en la Casa Blanca —dijo
Jackie—. Teníamos un hogar maravilloso en Georgetown. Una
llegaba a casa por la noche y encontraba las chimeneas encendidas y gente con quien hablar. Y no se acostaba tarde. Mis
temores eran que eso cambiaría cuando llegáramos a la Casa
Blanca. Pero en este aspecto el cambio fue para mejor. Una
podía charlar cuando llegaba a casa por la noche. Mucho mejor que durante el tiempo que duró la campaña, cuando no
había tiempo más que para hacer y deshacer las maletas. En
la Casa Blanca los niños lo pasaban bien y, en ocasiones, incluso podían hacer la comida del mediodía con Jack. Si antes
de habernos mudado allí alguien me lo hubiese dicho, no lo
hubiera creído.

»Debí haberme dado cuenta de ello —continúa Jackie—,
porque al fin y al cabo lo único que le ocurre al presidente es
que se cortan sus lazos de comunicación con el mundo exterior. No le quedan más relaciones que la familia. Creo que si
un matrimonio que no es feliz llega a la Casa Blanca, ésta
acabará uniéndolos.

Sí, Jack Kennedy como presidente de Estados Unidos estaba bastante aislado. Con un grupo de altos colaboradores y
un puñado de amigos, vivía como el héroe de una película
de *cowboys*, dentro de los confines de la mansión del ejecutivo.

—Para Jack, la Casa Blanca era como esos fuertes de juguete con que se divierten los niños —dijo George Smathers—.
Para Jackie una especie de paraíso. Por primera vez desde que
se casó, sus contactos con su marido fueron regulares. Anteriormente nunca pudo disfrutar de su compañía de manera
ininterrumpida.

—Hay días en los que nos desayunamos, almorzamos y cenamos juntos —exclamó Jackie—. ¡No podía creerlo!

Posteriormente, Jackie recordó cierto día que paseaba por los jardines de la Casa Blanca y pensó: «¡Me gustaría seguir tan feliz como ahora para siempre!»

Sin embargo, Kennedy seguía necesitando la intimidad de diversas mujeres. Mezclaba en sus diversiones a ciertos amigos y camaradas como LeMoyne Billings, su compañero de cuarto en Choate, que acudía a visitarlo a la Casa Blanca cada fin de semana.

—Se metía en la habitación que tenía reservada sin que nadie supiera que había llegado —contó el jefe de personal que, en seguida informaba a la Primera Dama de su llegada.

—Oh, señor West —dijo Jackie—, es nuestro invitado cada fin de semana, desde que me casé.

Durante años tuvo que afrontar a las dominantes hermanas de Jack Kennedy y compartir su casa con los compañeros políticos de su marido.

—Siempre estaban por todas partes —se quejó—. Ni siquiera podía desayunarme a solas con mi marido sin que alguien se presentara junto a la mesa, apestando el aire con sus cigarros puros.

En esos días nunca sabía si su esposo iba a cenar en casa o presentarse con diez invitados sin previo aviso (en una ocasión Jackie acudió a visitarlo a su despacho en el Senado para enterarse allí de que estaba fuera de la ciudad. Se quedó tan cortada y se sintió tan en ridículo, que jamás volvió a preguntar).

Las largas separaciones que tuvo que soportar mientras su esposo se hallaba de viaje, eran muy dolorosas y dificultaron sus relaciones. Pero una vez en la Casa Blanca todo aquello quedó atrás. Pensó que podía dejar tras ella esos siete odiosos años de política y olvidar aquellos trastornos emocionales.

—Ahora que Jack está en la Casa Blanca, quizá pueda relajarse y comenzar a disfrutar de su familia —dijo Jackie.

Pero Kennedy se negaba a convertirse en hombre de hogar.

—Si comenzaba a preguntarle cualquier cosa insignificante, como por ejemplo si Caroline debía hacer acto de presencia en determinada recepción o sí debía ponerme un traje largo —contó Jackie—, se limitaba a crujir los dedos y me decía: «Eso es asunto tuyo.» Yo le respondía que era él quién debía tomar las decisiones y le preguntaba: ¿Por qué todo el mundo puede disfrutar de tus decisiones menos yo?

Kennedy comenzó a interesarse por los vestidos de su mujer e insistió en que nunca se pusiera nada de color marrón o vestidos estampados con flores, que no le gustaban en absoluto. Jackie también evitaba el color turquesa, pues creía que ese color le daba un aire melancólico. Siempre se ponía sus vestidos nuevos para que su marido los viera y en una ocasión le ofreció un auténtico desfile de modas presentándole la colección que Oleg Cassini le había enviado a la Casa Blanca.

—Jackie —le dijo el presidente—, tienes que devolver todos esos vestidos. Pareces una gitana con ellos.

Y los vestidos se devolvieron.

Respetando la opinión de su esposo de que una Primera Dama debería apoyar la industria de la sombrerería femenina, Jackie comenzó a usar sombreros. En una ocasión a Jack no le gustó el que llevaba y le obligó a cambiárselo. Otro día Kenneth voló desde Nueva York a Washington para arreglar el cabello de Jackie. Cuando el presidente entró en el cuarto y vio el sofisticado peinado que el peluquero había ideado para su esposa, tragó saliva.

—¡Dios mío! —le dijo al peluquero de su mujer—. ¿Es que trata usted de arruinar mi carrera política?

Kenneth se pasó más de media hora rehaciendo el peinado de la Primera Dama antes que el presidente se sintiera satisfecho.

Kennedy nunca fue un esposo afectuoso y siguió así tanto en su vida privada como en público.

—Nunca demostró su afecto hasta que nació Caroline —dijo Betty Spalding—. Jack disfrutaba bromeando con ella, jugando y mimándola. Lo mismo hacía con John-John.

Jackie también era pródiga en el cariño de sus hijos, ignoraba sus rabietas y les permitía ir de un lado a otro a su capricho (en una ocasión la conservadora de la Casa Blanca, Lorraine Pearce, le pegó en la mano a Caroline porque estaba jugando con un objeto antiguo, frágil y de mucho valor; Jackie le prohibió que entrara en las oficinas del ejecutivo, y una vez que terminó de escribir la Guía de la Casa Blanca la despidió). Con sus hijos Jackie era cariñosa y amable. Pero su tensión psicológica hizo que nunca pudiera romper su profunda reserva para entregarse totalmente a su esposo.

—Ninguno de los dos suele mostrar sus emociones, salvo cuando se ríen —dijo Ben Bradlee—. Por lo general, son las personas más remotas e independientes que hemos conocido... Normalmente no muestran sus sentimientos a los demás.

—Jackie demostraba su cariño por Jack de la única forma que sabía hacerlo —dijo un amigo—, creando para él un hogar acogedor en la Casa Blanca y complaciéndolo con pequeñas cenas privadas dedicadas a un reducido grupo de amigos íntimos.

—Quiero que mi marido esté en condiciones de dejar su oficina, aunque sólo sea por unas horas —le dijo Jackie al jefe de personal de la Casa Blanca—. Quiero que se sienta rodeado de personas brillantes que puedan mantener su interés y distraigan su mente de lo que está ocurriendo por aquí.

Durante la crisis de la Bahía de los Cochinos, en abril de 1961, el mayor patinazo de Kennedy durante su período presidencial, Jackie trató desesperadamente de distraerlo de los acontecimientos consecuentes a la desastrosa invasión de Cuba. Confiando en pasar una velada en la que nadie discutiera el fracasado intento de destituir a Fidel Castro, invitó a Paul y Anita Fay y a Bobby y Ethel Kennedy a una cena íntima. Pero ya durante el primer plato, los caballeros comenzaron a discutir la gran catástrofe en la cual 1 200 exiliados anticastristas, apoyados por la CIA, intentaron abrir una cabeza de puente en la isla. Jackie trató de mantener una conversación ligera, pero el fiscal general y el subsecretario de la Marina siguieron haciendo preguntas al presidente sobre los 87 hombres que perdieron su vida y los supervivientes prisioneros que se creía podían ser liberados mediante el pago de un rescate.

—Nunca volveré a aceptar una recomendación de la Junta de Jefes de Estado Mayor sin comprobarla antes —se lamentó Kennedy amargamente de la falsa información que se le había dado.

Jackie trató de defender a su marido por haber ordenado la retirada del apoyo aéreo a la brigada.

—Ese maldito Curtis LeMay no es más que un mono presuntuoso con una visión carente de toda perspectiva —dijo refiriéndose al jefe de Estado Mayor de las Fuerzas Aéreas—. Está tan loco por arrojar bombas, que no vacilaría en hacer volar su propia cocina si le dejaran poner su gruesa manaza en el gatillo.

A medida que avanzaba la velada el presidente se ponía más serio y preocupado, y muy pronto todos cayeron en un tétrico silencio. Después de la cena, Jackie reprendió a Paul Fay:

—Esperaba que hubiésemos tenido una cena agradable en vez de hacer pasar a Jack por otra de esas desagradables discusiones sobre la Bahía de los Cochinos.

Jackie demostraba el mismo tipo de preocupación con relación a su suegro, que tenía 73 años de edad y que había sufrido un ataque de apoplejía en el primer año que los Kennedy llegaron a la Casa Blanca, que lo dejaría paralítico para el resto de su vida. Aun cuando el anciano se veía obligado a usar la silla de ruedas y no podía hablar más que con gruñidos ininteligibles, Jackie insistió en invitarlo a las cenas privadas del presidente. Apenas en condiciones de comer solo, la comida a veces le resbalaba por las comisuras de los labios, cada vez que eso ocurría la Primera Dama le limpiaba la boca sin dejar de seguir la conversación. Lo mimaba cariñosamente y hablaba con orgullo de sus logros. Especialmente disfrutaba recordándole cómo había influido en su hijo para que se casara con ella. Durante todo el tiempo de casados el embajador Kennedy fue el único que la apoyó contra toda la familia. Jackie siguió fiel a su cariño por Joe Kennedy durante el resto de su vida.

El rey Muley Hassan de Marruecos se ganó para siempre
la amistad de Jackie al regalarle un caftán de seda blanca
y un ancho cinturón de oro incrustado con cientos de piedras
preciosas. (En la foto Jacqueline, detrás del presidente Kennedy,
en una cena de gala en la Casa Blanca
en honor del monarca marroquí.)

—Las fiestas .privadas que los Kennedy daban en la Casa Blanca, eran fascinantes —recuerda un invitado—. Recuerdo una ocasión en que deseábamos formar una pareja con Godfeey McHugh, el ayudante de las Fuerzas Aéreas cerca de Kennedy, y la hija de un amigo de Nicole Alphand. Nicole y su marido, Hervé, el embajador de Francia, eran buenos amigos de los Kennedy y esa noche dieron una cena en la que todo el mundo hablaba francés y discutían las diferencias entre la mujer norteamericana y la francesa. Jack dijo que las mujeres francesas eran «sexys» porque sabían coquetear, y Jackie estuvo conforme con la opinión de su marido y añadió que la mujer norteamericana era demasiado directa y carecía de encanto. A Jackie le gustaba mucho hablar de sexo y lo hacía siempre con ese estilo. Recuerdo que el presidente dijo que no conocía ninguna mujer fascinante en Washington. En mi opinión, ese comentario resultó estúpido, sobre todo en presencia de su esposa, pero Jack era así. Cuando pregunté por qué razón las mujeres francesas eran tan excitantes, me respondió: «Bien, es por la especial actitud que tienen, que resulta muy insinuante cuando le preguntan a un hombre... ¿No sería agradable que "lo hiciéramos"? A las mujeres norteamericanas realmente no les gustan los hombres. Son demasiado asépticas.»

Durante la crisis de los misiles con Rusia, en octubre de 1962, Jackie participó de la auténtica agonía que sintió Kennedy. La noche que el presidente apareció ante la televisión para informar al país de lo que los soviéticos estaban instalando en Cuba, Jackie ofreció una cena privada de gala para él en la Casa Blanca, tratando de distraerlo. Cuando la nación estuvo al borde de una guerra con la Unión Soviética, la Primera Dama invitó a sus amigos a un concierto de piano. La gente estaba inquieta y nerviosa, Jackie trataba de hacerles olvidar que no era el momento más adecuado para ponerse a cantar alegremente.

—Trató desesperadamente de animar la fiesta para que el presidente pudiera gozar de un breve respiro en el agobio de la crisis —dijo de los incómodos invitados.

—Cuando todos los asistentes, con excepción de su hermana, se hubieron marchado, la señora Kennedy se sentó exhausta junto al piano tratando de convencerse a sí misma de que, a pesar de todo, el presidente se había divertido aunque sólo fuese un poco —comentó Robin Douglas-Home.

—Esto podía parecer infantil e inocente en una mujer tan inteligente como Jackie, pero resulta de todos modos enternecedor ver el modo cómo ella concebía su papel de esposa —comentó una amiga—. Creía su deber distraer a su esposo en todo momento en vez de enfrentarse con el asunto abiertamente y discutir el problema con seriedad.

La propia Jackie admitió:

—Jack y yo jamás hablamos de asuntos serios —dijo—. Supongo que será que Jack pensaba, y así me lo dijo, que lo último que desea un hombre que se ha pasado ocupado todo el día es terminarlo comentando si la Convención de Ginebra tendría éxito, o el acuerdo que se había concluido en Cachemira o algo por el estilo. Él me quería como esposa y jamás trajo los problemas inherentes a su cargo de presidente a casa... excepto muy de tarde en tarde, y cuando se trataba de asuntos muy graves.

Kennedy, que nunca aceptó a una mujer como su igual, tendía a tratar a su esposa como si fuese una niña. Ocasionalmente se irritaba por sus tonterías. Una vez que Kennedy estaba esperando para ser fotografiado, Jackie tomó una guirnalda de flores y se la pasó por la cabeza, como si fuera un caballo que acabara de ganar una carrera. De acuerdo con las palabras del fotógrafo, el presidente se dirigió airado a su esposa y le dijo:

—¡Maldita sea, Jackie, quítame esto y no hagas estupideces! No pueden fotografiarme así, ¡por amor de Dios!

Jackie, que estaba un poco alegre a causa del champaña, se limitó a hacerle unos gestos de burla.

Jack siempre gozaba del hecho de ser presidente, mientras que Jackie, por el contrario, tenía dificultades para adaptarse a la nueva situación.

—Kennedy nunca se aburría en la Casa Blanca —recuerda un amigo—. Cuando Jackie terminó las obras de restauración y comenzó a encontrarse inquieta sin saber qué hacer, su marido la trató como a un bebé y después trató de animarla para que emprendiera aquel viaje a la India y el Paquistán con su hermana.

Lee vivía por entonces en Londres con su segundo esposo, Stanislas Radziwill, y se había convertido en la mejor amiga de su hermana, y la acompañaba con mucha frecuencia pasando temporadas en la Casa Blanca. Hablaban frecuentemente por teléfono desde un lado a otro del Atlántico y Lee visitaba muchas veces a Jackie y la acompañaba en sus vacaciones o sus viajes al extranjero.

—Las relaciones entre las dos hermanas se hicieron muy estrechas porque sus respectivos maridos se llevaban muy bien entre sí —explicó un amigo—. Kennedy siempre me describió a Stas como «el genuino artículo», lo que en él significaba que aceptaba su buena fe real. «Un auténtico príncipe polaco», solía decir. Stas era un hombre que se hizo millonario por sus propios méritos, y eso era algo que Kennedy respetaba. Admiraba a la gente capaz de hacerse con grandes sumas de dinero por sí mismos. Aparte de ser rico, Stas era generoso, encantador, tenía un corazón de oro. En asuntos sexuales era un cínico y esto lo equiparaba al presidente Kennedy, al que le gustaba tenerlo a su lado. Podía comportarse tal como él con las mujeres, porque Stas lo comprendía. Eran el mismo tipo de hombre.

Jackie estaba igualmente orgullosa de su cuñado, que tenía entonces 46 años y al que apreciaba mucho. En cierto modo Stanislas Radziwill le recordaba a su padre. Aunque el noble polaco no era tan guapo como lo fuera Jack *el Negro* Bouvier, poseía el mismo encanto europeo y un gran sentido del humor.

—Dice las cosas más horribles —exclamó Jackie—, y es precisamente cuando más me gusta.

Una de las fiestas más sofisticadas que ofreció en sus tiempos de Primera Dama fue una cena-baile privada en honor de los Radziwill. No confió en que la cocina de la Casa Blanca fuera capaz de hacer a su gusto el *poulet à l'Estrago* y encargó un menú de *haute cuisine* a uno de los mejores cocineros franceses de Washington; se pasó horas y horas estudiando la lista de invitados. Invitó a miembros distinguidos de la sociedad neoyorquina y situó en la mesa a su hermana Lee al lado de su preferido en el gobierno, Robert McNamara, el secretario de Defensa. Jackie insistió en que la orquesta de Lester Lanin estuviera tocando sin interrupción hasta la madrugada.

—Díganles que no quiero ninguna pausa —ordenó Jackie—. Ya sabrán como hacerlo sin romper ninguna de sus disposiciones sindicales.

El presidente les había prometido a sus cuñados un recibimiento real cuando llegaran a Washington. Disgustado porque no pudieron asistir a las ceremonias de su juramento y su toma de posesión, ese día los llamó por teléfono dos veces, a Londres, para decirles cuánto los echaba de menos. Estaba especialmente agradecido a su cuñado por haberle ayudado a ganarse el apoyo de los polacos-norteamericanos para su campaña presidencial.

Los norteamericanos de origen polaco reconocían en él a un príncipe y un hombre poderoso. Radziwill abandonó Polonia al comienzo de la guerra y trabajó para la resistencia en toda Europa antes de establecer su residencia en Londres, donde se convirtió en ciudadano británico, para lo que tuvo que renunciar a su título. Aunque públicamente estaba desposeído de todo rango, insistió en conservar sus prerrogativas reales y su joven esposa, muy en su papel de princesa, también exigía las suyas. Cuando se le preguntaba cómo prefería que la llamaran respondía:

—¡Oh, princesa Lee Radziwill está bien! Mi nombre de nacimiento es Caroline Lee Bouvier, pero siempre me llamaron Lee... ¡y lo odio!

Con ocasión de la visita que el presidente Kennedy y su esposa hicieron a los Radziwill en Londres, recibieron una invitación de la reina Elizabeth y el príncipe Philip para cenar en el Palacio de Buckingham. La circular de la Corte mencionaba a los Radziwill como príncipe y princesa, pese a que la reina no les había concedido licencia real para que usaran su título en Inglaterra.

—Era cuestión de cortesía, en aquella ocasión y en aquellas circunstancias, llamarlos como ellos solían hacerse llamar habitualmente —declaró un portavoz de Palacio—. Los Kennedy, como muchos de esos demócratas norteamericanos, se sentían entusiasmados con tener en su familia a un príncipe y a una princesa, así que la reina, muy graciosamente, decidió dejarles gozar de esa satisfacción por una noche.

En Londres Stanislas Radziwill había creado una gran empresa inmobiliaria y constructora que creció muchísimo durante los años que siguieron al fin de la guerra y lo convirtió en uno de los hombres más ricos de Inglaterra. Además de una amplia mansión georgiana en Londres, cerca del Palacio de Buckingham, Stas poseía un lujoso apartamento de doce habitaciones en la Quinta Avenida neoyorquina, una gran finca de campo con un parque de 49 acres cerca de Henley-on-Thames, con cuadras y una gigantesca piscina, y una villa en Grecia.

Cuando Lee se divorció de Michael Canfield para casarse con Stas, en 1959, el matrimonio no fue reconocido por la Iglesia Católica, por lo que, técnicamente, podía considerarse que él y su esposa eran dos adúlteros que vivían en pecado. Eso disgustaba al católico Radziwill. Lee era su tercera esposa. Su primer matrimonio fue anulado por el Vaticano y su segundo fue una simple ceremonia civil no reconocida por la Iglesia. Sabiendo lo mucho que para su marido significaba el que su matrimonio fuera consagrado, Lee solicitó de la Sagrada Congregación del Santo Oficio que se anulara su anterior matrimonio. Durante meses, esa solicitud fue ignorada. Finalmente habló de ello con su cuñado, John Kennedy, que le aseguró que se ocuparía él de todo cuando fuera presidente. Y en efecto, Kennedy discutió personalmente la cuestión con el delegado apostólico de Washington y se procuró los abogados que debían defender el caso en Roma, cuando Lee recurrió a la Rota, el tribunal de apelación en el Vaticano. Pedía que su primer matrimonio fuera anulado por defecto de forma grave en el contrato marital y declaró bajo juramento que Michael Canfield había sido impotente y, consecuentemente, incapaz de tener hijos. A los ojos de la Iglesia Católica, ésta era razón suficiente para invalidar el matrimonio.

Jackie y Lee decidieron visitar la India y el Paquistán, y Kennedy les sugirió que primero se detuvieran en Roma para una audiencia privada con el Papa.

—Creo que las dos debéis comenzar a practicar vuestras formas corteses y a demostrarle a Su Santidad que sois unas buenas católicas —bromeó.

Pese a que sus palabras sonaban a broma, Kennedy creía que una visita de Jackie al Papa podría ayudar a su hermana y, políticamente, resultaba conveniente para él que el matrimonio de su cuñada fuese reconocido por la Iglesia. Supo arreglárselas para que Jackie pudiera mantener una conversación privada, durante esa visita, con el cardenal Cicognani, Secretario de Estado del Vaticano.

—Hubo que hacer algunos tratos complicados con el Vaticano —proclama un joven miembro de la familia Auchincloss—. Lee hubo de jurar que su primer matrimonio, que duró seis años, jamás se había consumado. Realmente, empezó a acostarse con Radziwill cuando todavía estaba casada con Michael Canfield. El primer hijo de los Radziwill nació a los seis meses y medio de casados, y no prematuramente, como dijeron los periódicos, sino a los nueve meses de haber sido engendrado. Eso no tiene demasiada importancia, pero prueba que no todos los miembros de nuestra ilustre familia se comportaron siempre de la mejor manera. Lee quería ser princesa. Eso es todo. Bastante sencillo. Y como John F. Kennedy era su cuñado y, al mismo tiempo, el primer presidente católico de Estados Unidos, estaba en condiciones de conseguir la anulación del primer matrimonio.

Esa anulación tan discutible y discutida, que costó más de cincuenta mil dólares, fue concedida, por fin, en 1964. Posteriormente Lee explicó por qué se metió en todos aquellos problemas.

—Era muy importante para Stas y su padre; ésa es una de las razones. La otra, los niños. Además, disponía de todas las razones necesarias y suficientes para conseguir una anulación perfectamente válida. No veo la razón de por qué no se me había de conceder. Al menos no quería dejar de intentarlo.

Lee sufría, y al mismo tiempo gozaba, al compartir la fama de su hermana en el candelero mundial. Mientras le gustaba la adulación que recaía sobre ella como hermana menor y distinguida de la Primera Dama, le molestaba verse forzada a mantenerse en un lugar secundario.

—Realmente los papeles debían haberse invertido —dijo un amigo—. Jackie hubiera sido muy feliz casada con Stas y viviendo una vida tranquila de lujo y ocupándose de sus hijos, mientras que Lee hubiera dado cualquier cosa por disfrutar de la gloria y la fama pública de una Primera Dama. Esto resultó obvio en el viaje a India y Paquistán. Lee hubo de ocuparse de todas las minucias del viaje mientras Jackie era tratada como una reina. Naturalmente, eso la disgustaba, pero siempre se comportó con la mayor corrección. Jackie no podría haber realizado aquel viaje sin Lee. La necesitaba como ayuda material y como soporte moral.

Realmente, Jackie había aplazado varias veces aquel viaje

Jackie y su hermana Lee durante su viaje al Pakistán.

antes de reunir, definitivamente, el suficiente valor para hacerlo.

—Casi me sentí enferma antes de partir, pensando que no sería capaz de realizarlo —dijo—. Jack está siempre orgulloso de mí cuando hago cosas como ésta, pero no puedo soportar la idea de figurar en primera línea. Ya sé que puede sonar trivial, pero lo que realmente siempre deseé fue estar detrás de él y ser una buena esposa y una buena madre.

»Jack fue estupendo al dejarme ir —dijo la esposa-niña—. Dijo que era muy joven y debía hacer las cosas que me gustaban.

Con su magnífico abrigo de leopardo de 75 000 dólares de valor, la Primera Dama emprendió su viaje con un séquito en el que se incluía su hermana, su peluquero, su doncella personal, una secretaria de prensa, su agente del Servicio Secreto preferido, Clint Hill, 24 guardias de seguridad y 64 bultos de equipaje. En un viaje de casi treinta mil kilómetros, las hermanas Bouvier se detuvieron en Roma para su audiencia privada con el santo padre Juan XXIII. Visitaron el Taj Mahal a la luz de la luna; estuvieron en la Ciudad Rosada de Jaipur; vieron los jardines de Shalimar en Tahore. Presenciaron una lucha entre una cobra y una mangosta. Vitorearon al equipo de polo del Maharajá. Navegaron río abajo por el Ganges mientras los peregrinos hindúes y los búfalos se bañaban en aguas fangosas.

Dondequiera que fueron, la princesa se vio pospuesta a la Primera Dama. Hubo de ver cómo criados con uniformes carmesí y oro mantenían un blanco parasol de seda sobre la cabeza de Jackie para protegerle del sol. Vio cómo le enviaban pan, desde Beirut, por avión, sólo porque Jackie dijo que le gustaría tomar bocadillos de crema de queso. Mientras un contingente de agentes protegía a la Primera Dama, Lee se quedó a un lado, asustada por los fotógrafos que perseguían a su hermana. Interrogada por unos periodistas, Lee dijo con voz tímida:

—No deseo hablar de mí porque creo que una persona debe haber realizado algo por sí misma antes de empezar a conceder entrevistas a la prensa. ¿Por qué razón va a preocuparse nadie por lo que yo hago cuando hay tantas otras personas mucho más interesantes en el mundo? Yo no he hecho en mi vida nada que valga la pena contar.

Vio cómo Jackie colocaba una corona en la tumba de Gandhi. Iba siempre en uno de los últimos coches de la comitiva mientras Jackie iba en el primero, cubierto con pétalos de rosas.

—Realmente, Lee fue una acompañante maravillosa —diría Jackie después de concluido el viaje—. En ocasiones no debió de pasarlo demasiado bien. Yo iba en el primer coche como el personaje más interesante y Lee iba cinco o seis coches detrás, y cuando llegaba al lugar de destino no podía dar con ella. Algunas veces íbamos juntas, sin embargo. Me siento muy orgullosa de ella y lo pasábamos estupendamente al recordar los pequeños incidentes del día cuando nos reuníamos a última hora. Nunca hubo nada que se interpusiera entre nosotras.

Pero por muy unidas que se sintieran las dos hermanas, siempre existió un poco de rivalidad que complicaba su afecto mutuo. En una carta a Letizia Mowinckel, una de las exploradoras de la moda que Jackie tenía en París, escribió: «Es usted muy amable al escribirme una carta tan larga sobre esos divinos vestidos de París... Lo que le agradezco más es que me lo haya hecho saber a mí antes que a Lee... Por favor, hágalo siempre así. Ahora que Lee sabe que usted me proporciona mis vestidos, no dudo de que se presentará ahí antes que yo. Así que, por favor, este otoño infórmeme a mí primero.»

Los vestidos eran lo primero para Jackie. Lee aparecía con regularidad en la lista de las mujeres mejor vestidas del mundo y muchos la consideraban bastante más elegante que Jackie. Pero ella no lo creía así.

—Es extraño, ¿no te parece? Una puede oír todas las galanterías y piropos del mundo —le dijo a una amiga—, pero si no los oyó de niña, o quizá porque no lo oyó de niña, no puede creerlos nunca.

Cuando estaba en Washington para acompañar a Jackie al Capitolio y oír al presidente que pronunciaba su mensaje a la Unión, se pasó horas y horas en la Habitación de la Reina preparándose. Al salir, una de sus secretarias la felicitó por lo guapa que estaba.

—¡Oh, yo no me siento así en absoluto! —dijo—. Jackie sí que está preciosa con su abrigo de visón. De todos modos, no tiene gran importancia, ¡nadie va a fijarse en mí!

A veces la pequeña princesa escalaba la fama y se convertía en noticia. Cuando se le pidió que se dejara fotografiar para un reportaje de la revista *McCall*, fue primero a París para elegir sus vestidos de una nueva colección de modas, y provocó una discusión al pedir ser recibida en la casa de Hubert de Givenchy. No se le permitió la entrada con el pretexto de que formaba parte de la prensa y a los periodistas no se les dejaba entrar hasta después de que la colección fuera presentada oficialmente.

—El señor Givenchy trata de hacerse algo de publicidad —se enojó Lee—. Pero no tiene importancia. Hace ya meses que estoy llevando sus próximos vestidos: he estado usando los de Ives Saint Laurent.

El incidente llegó a los periódicos y Lee llamó a la Casa Blanca para excusarse por haberlo provocado.

Lee creció aparte, como una extraña, en el hogar de la presumida familia de los Auchincloss, al igual que su hermana

Jackie. Las dos «pequeñas cenicientas», como ellas se llamaban a sí mismas, se unieron entre sí por razones de seguridad emocional.

—Teníamos muchos lazos en común... Casi todos ellos por nuestra herencia paterna —dijo Lee—. Nuestros padres se divorciaron muy pronto y papá nunca volvió a casarse. Nosotras éramos todo lo que él tenía. Más tarde se convirtió en un hombre solitario y nosotras solíamos pasar los veranos y las vacaciones con él y compartíamos una gran responsabilidad. Era un hombre muy guapo y se pasaba el tiempo pensando hacer cosas maravillosas. Pese al tiempo transcurrido y las muchas cosas que nos han sucedido, todos los recuerdos de nuestra infancia nos siguen uniendo de manera extraordinaria.

El divorcio de sus padres dejó profundas cicatrices en las dos chicas, especialmente en Jackie, que se volvió una niña amargada con respecto a su madre. Lee compartía esa animosidad, pese a que siempre fue la niña mimada de mamá.

—Su madre sólo empezó a sentirse unida a ellas después de que Jackie fue Primera Dama de Estados Unidos y Lee princesa —dijo Paul Mathias, un amigo íntimo—. Aceptaron esta tardía atención y siempre se comportaron correctamente con ella, quizá demasiado correctamente. En lo profundo de sus corazones, seguían sintiendo la misma amargura, pero no dejaban que sus palabras lo demostraran. Seguían siendo leales a su madre, la señora Auchincloss, pero nada más. Jackie y Lee ocultaban sus sentimientos, pero su madre no.

La señora Auchincloss disfrutó de las prerrogativas correspondientes a la madre de la Primera Dama, como la de acudir a la Casa Blanca con mucha frecuencia para visitar a su hija y a sus nietos.

—Cada vez que viene a verme no hace más que decirme qué tengo que ponerme y cómo debería vestirme —se quejó Jackie hablando con su hermana.

—Ya lo supongo —respondió ésta—. ¡Bah, limítate a decirle «¡Sí, mamá! ¡Sí, mamá!»!

A veces la señora Auchincloss trataba incluso de hacer llegar sus mensajes a través de su secretaria.

—En una ocasión la señora Auchincloss me pidió que tratara de hablar con su hija sobre su manera de vestir —recuerda Mary Gallagher—. Fue varios días después de que asistieran juntas a tomar el té en una embajada. La señora Auchincloss se mostró disgustada porque su hija llevaba un vestido excesivamente corto para su gusto. Me dijo que cuando Jackie se agachaba o hacía un movimiento semejante, dejaba al descubierto las ligas y las piernas por encima de las medias... «¿No puede mencionarle esa circunstancia y decirle que en mi opinión debía llevar vestidos algo más largos?» Por mucho que me hubiera gustado complacer a la señora Auchincloss, la verdad es que jamás hubiera podido reunir el valor suficiente para hablarle de eso a Jackie.

De niñas, Jackie y Lee siempre se unieron contra su madre en defensa de su padre.

—Me consideraban un ogro, porque no les consentía sus caprichos —dice la señora Auchincloss—. Yo era la que tenía que educarlas adecuadamente, enseñarles buenos modos y cómo debían comportarse en cada circunstancia. Su padre nunca lo hizo.

—Una de las mayores peleas que tuvieron Jackie y Lee fue a causa de su madre —recuerda una amiga—. Lee tuvo que ponerse al lado de su hermana contra la señora Auchincloss y virtualmente se pasaron semanas sin hablarse. Después Lee descubrió que en secreto Jackie se había reconciliado con su madre sin tomarse la molestia de decirle nada a ella, y se puso furiosa. Después de eso, ella y Jackie estuvieron distanciadas durante algún tiempo.

Pese a sus peleas, «Pekes» y «Jacks», como se apodaban mutuamente, siempre mantuvieron relaciones muy firmes.

—Estoy seguro de que Jackie sólo se siente completamente feliz con otra mujer y que ésa es Lee —dijo Robin Douglas-Home.

A Kennedy también le gustaba mucho su impetuosa cuñada y frecuentemente hablaba de ella a sus amigos:

—Miradla, miradla, ¿verdad que tiene clase?

Para disgusto de Jackie, su hermana le devolvía este afecto a Kennedy sin la menor reserva. Su rivalidad infantil las afectó también de adultas y la devoción compartida por su padre se transfirió después a sus respectivos esposos. Las dos hermanas amaban al mismo tipo de hombre. Primero fue Black Jack Bouvier, su padre; después Kennedy y Stanislas Radziwill. Después sería un armador griego llamado Aristóteles Sócrates Onassis.

CAPÍTULO TRECE

En un memorándum de fecha 11 de enero de 1953, Jackie le escribió a su secretaria de relaciones públicas: «Voy a retirarme un poco del mundo. Tengo bastante con ser continuamente la Primera Dama y a partir de ahora voy a dedicar mayor atención a mis hijos. Quiero que limite *toda* mi actividad exterior, lo mismo si se trata de tomar un jerez con un poeta como una taza de café con un rey. Nada de visitas a galerías de arte, nada de nada, en absoluto, salvo que sea totalmente necesario».

La Primera Dama esperaba su tercer hijo para aquel otoño y estaba decidida a guardar en secreto su embarazo hasta el mes de abril, fecha en que la Casa Blanca haría el anuncio oficial.

—No sé como voy a poder guardar el secreto hasta entonces —le dijo al presidente—. Tengo una habilidad especial para darme cuenta de cuando una mujer se halla en estado y estoy convencida de que si hay alguna otra como yo lo observará en seguida.

—No, si no engordas —le replicó Kennedy.

—Una vez que haya nacido el niño no voy a hacer otra cosa que descansar y disfrutar de los próximos años.

Jackie era una mujer con una prodigiosa capacidad para escribir cartas de una notable ingenuidad y continuó rigiendo la vida de la Casa Blanca con memorandos escritos a pluma con su letra de estudiante y casi sin puntuación.

—A veces me pongo tan furiosa, que tengo que dictar... no puedo escribir por mí misma.

Un día el objetivo de su rabia fue Baugh Meader, que había adquirido fama por sus imitaciones de los Kennedy. Su disco *The First Family* parodiaba el terrible acento bostoniano de John Kennedy y la voz susurrante de niña mimada de Jackie y se vendió por millones. Aunque parezca extraño, el presidente se divirtió con la imitación o al menos con parte de ella. Especialmente le gustaba la parodia que hacía de él cuando se iba a la cama: «¡Buenas noches, Jackie!, ¡buenas noches, Bobby!, ¡buenas noches, Caroline!, ¡buenas noches, John-John!» Pero Jackie no encontraba gracioso aquello.

Después de ver una actuación del cómico en la televisión, escribió una rápida nota a Pamela Turnure:

JFK dice que bastará si lo llama por teléfono, lo que parece más seguro que escribirle, y le dice que la señora Kennedy encuentra de muy mal gusto que haga dinero burlándose de una niña de cinco años. Como bien sabe, no hemos puesto ninguna objeción a su disco, y me importa un pepino lo que haga con él, pero si tiene el menor sentido del tacto podría realizar el número con los mismos niños en la cama, pero omitiendo el llamarlos John-John y Caroline.

Dile que no me importa en absoluto lo que diga de nosotros, pero el hecho de que se atreva a nombrar a mis hijos para ganar unos dólares más es algo que no me gusta, y quiero sepa de mi parte que lo considero una rata porque utiliza a mis hijos.

Muy sensible en lo que se refería a la dignidad de la Casa Blanca, la Primera Dama escribió al ama de llaves Anne Lincoln: «JFK ha visto el sello presidencial en paquetes de cigarrillos LM, lo que no le ha agradado en absoluto. Le ruego que ponga fin a eso inmediatamente. Yo fumo Salem y creo que tienen mucha cara al poner el sello presidencial —que debe ser considerado con el mismo respeto que la bandera— sobre sus cigarrillos.»

Las notas de Jackie eran consideradas como si se tratara de instrucciones directas recibidas del presidente, y sus ayudantes entraban en acción en cuanto se recibía una de ellas. Como Primera Dama, Jackie se hizo rodear de mujeres que se habían educado en el mismo nivel social que ella y que estaban familiarizadas con las antigüedades francesas, los diseñadores de modas y los grandes jefes de cocina. Todas ellas habían sido condiscípulas en el colegio de Miss Porter, en Farmington (Connecticut), o la conocieron en Vassar. Y todas ellas, con excepción de Letitia Baldrige, compartían sus gustos.

Al principio Jackie descargó gran parte de su responsabilidad y confió profundamente en su secretaria de relaciones públicas para que manejara todo lo relacionado con la vida social de la Casa Blanca. Tish elegía los complicados menús franceses, planeaba los espectáculos que debían amenizar las fiestas y contrataba a los cantantes, músicos, poetas y danzarines. Le daba auge y brillantez a los banquetes oficiales y logró que el hecho de recibir una invitación de la Casa Blanca se considerara el más claro símbolo de pertenecer a la alta sociedad de Washington. Supervisaba la publicidad en cada ocasión y llevaba a cabo todas las misiones difíciles.

—El alma de las brillantes veladas de la Casa Blanca era la secretaria de relaciones públicas de la Primera Dama, Letitia Baldrige —dijo el jefe de personal.

Tish, igualmente, preparaba por adelantado todos los viajes que emprendía Jackie, a veces con necesidad de pasarse semanas en el extranjero para arreglar los alojamientos, las reuniones, las giras y las caravanas automovilísticas. Llena de ideas para crear la imagen que Jackie deseaba como Primera Dama, Tish sugirió que ofreciera un banquete en la Casa Blanca en honor de los ganadores de los Premios Nobel y que patrocinara un concierto para los hijos de los diplomáticos. Aconsejó, también, a la Primera Dama que de vez en cuando apareciera en público.

—Tiene que hacer esto —le decía a Jackie entregándole una carpeta con la anotación URGENTE y que contenía detalladas instrucciones. Ante el jefe de personal, la Primera Dama se quejó del tono empleado por la secretaria diciéndole:

—¡Señor West, yo *no tengo* que hacer nada!

El jefe de personal le dio la razón.

Jackie empezó a quejarse privadamente de la «creciente intervención de Tish», pero públicamente reconocía la eficacia de su amiga de tantos años. De regreso de su extravagante viaje a India y Paquistán, le dijo a un reportero:

—¿Sabe usted que Tish siempre nos precedió y comprobó todos los detalles en el lugar que pensábamos visitar? Y cuando llegábamos allí todo funcionaba perfectamente, teníamos los regalos apropiados para cada uno y no hubo nada de confusiones ni errores. ¡Si alguna vez deja la Casa Blanca, yo me voy también!

—En el momento en que leí eso en el *Saturday Evening Post,* supe que los días de Tish en la Casa Blanca estaban contados —se rió una amiga—. Jackie es variable. Un día ofrece cariño y amistad y después, sin la menor provocación, los retira al siguiente. Desgraciadamente para Tish, ella aprendió la lección muy duramente.

Las fricciones crecieron a medida que la enérgica secretaria de relaciones públicas arrastraba a la Primera Dama al cumplimiento de sus deberes sociales; más desayunos, más tés por las tardes. Después, Jackie se enteró de que Tish, sistemáticamente, destruía sus memorandos sin hacer caso de ellos. Cuando se quejó de esto al presidente, insistió en que debía pensar un medio diplomático para librarse de ella, y en su lugar contratar los servicios de Nancy Tuckerman. La señorita Tuckerman había sido la mejor amiga de Jackie en la escuela de la señorita Porter.

—Tucky será la secretaria perfecta para mí, y ahora que lo tengo todo tan bien organizado aquí podría desempeñar el cargo a la perfección —dijo Jackie—. Tish es demasiado exigente y con el nuevo hijo que espero, difícilmente se puede esperar que siga haciendo todas esas cosas que Tish insiste en que haga porque forman parte de los deberes de una Primera Dama.

Como en cierta ocasión el presidente había tenido que enfrentarse con la señorita Baldrige, comprendió la postura de su esposa. En la primera recepción oficial celebrada en la Casa Blanca, que fue precisamente en domingo, Tish ordenó que se sirvieran licores, práctica prohibida cuando Eisenhower ocupó la presidencia. Los periódicos se hicieron eco de que se había roto la regla precedente con estos titulares: LICORES EN DOMINGO EN LA CASA BLANCA. ESO PROVOCA GRANDES CRÍTICAS y «NUNCA MÁS IRÉ EN DOMINGO A LA CASA DE J. F. K.», DICE UN CONGRESISTA ANABAPTISTA.

Kennedy quiso despedir a la señorita Baldrige en el acto.

—No tenía derecho a tomar esa decisión por mi cuenta sin consultar con él —comentaría Tish más tarde—. Se puso furioso... y con razón.

Nuevos contratiempos que no tardaron en producirse y en los que estuvo envuelta la secretaria de relaciones públicas hicieron que Jack Kennedy se decidiera a encontrarle, en secreto, un empleo para ella, de consejero en el Merchandise Mart, en Chicago, con el embajador Kennedy. Tish fue informada, con toda delicadeza, de su nuevo destino y, sin mucha opción para elegir, tuvo que aceptar. Se decidió que debía dejar la Casa Blanca en mayo y Jackie se sintió aliviada, pero continuó indignada con el uso que Tish hacía de sus memorandos.

—Encuentro injurioso e irritante que los destruya —se quejó a Pamela Turnure—. Jamás envié un memorándum que no pudiera ser visto por el mundo entero; lo peor que he dicho en mi vida fue sobre la esposa del arzobispo de Canterbury. La única explicación que encuentro es que Tish no quiere que se pueda pensar que yo la corregía o no atendía sus indicaciones. Por lo que sé, no queda nada de nuestras comunicaciones escritas de los dos años y medio que llevamos colaborando, excepto las cartas dictadas por Tish. ¡Magnífico!, ¿no? No tendré ni una sola nota mía y sí diez montones de los dictados de Tish para que pueda acordarme bien de todo lo que a su juicio tenía que hacer o no hacer.

Advirtió a su secretaria de prensa que debía conservarlo todo.

—Nos hallamos muy cerca de la Presidencia de la nación y, por lo tanto, todas nuestras pequeñas cosas forman parte de la historia. Si hay que quemar algo, quiero ser yo quien lo decida. Posiblemente no hubiera mencionado lo sucedido de no ver lo mucho que ese dichoso holocausto, que se ha venido llevando a cabo durante más de dos años y a mis espaldas, afectaba al presidente.

También le dio parecidas directrices a Tish:

—Conserva todas las notas, hasta el más pequeño trozo de papel, tanto si lo escribí yo de mi puño y letra como si se lo dicté a alguien. Estoy muy dolorida porque te libraste de todas esas notas mías tan interesantes... Los proyectos que hice para Mount Vernon, todo lo relativo a muchísimas visitas oficiales, las cosas irreverentes que te dije sobre tantas personas interesantes, etc.

Por lo corriente, Jackie se mostraba discreta en público y guardaba sus comentarios irreverentes u ofensivos para sus memorandos. Pero de vez en cuando dejaba escapar algún comentario desagradable o irónico en público, como cuando definió a las Hijas de la Revolución Americana «como un grupo de viejas solitarias». Sus palabras inspiraron titulares en los periódicos:

La Primera Dama critica duramente a las Hijas de la Revolución Americana: «Un puñado de viejas mujerzuelas...» Jackie se descarga en las Hijas de la Revolución Americana.

Jack Kennedy palideció al verlos.

—¡Dios mío! —gruñó—. Tendré que amordazar a la Primera Dama.

—Me temo que tu mujer las llamó las cosas que ella cree que son —se rio su amigo Bill Walton.

Jackie divertía a sus amigos con su sentido del humor.

—Ésa era la única cualidad de su carácter que la redimía de sus defectos —dijo una de sus amigas.

Tony Bradlee tuvo convulsiones de risa cuando recordó el día en que la Primera Dama ocupó su turno como madre supervisora en el jardín de infancia de su hija Caroline, en el tercer piso de la Casa Blanca.

—Se sintió muy molesta por tener que acompañar a los niños al lavabo, y en especial por uno de ellos en particular, del que Jackie dijo, posteriormente, que «casi no tenía pichita».

René Carpenter, la bella esposa del astronauta Scott Carpenter, se convirtió en una de las invitadas favoritas de los Kennedy y pasaba tardes muy agradables en la Casa Blanca con sus hijos. Recuerda la gran preocupación de Jackie por su hijo John, Jr...

—Un día comentó que la niñera de John-John se pasaba demasiado tiempo rondando al niño. «Tengo miedo de que cuando se haga mayor sea un faldero», me dijo. Se preocupaba mucho por sus hijos y pensaba que la eternamente embarazada Ethel no sabía lo que se hacía al tener un hijo detrás de otro.

—Es como una coneja pariendo y su conducta me parece terrible —opinó Jackie.

La Primera Dama disfrutaba de manera especial en el parvulario de Caroline. Mientras estaba haciendo los preparativos para el recibimiento del Sha del Irán y su joven esposa, les prometió a las uñas que llevaría a la emperatriz iraní a visitar la escuela.

—Contrató los servicios de una compañía de mímica para que fueran al parvulario y enseñaran a los niños y a las niñas cómo debían saludar a su majestad imperial —recuerda una de las madres—, y los mayorcitos se pasaron toda una semana practicando. Jackie sugirió que debían hacer un dibujo para que la emperatriz se lo llevara a su hijo. Decidió que toda la clase formara, saludara reverentemente a la emperatriz tal y como se les había enseñado mientras llevaban en una mano un ramo de flores y en la otra su dibujo.

—Los niños estaban muy excitados y nerviosos ante la posibilidad de ver a una auténtica emperatriz, pero cuando Jackie llego con la esposa del Sha, que iba en traje de calle y no con el manto imperial que los niños se habían figurado, olvidaron sus reverencias e inclinaciones y se limitaron a quedársela mirando fijamente. «Usted no es una verdadera reina —le gritaron—. ¿Dónde ha dejado la corona?» Jackie trató de explicarles que las reinas en el siglo XX se visten como las demás personas, pero eso no impresionó a los niños, que creyeron que la «Shabanou» [1] a la que ellos llamaban la «Shah Bunny» [2] era una falsa reina.

Jackie se esforzaba en educar a sus hijos de manera apropiada y frecuentemente esos problemas le causaban perplejidad. Cuando el embajador Kennedy quedó paralítico a consecuencia de su ataque de apoplejía y sin otro medio de comunicarse con los demás que con unos sonidos más bien ininteligibles en voz ronca y gutural, lo que asustaba a Caroline, que no creía que esos ruidos fueran producidos por su abuelo como tampoco comprendía la razón de que tuviera que ser llevado en un sillón con ruedas, en vez de hacerla enfrentarse con la dura realidad, Jackie le dijo a su hija que el abuelo estaba en la silla porque no se encontraba bien y hablaba así porque tenía laringitis. Al día siguiente, Caroline les dijo a sus compañeros de clase:

—Mi abuelo **está** indispuesto y tiene ronquera.

En los días en que Jackie esperaba a su tercer hijo, dedicaba cada vez mayor tiempo a Caroline y John-John. Frecuentemente los llevaba a merendar al campo o a un parque de atracciones, y se ponía una peluca para no ser reconocida, y evitarse molestias al ser atosigada por los periodistas. En el invierno se hizo llevar a la Casa Blanca en un coche de caballos pasado de moda, para pasear a los niños, y se puso furiosa cuando vio que un grupo de fotógrafos la esperaban junto

---

1. Emperatriz en iraní. En EE. UU. solía llamársela así.
2. «La Conejito del Sha», juego de palabras debido a la semejanza de pronunciación entre «Shabanou» y «Shah Bunny», en inglés. (N. del t.)

al carruaje. Siempre se indignaba cuando aparecían los fotógrafos e insistía en que no podía educar a sus hijos normalmente con la prensa siempre encima. El día de Todos los Santos, siguiendo la costumbre angloamericana, adquirió varias caretas y se marchó en secreto a Georgetown a celebrar la fiesta con sus hijos.

Una vez vio a una fotógrafo de prensa tomar una fotografía de Caroline y le rogó que no la publicara. La periodista accedió y Jackie le correspondió con una carta de agradecimiento:

Le doy las gracias por haberme pedido permiso para publicar la foto de Caroline con su bata de clase, y no hacerlo cuando le rogué que no lo hiciera. Se trata de un rasgo increíblemente honesto por su parte... Ya sé que los periodistas deben publicar fotografías diferentes o, mejor todavía, poco corrientes... pero mi problema es que quiero educar a mis hijos de manera normal... así que resulta consolador y amable, al mismo tiempo que soprendente, su gesto al respetar la posibilidad que se le ofrece a una pequeña de pasar un día feliz junto a otras niñas que, afortunadamente, la tratan como a cualquier otra chiquilla de sus mismos cuatro años de edad...

Durante su embarazo, Jackie anuló todos sus compromisos oficiales y además insistió en que se prohibiera a los fotógrafos que tomaran fotos suyas que mostraran su estado o llevando vestidos de futura mamá.

Después que la Casa Blanca anunció el futuro nacimiento de su próximo bebé, lo que significaba que por primera vez en 63 años iba a nacer un niño hijo de un presidente en funciones, los cables y telegramas de felicitación comenzaron a llover en la Presidencia. Jack Kennedy, con una sonrisa irónica, observó:

—Ahora Jackie tendrá una buena excusa para apartarse de todos los actos y compromisos.

La Primera Dama también recibió multitud de cartas de felicitación, entre ellas una de Roswell Patrick, subsecretario de Defensa de Kennedy. Jackie le contestó: «Ha sido muy amable por tu parte escribirme para felicitarme por el próximo nacimiento de mi hijito. Es un acontecimiento muy feliz y te agradezco muchísimo que te hayas tomado ese trabajo. Ahora que no tengo tiempo de asistir a esas comidas y almuerzos con las señoras, creo que podré ir a almorzar contigo y Madelin en mayo o junio.»

Madelin, que era entonces la tercera esposa de Gilpatric, despreciaba a la coqueta Primera Dama. Tenía la impresión de que su marido, que ya tenía 75 años, concedía a la mujer del presidente más atención de la necesaria. Consecuentemente, Jackie, que no ocultaba el afecto que sentía por Gilpatric, jamás recibió una invitación de su esposa.

En vez de eso, fue Jackie quien invitó a Gilpatric a comer con ella a solas y a pasar el día entero en Camp David mientras el presidente estaba en la Costa Occidental inspeccionando las instalaciones militares. Jackie estaba en el séptimo mes de su embarazo y Gilpatric, que había dimitido de su cargo, se disponía a regresar a Nueva York para abrir de nuevo su bufete de abogado. La Primera Dama, que contaba entonces 33 años, se divirtió mucho las horas que pasó con el ex subsecretario. Pocos días después le escribió una carta muy larga dándole las gracias por su visita. Cuando aquella tierna misiva se hizo pública, surgió la sospecha de que Jackie le estaba haciendo al presidente Kennedy lo que la reina Guinevere le hizo al rey Arthur. Gilpatric, desde luego, realizaba el papel de sir Lancelot.

Me encantó ese día en Maryland —escribió Jackie—. Me hizo sentir feliz durante toda una semana. Hoy sólo es lunes y sé que el encanto se mantendrá hasta mañana... Regresaré a Camp David y contemplaré esos moteles, que más parecen chabolas de Virginia Occidental, con sus refugios antiaéreos subterráneos, como si fueran grandes casas blancas con bellas columnas...

Anoche tuvimos invitados a cenar, personas que habían asistido a otra fiesta de despedida en tu honor, en Anderson House. Siempre procuro no pensar en las cosas que no deseo, pues tengo la teoría de que si uno no piensa en ellas no sucederán... pero supongo que tu marcha..., que nunca quise aceptar realmente hasta esta noche, es cierta...

Sentiré compasión por quien te suceda (por él) y creo que nunca llegaré a apreciarlo (no importa quién sea). Siempre vivirá a tu sombra... ninguno será capaz como tú de tener vigor y ternura al mismo tiempo...

Pero me siento mucho más triste por nosotros... En esta extraña ciudad donde todo el mundo llega y se va con tanta frecuencia, uno acaba por acostumbrarse a su inconsecuencia... Por eso cuando la marcha de una persona deja un vacío tan grande... debe sentirse orgulloso de ello... aunque sé que tú eres la última persona que le das importancia a esas cosas.

Sé que por fin vas a encontrar un poco de tranquilidad. Pero sé también que ese cambio requerirá un horrible reajuste. Te deseo que todo te salga bien. Por favor, no olvides, querido Ros, que siempre te desearé todo lo mejor. Muchas gracias. Jackie.

Kennedy nunca comprendió la atracción de su mujer por hombres mayores como el flaco y calvo Gilpatric o Robert McNamara. Estimaba a los caballeros y los consideraba extremadamente inteligentes, pero no creía que ninguno de los dos fuera realmente guapo.

—Creo que se debe a esa imagen paterna que te obsesiona —bromeó con su esposa.

Comentó el tema, en otra ocasión, con un matrimonio que cenaba con ellos, después de que Jackie dijo que creía que Roswell Gilpatric era uno de los hombres más atractivos de Washington.

—Los hombres no pueden comprender su *sex appeal* —dijo Jackie y, al ver la expresión de divertida sorpresa de los dos caballeros, comenzó a reír—. ¡Fíjate en ellos: parecen un par de perros a los que se les acaba de quitar el plato de comida debajo de las narices!

Posteriormente añadió:

—Creo que los hombres de más de sesenta años son por lo general más atractivos que los jóvenes. Por ejemplo, el general Maxwell Taylor es un tipo esbelto y maravilloso, mientras que algunos compañeros de estudios de Jack y de su misma edad han dejado de cuidarse y tienen un aspecto desastroso. El general Taylor tiene más de sesenta años, juega al tenis y es esbelto y fuerte.

Jackie se pasó un verano muy retirada en Hyannis Port, descansando y recuperándose con sus hijos, mientras el presidente visitaba oficialmente Inglaterra y Alemania y hacía una gira sentimental por el país de sus antepasados, Irlanda. Jackie estaba en contacto permanente con la Casa Blanca, preparando sus compromisos sociales para el otoño y pidiendo una nueva colección de vestidos a Oleg Cassini.

Mientras tanto se pasó horas y horas poniendo al día sus álbumes familiares de recortes y, no teniendo más remedio que organizarse bien para el futuro, seleccionó las tarjetas de Navidad que utilizaría la Casa Blanca así como los regalos navideños que el presidente debía hacer. Informó a Evelyn Lincoln y a Tom Walsh de que el regalo que deseaba de su esposo era un cubrecamas de chinchilla de unos cuatro mil dólares.

—Ya sé que suena muy caro, pero pueden hacer que sea un regalo de todos —sugirió—. Si no, me conformaré con que sea de conejo o de otra piel blanca.

En la mañana del 7 de agosto se fue a caballo con sus hijos hasta Osterville, a unas cuantas millas de distancia de Hyannis Port. Al regresar a casa sintió que empezaba a tener dolores de parto y llamó a su médico, John Walsh, que estaba pasando las vacaciones no lejos de allí. El médico pidió un helicóptero y puso en estado de alerta al hospital militar de Base Otis de las Fuerzas Aéreas ante la inmediata llegada de la señora Kennedy. El bebé se presentaba antes del tiempo previsto.

—Doctor Walsh, haga que llegue a tiempo al hospital —suplicó Jackie—. No quiero que le ocurra nada a mi hijito. ¡Por favor, dese prisa! No quiero en modo alguno que mi hijo llegue muerto.

Cuando ayudaban a Jackie a sentarse en un coche descapotable con la capota bajada, la médica del presidente apareció en la puerta principal de la casa.

—Señora Kennedy —le preguntó la doctora Janet Travell—. ¿Desea usted que avise al presidente?

—No, no —le gritó Jackie desde el coche—, no lo llame.

Tan pronto como el coche se hubo perdido de vista, la doctora se dirigió al coche radio del Servicio Secreto y llamó a la Casa Blanca para informar al presidente de que su esposa iba camino del Hospital Militar, cerca del Canal de Cape Cod.

A las 12,52 de la tarde, una hora después de que la señora Kennedy fue sometida a la cesárea, el hospital anunció que la señora de John F. Kennedy había dado a luz un bebé, varón, que pesaba dos kilos y medio. El niño había nacido con casi mes y medio de antelación al tiempo previsto y fue bautizado inmediatamente con el nombre de Patrick Bouvier en honor de su abuelo, Black Jack Bouvier.

Llegó el presidente y fue informado de que su esposa se encontraba bien, pero que el niño padecía serios trastornos respiratorios relacionados con la membrana torácica. Inmediatamente celebró una consulta médica y los doctores le recomendaron que el niño fuera llevado al Hospital Infantil de Boston para el tratamiento de ese síndrome idiopático respiratorio, bastante común en los niños prematuros. Después de pasar unos minutos con Jackie, volvió a conferenciar con los médicos. Esa misma tarde, algo después, orgullosamente, llevó al niño, a la *suite* de la señora Kennedy y lo puso en brazos de su madre. Por la noche, en una ambulancia, acompañó a su hijo a Boston y lo dejó en el hospital, que visitó cuatro veces durante el día siguiente para ver cómo seguía. Esa noche durmió en una cama libre al lado de Patrick. El niño no pudo resistir la tensión y su débil corazón falló. Cayó en coma y falleció al día siguiente.

El presidente se quedó desolado.

—Luchó denodadamente por vivir —dijo con voz temblorosa—. Era un niño precioso.

El afligido padre rompió a llorar.

—Fue un momento horrible, ver llorar a un hombre al que jamás se le había visto expresar externamente una emoción— comentó el cardenal Cushing.

Jack Kennedy regresó en avión a Otis, le dio la noticia a su mujer y se derrumbó en sus brazos con los ojos llenos de lágrimas.

—Oh, Jack; oh, Jack —dijo Jackie sollozando—. Sólo queda una cosa que sería incapaz de soportar... Perderte a ti.

—Lo sé, lo sé —murmuró su marido.

—Ésa fue la única vez que lo vi llorar —le diría Jackie más tarde a una amiga—. Estaba inconsolable. Para mí fue un rudo golpe, pero mucho peor para él. Jack estuvo a punto de no resistirlo. Aunque nunca me lo había dicho, estoy segura de que deseaba tener otro hijo varón. John era realmente la persona que más quería.

Posteriormente, ese mismo día, Jack llevó al hospital a Caroline para que visitara a su madre. La niña llegó con zapatillas de tenis, el pelo, rubio, recogido en una cola de caballo y con un ramo de flores que había cogido en el jardín. Jackie besó y acarició a su primogénita y pidió a su marido que le llevara al pequeño John por la noche.

Poco después empezaron a llegar algunos helicópteros en los que venían Janet y Hughdie Auchincloss y sus hijos menores Janet y Jamie, para reunirse con el resto de los Kennedy. Lee Radziwill suspendió sus vacaciones en Grecia y voló a Massachusetts para estar la lado de su hermana. Todos juntos emprendieron el viaje a Boston, en avión, para asistir a la Misa de Difuntos, que fue oficiada por el cardenal Cushing, que ofició de blanco en vez del negro propio de los funerales.

Jackie se pasó aquella mañana completamente sola en su habitación del hospital.

Aunque no pudo atender al funeral de su hijito, insistió en que, como años antes hiciera con su padre, el ataúd fuera cubierto de flores.

Después de la Misa de los Ángeles, el presidente llevó el pequeño ataúd en sus brazos y depositó dentro de él la medalla de San Cristóbal que recibiera de Jackie como regalo de boda el mismo día que se casaron.

El niño fue enterrado en el cementerio de Holyrood, en Brookline, a sólo unas cuantas millas del lugar de nacimiento del presidente. Kennedy tocó el ataúd en el momento en que era bajado para quedar depositado en su tumba.

—¡Adiós! —dijo incapaz de nuevo de contener las lágrimas—. Se está terriblemente solo aquí.

—Mi querido Jack, vámonos —le dijo el cardenal Cushing—. Ya no podemos hacer nada aquí.

Apenas recuperada su compostura, el presidente tomó de nuevo el avión para dirigirse a Cape y consolar a su esposa. Ésta siguió en el hospital siete días más y después pasó el resto del verano en Hyannis Port, recuperándose. En el momento en que abandonó el hopital expresó su agradecimiento a las enfermeras con estas palabras:

—Han sido ustedes tan buenas conmigo, que volveré aquí el año que viene para dar a luz a mi próximo hijo. Así que no lo olviden y estén preparadas.

Fue la primera vez en toda la carrera pública de Kennedy que él estuvo al lado de su esposa y con cariño la cogió de la mano para llevarla hasta el coche que los esperaba.

CAPÍTULO CATORCE

—Ha sido un golpe muy duro para Jackie —dijo el presidente—. Deseaba tener otro hijo. Y después de todas las dificultades que tuvo durante su embarazo y el parto, resultó doblemente doloroso para ella perderlo. Nos hemos divertido tanto con «Botones» [1] y John-John. Hubiera sido muy agradable tener otro hijo.

Temeroso de las consecuencias que pudiera tener la depresión de su esposa, Kennedy hizo un esfuerzo especial para acudir a reunirse con ella en Cape el fin de semana que siguió a la muerte de Patrick. Lo que no fue obstáculo para que aún le quedara tiempo para otras mujeres. El 24 de septiembre hizo un viaje oficial y se llevó consigo a Mary Meyer a Milford (Pennsilvania). El objeto del viaje era aceptar, en nombre del gobierno de Estados Unidos, una mansión y una extensión de terreno donación de un primo de Mary que era el hijo del fallecido gobernador del Estado.

—Probablemente, el asunto no tenía la suficiente importancia como para exigir la presencia del propio presidente —admitió Ben Bradlee, cuñado de Mary Meyer. Ésta, que había estado visitando en secreto al presidente en la Casa Blanca, mientras Jackie estaba en Cape, estuvo bromeando con Jack sobre la recepción que les iba a hacer su madre, que era una archirrepublicana. Kennedy no pudo resistir la oportunidad de visitar a Ruth Pinchot, la madre de su amante, y de posar para unas cuantas fotografías más.

Unos pocos días antes, el presidente había celebrado el décimo aniversario de su boda en compañía de Jackie en la Hammersmith Farm de Newport, Rhode Island. Jackie le regaló una medalla de oro de San Cristóbal, soldada a un clip para sujetar el dinero, que debía sustituir a la que Jack puso en el ataúd de su hijito. Le regaló también un álbum para recor-

---

1. Así llamaba a su hija Caroline.

tes de prensa, encuadernado en cuero rojo y con un grabado de oro que representaba la rosaleda de la Casa Blanca.

La primera primavera que pasó en la Casa Blanca, el presidente le pidió a Bunny Mellon, un experto floricultor, que replantara con nuevo diseño los parterres y bancos de flores, con plantas que dieran flores todo el año, debajo de la ventana de su despacho.

—Aquello estaba horrible antes de que Bunny se hiciera cargo del jardín —dijo Jackie—. Ahora es magnífico... Su belleza parece influir incluso en los más hoscos reporteros que han venido a presenciar lo que se estaba haciendo.

En cada página del álbum de recortes de la presidencia había fotos del jardín, antes y después de ser transformado, que fueron tomadas casi a diario durante el tiempo que duró el trabajo, junto a una fotocopia de los compromisos del presidente para aquel día y unas notas sobre jardinería escritas a mano por Jackie.

Kennedy le entregó a Jackie una carta de J. J. Klejman, el anticuario de Nueva York, que incluía un inventario de todas las piezas que tenía a la venta con una descripción completa y su precio. No había nada en su lista que costara menos de mil dólares y Jack le dijo que podía elegir lo que más le gustara de la lista como regalo de aniversario. Dejando a un lado los dibujos de Degas, los aguafuertes de Fragonard, unas estatuillas precristianas y algunos objetos de arte etrusco, Jackie se decidió por un sencillo brazalete en forma de serpiente enroscada.

Por entonces, Jackie recibió una llamada telefónica de su hermana, que había pasado las vacaciones en Grecia con Aristóteles Sócrates Onassis. Lee regresó a Atenas después del funeral de Patrick y durante una cena le dijo al magnate del petróleo lo muy afectada que se había quedado su hermana después de la muerte de su hijito. Onassis la escuchó con simpatía y sugirió la posibilidad de un crucero en su yate con la Primera Dama. Onassis dijo que el *Christina* estaba a disposición de Jackie y Lee; inmediatamente se apresuró a telefonearle.

—Dile a Jack que Stas y yo seremos tus carabinas —dijo—. ¡Oh, Jackie, será tan divertido! No puedes imaginarte lo estupendo que es el yate de Aris y me ha dicho que iremos donde tú quieras. Creo que te hará mucho bien viajar durante algún tiempo.

Kennedy se mostró conforme con que su esposa aceptara la invitación, aunque le preocupaba un poco la publicidad que podía hacerse en torno al viaje y a la aceptación de la hospitalidad del griego.

—Es un asunto un poco peligroso —le dijo a un amigo refiriéndose a las relaciones de Onassis con la famosa estrella de la ópera María Callas, que eran del dominio público—. Lo que me preocupa más es la acusación que se hizo contra Onassis.

Durante la administración de Eisenhower, Aristóteles Onassis tuvo que hacer frente a la acusación de haber conspirado para defraudar al Gobierno de Estados Unidos utilizando buques de transporte norteamericanos sin pagar ningún tipo de impuestos. Al parecer, el armador prefirió pagar la enorme multa de siete millones de dólares antes que enfrentarse con un juicio en Estados Unidos.

Otro inconveniente a los ojos de Kennedy eran las íntimas relaciones que se habían establecido entre el magnate naviero y su cuñada, que se pasaba la mayor parte del tiempo en su yate o yendo con él en avión de Londres a Nueva York.

—En esos días Lee quería casarse con Onassis, pero él no parecía demasiado inclinado al matrimonio —recuerda Betty Spalding, que tuvo varias conversaciones al respecto con los Kennedy—. Jackie tampoco quería que su hermana dejara a Stas para casarse con Onassis. Ése fue el verdadero objetivo de su viaje a Grecia. No se trató, solamente, de una excursión de convalecencia, sino que se aprovechó también para hablar con Lee y hacerla reflexionar.

Bobby Kennedy también estaba preocupado por la situación. Asustado por las consecuencias políticas que pudiera tener el que su cuñada, que secretamente estaba negociando la anulación de su anterior matrimonio ante el Vaticano, de repente dejara a su segundo marido para casarse con Onassis. El fiscal general insistió una tarde hablando con Jackie:

—Haz el favor de procurar que Lee deje ese asunto, ¿lo harás?

Jackie le dio seguridades de que efectivamente lo haría así.

Mientras tanto, el presidente convocó a su subsecretario de Comercio, Franklin Delano Roosevelt, Jr., y le pidió que él y su esposa acompañaran a Jackie en el crucero.

—Vuestra presencia —dijo el presidente— dará mayor respetabilidad a todo este asunto y la gente no hablará tanto si Sue y tú estáis allí.

El matrimonio Roosevelt se mostró conforme en acompañar a la Primera Dama.

Unos días más tarde, Pamela Turnure anunció a la prensa que la Primera Dama estaba planeando realizar un viaje privado de dos semanas a Grecia, en el mes de octubre. Parte de las vacaciones las pasaría en la villa de Markos Nomikos, donde ya estuvo después de ser Primera Dama, en 1961.

—Su itinerario incluye también un crucero de varios días de duración —añadió la señorita Turnure, que a disgusto hubo de admitir que el crucero sería a bordo del yate de Onassis.

Un periodista le preguntó si el griego de oro estaría a bordo con la Primera Dama. La señorita Turnure respondió:

—No, que yo sepa.

Añadió que el príncipe Radziwill estaba utilizando el yate de Onassis y que él, su esposa y el matrimonio Roosevelt acompañarían a Jackie.

Realmente Onassis, que se dio cuenta de las dificultades políticas que su presencia a bordo podía causar, se brindó a quedarse en Atenas para evitar todo escándalo, pero Jackie insistió para que fuera con ellos en el *Christina*.

—No podía aceptar su generosa hospitalidad y después dejarlo a él en tierra —comentó Jackie posteriormente—. Hubiera sido excesivamente cruel. No, no pude hacer una cosa así.

Onassis llenó su yate de los vinos más caros, ocho variedades de caviar y de frutas frescas enviadas a diario en avión desde París. Contrató una tripulación de sesenta personas, más dos peluqueros, una masajista sueca y una pequeña orquesta para bailar cada noche. Esos detalles le costaron 40 000 dólares. Además de los Radziwill y los Roosevelt, entre los invitados figuraban la hermana de Onassis, Artemisa, y su esposo, un autor teatral griego; la diseñadora de modas princesa Irene Galtizine y su esposo, y Accardi Gurney, un soltero galante y encantador que era buen amigo de Lee.

—El pobre Franklin no quería venir con nosotros —dijo Jackie—. Nos explicó que trataba de crearse una nueva imagen y que un viaje como aquél no lo beneficiaría en nada políticamente, pero persuadí a Jack de que lo llamara e insistiera en que me acompañara. Realmente, yo quería tener a los Roosevelt de carabinas.

El viaje no resultó nada divertido para Franklin Roosevelt:

—Jackie siempre le estaba gastando bromas molestas y en ocasiones hasta se portó mal con él —recuerda uno de los invitados al crucero—. Cuando Franklin apareció con unos *shorts* rojos y un jersey, se burló de él cruelmente.

—¡Oh, Franklin, por amor de Dios, te pareces a John-John con pantalones cortos! ¿Por qué te pones esas cosas tan horribles?

En esos días no resultaba elegante que los hombres llevaran pantalones cortos y Jackie, siempre tan pendiente de lo que estaba de moda, pensó que Franklin resultaba un poco cursi. Jackie actuaba como si su presencia le resultara embarazosa. Se metió con él muchas veces a causa de un traje marrón que no le gustaba en absoluto. Le dijo que parecía una vieja bolsa de equipaje.

Como si fueran jóvenes estudiantes, Jackie y Lee siempre estaban ideando jugarretas para hacer víctima de ellas al sufrido subsecretario. Un invitado recuerda lo ocurrido una noche cuando estaban hablando de los efectos de las drogas alucinógenas.

—Alguien dijo que una gran cantidad de nuez moscada podía producir el mismo efecto. Así, al día siguiente, Lee y Jackie que siempre se portan como chicas traviesas cuando están juntas, pensaron que tendría gracia «drogar» a Franklin y ver lo que hacía bajo los efectos del alucinógeno. Persuadieron al jefe de cocina de Aris que pusiera una gran cantidad de nuez moscada en la sopa de Flanklin y el pobre hombre estuvo a punto de atragantarse cuando se tomó la primera cucharada. La mujer de Franklin se quedó realmente perpleja ante la broma. Realmente, lo mismo nos pasó a todos nosotros, que consideramos el asunto demasiado estúpido para comentarlo y, desde luego, nada divertido en absoluto. No estábamos acostumbrados al tipo de bromas y travesuras que Jackie y Lee consideraban tan divertidas. Realmente, las dos eran unas mujeres extrañas. Infantiles y un tanto insensatas. Durante todo el viaje no hacían más que repetir cosas como: «Oh, vamos a telefonear a Jack para decirle que hemos varado en Estambul y no podemos regresar.» Ése era su sentido del humor.

Las bufonadas infantiles de Jackie ponían furiosos a los hombres del servicio secreto que la escoltaban.

—Le gustaba volver loco al pobre Clint Hill —recuerda una amiga—. Era su agente favorito y se las arreglaba para que siempre fuera él el encargado de su protección cuando salía de la ciudad. Una noche, en Nueva York, Jackie decidió recorrer unos cuantos *night-clubs* con Chuck Spalding y el matrimonio Roosevelt, Clint estaba sentado delante, junto al chófer, y preguntó:

—Y ahora, ¿dónde vamos?

Jackie respondió con su voz susurrante e infantil:

—¡Ah, vamos a Harlem!

A Clint, literalmente, se le heló la sangre en las venas al oírla decir eso. De vez en cuando Jackie sugería ir a algún sitio poco respetable sólo para asustarlo. Una vez que veía su reacción de terror, Jackie se echaba a reír y aclaraba:

—¡Oh, señor Hill, no tenga miedo! Trataré de portarme como una niña buena.

Pero a veces Jackie no se sentía tan bromista. En una ocasión le dio órdenes a Hill de que confiscara la película a un fotógrafo de prensa que había visto le estaba tomando fotos desde el otro lado de una cerca de alambre en el aeropuerto.

—¡Deme la película! —le gritó al periodista—. Jackie me hará la vida imposible si no se la llevo.

Finalmente, intervino la policía del aeropuerto que condujo al fotógrafo a una de sus oficinas para comprobar sus credenciales y esto dio tiempo a que el avión en que iba la Primera Dama emprendiera el vuelo. Sólo después que se consultó a la Casa Blanca e intervino Pierre Salinger se dejó en libertad al periodista y se le devolvió la película. Jackie ya se había marchado.

En el viaje a Grecia, Jackie le aseguró a Clint Hill:

—En esta ocasión puede estar tranquilo. No tendremos periodistas, así que podremos pasarlo bien.

A su llegada a Atenas Jackie fue saludada por Chrysanthemis Papacotis, una niña de doce años que tenía buenas razones para querer a la Primera Dama. Durante el primer viaje de Jackie a Grecia en 1961, Jackie se enteró de que esta chica, que sufría una enfermedad cardiaca, no podría vivir más allá de los quince años, así que le pidió a la Embajada norteamericana que investigara el caso y, si había alguna posibilidad de operar a la chica, ésta debía ser enviada a Estados Unidos. Jackie prometió hacerse cargo de todos los gastos.

Unos días después la Embajada hizo que la niña fuera llevada a un hospital de Atenas para un nuevo reconocimiento. Como consecuencia de él se informó al hospital Walter Reed, de Washington, de que la niña necesitaba una operación especial para eliminar el blocaje que rodeaba su corazón. Los cirujanos del Ejército USA realizaron la operación y después de dos meses de estancia en el hospital norteamericano la chica visitó a la Primera Dama en la Casa Blanca. Jackie lo arregló todo para que Chrysanthemis fuera a Nueva York, en el avión particular de los Kennedy, donde la acompañó a visitar el zoológico y la estatua de la Libertad. Se quedó con la familia Kennedy en su *suite* del hotel Carlyle y visitó las Naciones Unidas como invitada del embajador Adlai Stevenson. La Primera Dama se encargó también de arreglar su viaje de regreso a su hogar, en Grecia, con una parada de unos días en París para que pudiera visitar la capital de Francia.

—La bondad de Jackie salvó, probablemente, la vida a la pequeña —dijo una amiga—, y aunque aquello resultó fácil para ella, lo cierto es que nos sorprendió a todos que lo hiciera. Mirando las cosas retrospectivamente fue la mejor acción que hizo en todo el tiempo que fue Primera Dama.

Todos los periódicos de Grecia pusieron por las nubes a Jackie por su acción generosa. Cuando regresó, en 1963, no sorprendió a nadie que una multitud entusiasmada acudiera a recibirla. Chrysanthemis le ofreció un ramo de gardenias cuando descendió del aeroplano. Después, con su hermana Lee, Jackie tomó un coche cerrado y se dirigió a la villa de Nomikos en la costa de Cavouri, a unos veinte kilómetros y pico al suroeste de Atenas.

El *Christina* se hizo a la mar pocos días más tarde cargado con bandejas de salmonetes en hielo, latas de jamón, cestas de uvas, higos negros, melocotones y granadas. Antes de abandonar el puerto, Onassis le dijo a los periodistas que su primera etapa sería Delfos.

—Después iremos adonde la señora Kennedy decida. Ella tiene la palabra. Es el capitán.

En Estambul Jackie fue saludada entusiásticamente por una multitud de turcos, cuando se dirigía a la famosa Mezquita Azul.

—¡Volveré, volveré! —gritó Jackie al despedirse.

Después prometería:

—¡Volveré aquí cuando mi esposo ya no sea presidente!

El crucero continuó por el mar Jónico en dirección a la isla de Skorpios, que Onassis había comprado seis meses antes por 110 000 dólares. La isla, con la forma de un escorpión, y con una gran colina deshabitada, estaba cubierta de olivos.

—Es simplemente adorable, Aris, adorable.

—Esto no es nada. Espera a ver lo que pienso construir en la cumbre de la colina: una copia del palacio de Knossos, en Creta, con sus 180 habitaciones.

Hizo una pausa y después, afectuosamente, preguntó:

—¡Ah!, y ya que hablamos de eso, ¿cuántas habitaciones tenéis en la Casa Blanca?

—¡Oh, no tantas como tú piensas hacer en tu palacio! —se rio Jackie—. Pero cada vez me gusta más aquel lugar... He dedicado mucho tiempo y esfuerzo en decorarlo de nuevo y ahora tengo la impresión de que he puesto mucho de mí misma. ¿Puedes comprender cómo me siento?

—¡Claro, naturalmente! —replicó el amable anfitrión—. He oído hablar mucho de tus esfuerzos por restaurar la Casa Blanca y me siento impresionado. Quizá puedas aconsejarme en la decoración de Knossos cuando esté construido.

Bronceándose bajo el brillante sol del Egeo, Jackie le explicó a todo el mundo lo maravilloso que resultaba no verse esclavizada por las obligaciones sociales cotidianas de la esposa de un presidente.

—Eso es lo bueno de estos viajes —dijo Franklin Roosevelt, jr.—. Podemos pensar y decidir lo que vamos a hacer y adónde ir.

Durante todo el tiempo que duró el viaje, la Primera Dama no mencionó en absoluto el fallecimiento de su hijito Patrick.

—Nos contaba que se cansaba de andar y que, en una ocasión, se cayó en un agujero en las cercanías del Oráculo de Delfos, pero jamás mencionó a su hijito —cuenta un invitado—. Onassis fue un anfitrión maravilloso, muy considerado y dinámico, pero puedo asegurarle a usted que no hubo absolutamente nada entre él y Jackie en aquel crucero. Jackie repetía continuamente lo maravilloso que era sentirse tan libre de preocupaciones y descansada y añadía: «¡Cuánto me gustaría que Jack estuviera aquí con nosotros!»

A Jackie, en efecto, le hubiera gustado mucho compartir aquella agradable experiencia con su esposo. El presidente le telefoneó dos veces durante el crucero, pero en ambas ocasiones la comunicación fue muy defectuosa. Jackie apenas entendió a su marido cuando éste le dijo que acababa de firmar el tratado de prohibición de pruebas nucleares. Cada noche comenzaba a escribirle una carta de diez páginas.

Te echo mucho de menos, lo cual es al mismo tiempo agradable y triste —le escribió—. Ya sé que suelo exagerar, pero me siento triste por todos los casados separados. Me doy cuenta de que lo estoy pasando muy bien, disfrutando de algo que tú no puedes gozar, que quizá no tengas nunca: la ausencia de tensión. Me gustaría mucho poderte dar esta sensación de descanso y relajamiento... por eso te dedico todos mis días mientras pienso en lo mucho que tengo para darte.

La última noche del crucero, Onassis, siguiendo su costumbre, planeó una cena de gala e hizo valiosos regalos a todas las señoras que habían sido sus invitadas. Lee Radziwill recibió tres pulseras con piedras preciosas. Sue Roosevelt, un bolso de noche de malla de oro, adornada con diamantes, obra de Van Cleef y Arpels.

Cuando la señora Roosevelt abrió su regalo y se encontró con aquel elegante bolso de noche, Jackie exclamó:

—¡Oh, Sue, exactamente igual al que me regaló el presidente De Gaulle, sólo que el mío no tiene todos esos diamantes!

Los presentes se quedaron atónitos cuando Onassis ofreció sus regalos a la señora Kennedy. El más extraordinario de ellos era un collar de brillantes y rubíes que podía ser convertido en dos pulseras.

—¡Oh, Dios mío! —exclamó Lee Radziwill—. Estoy atónita, no puedo creerlo.

Posteriormente la princesa escribió al presidente: «Ari ha obsequiado a Jackie con tantos presentes, que no puedo resistirlo. A mí todo lo que me ha regalado han sido tres pulseras tan delgadas y pequeñas que ni siquiera Caroline querría ponérselas en su fiesta de cumpleaños.»

El presidente frunció el ceño cuando leyó lo que los periódicos comentaban sobre el crucero de Jackie. Los reportajes hablaban del «yate brillantemente iluminado», que estaba «lleno de alegres invitados, buena comida y bebida y unas cenas prodigiosas a bordo». Kennedy se preocupaba por la reacción del público frente a esas lujosas excentricidades de la Primera Dama, pero no pretendió, en ningún momento, suspender el viaje o reducir su duración.

—Cada dos o tres días Jackie y yo le llamábamos desde el *Christina*, para contarle lo que estábamos haciendo —recuerda Franklin Roosevelt, Jr.—. Kennedy jamás criticó nada, no mencionó lo que los periódicos decían y no ordenó a Jackie que regresara anticipadamente. He leído reportajes y relatos que hablan de que Jack la había llamado para exigirle que volviera a casa, pero eso es, simplemente, falso.

Kennedy, una vez, le preguntó a su mujer qué país le gustaría visitar si pudiera elegir entre Italia, Irlanda o Marruecos.

—Ya sé que quieres ir a Irlanda más que nada en este mundo —le dijo Jackie—, pero por mi parte quisiera ir a Marruecos.

Y efectivamente, tan pronto como terminó su crucero con Onassis, voló directamente a Marraquech para quedarse en la residencia que el primo del rey de Marruecos tenía en la Casbah.

La Primera Dama llegó allí, con su hermana, durante la celebración del cuadragésimo día de vida del primogénito del monarca, el príncipe Mohammed.

—¿Sabes? —dijo Jackie—, Hassan acostumbraba a ser un *playboy* tan malo como el sha de Persia. Pero ahora que es rey, se ha vuelto un hombre serio. Jack dice que está supercompensado.

El rey Hassan llamó a la Primera Dama poco después de su llegada al país para invitarla a una «fantasía» —una exhibición de la destreza de los jinetes bereberes— en los jardines del palacio real. Cuando Jackie expresó su admiración por un caballo blanco, inmediatamente el rey de Marruecos, que tenía entonces 34 años, envió un paje al lugar de la exhibición para ordenarle al dueño del garañón que desmontara y ofreciera el noble animal como regalo a la Primera Dama. Ordenado y hecho.

El rey, además, mandó venir por avión desde Casablanca a un peluquero para que atendiera a Jackie y, a petición de ésta, prohibió a los periodistas que tomaran fotos de su invitada. Después el monarca ordenó que cualquier cosa por la que Jackie mostrara admiración debía serle entregada como regalo. Naturalmente cuando Jackie recorrió el bazar de Marraquech, mostró su admiración por muchas cosas. Jackie, al salir de Marruecos, dejó tres furgonetas llenas con los regalos, sin incluir al caballo blanco, y preparadas para ser enviados a la Casa Blanca. Jackie dijo que su deseo era que el caballo fuera enviado a Grecia para que su hermana y su cuñado lo guardaran en su villa.

El presidente estaba esperando a Jackie en el aeropuerto de Washington, con Caroline y John-John, la noche que ella regresó, algo que no solía hacer de ordinario. Una multitud de admiradores rompieron en aplausos cuando la Primera Dama descendió del avión, sonriente y con aspecto feliz a la luz resplandeciente de los reflectores.

—¡Oh, Jack —le dijo al oído a su esposo—, me siento tan dichosa de estar de regreso en casa!

Kennedy, un tanto a disgusto ante esa prueba pública de afecto, aceptó un rápido beso y algunos mimos en el coche antes de que se pusieran en marcha de regreso a la Casa Blanca.

Pocas noches después Jackie les contó algunos detalles de su crucero a varios amigos y les habló de su anfitrión.

—Onassis es tan poco consciente de su fortuna como Rock

Hudson de su belleza. Para ellos es algo que les parece muy natural aunque Rock nació con esa bendición, mientras que Aris tuvo que trabajar como un esclavo para conseguir su dinero.

En una cena con los Bradlee, Jackie dijo que se sentía un poco responsable y dolorida con la mucha publicidad que había despertado el crucero.

—Los sentimientos de culpabilidad pueden actuar en mi favor —les dijo el presidente a sus invitados.

Después se volvió a su mujer y añadió:

—Tal vez aceptes ir conmigo a Tejas la semana próxima.

—Claro que iré.

Unos días después la Primera Dama invitó a Robin Douglas-Home para que pasara la tarde con ella en la casa de campo que había construido en Atoka (Virginia), cerca de Rattesnake Mountain.

—Estaba mucho más relajada y tranquila, exteriormente más calmada y feliz que las demás veces que me había encontrado con ella anteriormente —dijo Robin—. Tenía mayor compostura. Había desaparecido mucha de su agresividad, de sus frustraciones reprimidas, de su acidez e incluso la hiriente ironía que siempre había en su conversación, el año anterior. Para poner las cosas de un modo cruel: creo que podría compendiarlo diciendo que había crecido, que se había hecho mucho más adulta en el año transcurrido; algunas de sus ilusiones juveniles se habían desmoronado y tuvo que aprender a aceptar que sus ideales no podían ser realizados al ciento por ciento. Había perdido parte de su arrogancia y en su lugar surgió cierta humildad. Sus cambios de humor eran menos notables, su ironía menos hiriente, los relámpagos de agresividad menos frecuentes y más profundos.

Esa noche, durante la cena, la esposa del presidente le abrió su corazón al amigo y le contó la forma inesperada y sensible como su marido había reaccionado emocionalmente por la muerte del pequeño Patrick, ocurrida tres meses antes.

—El nacimiento y la muerte del niño indiscutiblemente habían actuado como una especie de catalizador en las relaciones entre Jacqueline y su esposo —recuerda el inglés—. La reacción de Kennedy ante la muerte del niño, tal y como me fue contada por ella... la propia reacción de Jackie... La tragedia los unió mucho más de lo que habían estado hasta entonces, con un nuevo nivel de comprensión, respeto y afecto. La forma como tocaba la mecedora de su esposo en la sala de estar... el modo como describió los sentimientos de Kennedy sobre lo feliz que se sentía de tener dos hijos que ella le había dado; lo mucho que valoraba su presencia, al observar cómo su esposa iba madurando, suspirando por su amor, su aprobación y su aceptación, atesorando los momentos de intimidad pasados juntos. Paradójicamente, la muerte de Patrick trajo nueva vida a su matrimonio y, al mismo tiempo, reforzó su autosuficiencia como familia. Jamás se había sentido tan feliz.

Aun cuando Jackie despreciaba la política, se mostró dispuesta a acompañar a su marido a Tejas ese mes. Hizo trece viajes al extranjero como Primera Dama, pero se negaba a viajar por los Estados Unidos y nunca se aventuró más al oeste de sus cuadras en Virginia. Ese viaje sería su primera gira como esposa del presidente y su primera aparición pública desde la muerte de su hijito.

El presidente tenía que hacer aquel viaje a Tejas para actuar de una manera más directa sobre la tendencia que estaba diviendo al Partido Demócrata en aquel Estado. El gobernador conservador, John Connally, y el senador liberal Ralph Yarborough se estaban despedazando entre sí y si no se conseguía que se reconciliaran pronto el futuro presidencial de Kennedy en 1964 no tendría oportunidad en aquel Estado. Incluso con Lyndon Johnson como vicepresidente, Kennedy tuvo dificultades en hacerse con los votos de Tejas en 1960, ganando por sólo 46 233 votos de diferencia sobre su rival. Jack Kennedy necesitaba el estado de la Estrella Solitaria firmemente tras él en las elecciones de 1964, así que pensó que no tenía escape en ese caso y estaba obligado a hacer la visita.

Adlai Stevenson estuvo en Tejas en octubre para una ceremonia del Día de los Estados Unidos y fue abucheado y escupido por una multitud furiosa. Los agentes del servicio secreto de Kennedy advirtieron a los ayudantes del presidente que estaban preocupados por la posibilidad de manifestaciones contra él. Muchos amigos le aconsejaron que no hiciera ese viaje a Dallas, fortaleza republicana de John Birch-Dixiecrat. La decisión presidencial de llevar la integración racial a Mississippi y enviar a un comisario de los Estados Unidos para que acompañara a James Meredith no había sido bien acogida en aquella parte del país. Los segregacionistas lo odiaban por haber ordenado la intervención federal. Pero Kennedy estaba completamente decidido a hacer el viaje.

—Nadie puede forzar al presidente a que vaya a Tejas —dijo Kenny O'Donnell—, y menos que nadie Lyndon Johnson. Pero nadie pudo obligarle a dar marcha atrás de su decisión de ir a aquel Estado.

Pocos días antes de la fecha fijada para su partida, el presidente voló a Miami con el senador George Smathers para pronunciar un discurso ante un grupo de directores de periódicos latinoamericanos. De regreso a la Base Uno de las Fuerzas Aéreas dijo:

—Tengo que ir a Tejas dentro de unos días y odio profundamente tener que hacer ese viaje y enfrentarme en competición con Lyndon y Ralph Yarborough, pero creo que no me queda otro remedio. Y Jackie vendrá conmigo.

—¡Vaya, eso es estupendo! —dijo Smathers.

—Sí, ya es hora de que Jackie comience a hacer conmigo alguno de estos malditos viajes. Estoy satisfecho de saber que la tendré a mi lado.

A principios de ese mes la Casa Blanca había anunciado que la Primera Dama acompañaría a su esposo el 21 y el 22 de noviembre, en la gira de dos días por el Suroeste, que incluía discursos para la recogida de fondos en San Antonio, Houston, Fort Worth y Dallas.

Los Kennedy tenían pensado quedarse el fin de semana siguiente en el rancho de Lyndon B. Johnson, en las afueras de Austin, y Jackie prometió acompañar al presidente en su ronda de recepciones, desayunos, comidas y cenas.

—Colaborará en todas las formas que le sea posible, considerando sus otras obligaciones y si continúa su buen estado de salud —dijo el portavoz de la Casa Blanca que hizo público el comunicado.

Jackie les dijo a sus amigas que el viaje le asustaba, pero que, pese a ello, estaba decidida a ir.

—Jack sabe perfectamente que odio ese tipo de cosas —dijo—. Lo único que me ha dicho ha sido: «Me encantará que vengas conmigo, pero sólo si realmente deseas hacerlo. Serás una gran ayuda para mí, pero si no quieres venir me haré cargo y lo comprenderé.» Ahora estoy firmemente decidida a ir a Tejas aun cuando sé con certeza que odiaré cada minuto del viaje. Jack me quiere allí, a su lado, y eso es lo único que importa. Es sólo un pequeño sacrificio de mi parte y algo de mucha importancia para él.

CAPÍTULO QUINCE

El presidente Kennedy deseaba que aquel viaje fuera agradable para su esposa. Le dio instrucciones a su ayudante de las Fuerzas Aéreas para que llamara al Departamento de Meteorología y se enterara de la temperatura que había en Tejas, y la que se pronosticaba para los próximos días, de manera que su mujer pudiera poner en su equipaje los vestidos más convenientes. Siempre le gustó que Jackie fuera bien vestida, pero tenía especial interés en aquel viaje a Tejas.

—En las reuniones y banquetes te encontrarás con todas esas ricas republicanas, con sus abrigos de visón y sus brazaletes de brillantes —le advirtió a su esposa—, y quiero que tengas un aspecto tan elegante y distinguido como ellas. Pero debes vestir con sencillez, para que esas condenadas tejanas aprendan de una vez lo que es el buen gusto.

—Si tan importante es para ti que tenga buen aspecto, ¿no sería mejor que no lo estropearas con un largo recorrido en coche descubierto? —preguntó Jackie.

Se desestimó, no obstante, la idea de ir en coche cerrado, pues Kennedy quería estar expuesto a todas las miradas. Salvo que lloviera mucho, el coche iría descubierto para que todos pudieran verlo.

La primera etapa debía ser San Antonio, donde Jack tenía que presidir la inauguración de una Escuela de Medicina aeroespacial destinada a las Fuerzas Aéreas; después debían detenerse en Houston, donde Jackie pronunciaría un breve discurso en español a la Liga de Ciudadanos Latinoamericanos. Jackie no hablaba el español con la misma perfección que el francés, por lo que insistió en ser acompañada en el viaje por un profesor y seguir preparando el discurso con él durante el vuelo en el avión presidencial.

McHugh informó al presidente de que hacía un tiempo frío y seco con algo de viento, y el presidente se lo transmitió a Jackie para que eligiera la ropa apropiada. Jackie fue de un lado a otro de su dormitorio poniéndose y quitándose vestidos. Finalmente eligió dos: uno marrón y otro blanco, dos trajes de chaqueta en azul y amarillo y, para Dallas, un traje de chaqueta de color rosa llamativo, modelo de Chanel, con cuello y adornos en azul marino y un pequeño bonete del mismo color rosa.

Mary Gallagher se hizo cargo del equipaje de la Primera Dama y vigiló cuidadosamente mientras Provi llenaba un neceser de viaje con cosméticos y algunos pares de guantes, de gamuza blanca, de recambio.

Antes del desayuno, el jueves 21 de noviembre, el presidente de Estados Unidos, que tenía 46 años, se vistió solo en su dormitorio. Se puso la faja ortopédica y el traje que su ayuda de cámara le había preparado, se ató los cordones de los zapatos, el izquierdo provisto de una plantilla ortopédica de un centímetro que tenía que usar por prescripción médica. Se colocó el alfiler de corbata, insignia de las lanchas PT en que prestó servicio como oficial durante la segunda guerra mundial y se guardó en un bolsillo las gafas que se negaba a usar en público o cuando iba a ser fotografiado. Se guardó su cartera, en la cual iba el clip sujeta-billetes con la medalla de San Cristóbal que Jackie le había regalado en su cumpleaños.

En otra habitación, un peluquero se ocupaba con el pelo crepado de Jackie, cuando Caroline, antes de irse al colegio, entró para darle los buenos días y después a su padre. El presidente intentó llevarse a su hijo, al que le gustaba mucho viajar en helicóptero, hasta el aeropuerto, para despedirlo allí.

Todavía preocupado por el mal tiempo que suponía le esperaba en Tejas, Kennedy le pidió a su secretaria que pidiera confirmación. Pocos minutos más tarde, volvió la señora Lincoln para darle malas noticias. Se había recibido un nuevo pronóstico meteorológico que indicaba que los dos días siguientes serían excepcionalmente calurosos para la estación.

—¡Jesús! —murmuró el presidente, que tomó el teléfono para avisarle a la doncella de su esposa que pusiera en el equipaje algo de ropa más fresca.

—Demasiado tarde, señor presidente —le dijo Provi en su mal inglés—. Muggys se llevó las maletas a las nueve. Ya están en el helicóptero.

Jack colgó el teléfono y seguidamente llamó a Godfrey McHugh, para que comprobara lo que había de verdad en el nuevo pronóstico. Se pasó toda la mañana preocupado por este asunto.

Mientras tanto, cuarenta periodistas encargados de la información sobre el viaje, se habían reunido con los 13 congresistas de Tejas que acompañarían al presidente. El Servicio Secreto había tomado las más completas y sofisticadas medidas de seguridad, como se hacía siempre que el presidente salía de Washington. El nombre clave del presidente era Lancer, casado con Lace y que se disponía a dejar el castillo, como se llamó a la Casa Blanca, donde quedaban Lyric y Lark, que eran los nombres claves para Caroline y John-John.

Todo el mundo estaba listo para partir... excepto Jackie que, como era normal en ella, llegó tarde.

—Mira si está lista de una vez —le ordenó el presidente a uno de sus ayudantes.

Cinco minutos después llegó la Primera Dama con un vestido de chaqueta de lana blanca y un pequeño chal. Al darse cuenta de que su vestido era de invierno, el presidente dirigió una mirada irónica a Godfrey McHugh.

Con retraso sobre el horario previsto, el «Air Force One», como se conoce oficialmente al avión presidencial, salió de la Base Aérea de Andrews a las 11,05. Una vez a bordo, Jackie se fue directamente a su cabina privada mientras el presidente se reunía con los congresistas que lo acompañaban. La Primera Dama había pensado ponerse un sombrero de visón a su llegada a San Antonio, pero unos minutos antes de tomar tierra, convocó a su secretaria y le preguntó si no haría demasiado calor para un gorro de piel. Poco después decidió que otro sombrero resultaría más conveniente, en vista de lo cual le pidió a la señora Gallagher que le llevara la sombrerera. En esos momentos el presidente llamó a la puerta.

—¡Sí, Jack!, ¿qué quieres?

—No, nada, sólo quería ver si te encontrabas bien.

—Sí, estoy bien, no te preocupes; prefiero estar sola.

Cuando el avión presidencial tomó tierra en la pista del aeropuerto de San Antonio, la multitud, reunida para dar la bienvenida al presidente, comenzó a gritar excitada. Jackie fue la primera en salir, con una brillante sonrisa en los labios y un gran ramo de rosas amarillas que acababa de entregarle el comité de recepción, acompañado de una tarjeta en la que se leía: «Con respeto y gratitud por su contribución a la mejora cultural de nuestro país y de la imagen de la Mujer Americana, que ha conseguido en el extranjero.»

Jackie sonrió al contemplar las grandes pancartas que se agitaban hacia ella: JACKIE, VEN A HACER ESQUÍ ACUÁTICO A TEJAS, BIEN VENIDO, J. F. K., BIEN VENIDOS, SEÑORA Y SEÑOR PRESIDENTE.

Una multitud delirante, que los saludaba agitando las manos y los vitoreó a lo largo de todo el camino, escoltó a la caravana presidencial. Multitud de papelillos cayeron sobre el coche ocupado por Kennedy y su esposa. Acostumbrado a esos recibimientos que le esperaban por doquier, el presidente sonrió ampliamente y agitó la mano devolviendo los saludos y vítores de la multitud de mujeres que gritaban frenéticas. Con el ramo de rosas amarillas apretado contra su pecho, Jackie devolvía también los saludos, pero como no estaba acostumbrada a esos recibimientos, al principio parecía rígida y un poco vacilante.

La multitud en Houston fue todavía más entusiasta. El

presidente le preguntó a Dave Powers a·qué se debía que el recibimiento fuera más efusivo que el que se tributó la vez anterior; éste le respondió con una sonrisa:

—Bien, señor presidente, todo el mundo que vino a recibirle el año pasado está aquí en esta ocasión, pero cientos de miles más han venido para saludar a Jackie.

—¿Lo ves? —le dijo Jack a su mujer—, tú eres la diferencia.

Más tarde, Jackie comentaría hasta qué punto le desagradaba el gobernador Connally.

—¿Cómo puedes decir una cosa así? —le preguntó el presidente, intrigado.

—No puedo resistirlo. Es uno de esos hombres... ¡oh, no sé cómo explicarlo! No puedo soportarlo, sentado frente a mí y diciendo esas grandes cosas sobre sí mismo. Y parece como si necesitara estar pinchándote todo el día.

—No debes decir en público que no te gusta, Jackie. Si sigues diciéndolo acabarás por creerlo y eso influirá en tu forma de actuar con respecto a él en los próximos días. Ha estado esforzándose en ser amable con muchos de estos hombres de negocios tejanos que antes no estaban de su parte. Lo que dijo en el coche es que iría delante de mí en Tejas, y eso es cierto. ¡Déjalo que lo diga! Pero no te preocupes por ello, pues precisamente he venido aquí para oír esas cosas. Estoy tratando de conseguir que dos personas distintas viajen en el mismo coche. Si comienzan odiándose, ninguno de los dos saldrá ganando.

Jackie estaba irritada por las fricciones existentes entre el senador Yarborough y el vicepresidente Johnson, que se negaban a ir juntos en el mismo coche. Se resentía contra su marido porque se pasaba demasiado tiempo, a su juicio, tratando de arbitrar entre ellos. La exasperaba el gobernador Connally, estaba fatigada de la multitud vociferante y cansada de tener que sonreír y saludar continuamente durante todo el día. En el momento de su llegada al hotel en Fort Worth estaba discutiendo con su esposo, quejándose de que la señora Gallagher nunca estaba donde debía o donde se suponía debía estar para ayudarla a arreglarse. De inmediato, el presidente hizo que Mary Gallagher se presentara en el Texas Hotel y la riñó por su retraso.

—Mary —le dijo—, Jackie está en su dormitorio esperándote. Le molesta tu retraso. Tienes que tomar las medidas oportunas para estar en el hotel, antes de que lleguemos nosotros. Habla con Muggsy para que haga que vayas con el coche de los equipajes, que siempre toma una ruta distinta a la nuestra y llega al hotel antes que el cortejo presidencial.

Vestido con un pijama a rayas blancas y azules, el presidente descansaba echado en su cama cuando entró Jackie. Los sirvientes del hotel habían quitado el colchón doble y lo sustituyeron por una tabla de dormir rígida, como requería la lesión en la espalda del presidente. La otra mitad de la cama mostraba los muelles acerados del somier, así que Jackie tuvo que volver aquella noche a su cuarto para dormir en su cama, sola. Ella y su marido se abrazaron, pero ambos estaban tan cansados por el día agotador que tenían tras sí que el abrazo fue, como después diría Jackie, «como si fuéramos una pareja de sujetar libros».

Jackie apagó la luz y le deseó buenas noches al salir de la habitación.

—No te preocupes por levantarte al mismo tiempo que yo —le dijo a su marido—. Tengo que hablar en la sala de abajo antes del desayuno, pero tú puedes quedarte algo más en la cama. Sólo tienes que estar en el comedor a las nueve y treinta, para el desayuno.

Bajo una lluvia helada, la muchedumbre comenzó a congregarse en torno al hotel ocupado por los Kennedy en Fort Worth, a partir de las cinco de la mañana. Jackie se quejó posteriormente de que había dormido muy mal aquella noche, pero Jack, al ser despertado por su ayuda de cámara se mostró encantado con el ruido de la muchedumbre que lo esperaba. Se dirigió apresuradamente a la habitación de su mujer, para contemplar mejor a la multitud, que estaba en el parking frente al hotel. Y comentó:

—¡Dios mío! Mira la muchedumbre. ¡Mira, mira! ¿No es estupendo?

El agente del Servicio Secreto que estaba en la parte de afuera de la habitación, junto a la puerta, confiaría más tarde que la Primera Dama se había puesto furiosa contra la multitud que gritaba bajo su ventana pidiéndole que se asomara para saludar. Pese a que el presidente se lo rogó, también, se negó a asomarse a la ventana y continuó con sus protestas sobre la falta de delicadeza de los tejanos.

El presidente salió para hablar con un grupo de personas y le dijo a su mujer, al tiempo que se marchaba:

—Vendré a buscarte aquí más tarde, Jackie. Trata de estar lista.

Después de desayunarse en su habitación, la Primera Dama se fue al cuarto de baño y volvió a salir para preguntarle a su secretaria dónde estaban sus cosméticos. La señora Gallagher, tras la represión de que fuera objeto por el presidente, trataba de ser super eficiente y ya los había metido en la maleta. Tuvo que darse prisa en sacarlos de nuevo y Jackie se contempló en el espejo de su tocador.

—Un día de campaña política puede envejecer treinta años a algunas personas —dijo suspirando al observar una nueva arruguita en torno a sus ojos.

Fuera, bajo la fina lluvia, el presidente señaló la ventana de su habitación en el octavo piso del hotel.

—Mi esposa se está arreglando —dijo—. Necesita un poco

225

más de tiempo, pero es lógico, pues siempre tiene mejor aspecto que los demás dondequiera que va.

La muchedumbre se rio en voz alta. El presidente entró en el hotel para dirigir la palabra a los dos mil tejanos que se habían congregado en el salón de baile para el desayuno organizado por la Cámara de Comercio.

Jackie seguía arriba arreglándose, indecisa entre si ponerse unos guantes largos hasta por encima del codo o unos normales. Finalmente se decidió por los cortos y se los puso tan ajustados y tersos que la señora Gallagher tuvo que abrochárselos. Abajo, su marido, impaciente, esperaba su llegada.

—Hace dos años, en París, me presenté como el hombre que acompañaba a la señora Kennedy. Ahora, mientras recorro Tejas, estoy sintiendo la misma sensación. ¿Por qué no se preocupa nadie de la ropa que nos ponemos Lyndon o yo?

Se realizaron la formalidades de apertura de la reunión mientras el coro cantaba *The Eyes of Texas Are Upon You*. El presidente no podía apartar los ojos de la puerta de la cocina, de donde se suponía tenía que llegar su esposa. Pasaron veinte minutos antes de que, finalmente, Jackie hiciera su aparición, vestida con su traje de Chanel de color rosa brillante y su gorrito haciendo juego. Su entrada provocó una conmoción. Jackie quedó cegada un momento por las brillantes luces y las resplandecientes lámparas. La muchedumbre pateó furiosamente, lo que en Norteamérica es signo de aprobación; los presentes se subieron en las sillas para verla mejor y aplaudirla.

Una hora más tarde estaban a bordo del *Air Force One* rumbo a Dallas. Al revisar los periódicos de la mañana, Kennedy vio una nota publicitaria, ribeteada de negro, como si fuera una esquela: criticaba su administración. Durante meses el periódico *The Dallas News* había venido realizando una campaña contra el presidente, al que calificó de «cincuenta veces estúpido» por haber firmado el tratado de limitación de pruebas nucleares, medida que a juicio de Jackie era lo más importante que había realizado desde su llegada a la Casa Blanca. Kennedy leyó palabra por palabra todo el ataque contra él y después le pasó el periódico a Jackie al tiempo que le decía:

—¡Oh, Dios mío, vamos a un país de locos! Anoche hubiera sido a propósito para asesinar a un presidente. Lo digo en serio. Llovía, la noche era muy oscura y nos empujábamos unos a otros. Suponte que hubiese entrado un hombre con una pistola en una cartera —señaló hacia la pared y con el índice recto, movió el pulgar simulando el gatillo de la pistola al disparar— y ¡pum, pum! Después no tenía más que dejar caer la pistola y la bolsa, y mezclarse entre la muchedumbre.

Jackie no prestó demasiada atención a lo que su esposo le estaba diciendo. Se preocupaba con anticipación pensando en los cincuenta minutos de caravana que la esperaban y cuál

Jacqueline con su esposo y el gobernador de Texas, Connally, momentos antes del atentado.

Lyndon B. Johnson prestando juramento como presidente de los Estados Unidos en el mismo avión donde se trasladan los restos del presidente Kennedy. A la derecha, Jacqueline.

sería su aspecto depués de casi una hora de viaje en un coche descubierto.

—¡Oh, Jack, quisiera que le pusieran al coche la capota de plástico transparente!

Se trataba de una capota de grueso plástico que se colocaba sobre el coche presidencial descapotable, pero no era resistente a balas como mucha gente creía. Se usaba sólo como protección en caso de lluvia o nieve.

—A Jackie le encantaba, porque evitaba que su cabello fuera despeinado por el viento —dijo Kenny O'Donnell—. Al presidente, por el contrario, le desagradaba usarla en sus apariciones en público, porque era como una especie de escudo que lo separaba del pueblo.

Cuando el avión presidencial se posó en el aeródromo de Love Field, en las afuera de Dallas, la multitud que esperaba rompió en aplausos y vítores. Pero entre esos aplausos, indudablemente, podían apreciarse también ciertas muestras de hostilidad. Alguien mantenía una bandera confederada alzada sobre la multitud. Unas cuantas pancartas contestatarias decían: FUERA EL CLAN, AYUDEMOS A KENNEDY A TERMINAR CON LA DEMOCRACIA, SEÑOR PRESIDENTE, POR SUS TENDENCIAS SOCIALISTAS Y POR SU RENDICIÓN ANTE EL COMUNISMO, LE EXPRESO MI COMPLETO DESPRECIO.

El vicepresidente Johnson y su esposa estaban esperando al final de la escalerilla del avión para dar la bienvenida a los Kennedy, por cuarta vez en menos de veinticuatro horas. Jackie se echó a reír cuando Lyndon se encogió de hombros ligeramente al pensar en lo absurdo que resultaba tener que ofrecerles de nuevo un recibimiento oficial. Aunque a espaldas de Lyndon imitaba su torpe gangueo, la verdad es que le divertía aquel hombre al que su esposo definía como uno de esos jugadores de los barcos fluviales que aparecen en las películas.

—Es pintoresco —le dijo en cierta ocasión a una amiga.

En cuanto a Robin Douglas-Home, éste comentaría refiriéndose a la posición de Jackie con respecto a Johnson y su esposa:

—Cualquiera que fuera su sentimiento de lealtad hacia Johnson, como vicepresidente de su marido, tanto para ella como para el presidente, Johnson fue siempre motivo de burla en privado.

Tras aceptar un ramo de rosas rojas que le ofreció la esposa del alcalde, la Primera Dama observó a su marido, que se dirigía hacia la verja que lo separaba de la gente, para comenzar a estrechar manos.

—Ya está lanzado —comentó.

Un gran Lincoln Continental descapotable, de color azul, con banderas en los guardabarros delanteros, se adelantó al abrirse las puertas para dejar salir a los Kennedy y los Connally. La policía motorizada abría paso al cortejo. En el coche, el gobernador Connally y su esposa se sentaron en los pequeños asientos posteriores, frente al asiento principal, ocupado por Kennedy y Jackie, con el ramo de rosas entre ellos.

El sol caía sobre el cortejo que se dirigía lentamente hacia el Trade Mark, donde se esperaba al presidente para un almuerzo oficial al que debía seguir un discurso. El calor hizo que Jackie comenzara a sentirse a disgusto con su traje de lana. El sol era tan brillante, que tuvo que ponerse gafas de cristales oscuros. El presidente le pidió que se las quitara y le dijo que la gente había acudido para verla y las gafas eran como una máscara sobre su rostro. Ella obedeció a regañadientes y se las volvió a poner aprovechando cualquier ocasión en que su marido no la miraba.

El presidente hizo que el cortejo se detuviera dos veces al encontrar sendos grupos de niños con pancartas que decían: SEÑOR PRESIDENTE, POR FAVOR, PARE UN MOMENTO PARA DARNOS LA MANO. Después se paró otra vez para saludar a un grupo de monjas. Siempre estaba dispuesto a ser amable con los religiosos. Jackie, posteriormente, recordaría que durante el fin de semana de su décimo aniversario de casados, Kennedy vio un grupo de monjas entre la multitud que lo observaba cuando se dirigía a jugar una partida de golf. Hizo que su coche se detuviera para saludarlas y casi las asombró al decirles:

—Jackie quiso ser monja. Se educó en un colegio religioso y pensó verdaderamente en serio tomar el hábito.

En la Live Oak Strèet, el ruido era ensordecedor. A los dos lados de la calle la multitud se apretaba en doce filas para ver pasar al presidente y a la Primera Dama.

—No podrá decir que Tejas no le profesa una gran estima a usted, señor presidente —le dijo Nellie Connally, la esposa del gobernador.

Kennedy sonrió con placer:

—No, no podría decirlo, desde luego que no.

El coche se desvió de la Main Street para Houston y continuó lentamente su marcha. La gente en la calle gritaba con tanta fuerza que Jackie casi no podía oír nada. Estaba sedienta y seca bajo el ardiente sol. La señora Connally señaló hacia delante, donde había un paso cubierto.

—Ya casi llegamos —dijo—. Es ahí mismo.

«¡Gracias a Dios! —pensó Jackie—. ¡Qué agradable sería continuar el viaje a la sombra bajo el túnel!»

De repente se oyó un ruido seco, una explosión, seguida de otras dos.

—¡Dios mío, me han dado! —dijo el presidente, que se llevó la mano a la garganta.

El gobernador Connally lanzó un grito agudo:

—¡Nos van a matar a los dos!

Como si fuera a sujetarse la parte superior de la cabeza, que ya no estaba allí, el presidente alzó una mano en seguida, que cayó vacilante.

Al oler la pólvora, el senador Yarborough saltó al coche del vicepresidente Johnson.

—¡Dios mío! —gritó—. ¡Han disparado contra el presidente!

—¡Oh, no, no puede ser! —sollozó lady Bird Johnson.

Al oír los disparos Jacqueline Kennedy se volvió hacia su marido y se dio cuenta de la expresión de incredulidad de su rostro.

—¡Dios mío, Dios mío, qué han hecho...! —gritó—. ¡Han matado a Jack! ¡Han matado a mi esposo! ¡Oh, Jack, Jack, te quiero...!

—Nos han alcanzado —gritó el chófer del coche.

En cuestión de segundos apretó el acelerador y a toda marcha dirigió el vehículo hacia el Parkland Memorial Hospital, que estaba a unos diez kilómetros. Frenética y asombrada, Jackie intentó escapar. Abandonó a su esposo en el asiento trasero y se precipitó hacia el maletero para protegerse la cabeza. En cuestión de segundos el agente del Servicio Secreto encargado de la custodia de Jackie dio alcance al coche, la sujetó y volvió a colocarla en el asiento. Mientras él coche corría hacia el hospital, Jackie estrechó a su marido entre sus brazos sin permitir que nadie lo viera. Unos sanitarios esperaban en la puerta del hospital para hacerse cargo de los cuerpos del presidente de los Estados Unidos y del gobernador de Tejas, que, aunque gravemente herido, no había perdido el conocimiento. Abrazada a su marido, Jackie se negaba a que se llevaran su cuerpo.

—¡Por favor, señora Kennedy! —suplicó Clint Hill—. Tenemos que llevar al presidente a que lo vea el médico.

—No dejaré que se lo lleven, señor Hill —sollozó.

—Tenemos que llevárnoslo, señora Kennedy.

—No, señor Hill. Usted sabe que ha muerto. Déjenme sola.

De repente, el agente del Servicio Secreto se dio cuenta de lo que paralizaba a Jackie. Inmediatamente se quitó la chaqueta y la puso sobre la falda de la señora Kennedy para que ésta cubriera con ella lo que quedaba de la cabeza del presidente. La visión del cerebro destrozado, con los sesos fuera y los huesos fragmentados era un espectáculo realmente insoportable.

Cubierta de sangre, Jackie se precipitó al hospital sin permitir que la chaqueta dejara al descubierto la cabeza del presidente. Después fue llevada a la sala de cirugía de urgencia.

Llenos de preocupación, terror e incredulidad, los ayudantes de Kennedy se precipitaron al hospital con el vicepresidente y la señora Johnson y su asombrado séquito. Los hombres del Servicio Secreto estaban llenos de pánico, ignorando si el presidente había muerto y, en consecuencia, debían transferir su obediencia al vicepresidente. Mary Gallagher pasaba las cuentas de su rosario y Dave Powers, que creía estar a punto de padecer un ataque cardíaco, le pedía a un sacerdote que lo oyera en confesión. Los periodistas se precipitaban al teléfono. La gente empezó a llenar los pasillos del hospital, atraídos por una macabra curiosidad. Finalmente se llamó a un sacerdote después de que los doctores trataron en vano de hacer transfusiones de sangre al presidente.

Jackie esperaba sentada, inmóvil, fuera de la sala de traumatología, fumando un cigarrillo. Cuando oyó que alguien pronunciaba la palabra resurrección, comenzó a sentir esperanzas de que su marido estuviera vivo. ¿Existía una posibilidad de que salvara la vida? ¡Oh Dios mío, pensó, haré por él todo lo que sea preciso durante el resto de mi vida!

—Voy a entrar —le dijo a una enfermera—. Quiero estar a su lado cuando muera.

Al ver como su marido recibía los últimos sacramentos, Jackie se dejó caer al suelo y se arrodilló en un charco de sangre.

—Dale el eterno descanso, Señor —murmuró el sacerdote ungiendo la frente del presidente con el santo óleo.

—Que Tu luz perpetua brille sobre él —respondió al punto Jackie.

Se pidió un ataúd de bronce para el cuerpo del difunto. Cuando llegó, se le pidió a la señora Kennedy que saliera de la habitación.

—¿Cree usted, doctor, que la vista del ataúd va a afectarme? —preguntó—. Acabo de ver a mi marido morir en mis brazos de un tiro. Estoy cubierta con su sangre. ¿Cree posible que pueda presenciar algo peor de lo que he visto?

El médico se alejó y le permitió quedarse. En presencia de Kenny O'Donnell y Dave Powers se quitó de la mano izquierda su alianza y movió el cuerpo de su esposo para tomar su mano sin vida, que lubricó con vaselina para ponerle su anillo. Después lo besó en los labios y le dijo adiós.

En el pasillo se volvió a Kenny O'Donnell.

—El anillo —dijo—. ¿Crees que he hecho lo que debía hacerse?

A punto de sufrir un colapso, O'Donnell la consoló:

—Has hecho lo que debías. Déjalo todo como está.

Más tarde él mismo recogería el anillo para ella, pero de momento en lo único que pensaba era en llevarse el cuerpo del presidente a Washington tan pronto como fuera posible. El forense de Dallas insistía en que el cuerpo debía quedar allí para que fuera sometido a una autopsia de acuerdo con las leyes del Estado. O'Donnell deseaba evitarle a Jackie ese nuevo mal rato. Apartando a los médicos trató de llevar el ataúd hacia la puerta, ayudado por Larry O'Brien, Dave Powers y los agentes del Servicio Secreto de Kennedy. Pusieron el ataúd de bronce en una furgoneta y ordenaron al conductor que se dirigiera a toda prisa al aeropuerto de Love Field, mientras se preguntaban excitados si la policía local recuperaría a punta de pistola el cuerpo antes de que pudiera ser embarcado en el avión.

Una vez en el *Air Force One*, Jackie se preguntó si debía cambiarse sus ropas manchadas de sangre y, finalmente, decidió no hacerlo.

—No, dejemos que vean lo que han hecho.

Lo que sí hizo fue lavarse la cara y peinarse. O'Donnell le preguntó si quería estar presente cuando Johnson prestara juramento. Jackie respondió:

—¡Creo que es mi deber asistir! A la luz de la historia mi presencia es aconsejable.

Después que Johnson prestó juramento, Jackie se negó a seguir junto a él y su esposa, y regresó a la parte de atrás del avión. Rodeada por Kenny O'Donnell, Larry O'Brien y Dave Powers permaneció sentada junto al ataúd de su marido, sin abandonar ni un solo instante su puesto.

Los miembros del equipo del presidente fueron llegando a la parte de atrás del avión para expresar su pésame, beber unos whiskies, llorar y compartir su dolor. Durante todo el viaje de regreso a Washington, Jackie estuvo rodeada por la «maña irlandesa» de su esposo. Ella estaba como en trance, escuchando sus cálidas y sentimentales reminiscencias, pidiéndoles que le contaran más cosas de su esposo, disfrutando de sus relatos políticos, que nunca formaron parte de su vida con John F. Kennedy.

—¡Cuánto os envidio porque estuvisteis en Irlanda con él! —dijo Jackie—. Me dijo que había sido la más alegre experiencia de toda su vida. Quiero que los cadetes irlandeses asistan a su funeral. Y también los gaiteros Black Watch, a los que tanto quería.

A medida que el funeral iba tomando forma en su mente, Jackie se juró que haría por su fallecido esposo lo que no había hecho en vida.

—¡Qué horrible si no hubiera estado a su lado! —repitió una y otra vez—. ¡Cómo me alegro de haber venido!

El adiós final de Jackie a Jack Kennedy fue una ceremonia auténticamente real, que dio ocasión a toda la nación para ofrecer su último adiós al presidente asesinado. Preguntó cómo fue enterrado Abraham Lincoln y decidió que debía seguir el ejemplo y el precedente histórico de aquel día.

Recordó que, en cierta ocasión, durante el primer año de estancia en la Casa Blanca, le preguntó a su esposo dónde deseaba ser enterrado, y que él le había contestado:

—¡En Hyannis, creo! Todos nos reuniremos allí.

En esa ocasión, Jackie, según recordaba, le contradijo:

—Bien, no creo que debas ser enterrado en Hyannis. A mi juicio deberás serlo en Arlington. Tú perteneces a todo el país.

«La Historia ha hecho de Jack lo que llegó a ser, y ahora es parte de la Historia», pensó Jackie.

CAPÍTULO DIECISÉIS

Conmovido por la noticia de la muerte de Kennedy, el país cayó en un estado de permanente depresión. La tristeza se mezcló con la histeria. Las tiendas y las escuelas cerraron sus puertas. La gente se sentó inmóvil frente a sus receptores de televisión, absorbiendo todos los detalles de la vida y muerte del presidente que a ráfagas fueron apareciendo en la pantalla. Afligida, la mayor parte se quedó transfigurada frente al ojo electrónico durante todo el fin de semana. La televisión se convirtió en el tranquilizante nacional al servir como única conexión entre el pueblo y el inaudito suceso que habría de afectarles a todos durante el resto de su vida.

A través de la televisión vieron el terrible espectáculo de cómo el cuerpo sin vida de John F. Kennedy, el 35.º presidente de los Estados Unidos, era sacado por sus amigos del *Air Force One*. Se conmovieron en lo más profundo de sus corazones al ver a su bellísima y joven viuda, una figura de mujer vacía de vida, con su vestido lleno de sangre, salir del avión del brazo de su cuñado el fiscal general.

—¡Oh, Bobby...! No puedo creer que Jack haya muerto —susurró Jackie a su cuñado mientras acompañaban el cuerpo al Hospital de Bethesda.

—No quiero que intervengan enterradores civiles —dijo Jackie pensando en el funeral—. Deseo que todo lo haga la Armada.

A continuación comenzó a explicar a su cuñado lo que le había ocurrido a su querido hermano en Dallas.

—Eso resultó de todo punto intolerable para Bobby —dijo más tarde un amigo—, absolutamente insoportable, pero sabía que no tenía más remedio que escuchar, y así lo hizo.

En el hospital los Auchincloss esperaban a Jackie junto con Nancy Tuckerman, Jean Kennedy Smith y los Bradlee; Eunice Shriver llegó más tarde, como hicieron Charlie y Martha Bartlett. Allí Robert Kennedy se enteró de que Lee Harvey Oswald había sido detenido y estaba en Dallas, bajo custodia de la policía, acusado del asesinato del presidente. Bobby se llevó a Jackie aparte y le dijo:

—En Dallas creen que tienen al hombre que lo hizo. Dicen que es un comunista.

Jackie se volvió a su madre:

—Ni siquiera le queda la satisfacción de haber muerto por su defensa de los derechos civiles —comentó—. El que haya sido un comunista le roba a su muerte todo significado.

A partir de ese día fueron acumulándose las controversias en torno al asesinato del presidente Kennedy. Se gastaron millones de dólares en investigar su muerte, pero su viuda no se interesó nunca por saber si se trataba de una conspiración internacional la que causó su muerte o si cayó víctima de las balas de un solo hombre que actuaba por su cuenta. Jack había muerto y no volvería nunca más. Eso sería lo único importante para el resto de su vida. Jackie testificaría ante la Comisión Warren, pero no prestó atención a los subsiguientes interrogatorios, a los juicios, a los libros y a los numerosísimos reportajes e historias que especulan sobre la posibilidad de que Lee Oswald actuara solo o fuera únicamente un eslabón de una conspiración.

—Jackie, ¿vas a decírselo tú a los niños, o quieres que sea yo quien lo haga, o la señorita Shaw? —le preguntó Janet Auchincloss.

—Bien... John-John puede esperar, pero a Carolina hay que decírselo antes de que se entere por sus amigos.

La institutriz inglesa, que fue quien tuvo que decirle a Caroline tres meses antes que su hermanito había muerto tuvo también que decirle a la niña que su padre había sido asesinado y que nunca volvería a jugar con ella. Maud Shaw no quiso estropearle el día, así que esperó hasta que Caroline se fue a la cama. Después la tomó entre sus brazos y le dijo:

—Tengo que llorar, Caroline, no puedo evitarlo, porque tengo malas noticias que darte. Tu papá se ha ido con Patrick. Patrick estaba muy solo en el cielo, donde no conocía a nadie. Ahora tiene allí el mejor amigo que se puede tener.

John-John se enteró después de la muerte de su padre. Cuando Maud le explicó que se había ido al cielo, el niño, que tenía tres años, le preguntó con curiosidad:

—¿Se ha llevado su gran avión?

—Sí, John, seguramente.

—Me gustaría saber cuándo piensa volver —comentó el niño sin comprender la realidad.

Intrigada y casi sin acabar de aceptar lo ocurrido, Jackie comenzó a librarse de los problemas materiales de la muerte de su marido haciendo que las cargas fueran a los hombros de otros.

—Ahora sólo puedo recordar el arco extraño y lleno de gracia que Jackie describió con el brazo cuando nos dijo qué parte de la cabeza del presidente le había sido arrancada por la bala —cuenta Ben Bradlee—. Parecía moverse como en trance, tratando de contárnoslo todo a nosotros y a los nuevos amigos que llegaban a verla, en contra de las recomendaciones del médico, que le había aconsejado que se tomara unos somníferos, se cambiara el vestido manchado de sangre y se metiera en la cama. Su vestido, ensangrentado, era para ella como un símbolo del terrible desastre, y nadie fue capaz de convencerla de que se cambiara.

Jackie repitió la historia una y otra vez durante los días siguientes, y después durante semanas y meses, como si de ese modo pudiera purificarse de la tragedia. A Robin Douglas-Home le habló de la valentía de su esposo.

—El gobernador Connally gritaba como un cerdo en la matanza. Jack no dijo nada en absoluto.

A Betty Spalding le dijo que trató de mantener el cerebro de su esposo dentro de su cráneo.

—Yo sufría un auténtico *shock*. Ni siquiera recuerdo que traté de salir del coche.

Al jefe de personal de la Casa Blanca le contó:

—¡Y pensar que estuve a punto de no acompañarlo! ¡Oh!, señor West, si me hubiera quedado aquí... o hubiese ido a montar a caballo a Virginia o a cualquier otra parte... ¡Gracias a Dios que fui con él!

A Dave Powers le dijo:

—¿Sabes lo que debemos poner en la «Biblioteca Kennedy»? Una piscina... así podrás hacer exhibiciones de cómo Jack nadaba contigo.

Recordando la noche pasada en el hospital Bethesda, diría posteriormente:

—Fue como si estuviera llena de una extraña fuerza.

Y precisamente esa energía le permitió asombrar a la nación durante los días del funeral de su esposo, con su terrible dignidad.

—Sea como sea, tengo que sobreponerme y soportar los próximos días —le dijo a sus secretarias—. Tenemos que ser fuertes durante dos o tres días y después derrumbarnos por completo.

Aquella noche, Robert Kennedy se hizo cargo de todo, pidió un catafalco, un cañón, hizo formar al ejército y pidió la presencia de una representación de las Fuerzas Especiales, las tropas entrenadas para la guerra de guerrillas, los Boinas Verdes, que el presidente había enviado a las junglas de Vietnam. En la Casa Blanca, Sargent Shriver y Bill Walton comenzaron a cubrir con crespones la East Room, para los servicios funerarios que debían llevarse a cabo en la Casa Blanca. El cuerpo del difunto presidente debía colocarse en una especie de rotonda, en el Capitolio, el domingo, para ser enterrado el lunes después de una misa de difuntos.

Esa misma noche, a primera hora, el nuevo presidente se dirigió a la dolorida nación: «Es un momento muy triste para todos —dijo Lyndon Johnson—. Hemos sufrido una pérdida que no podemos calcular todavía. Sé que todo el mundo comparte la pena que aflige a la señora Kennedy y a su familia. Yo haré todo lo que pueda. Eso es lo que puedo prometer. Y pido vuestra ayuda... y la de Dios.»

Jackie estaba decidida a pasar la noche en el hospital de Bethesda si era necesario.

—No me marcharé de aquí hasta que se lleven a Jack, pero no lloraré hasta que todo haya terminado —dijo, rechazando todos los sedantes que le ofrecían los médicos y fumando un cigarrillo tras otro. Puso el televisor y contempló, en diferido, la ceremonia de la toma de juramento a Johnson, su llegada a la base Andrews de las Fuerzas Aéreas, las panorámicas de los americanos rezando en las calles, reunidos para rendir homenaje al presidente caído. Le rogó a todo el mundo que se quedara con ella y, en especial, a sus padres les rogó que durmieran en la Casa Blanca.

—¿Quieres dormir en la habitación de Jack? —le preguntó a su madre—. Me gustaría que te acostaras en su cama.

Insistió en que Larry O'Brien, Kenny O'Donnell y Pierre Salinger se quedaran con ella, así como Jean Kennedy Smith, Bobby y Eunice Shriver.

—Era como si no deseara que el día llegase a su fin —comentó Martha Bartlett.

—No puede soportar la idea de quedarse sola —dijo Janet Auchincloss.

Cerca de la madrugada, Jackie fue llevada en coche a la Casa Blanca, en compañía del ataúd de su esposo, junto al cual subió la escalera del Pórtico Norte. Después fue a su cuarto, donde por fin se quitó el vestido manchado de sangre. Mientras Jackie se estaba bañando, su doncella particular metió el vestido en una caja y la escondió. Más tarde, Janet Au·hincloss se llevó la caja a su casa de Georgetown, donde la puso en la buhardilla, cerca de otra caja en la que guardaba Jackie el traje de novia, y donde aún permanece sin que nadie lo haya visto ni tocado.

Esa mañana, finalmente, Jackie aceptó un gramo de amytal, que le fue recetado por el doctor John Walsh, y se quedó dormida.

Cuando su hermana y su cuñado llegaron procedentes de Londres, Stas Radziwill se sintió profundamente afectado por la atmósfera de luto real que reinaba en la Casa Blanca.

—Es como debió ocurrir en Versalles a la muerte del rey —dijo.

Repetiría su observación más tarde, cuando Jackie, imbuida por la gloria de Francia, insistió en que se colocara una llama eterna sobre la tumba de su marido, como la que hay en París en el monumento al Soldado Desconocido bajo el Arco del Triunfo. Robert Kennedy se quedó atónito ante ese gesto teatral.

—Podría entender que deseara un mausoleo, pero ¡una maldita llama eterna! —comentó con el secretario de Defensa.

Cuando los mozos de mudanza de la Casa Blanca comenzaron a embalar los muebles del despacho de Kennedy, el presidente Lyndon Johnson estaba trabajando en el Executive Office Building, decidido a dejar que la viuda de John F. Kennedy siguiera en la Casa Blanca el tiempo que deseara. Jackie se quedó once días.

Jackie echó un vistazo a la lista de invitados al funeral de su esposo, confeccionada por los funcionarios del departamento de Estado después de poner conferencias al otro lado del Atlántico para convocar a los jefes de Estado que fueran a Washington para formar parte del cortejo oficial que iría de la Casa Blanca a la catedral de St. Matthews y asistir a la misa de córpore insepulto y después a la rendición de sus últimos honores militares en el cementerio de Arlington. El primer premio que Jackie quería era «el Gran Charles». Al principio el presidente francés insistió en quedarse en París. Sus diferencias con Kennedy sobre política exterior lo habían disgustado y como era un hombre orgulloso no quería que se pensara de él que era un hipócrita. Después cambió de opinión y decidió asistir al funeral y su conducta abrió paso a la aceptación por parte de otros jefes de Estado, reyes, reinas, emperadores de todo el mundo. Siguiendo el ejemplo del legendario De Gaulle, 92 naciones enviaron sus delegaciones a Washington para el funeral. Sin De Gaulle, era más que posible que el funeral de Kennedy no hubiera conseguido ese espectacular aire internacional.

Cuando se enteró de que el presidente De Gaulle acudiría a la Casa Blanca, ordenó al encargado de las obras de arte que retirara todos los Cézannes de las paredes de la Yellow Oval Room y pusiera en su lugar grabados de Bennet y Cartwright.

—Voy a recibir al presidente De Gaulle en este despacho y quiero que se dé cuenta de que también los americanos tenemos una herencia histórica. Esos grabados reflejan escenas de nuestra tradición.

Seleccionó un cuadro de la familia Kennedy para dejarlo en la Casa Blanca en memoria del difunto presidente. Jackie eligió una naturaleza muerta de lirios de agua, obra del paisajista francés Claude Monet. Esa elección ilustra la inconsecuente manera de pensar de esa mujer que estaba decidida a representar a Estados Unidos frente al presidente francés, pero que dejaba un cuadro francés en la Casa Blanca en honor de su marido, que sirvió como presidente de Estados Unidos.

El optimismo que John Fitzgerald Kennedy representaba para el país comenzó a manifestarse en la Casa Blanca durante los trágicos días del funeral.

—Fue como un velatorio irlandés —dijo un amigo íntimo de la familia—. Había cierta euforia dentro de la mansión durante el fin de semana, una falsa alegría y frivolidad que mantenía todo en funcionamiento. Todo el mundo, incluso Jackie, que se negaba a quedarse sola durante ese tiempo, respiraba optimismo y cierta alegría especial. Recuerdo cuando llegó Aristóteles Onassis y todos nos metimos en nuestros coches deportivos y corrimos a Arlington y más tarde gritando y cantando volvimos a la Casa Blanca con gran hilaridad.

Bobby Kennedy bromeó sin cesar con el armador griego, hablándole de su yate y sus grandes riquezas. Durante la cena, el fiscal general le presentó al multimillonario un documento de aparente redacción formal, en el que se estipulaba que Onassis entregaría la mitad de su fortuna a los pobres de la América Latina. Siguiendo la broma, Onassis firmó el documento en griego y todo el mundo se echó a reír.

—Todavía puedo recordar que todos cantaron *Heart of my Heart*, y Teddy Kennedy, muy borracho, empezó a hacer su célebre imitación de un irlandés y Dave Powers contó historias ridículamente ultrajantes sobre los primeros días en que Jack presentó su candidatura en Boston —dijo otro amigo—. No hubo lágrimas ni tétrica solemnidad, ni luto, ni tristeza esos días en la Casa Blanca. Por el contrario, dominaban las bromas, las tomaduras de pelo, sobre todo por parte de los Kennedy, que eran aficionados a pinchar siempre a los demás y acompañaban sus conversaciones con observaciones sarcásticas y cargadas de un humor pesado y explosivo. Resultaba verdaderamente irreal, teniendo en cuenta la razón por la que todos nos encontrábamos allí.

Una payasada tuvo lugar poco después de la llegada de Ethel Kennedy que traía puesta una de sus numerosas pelucas. Algún bromista se la quitó de la cabeza y comenzó a hacerla circular, para que se la fueran colocando los presentes uno tras otro hasta que finalmente fue a parar a la cabeza de Robert McNamara, el secretario de Defensa, que adquirió el aspecto de una abuela con gafas, lo que hizo reír a todos.

En el piso de arriba, obsesionada con los detalles del ceremonial, Jackie confeccionaba listas interminables de todo lo que había que hacer y despachaba memorándums y notas por toda la Casa Blanca. Deseaba que su amiga Bunny Mellon se ocupara en arreglar las flores sobre la tumba del presidente. Mandó pedir un velo negro para cubrirse la cara durante el funeral. Diseñó ella misma la tarjeta con bordes negros en la que se leía: «Amado Dios: Te suplicamos acojas a tu siervo John Fitzgerald Kennedy. Condúcelo directamente al Cielo, por

Jackie, erguida, con el rostro cubierto
por un amplio velo negro, supo mantener su dominio
y sólo dejó escapar en público muy pocas lágrimas.
(En la foto aparece con los dos hermanos de su esposo,
Robert, a la izquierda, y Edward, a la derecha.)

Jacqueline junto al catafalco
con los restos del presidente, expuesto en el Capitolio.

favor.» Seleccionó algunas pertenencias personales del presidente para entregarlas a sus ayudantes, amigos y familiares como recuerdo de valor incalculable. Escribió tarjetas de agradecimiento, con su propia mano, a todo el personal de la Casa Blanca y envió una nota de condolencia a Marie Tippit, la esposa del policía asesinado por Oswald en Dallas. Preocupada por su propia pena y dolor, se negó a hablar por teléfono con ella, posteriormente le envió una fotografía suya con el presidente, que le dedicó de puño y letra. «Compartimos otro vínculo. Debemos recordar siempre a nuestros hijos lo valientes que fueron sus padres.» Insistió en que Luigi Vena, el tenor solista que cantó en su boda, entonara el Ave María en el funeral de su esposo. Exigió también que todos marcharan con ella, en procesión, desde la Casa Blanca hasta la catedral de St. Matthews. Después empezó a pensar en su traslado fuera de la Casa Blanca y a preocuparse por el lugar al que debería trasladarse. John Kenneth Galbrith la tranquilizó diciéndole que ya se había encargado de hacer los preparativos necesarios para su traslado a la mansión de Averell Harriman, en Georgetown, donde podría quedarse hasta que hubiera decidido qué pensaba hacer de su vida.

En su dormitorio, sumido en una semipenumbra, Jackie comenzó a escribir una carta apasionada dirigida a su esposo, llenando página tras página con palabras de amor y remordimiento. Selló el sobre y se dirigió al cuarto de los niños con su papel de cartas azul. Allí le dijo a su hija:

—Tienes que escribirle a papá una carta ahora, diciéndole cuánto lo quieres.

Caroline tomó un bolígrafo y comenzó a escribir en letras de imprenta: «Querido papaíto: Vamos a echarte mucho de menos. Te quiero mucho. Caroline.»

John-John, demasiado pequeño para escribir, firmó la carta de su hermana con una X.

Seguidamente, la viuda Kennedy tomó las cartas, unos recuerdos de la vida de Jack en el Ejército, un par de gemelos de oro, que ella le había regalado, así como dos brazaletes de zafiros que le había regalado Lee Radziwill, y lo puso todo en su ataúd. Robert Kennedy añadió el alfiler de corbata con la insignia de las lanchas PT y observó cómo Jackie cortaba un mechón de pelo de la destrozada cabeza del presidente.

El país contempló con estupor, frente a sus aparatos de televisión, a la real Primera Dama que abandonaba la Casa Blanca con sus dos hijos menores para acompañar el ataúd de su esposo, envuelto en la bandera nacional, bajo la cúpula del Capitolio. Allí escucharon la elegía pronunciada por el senador de Montana Mike Mansfield, que repitió cinco veces con voz temblorosa: «...y ella tomó el anillo de su dedo y lo puso en sus manos... y así lo besó y cerró la tapa del ataúd...»

La visión de Jacqueline Kennedy al acercarse al catafalco, apretando la mano enguantada de blanco de su rubia hijita, hizo temblar a toda la nación:

—Vamos a dar el último adiós a papá, el beso de despedida y a decirle lo mucho que lo queremos y cuánto vamos a echarle de menos —le dijo en voz baja a Caroline.

Cuando se levantaron para acercarse al ataúd, hicieron vibrar una cuerda sensible en los corazones de toda la nación. Cegado por las lágrimas, el país compartió el dolor de la viuda y lloró de vergüenza. En su sufrimiento profundo, la gente alzó a Jackie como si fuera una imagen sagrada muy querida. Se convirtió en heroína popular. Su leyenda comenzó en el momento en que apareció encabezando el duelo que se dirigía a la Catedral de St. Matthews. La rítmica cadencia de los sordos tambores, el eco de las 21 salvas como último homenaje al difunto presidente, el paso de las fuerzas militares y el golpeteo de los cascos de los caballos sin jinete desataron en la nación un sentimiento de idolatría por Jackie.

Llevando de las manos a sus dos hijos, los dos con abrigos de color azul claro y zapatos rojos, la presencia de Jackie irradiaba una majestad que al mismo tiempo aterrorizaba y enternecía a una nación conmovida por el pesar. Erguida, con el rostro cubierto por un amplio velo negro, supo mantener su dominio y sólo dejó escapar en público muy pocas lágrimas. Escuchó reverentemente las oraciones del cardenal Cushing y pareció muy conmovida cuando el prelado dejó el tradicional latín para pasar al inglés y rogar: «Que los ángeles, querido Jack, te conduzcan al Paraíso.»

Fuera de la catedral, el cortejo emprendió su camino final hacia el cementerio de Arlington. La banda de música saludó al difunto presidente con una última interpretación de *Hail to the Chief*. Cuando los soldados presentaron armas para saludar a su líder muerto, Jackie se inclinó hacia su hijito y le dijo al oído:

—Ahora puedes saludar a tu padre y decirle adiós.

El pequeño, con sus tres añitos, se adelantó y alzó su mano para llevársela a la frente y se puso firme en saludo militar correcto. La imagen del chiquillo dando a su padre un último saludo, fue la más conmovedora del día. La gente se estremeció en un espasmo de llanto al contemplar el rostro lleno de pena del pequeño John Fitzgerald Kennedy, Jr., con sus rodillas regordetas y sus brillantes zapatos rojos, diciéndole adiós a su padre. Las palabras no pueden repetir la dolorosa impresión del momento, pero aquel saludo llevó a la nación entera desde una desesperación paralizante a una total devoción.

Con el mismo vestido negro que Jackie llevó el día en que su marido anunció oficialmente su candidatura a la presidencia, Jackie encendió la llama eterna sobre la tumba y pasó la antorcha a sus cuñados. Seguidamente regresó a la Casa Blanca por calles llenas de gentes que lloraban y sollozaban. En la Mansión Ejecutiva, ofreció una recepción en honor de los jefes de Estado que habían acudido al funeral. Agotada emocionalmente, se dejó llevar por su energía nerviosa, para volver inexorablemente a los rápidos cambios de humor que caracterizaban su compleja personalidad.

Esa inestabilidad se hizo obvia durante su entrevista privada con el general De Gaulle. Como Primera Dama de rango real, le dio una auténtica bronca sobre «ese asunto de Francia, Inglaterra y América», amonestándole por haber saboteado las relaciones francoestadounidenses y con ello el mayor proyecto de su esposo. Momentos después, fue la mujer coqueta, casi infantil y, al darle las gracias por su asistencia, lo asió de la mano y le dijo:

—Venga, que le enseñaré dónde está su preciosa cómoda.

Sobre la bellísima cómoda que De Gaulle le había regalado a los Kennedy, había un jarrón con un ramo de margaritas frescas. Jackie tomó una de las flores y se la ofreció al general.

—Quiero que se lleve esta flor como recuerdo del presidente —le dijo.

El anciano De Gaulle comentaría después con sus ayudantes que se había quedado perplejo ante esa desagradable actuación de Jacqueline Kennedy.

Después que todos los invitados oficiales se hubieron marchado, Jackie reunió a su familia y amigos en el comedor privado de la Casa Blanca para celebrar el cumpleaños de Caroline y John-John.

El día de Acción de Gracias, Jackie se dirigió en avión a Hyannis Port para ver al embajador Joe Kennedy, al que los médicos no permitieron que asistiera al funeral de su hijo. La enfermera del anciano, Rita Dallas, recuerda que se produjo una escena terrible cuando los Kennedy trataron de impedir que Jackie subiera a las habitaciones del embajador.

—Se sintió aún más indignada ante los cariñosos esfuerzos de la familia para hacerla descansar —cuenta la señora Dallas.

—He venido a ver al abuelo —gritó Jackie—. Descansaré después... ahora dejadme ir a verle sola.

Jackie llevaba en la mano la bandera que había estado sobre el ataúd del presidente y se la entregó a la señora Dallas para que se la llevara a Joe Kennedy. Después entró en la habitación y, echando los brazos en torno al cuello del paralítico patriarca, comenzó a hablarle:

—Abuelo, Jack ya no está con nosotros y las cosas no volverán nunca a ser como antes. Ha fallecido y quiero hablarle de eso.

Durante una hora, la viuda de 33 años vació su corazón en el débil anciano y le contó con todos los sangrientos detalles la más horrorosa experiencia de su vida.

Dos días después regresó a la Casa Blanca para comenzar los preparativos de su marcha. Asustada por su repentina soledad, se aferró a sus empleados en busca de ayuda. Abrazó a Nancy Tuckerman y le dijo:

—¡Pobre Tucky! Viniste desde Nueva York para hacerte cargo de este empleo, y ahora no tienes nada. Es muy triste. ¿Querrás quedarte conmigo algún tiempo?

Deprimida y llorosa se volvió a su secretaria privada, Mary Gallagher:

—¿Por qué tuvo que morir tan joven? Incluso a los sesenta años a una mujer le gusta saber que su esposo está con ella. Es terrible para los niños. Por favor, Mary, no me dejes nunca. Fija tú misma el sueldo, que te pagaré de la cantidad que me asigne el gobierno... ¡pero no me dejes!

Al jefe del servicio subalterno de la Casa Blanca le rogó:

—¡Señor West! ¿Querrá usted ser mi amigo toda la vida?

Durante esos últimos días en la Casa Blanca, Jackie osciló entre la consideración y la ternura. Hizo llorar al ayuda de cámara de su marido regalándole la famosa mecedora adornada con una placa de bronce que decía: «Para George Thomas, la mecedora de John Fitzgerald Kennedy, 35.º presidente de los Estados Unidos. Siempre estuvo en su dormitorio. Sé que él hubiera querido que fuese suya. JBK.»

Se portó muy galantemente con Maud Shaw, la institutriz que se había hecho cargo de sus hijos desde que Caroline cumplió los once días de edad. En vez de darle como recuerdo algún pequeño objeto de valor que perteneciera al presidente, le entregó una vieja camisa de Jack Kennedy.

—No podía creerlo —dijo la institutriz posteriormente—, pero ¿qué decirle?

Vino entonces el gran desastre: dejar la Casa Blanca, que Jackie antaño detestara y que se había convertido de pronto en su lugar de mayor seguridad. Contrariamente a Eleanor Roosevelt, que dejó libre la Casa Blanca el mismo día que murió su marido, Jackie no podía soportar la idea de salir tan de repente de su posición de Primera Dama. Sentía auténtico pánico por marcharse y prolongó su estancia allí durante casi dos semanas. El día antes de abandonar la mansión definitivamente, ordenó que se grabara una placa de bronce, para ser colocada sobre la chimenea del dormitorio del presidente, que proclamaba al mundo entero sus derechos de propietaria como esposa que había sido del presidente de Estados Unidos.

La placa decía así: «En esta habitación vivió John Fitzgerald Kennedy, con su esposa Jacqueline, durante los dos años, diez meses y dos días en que fue presidente de Estados Unidos: del 20 de enero de 1961 al 22 de noviembre de 1963.»

Ninguna otra Primera Dama de Estados Unidos en toda la historia de ese país hizo una cosa semejante. Sólo existe otra placa que puede considerarse comparable en el dormitorio presidencial y que dice: «En esta habitación durmió Abraham Lincoln durante el tiempo que ocupó la Casa Blanca como presidente de Estados Unidos, del 4 de marzo de 1861 al 13 de abril de 1864.»

Jackie hizo colocar su placa exactamente debajo de la de Abraham Lincoln.

CAPÍTULO DIECISIETE

—Generalmente, cuando Jack hacía alguna cita, se refería a textos clásicos —dijo su viuda hablando con unos amigos—, y me siento avergonzada de mí misma porque lo único que puedo recordar de ellas es un verso de una comedia musical. Por las noches, antes de irnos a dormir, a Jack le gustaba poner unos discos y su canción preferida era la última de uno de ellos. Ese verso que tanto le gustaba oír decía así: «No olvidemos que en otros tiempos hubo un lugar que brilló breves momentos y que se llamó Camelot.»

»¡Ah! —continuó con un suspiro—. Habrá otros grandes presidentes y los Johnson son maravillosos y se han portado estupendamente conmigo... ¡pero nunca habrá otro Camelot!

Transfigurada por sus pensamientos repitió una y otra vez con su voz susurrante:

—«No olvidemos que en otros tiempos hubo un lugar que brilló breves momentos y que se llamó Camelot» ... Y nunca volverá a ser como entonces.

Envuelta en su ropa de luto, Jackie proclamó un año de duelo para sí misma, durante el cual prometió gravar la memoria de su esposo en la mente de los norteamericanos.

A medida que pasaba el tiempo, crecía su obsesión y su pesadumbre por el recuerdo del asesinato. Cada vez se daba más cuenta de que su papel de esposa y compañera no había sido todo lo adecuado que debiera. Eso la llevó a tener ideas fijas sobre la necesidad de compensar su anterior actitud haciendo todo lo que estuviera en su mano para perpetuar la memoria de su esposo. Su primera ocurrencia en ese sentido fue la de elevarle una llama eterna.

—Dondequiera que uno vaya, si se cruza el puente de Washington en dirección a Virginia —dijo—, puede contemplar la Mansión Lee a un lado de la colina desde muchos kilómetros de distancia. Cuando Caroline era muy pequeña, ese edificio fue una de las primeras cosas que aprendió a reconocer. Ahora, por la noche y a mucha distancia, podrá verse la llama eterna que se alza junto a la casa.

Antes de dejar definitivamente la Casa Blanca, Jacqueline se dirigió a Lyndon Johnson y le rogó que cambiara el nombre al hasta entonces Cabo Cañaveral, en Florida, y lo rebautizara con el de su esposo. Así, a su llegada a la Luna, los astronautas norteamericanos lo harían en naves lanzadas desde Cabo Kennedy. Conociendo la especial atención que su marido concedió al programa espacial, eso resultaba sumamente apropiado para honrar su memoria. Johnson aceptó la idea y, de inmediato, la base de lanzamiento de misiles pasó a llamarse Cabo Kennedy.

Jackie le puso el nombre de Wexford a su casa de caza en el campo en honor de la región de Irlanda de donde procedían los antepasados de los Kennedy. Entre los compañeros y seguidores de su marido comenzó a llamarse a sí misma «Bridey Kennedy».[1] Días antes, al ser trasladado el ataúd de su esposo a la catedral de St. Matthews, pidió que la banda de música que estaba a la puerta de la Casa Blanca, interpretara canciones irlandesas. El día del funeral, los acompañantes al duelo pudieron escuchar las notas de *The Boys from Wexford* y de *Come Back to Erin*, tocadas en honor del primer presidente católico de Estados Unidos. Siguiendo la costumbre irlandesa, Jacqueline llevó tréboles a la tumba de su marido el día de san Patricio, patrón de Irlanda. El 17 de marzo envió novecientas mil tarjetas de duelo para agradecer los mensajes de cariño y simpatía que había recibido.

—Me pareció que el día de San Patricio era el más adecuado para expresar por escrito mi agradecimiento a los que me enviaron sus cartas.

Prometió continuar viviendo en Washington, para no desligarse de los sueños del pasado Camelot.

—Nunca me iré a vivir a Europa de manera definitiva —dijo—. Tampoco quiero que sean muchos mis viajes por el extranjero ni muy prolongados. Eso sería como una profanación de la memoria de Jack. Residiré en los lugares en que viví con él. En Georgetown, o con los Kennedy en Cape. Ellos son mi familia. Debo dedicarme a educar a mis hijos. Quiero que John-John sea un buen muchacho.

Al año siguiente se concentró en la Biblioteca John F. Kennedy Memorial abriendo y patrocinando exposiciones y otros actos. Animó a más de cien personas, relacionadas con la Nueva Frontera, a registrar sus recuerdos y dio su total colaboración a William Manchester ofreciéndole la documentación necesaria para el libro que sobre la muerte de su esposo estaba

---

1. La «Novia Kennedy», según costumbre popular irlandesa. (*N. del t.*)

escribiendo. Se pasó diez horas con el autor, registrando en cintas magnetofónicas todo lo que recordaba de aquellos terribles días. Apareció en la televisión para dar las gracias a los cientos de miles de personas que le habían escrito. El día que eligió para hacer su aparición coincidió casualmente con la primera cena que Johnson ofrecía en la Casa Blanca, lo cual significó que al día siguiente los periódicos estaban dedicados a Jackie y no a la Primera Dama lady Bird.

Hablando con gran dificultad, la señora Kennedy dijo:

—Vuestras muestras del cariño que profesabais a mi esposo me han reconfortado, y el calor de vuestros tributos de amistad es algo que nunca olvidaré. Siempre que me es posible los leo. ¡Esa brillante luz desaparecida del mundo! Todos vosotros, los que me habéis escrito, todos lo amabais y él os devolvía ese amor de manera total. Todos y cada uno de vuestros mensajes será guardado cuidadosamente no sólo para mis hijos, sino también para que las generaciones sepan lo mucho que pensaban en él nuestro pueblo y los pueblos de otros países. Conservaremos vuestras cartas junto a sus documentos en la biblioteca que va a ser erigida en su memoria en el Río Charles, en Boston (Massachusetts). Confío que en los años venideros muchos de vosotros o de vuestros hijos visitaréis la biblioteca Kennedy.

Más de un millón de cartas de pésame llegaron a Jackie después de esa emisión. En menos de un año, un buen número de devotos admiradores de Jackie lograron reunir diez millones de dólares para honrar la memoria del presidente. El Congreso concedió a Jackie una subvención de 50 000 dólares anuales para el personal de su secretaría, más de 10 000 anuales como pensión de viudedad, más derecho a franqueo postal libre bajo franquicia personal, y se aprobó la concesión de fondos para que el Servicio Secreto siguiera protegiéndola a ella y a sus hijos de por vida o hasta que volviera a contraer nuevo matrimonio.

El Senado de los Estados Unidos aprobó una ley para establecer el Centro John F. Kennedy para las Artes Plásticas como monumento nacional que debía construirse en Washington. El gobierno concedió 15,5 millones de dólares de los fondos federales que se sumaron a la misma cantidad que había sido recogida gracias a la suscripción popular y a los donativos privados. Muy pronto otros países, grandes y pequeños, comenzaron a hacer donativos al Centro Kennedy.

Nueva York rebautizó el aeropuerto de Idlewild en memoria del fallecido presidente y muchas ciudades de toda la nación le dedicaron una calle, una avenida, una plaza o una escuela. Dallas (Tejas) fue una de las primeras en tener una plaza de John F. Kennedy. Después, eso se extendió por todo el mundo: la Kennedy Platz, en Berlín; Corso Kennedy, en Roma; Avenue Kennedy, en París, etc., etc. Se acuñó una moneda de plata de cincuenta centavos con su perfil, y se declaró monumento nacional su lugar de nacimiento, en Brookline. Muy pronto Jackie empezó a recibir miles de regalos para ella o los niños. La princesa Lala Aicha de Marruecos llegó a Washington para, en nombre de su hermano el rey Hassan, ofrecerle un antiguo palacio en Marraquech.

Pero ninguno de esos regalos o muestras de afecto llenaban el horrible vacío que sentía en aquellas terribles jornadas. Le explicó a algunos amigos que sufría implacablemente por su soledad y que por la noche tenía pesadillas desesperadas.

—Soy una herida viviente. Mi vida ya ha terminado. Estoy seca, vacía y no tengo nada más que ofrecer. Hay días en los que no puedo ni siquiera salir de la cama —le confió a una amiga—. Me paso el día y la noche llorando hasta que me quedo tan extenuada que no puedo más, y entonces bebo.

Jackie le pidió a su secretaria que se quedara en su cuarto con ella cuando empezó a abrir las carpetas con los documentos y objetos privados de su marido.

—Me es mucho más fácil hacerlo mientras estás aquí que por la noche cuando me encuentro sola —dijo—. En esos casos no hago más que ahogar mis penas en vodka.

Cuando llegó el decorador Billy Baldwin, procedente de Nueva York, para ayudarla a decorar la mansión de Harriman, encontró a Jackie colocando algunos libros en la sala de estar.

—No he visto nunca a nadie con tal expresión de abandono —comentó.

—Mire —dijo Jackie abriendo algunas cajas—. Tengo algunas cosas preciosas que mostrarle —sacó algunas pequeñas esculturas griegas y figurillas romanas, y añadió—: Es el comienzo de una colección que Jack quería reunir. Me entristece mucho tener que ver estas cosas. Son los recuerdos de una pareja recién casada que trata de instalar su nuevo hogar de mutuo acuerdo. Nunca hubiera logrado hacer de la Casa Blanca un hogar personal. Demasiadas habitaciones alrededor, que sabía estaban vacías...

Después, en presencia del decorador se desmoronó y comenzó a sollozar desolada. Pasaron unos minutos difíciles antes de que Jackie se decidiera a alzar sus ojos para mirarlo.

—Aunque hace poco tiempo que nos conocemos, sé que usted es un hombre compasivo —dijo—. ¿No le importa que le cuente una cosa? Yo sabía que mi marido me quería. Sé que estaba orgulloso de mí. Tardamos mucho tiempo en vencer nuestras dificultades, pero al final lo conseguimos y empezábamos a llevar una auténtica vida, juntos. Iba a colaborar con él en su campaña. Sé que en mi corazón había un lugar muy especial para él, un lugar único...

Jackie siguió hablando y hablando con una calma triste, muy triste, sobre su vida con Jack Kennedy, tratando de razonar sobre su matrimonio para convertirlo en algo especial y duradero. Tenía que repetirse continuamente a sí misma y a todo el que quisiera oírla, que había sido una buena esposa para su marido y que pese a la constante frivolidad de éste y sus devaneos amorosos, él la había amado a su manera. Era una de las cosas que más hacían sufrir a Jackie. Durante todo el tiempo que duró su luto no se cansó de repetir que los tiempos pasados en la Casa Blanca fueron los más felices de los diez años que duró su matrimonio.

—La habitación pareció llenarse de su terrible soledad —comentó el decorador.

—¿Puede alguien figurarse lo que significa haber vivido en la Casa Blanca y después, de pronto, tener que vivir sola como viuda del presidente? —le preguntó—. Es una sensación tan definitiva y pasada. ¿Y los niños? El mundo pone toda su adoración a los pies de mis hijos y temo por ellos, porque están terriblemente expuestos. ¿Cómo podré educarlos con normalidad? No le hubiéramos bautizado con el nombre de John, por su padre, de haber sabido...

Inmersa en su autocompasión, Jackie, con frecuencia, se desahogaba con sus secretarias, que trataban de ayudarla. En cierta ocasión riñó a Evelyn Lincoln:

—¡Oh, señora Lincoln, no hay razón para que esto sea tan duro para usted, puesto que al fin y al cabo todavía tiene a su marido! ¿Y yo qué tengo ahora? Sólo la biblioteca...

La señora Lincoln había cometido el error de pedir un espacio mayor para sus oficinas.

—Quiso saber para qué lo necesitaba —dijo la secretaria de Jackie— y le respondí que dado que la gente quería tanto al presidente, pensaba que sus cosas debían ser expuestas en unos locales amplios y agradables, para que todo el mundo pudiera contemplarlas. Pero ella estalló y me dijo: «pero, señora Lincoln, todas esas cosas son mías», y dio a entender que pensaba conservarlas y no repartirlas ni siquiera entre los más íntimos.

Aunque Jackie escribió una carta de agradecimiento al secretario de Estado alabando a los agentes del Servicio Secreto y asistió a la ceremonia de concesión de la medalla por su «valor extraordinario» que le fue concedida a Clint Hill, se quejó amargamente y criticó la deficiente protección que se les concedió en Dallas. Mencionó a un agente que no hizo nada en absoluto durante el atentado.

—Hubiera hecho lo mismo de ser Maud Shaw —dijo—, pero ¿qué puedo hacer? Darle una bronca, escribir un memorándum de queja. ¡Bueno!, de todos modos, con el paso del tiempo, Jack cada vez se hubiera vuelto más imprudente...

Reconstruyó el atentado hablando con Dave Powers y Kenny O'Donnell, y se preguntó si entre los disparos hubo un intervalo de cinco segundos; estaba convencida de que si el hombre del Servicio Secreto que iba en el asiento delantero hubiera reaccionado con mayor rapidez después de los dos primeros disparos y si el chófer hubiera apretado con mayor rapidez el acelerador antes en vez de después del tercer disparo, que fue el fatalmente decisivo, su marido estaría vivo aún.

Envuelta en su propio estado de desamparo, esquivaba a los amigos que trataban de ser amables con ella. Wayne Hays, por entonces congresista por el Estado de Ohio, trató de expresarle con un gesto su especial simpatía, pero fue rechazado. Había visitado a los Kennedy en la Casa Blanca y recordó que Jackie le había mostrado un antiguo tintero de cristal, una obra exquisita, que estaba sobre una de las mesas de la habitación verde. Jackie le dijo en aquella ocasión que de todas las cosas que había en la mansión del ejecutivo aquel objeto era el único que realmente le gustaría llevarse consigo cuando se fuera.

Posteriormente Hays vio en una revista de antigüedades la fotografía de un objeto que era exactamente un duplicado del que tanto le gustaba a Jackie, así que llamó al anticuario que lo tenía en Londres, y le pidió que se lo reservarà. En su próximo viaje a Europa, Hyas se desplazó especialmente a Londres y pagó mil quinientos dólares por el objeto artístico que pensaba regalarle a la Primera Dama a su regreso de Dallas.

Después del asesinato esperó varias semanas antes de comunicarle a Sargent Shriver que tenía un regalo para Jackie y que le gustaría entregárselo. Shriver dijo que hablaría de ello con su cuñada, pero pasaron los meses y Hays no recibió noticia alguna. La próxima vez que vio a Shriver, volvió a mencionar el regalo que tenía para la señora Kennedy. Pocos días después Shriver lo llamó para decirle que su cuñada le había sugerido que envolviera el regalo en papel cualquiera y se lo enviara con un mensajero. Enfadado por esa actitud, el congresista decidió quedarse con el regalo.

Por esos días Jackie empezaba a tener preocupaciones financieras y comenzó a revisar sus cuentas de gastos. Al ver la gran cantidad de dinero gastado en comida y en bebidas alcohólicas llegó a la conclusión de que el servicio y los empleados se estaban aprovechando de ella.

—Creo que mis empleados se llevan comida a casa —dijo.

Al descubrir que Mary Gallagher le había concedido una pequeña asignación monetaria a uno de los agentes del Servicio Secreto para alojamiento, Jackie estalló:

—¿Qué estamos haciendo? —gritó—. ¿Utilizando mi dinero para pagar sus alojamientos?

Al ver que Mary había pagado 900 dólares a Provi, su doncella particular, por horas extraordinarias exclamó:

—¿Horas extra? ¿Quieres decir que tengo que pagar por cada pequeña cosa especial que haya que hacer aquí?

—Sí, Jackie —replicó Mary Gallagher—, así son las cosas.

—¡Oh, Mary! —dijo Jackie—. Y hablando del salario de

Provi... creo que 100 dólares a la semana es demasiado... Y tú —dijo volviéndose a su secretaria— me pides 12 000 dólares. Es imposible, no puedo permitírmelo.

La mayoría de las personas pensaban que la viuda de J. F. Kennedy heredaría millones a la muerte de éste. El hecho real es que sólo recibió la miserable suma de 25 000 dólares más todos los efectos personales de su marido, incluyendo muebles, cortinas, alfombras, cubiertas, porcelana, cristalería y ropa. Aparte de eso, cobró 42 229,26 dólares que correspondían a lo que la Armada le debía por su paga de retiro y pensión de mutilado, y la indemnización en caso de muerte del servicio civil y el sueldo que se le debía del 1 al 22 de noviembre de 1963. En cifras totales recibió unos 70 000 dólares. Kennedy fue el hombre más rico de todos los que ocuparon la Presidencia de Estados Unidos; sus bienes, según la cuenta de impuestos en el momento de su muerte, ascendían a 1 890 640,45 dólares.

Los dos fideicomisos que había establecido para su viuda e hijos, se estimaban en diez millones de dólares, pero la participación de Jackie como viuda estaba limitada a pagos anuales por el importe principal de uno de los fideicomisos, que no podía exceder en un diez por ciento el valor al comienzo del año.

Dos meses después de la muerte de su esposo, se reunió con el consejero financiero de los Kennedy para revisar su situación económica. A partir de entonces comenzó a recibir 200 000 dólares al año, es decir unos 17 000 dólares al mes. Continuó enviando sus cuentas a la oficina de Nueva York de papá Kennedy, que arreglaba todos sus asuntos.

—Jack le dejó buenos ingresos, pero nada de capital —dijo Betty Spalding, tras una visita a Jackie después de la muerte de Kennedy—. Proveyó a los niños, pero a Jackie sólo le quedó la pensión de viuda. La visité en Wexford y nos quedamos hablando hasta las tres de la madrugada. Se preguntaba dónde viviría y le preocupaba cómo podría educar a sus hijos y defenderse por sí misma.

Como mujer que en tres meses podía antes gastar 40 000 dólares en unos grandes almacenes, Jackie se sentía atrapada. En diciembre de 1963 compró una casa en Georgetown frente a la de los Harriman, por 175 000 dólares. Unas semanas después la casa de la calle N, donde había vivido antes de trasladarse a la Casa Blanca, se ofreció a la venta por 225 000.

—¡Dios mío, esto me indigna! —le dijo a un amigo—. Jack y yo compramos aquella casa, en 1957, por 78 000 dólares. Invertimos una gran cantidad de dinero para su renovación y sólo obtuvimos 105 000 por ella, tres años más tarde. Casi no obtuvimos beneficio alguno y ahora los Ausbrook van a ganar 120 000 dólares en el trato por lo que fue nuestra casa y después de haber vivido en ella tres años.

En su pena, Jackie se confió y descansó casi por completo en su cuñado Robert Kennedy, que la visitaba a ella y sus hijos, en Georgetown, cada tarde. Le pidió a Dave Powers que se quedara cada noche a cenar con John-John y que jugara a los soldados con él, haciendo la instrucción y saludando como aquel día en la Casa Blanca. Caroline continuó sus clases en el jardín de infancia de la Embajada británica hasta el verano.

—Bobby y yo pasamos algún tiempo visitando a Jackie casi cada tarde —recordó Kenny O'Donnell— los dos tan inquietos e inseguros sobre el futuro de Jackie que hubiéramos tenido que recibir consuelo de ella en vez de ella de nosotros.

El durísimo golpe, demoledor, de la muerte imprevista de Jack Kennedy conmovió al máximo a Robert Kennedy, que en secreto pidió protección federal para su familia.

—En aquellos días Robert no tenía derecho a la protección de los agentes del Servicio Secreto, pero puesto que era fiscal general y un buen amigo de Jim McShane, el director de la Oficina de Comisarios de Estados Unidos, dentro del Departamento de Justicia, se enviaron agentes a su mansión de Hickory Hill para que protegieran a la famila las veinticuatro horas del día —recordó uno de los comisarios.

—Estuvimos allí seis meses después del asesinato de Dallas y algunos días Bobby estaba tan turbado e inquieto que ni siquiera hablaba con nosotros. Otros días nos daba los buenos días, pero ninguno de nosotros mantuvo nunca una auténtica conversación con él. Estaba tan anonadado por el asesinato de su hermano, que casi no podía hablar ni con su mujer. Recuerdo también las noches que no podía dormir. Se levantaba a las tres de la madrugada y se subía a su coche y conducía él mismo con la capota bajada, pese al frío, corriendo por la autopista y metiéndose por carreteras solitarias. Nunca permitió que le acompáñaramos ninguno de nosotros y tampoco sabíamos adónde iba. Estaba fuera hasta las seis de la mañana. A esa hora regresaba a casa, se mudaba de ropa y se iba a trabajar.

—Muchos de sus hijos —continuó—, eran tan pequeños, que realmente no comprendían lo que le había sucedido al presidente, pero en una ocasión, cuando acompañábamos a Bobby hijo, no recuerdo a qué sitio, empezó a jugar dentro del coche, tomó el micro del transmisor y antes de que nos diéramos cuenta estaba hablando con la central y diciendo estas palabras: «Aquí Bobby Kennedy, el hijo del fiscal general, y acabo de ser secuestrado.» Esa transmisión ponía en estado de alerta a todas las fuerzas de seguridad de Washington y casi organizamos una catástrofe antes de poderle quitar el micrófono de la mano y volver a radiar diciendo que se trataba sólo de una broma del chaval y que no estábamos en estado de emergencia.

Bobby Kennedy se pasaba más tiempo con su cuñada y sus sobrinos que con sus propios hijos, y Jackie confiaba en él y ponía todos sus asuntos en sus manos. En una ocasión incluso llegó a pensar en la posibilidad de pedirle que adoptara a Caroline y a John-John, pues creía que ella no estaba en condiciones de educarlos debidamente. Bobby le dijo a su cuñada que la idea era una locura, y ella desistió. Por su parte le dedicaba todo el tiempo que le era posible, así como su cariño, su apoyo y su protección.

—Creo que era la persona más compasiva y comprensiva que he conocido —dijo Jackie—, pero probablemente sólo muy pocas personas, muy próximas a él, la familia, los amigos y aquellos que trabajaban para él, podían darse cuenta. La gente de naturaleza reservada son incomprendidas frecuentemente, pues son demasiado tímidos y orgullosos para explicar sus sentimientos.

Jackie visitaba Hickory Hill con frecuencia durante los días de luto, para que sus hijos pudieran jugar con sus primos. Cada vez que salía se veía agobiada por personas que se situaban en las aceras de las calles por las que pasaba y sobre todo frente a su casa. Cada mañana llegaban grupos de turistas, cámara fotográfica en ristre. Los curiosos casi puede decirse que acampaban allí esperando verla, o a los niños, aunque sólo fuera unos segundos.

—Realmente se sientan allí, toman sus bocadillos y arrojan los papeles al suelo —sollozó—. Me siento atrapada en esa casa y no puedo salir de ella. Ni siquiera cambiarme de ropa en privado porque pueden mirar por la ventana de mi dormitorio.

—¡Fue terrible el modo de tratarla de la prensa después del asesinato de su marido! —contó Betty Spalding—. Se colaban en su casa, la observaban continuamente y, en verdad, hacían muy desagradable su vida.

Una noche, Jackie intentó cenar fuera, en Washington, con su hermana Lee, Marlon Brando y su representante George Englund. Lee, que era amiga de Englund, sugirió que se reunieran para cenar con tranquilidad en el Jockey Club, el restaurante francés preferido de Jackie. Minutos después de su llegada empezaron a presentarse fotógrafos de prensa y reporteros, obligando a Jackie y a Lee a escapar por la salida de servicio de la cocina. Brando y Englund salieron solos por la puerta principal.

—Se trata de un error total —les mintió Marlon Brando a los periodistas—. He venido a Washington para celebrar una conferencia con los Indios Americanos. Ni siquiera conozco a la señora Kennedy.

—El señor Englund colaboraba en la planificación de la Fundación Kennedy en Nueva York —diría después Pamela Turnure— y supongo que la cena estaría relacionada con ese asunto. No quisieron dejarla sola, y le pidieron que los acompañara a cenar.

Jackie tenía la impresión de que la prensa seguía cada uno

de sus pasos como un perro pachón, lo que imposibilitaba que pudiera ir a parte alguna. Sin embargo, no todos los periodistas escribieron todo lo que vieron en esos días. Muchos de ellos trataron de proteger a la joven viuda. Una reportera del *Washington Post*, también viuda, recuerda que vio a Jackie en Carriage House, el restaurante de Billy Martin en Georgetown.

—Yo estaba sentada con un amigo en la parte de atrás del restaurante donde está el Piano Bar y realmente no prestaba atención a la gente que había por allí. El agente del Servicio Secreto que acompañaba a Jackie me reconoció y comenzó a hacerme todo tipo de preguntas sobre qué estaba haciendo allí. Alcé los ojos y la vi sentada en una mesa con Robert McNamara, abrazándolo y besándolo. Estaba bastante bebida en aquellos momentos y yo sentí pena por ella. Cuando se levantó de la mesa, se balanceaba un poco y se dirigió al tocador. Regresó aún más insegura, casi a punto de perder el equilibrio, y se marcharon. Naturalmente la gente la reconoció, pero nadie dijo nada, y yo no iba a escribir nada del asunto, porque yo misma había perdido a mi esposo y sentía compasión y simpatía por ella.

Finalmente, Lee Radziwill insistió sobre su hermana en que tomara en consideración la posibilidad de trasladarse a Nueva York, donde dejaría de ser una atracción para turistas.

—Tienes que salir de esta fúnebre ciudad —le dijo—. Washington tiene demasiados recuerdos penosos para ti.

Jane Wrightsman, una amiga de Jackie residente en Palm Beach, también se mostró favorable al traslado de Jackie y le dijo que había alguien que quería vender un apartamento de cinco habitaciones en el número 1 040 de la Quinta Avenida. Jackie se desplazó a Nueva York para ver el piso, situado en un edificio de granito gris con vistas sobre el Central Park, es decir, en el lugar más caro de Nueva York. Después de ver el apartamento del piso 15, con ascensor privado y 23 ventanas, se decidió a comprarlo.

—Es perfecto —le dijo a su consejero financiero, André Meyer, que al mismo tiempo era director de una sucursal de la Banca Lazard Frères—, y si piensa usted que es una buena inversión, lo compraré.

El precio era de 200 000 dólares, suma elevadísima en aquellos tiempos.

Jackie anunció oficialmente su deseo de mudarse a Nueva York aquel verano mientras estaba en Hyannis Port: «La señora Kennedy piensa que trasladarse a Nueva York y dejar Georgetown, donde tiene recuerdos tan tristes, puede ser conveniente y beneficioso para ella y para sus hijos», informó Pamela Turnure, que se iba también a Nueva York, con Nancy Tuckerman, para trabajar en las oficinas que Jackie tenía en Manhattan.

Durante ese verano Jackie continuó hablando del asesinato de su esposo, incapaz de olvidar el salvajismo y la violencia de lo ocurrido en Dallas.

—Jamás volveré allí —dijo—. Nadie puede imaginarse cómo me sentí al revisar los objetos personales de Jack en la Casa Blanca y encontrar entre ellos, en un cajón, unos gemelos de oro con el mapa de Tejas. ¡Oh, Dios mío, fue horrible! No trato de sentirme amargada y resentida, pero sé que lo estoy.

En otra ocasión comentó:

—Le era tan leal y estaba tan orgullosa de él, que en cierta ocasión, sin pensarlo mucho, dije que debía ser presidente de por vida. «No —me respondió—, si vuelvo a ser reelegido creo que ocho años son más que suficiente para cualquier hombre.»

»Nunca deseé llevar una vida propia. Todo lo centraba en torno a Jack. No puedo creer que no he de volver a verlo jamás. A veces me despierto por la mañana deseando decirle algo y... no está junto a mí... Casi todas las religiones nos enseñan que hay otra vida después de la muerte, y yo me aferro a esa esperanza con todas mis fuerzas.

»Jack era algo especial —recordó—, y sé que él vio algo especial en mí, también... Los tres años que pasamos en la Casa Blanca fueron nuestra época más feliz, la que estuvimos más unidos... Y ahora ha concluido todo...

Ante la insistencia de Robert Kennedy, Jackie trató de volver a ser feliz. Se fue a esquiar a Stowe (Vermont), pasó unas vacaciones en las Indias Occidentales con Paul Mellon y su esposa, estuvo de compras en Nueva York e hizo un crucero con los Wrihgtsman.

—Cuando me voy de viaje todo es estupendo —comentó—, pero la vuelta a casa resulta deprimente y vacía.

Fue entonces cuando Teddy Kennedy resultó herido cuando su avión privado se estrelló en la niebla en las cercanías de Northampton (Massachusetts). En el accidente murieron dos de los otros ocupantes. En estado crítico, con una vértebra fracturada y varias costillas rotas, el más joven de los Kennedy tuvo que pasarse varias semanas hospitalizado. Jackie, acompañada por Bobby, acudió a verlo. Después de la visita, en la cafetería del hospital le dijo a su cuñado:

—¡Oh, Bobby, tenemos muy mala suerte!

En su propio abismo de desesperación, el fiscal general estaba preocupado y luchaba por su propio futuro, pues sabía de sobra que no podía continuar trabajando con efectividad durante mucho tiempo más en la administración de Lyndon Johnson. Consideraba que el hombre de Tejas era un sucesor indigno de su hermano en la presidencia, un rudo y vulgar politicastro que jamás se hubiera sentado en la Casa Blanca de no haber sido por los Kennedy. ¡Cómo lo despreciaba Bobby!

Mientras el presidente Johnson tomaba las medidas para dirigir el país de acuerdo con sus ideas, Bobby Kennedy, el aparente heredero de su hermano Jack, estaba decidido a seguir adelante con los sueños de éste y a perpetuar la dinastía de los Kennedy. La popularidad y atractivo de que gozaba como sucesor de su hermano, el mártir, impulsó a Bobby a presentarse como candidato al Senado por Nueva York. A partir de esa base política podría seguir avanzando hacia la Presidencia. Cuando hizo su aparición en la Convención Nacional de los Demócratas en Atlantic City, deificó a su hermano, citando a Shakespeare ante los delegados. Entre aplausos y lágrimas presentó un filme de John F. Kennedy en el que éste decía: «Cuando haya de morir tómalo y córtalo en pequeñas estrellas. Y compondrá el rostro del cielo tan delicadamente que todo el mundo se enamorará de la noche y dejará de idolatrar al llamativo sol.»

Lyndon Baines Johnson era chillón, llamativo. Durante el resto de su vida Bobby se refirió a su adorado hermano como «el Presidente»; nunca lo llamó Jack. Lyndon Johnson era para él Johnson, o «él» o «ese hombre». Bobby vivió constantemente a la gloriosa sombra de Camelot y se dedicó con toda devoción a recuperar los sueños presidenciales de John F. Kennedy.

También Jackie acudió a Atlantic City ese verano para asistir a una recepción celebrada en memoria de su esposo, en la que participaron cinco mil invitados. Pero no se acercó a menos de dos kilómetros de distancia de la sede de la convención. El otoño siguiente se negó a votar en las elecciones presidenciales. Estaba preparada para aceptar a Johnson como sucesor de su marido mientras aquel tejano continuara viviendo a la sombra de John F. Kennedy, pero nada más. Al principio no sintió ninguna animosidad contra él y se cartearon regularmente, lo llamaba frecuentemente por teléfono y aceptaba sus visitas en su casa para consolarla a ella y a los niños. En realidad, cuando algunos amigos comentaban lo horrible que resultaba que aquel Lyndon Johnson hubiera sucedido a su esposo en la Presidencia de Estados Unidos, decía:

—Oh, no es tan malo como todo eso... y al fin y al cabo tiene a su servicio a todos los consejeros de Jack de manera que ¿cómo puede equivocarse?

No obstante, cuando Johnson comenzó a salir de la sombra de John y a sustituirlo en la mente del público, después de alcanzar en el Congreso éxitos que Jack jamás pudo lograr, su subconsciente emocional explotó. No podía aceptar los grandes éxitos de Johnson como presidente. Y comenzó a odiarlo.

Impulsada por el sentimiento de que le había fallado a su esposo en vida, al privarlo del apoyo instintivo que podía haberle dado y que él esperó, pasó a dedicarse a tratar de reparar su falta.

—Y la manera más clara y sencilla de hacerlo era ayudar a su cuñado, al que, claramente, identificaba en muchos aspectos con su esposo, para que hiciera realidad el sueño que acariciaba su marido —observó Robin Douglas-Home— y que su prematura muerte le impidió llevar a término.

Jackie, entonces la mujer más famosa y admirada del mundo, le dio a su cuñado un apoyo total. Por petición suya accedió a reunirse con Dorothy Shiff, la editora del *New York Post*, un poderoso periódico de tendencia liberal, cuyo apoyo Bobby necesitaba desesperadamente si quería conseguir el escaño en el Senado.

—Tiene que ganar. Ganará. Tiene que ganar. O tal vez sea que lo desee tanto que no pueda pensar otra cosa —le dijo a la señora Shiff, refiriéndose a ella misma en tercera persona—. La gente dice que es frío y desconsiderado. No es como los demás. Creo que se debe al lugar que ocupó en el seno de la familia, entre cuatro hermanas y al ser el menor de dos hermanos y mucho más pequeño. No tiene el carisma que tuvieron sus dos hermanos mayores. Es bastante tímido, pero tiene el corazón más generoso del mundo.

De Bobby, como era lógico esperar, la conversación se desvió a reminiscencias de su marido. Cuando habló de él sus ojos se llenaron de lágrimas.

—Nunca le dije ni le demostré nada desagradable —dijo—, y cuando llegaba a casa siempre le tenía preparada su bebida favorita, un daiquiri, su melodía favorita en el tocadiscos y, quizá, la compañía de algunos amigos.

—La gente suele decirme que el tiempo todo lo cura —continuó—, pero ¿cuánto tiempo? La semana pasada olvidé cancelar los periódicos y los recogí, y allí estaba publicado el Informe Warren, así que los anulé para el resto de la semana. Pero cuando fui a la peluquería cogí el *Life* y tuve una impresión horrible. Estamos en noviembre... Quizá para primeros de año...

Siguió hablando sin continuidad, pasando de un tema a otro sin una secuencia lógica.

—No quiero ser embajadora en Francia o Méjico —dijo—. El presidente Johnson me ha dicho que puedo tener el puesto que quiera. Me gustaría trabajar para alguien pero el caso es... Una espera que alguien llegue a casa para pasar el fin de semana, pero nadie... Dejé Washington porque me asaltan viejos fantasmas. No puedo resistir que todo me recuerde los tiempos pasados. Quise irme a vivir a la casa en la que vivimos cuando Jack era senador, pero no pude conseguirla porque alguien la tiene...

»Le ofrecí a Jack paz, tranquilidad y serenidad, pero ahora todo ha cambiado... La gente me pide que escriba... tengo grandes ofertas de revistas que ni siquiera me he molestado en leer con detenimiento... Todas quieren que escriba sobre cómo vivir bien o sobre moda... pero yo estoy interesada por otras cosas, las mismas que le interesaban a Jack...

La señora Shiff recuerda lo difícil que le resultó mantener la conversación dentro de sus cauces.

—Resultaba muy difícil hablar con ella. De vez en cuando se quedaba en silencio mucho rato. Está muy cambiada y ya no es ni con mucho la reina que fue.

Su peluquera, Rosemary Sorrentino, recuerda el día en que Jackie se presentó en el salón de belleza de Kenneth, al cumplirse el primer aniversario del asesinato.

—Al recorrer la Quinta Avenida, vio fotografías de su marido, adornadas con lazos negros, en todos los escaparates, y cuando llegó al salón casi estaba histérica. Se dejó caer en una silla y comenzó a sollozar.

—¡Oh, Rosemary —gritó Jackie—, era horrible seguir en Washington! La gente me seguía a todas partes y se sentaban frente a mi casa y se ponían a comerse sus bocadillos y tiraban los papeles en la hierba. Pensé que si me trasladaba a Nueva York, todo sería más fácil. ¡Si al menos Dios hubiera permitido que viviera mi hijo! Ahora voy por las calles y veo las fotos de Jack en todos los escaparates. Es algo que no puedo resistir. ¿Por qué tienen que celebrar su asesinato? ¿No sería mejor que conmemoraran su cumpleaños?

—Lloraba con tanta pena que no pude evitar el abrazarla y tuve que hacer grandes esfuerzos por no echarme a llorar yo también —contó la señora Sorrentino—. Sollozaba sin cesar y, de repente, cambió por completo. Se tranquilizó y cuando llegó al salón estaba fría, casi impasible. No sé cómo podía cambiar así. Llevábamos años cuidando su cabello, desde que era la esposa del senador y también cuando la campaña presidencial, la toma de posesión de su marido y durante el tiempo que permaneció en la Casa Blanca. Quizá tratara de olvidar todo aquello. No lo sé; ésa es la verdad.

»Mientras fue Primera Dama, cada vez que venía al salón era muy afable, me abrazaba y me besaba, pero después del asesinato de su esposo se hizo más retraída. Cuando vino ese día, su cabello estaba en pésimas condiciones, creo que como consecuencia del trauma sufrido: estoy segura. En una ocasión, al entrar en el salón, se dio de cara con Liza Minnelli, que ya se iba y que se dirigió a saludar a Jackie.

—¡Hola, señora Kennedy, soy Liza Minnelli; nos presentaron hace unos meses...!

Jackie no le respondió ni una palabra, se limitó a dirigirle una sonrisa fría y se alejó.

—Podría haber estado aquí su mejor amiga y no le hubiera dirigido la palabra por miedo a ser rechazada. Todo el mundo sabía que a Jackie no le gustaba ser abordada. Después de la muerte del presidente siguió viniendo a Kenneth, pero se mostraba fría y retraída.

Decidida a dedicar su vida a mantener vivo el recuerdo de John Kennedy, Jackie se convirtió en monumento nacional. No se resignó a dejar su papel público y tampoco estaba ansiosa de convertirse en ciudadano privado, así que continuó ejerciendo un efecto sísmico en el mundo. Trató de hacer las mismas cosas que hacían las otras madres de la Quinta Avenida: llevar sus hijos al colegio, vigilarlos mientras juegan, acompañarlos al Central Park, comprarles helados en el Hombre del Buen Humor. En una ocasión se detuvo para preguntarle a un policía motorizado cierta dirección. El agente la reconoció y le pidió un autógrafo.

—Le daré mi autógrafo si le da un paseo a John-John en su moto —le dijo.

El policía se negó diciendo que lo tenía prohibido y no podía violar las reglas de su departamento.

La señora Kennedy se rodeó de los hombres de la Nueva Frontera, es decir, los partidarios de la política de Kennedy, en constante reminiscencia de su marido y de los días alegres en que acudían a visitarlo. Su oficina, cuyo número de teléfono no figuraba en el listín, ni tampoco en la lista de inquilinos del vestíbulo, funcionaba tras una puerta sin anuncio alguno en el piso 14 de un edificio de la Park Avenue, donde Nancy Tuckerman y Pamela Turnure continuaban contestando a las cartas que seguían llegando en grandes cantidades, muchas de las cuales sólo llevaban la dirección: «Lady Kennedy, USA.» Inclusive sin otra dirección, las cartas llegaban.

Dentro de la oficina había estantes y más estantes llenos de los álbumes de recortes de prensa de Jackie durante su período en la Casa Blanca. Sus mil días de Primera Dama estaban recogidos en una crónica que llenaba siete volúmenes marcados con el título FLORES, que contenía fotos de cada jarrón, cada vaso con flores utilizados para adornar la Casa Blanca en las fiestas o en otras ocasiones solemnes. Había otros dos álbumes bajo el título PORCELANA, con fotos de cada plato, fuente, sopera y vasos de vino utilizados en esos mismos actos. Los dos volúmenes de ROPA DE CASA presentaban las fotos de los manteles, servilletas, secamanos, etc., utilizados mientras fue esposa del presidente. Había otros dos álbumes dedicados al MATERIAL que cataloguaban muestras del papel de las paredes, de cada tela de cortinas, utilizadas en la Casa Blanca, con el nombre del fabricante, número de catálogo y precio. El álbum titulado ROSALEDA documentaba cada una de las fases del trabajo de readaptación de la parte del jardín situada bajo la ventana del despacho del presidente en la Casa Blanca, con fotografías de piedra, de *bulldozers* y de árboles envueltos en arpilleras.

Fuera de la vista del público, esa oficina representaba el altar que Jackie se había levantado a sí misma como Primera Dama. Había salvado todas las cosas relacionadas con sus días en Camelot, insistiendo en que fueran conservadas en su oficina como valiosos recuerdos del pasado. Por su parte, durante muchos meses después de la muerte de su marido, fue incapaz de visitarla.

—Sentía un gran interés por resaltar el buen gusto que llevó a la Casa Blanca como Primera Dama —dijo su buen amigo Paul Mathias— y que resultó un éxito. Pero Jackie seguía siendo la mujer contradictoria que siempre había sido. Le gustaba ser la señora Kennedy y pensar que había vivido la mejor de las vidas, y no renunciaba a ello. Pero al mismo tiempo que era la señora Kennedy, la viuda del presidente, deseaba mantenerse al margen de todo. En la historia, las personas se vuelven leyenda después de su muerte. Ella, al sobrevivir y estar junto a su marido al morir éste de manera tan trágica, se convirtió en leyenda todavía en vida, cosa que no podía resistir, porque ningún ser humano puede hacerlo.

Jackie trataba desesperadamente de organizar una nueva vida para sí misma e hizo todo lo que pudo en ayuda de la campaña de Bobby para conseguir un escaño en el Senado como representante de Nueva York. Incluso le dio permiso a su cuñado para que utilizara a Caroline y a John-John en la campaña, pensando que los hijos del presidente le darían una aura mágica. Continuó facilitando a William Manchester los informes y datos que necesitaba para su libro y dio instrucciones a sus secretarias para que telefonearan a todos los que estuvieron asociados con la administración Kennedy y les aseguraran que ella estaba conforme y apoyaba el proyecto del libro, por lo que debían facilitar al autor toda la ayuda necesaria.

Pero por muchas cosas que hiciera, siempre se sentía a la sombra de la muerte de su marido.

—No puedo librarme de ello —le dijo a un pariente—. Tanto si colaboro con el Kennedy Memorial de Harvard o tomo un avión en el aeropuerto Kennedy o visito a uno de mis parientes políticos, no puedo eludir el pensar en Jack y en lo que le hicieron.

CAPÍTULO DIECIOCHO

Al terminar el período de duelo oficial. Jackie lo celebró dejando su ropa negra. Durante el resto del año, cada uno de sus movimientos se publicó en las páginas de sociedad. Cada vez que ponía sus pies fuera de su casa de la Quinta Avenida, su fotografía aparecía en todos los periódicos del mundo.

En enero se negó a trasladarse en avión a Washington para asistir a las ceremonias de toma de posesión del presidente Johnson y prestación de juramento.

En febrero, voló a Méjico.

En marzo, se llevó sus hijos a Florida con su hermana, Lee, para pasar las vacaciones en Hobe Sound. Apareció con un abrigo de visón blanco y brillantes en la Ópera Metropolitana, para oír a María Callas cantar *Tosca*. Ese mes, Johnson la invitó a Washington para la inauguración de la rosaleda que se dedicaba a ella. De nuevo rechazó la invitación y envió a su madre para que la representara.

El jardín fue financiado con un donativo de 10 000 dólares de la Historical Association de la Casa Blanca, organizada por Jackie cuando era primera dama. Una placa unida a un pilar decía así: «Este jardín está dedicado a Jacqueline Kennedy, con gran afecto, por todos aquellos que trabajamos con ella en la Casa Blanca. 23 de abril de 1965.»

Janet Auchincloss apenas pudo contener las lágrimas durante la ceremonia.

—Sé que ustedes comprenderán por qué no puedo expresar lo que siento sobre este tributo que en el día de hoy se le hace a mi hija —dijo—. Al presidente Kennedy le gustaban mucho los jardines, y éste lo planearon él y Jacqueline. Sé que la hará muy feliz ver que se le dedica a ella. No puedo pensar en nada más significativo para todos aquellos que se preocupan por Jacqueline que el ver dedicado este jardín como un monumento en memoria de los años que ella compartió aquí con el presidente.

Lo que no dijo, desde luego, fue que su hija padeció un ataque de rabia al recibir la invitación de lady Bird y dijo a voz en grito que prefería ir a Dallas (Tejas) antes que volver a Washington mientras Johnson ocupara la Casa Blancà.

En mayo, Jackie se fue a Londres para asistir a la ceremonia de dedicación del monumento en Runnymede en memoria de su esposo, que presidió la reina Elizabeth.

En junio, cenó en The Colony de Nueva York y asistió a la inauguración del Theather Songs de Leonard Bernstein.

En julio celebró su 36 cumpleaños con los Kennedy en Hyannis Port.

En agosto, se dedicó a tomar baños de sol en la terraza de su «cabaña», en Bailey's Beach en Newport (Rhode Island) con el embajador de Kennedy en Nueva Zelanda.

En septiembre, tomó el avión para Boston con Rose Kennedy para asistir al baile de la Golden Trumpet. Despues regresó a Nueva York para acudir a una cena oficial ofrecida en su honor por el señor y la señora Charles Engelhard.

En octubre, ofreció su propia fiesta en honor de John Kenneth Galbraith, ex embajador del presidente Kennedy en la India. Jackie eligió el blanco y se vistió con una chaquetilla de armiño sin mangas y una larga falda de seda para recibir a sus invitados. Alquiló el The Sign of the Dove, en Nueva York, para un baile-cena a medianoche. Los hombres de la Nueva Frontera se reunieron en el restaurante como palomas que vuelven a su palomar: Robert McNamara, Robert Kennedy, Stephen Smiths, William van den Heuvel, acompañados de sus respectivas esposas, así como Marietta Tree, Lee Radziwill, Teddy Kennedy, Truman Capote, Bunny Mellon, Pierre Salinger, la señora de David Bruce, Richard Goodwin, Arthur Schlesinger, Jr., Theodore Sorenson, Roswell Gilpatric, McGeorge Bundy, el matrimonio Alphand, William Walton, Douglas Dillon y su esposa, y Pat Kennedy Lawford.

Entre los invitados había muchos que de un modo u otro estuvieron relacionados con la administración Kennedy. Ellos representaban la brillante fachada de Camelot, las partidas de rugby, las fiestas en Hickory Hill, donde la gente acababa lanzándose, o siendo arrojados, a la piscina con las ropas puestas. Eran tipos estupendos, gente magnífica. Llegaron en sus grandes Cadillacs. Les unía entre sí su adoración por John F. Kennedy. Ridiculizaban a Lyndon Johnson y se burlaban de su secretario de Estado, Dean Rusk. Bailaron al son de la música de discoteca de Killer Joe Piro. Brindaron por la «reina», con su elegante chaqueta de piel blanca. Uno de los invitados, Aristóteles Sócrates Onassis sólo permaneció unos minutos. Los demás se quedaron para beber y bailar hasta bien entrada la madrugada y se negaron a marcharse antes de las tres y media.

En octubre, también Jackie alquiló una casa de campo en

New Jersey, en una zona apta para la práctica de la caza del zorro.

En noviembre acompañó al señor Franklin D. Roosevelt, junior, y esposa al estreno de *The Eleanor Roosevelt Story*. Visitó en privado a la princesa Margarita y a Lord Snowdon en casa de John Hay Whitney. Así, se llegó al segundo aniversario del asesinato de su marido y ese día lo pasó en un apartamento de Nueva York y se negó a leer los periódicos y a ver la televisión. Al día siguiente tomó el avión hacia Hammersmith Farm para pasar el día de Acción de Gracias con su madre y su padrastro, y celebrar el cumpleaños de sus hijos.

En diciembre cenó con Alan Jay Lerner, autor de la letra de *Camelot*. Para esa cena encargó un vestido blanco de jersey de seda sin mangas, a madame Grès, de París. Pasó la Navidad en Nueva York y al día siguiente, con sus hijos, se dirigió a Sun Valley para esquiar con Teddy Kennedy y su familia.

Posteriormente hizo un viaje secreto a Washington y bajo la lluvia visitó la tumba de su esposo en el cementerio de Arlington. Lloró cuando el cardenal Cushing bendijo la nueva tumba, a la que el ataúd de Kennedy fue trasladado durante la noche, para ser enterrado de nuevo junto con sus dos hijos, la niñita nacida muerta en 1956 y Patrick Bouvier Kennedy, el niño que sólo vivió 39 horas.

Se pasó todo el año arropada con los Kennedy, protegida con la seguridad de su apellido y sus amistades. Después, Jackie decidió defenderse por sí misma. Comenzó a viajar, a hacer compras, llenando frenéticamente sus días con almuerzos elegantes, exhibiciones de caballos y otros actos sociales. Hizo un vuelo a Gstaad (Suiza) para esquiar con los Galbraith. En Nueva York se fue a bailar a una discoteca con el productor Mike Nichols. El Fashion Hall of Fame la proclamó de nuevo la mujer más famosa y admirada del mundo. Comió con Kenny O'Donnell y Vivi Stokes Crespi en The Colony y se fue a bailar de nuevo con Mike Nichols; hizo una rápida visita al célebre cabaret El Morocco, con Arthur Schlesinger, Jr. Voló a España para asistir a la Feria de Sevilla y a una corrida de toros, y cenó allí con Su Alteza Serenísima el príncipe Rainero de Mónaco y su esposa, Grace Kelly. Enfadada, negó los rumores de que pensaba casarse con el diplomático español Antonio Garrigues, de 62 años de edad y viudo con ocho hijos.

En todo el mundo circularon gran cantidad de fotografías mostrando a Jackie con traje de andaluza y a la grupa de un caballo: Jackie bailando flamenco, Jackie saludando a una muchedumbre de admiradores. Disfrutando de esa adulación sonreía radiante y saludaba graciosamente. Parecía estar pasando unos días maravillosos, pero en el fondo estaba enferma de aburrimiento. En Sevilla le dijo a Howell Conant:

—Soy una mujer relativamente joven, pero no pasa día sin que piense en el viejo y querido Jack... Y aún me deprime más el hecho de que cada día alguien me mande una fotografía suya. Gracias a Dios que has venido para hacerme compañía. Estaba muy aburrida. ¡Estos españoles! ¡Me estaban volviendo loca!

Regresó a Nueva York para marcharse poco después a Hawai, donde pasó seis semanas con sus hijos. Regresó a Nueva York y desde allí a Newport (Rhode Island) para asistir a la boda de su hermanastra, Janet Jenning Auchincloss. Allí su presencia congregó a una multitud de periodistas y fotógrafos hasta que la novia rompió a llorar en un ataque de nervios. Una multitud frenética se congregó en la iglesia de Santa María y sus alrededores gritando: «¡Jackie, Jackie, Jackie...!» y empujándose sin consideración, para tratar de ver a la viuda de John F. Kennedy, que a sus treinta y siete años de edad sonreía radiante, cogida del brazo de su hermana, Lee Radziwill.

Al mes siguiente se fue a Cape Cod para asistir a una fiesta de cumpleaños en su honor, aunque un tanto tardía, ofrecida por su mentor a Bunny Mellon.

—Esta amistad, que ella cultivó durante años de manera muy asidua dice mucho sobre Jackie —comentó un amigo que describió a la señora Mellon como una terrible perfeccionista, dueña de una fortuna de varios cientos de millones de dólares y a Jackie como la beneficiaria de su gran generosidad.

»Bunny definía a Jackie como una bruja y, medio en broma medio en serio, le atribuía poderes sobrenaturales —continúa esa amiga—. Con frecuencia me dijo que no me pusiera a mal con Jackie, porque si lo hacía me echaría una maldición de la que no podría librarme.

La señora Mellon era capaz de llamar a sus amigos seis veces al día y después regalarles un brazalete de Schlumberger, adquirido en Tiffany por 5 000 dólares.

—En el transcurso de los años le fue entregando a Jackie sobres con cientos de miles de dólares en billetes. Se ofreció a edificarle una casa en Antigua. En la Casa Blanca, Bunny gastó millones de dólares, en grandes donativos para ayudar a Jackie en sus proyectos de restauración. Con ocasión de su célebre cena en Mount Vernon, fue ella quien ofreció todos los *cachepots* de esmalte dorado de las mesas y todas las sillas, que fueron tapizadas de nuevo con una tela que costó casi treinta dólares el metro, para que coincidieran adecuadamente con la decoración pensada por Jackie. Cuando Jackie se trasladó a Nueva York, Bunny le regaló una cama por la que pagó 17 000 dólares para que la usara en su apartamento de la Quinta Avenida, pero a Jackie no le gustó, y Bunny, que es una mujer muy sensible, se pasó días llorando.

La fiesta de cumpleaños de Jackie, ofrecida por Bunny Mellon, congregó a todos los Kennedy y sus amigos: Bobby y Ethel, Teddy y Joan, el embajador David Bruce y señora, Dik Goodwin, John Kenneth Galbraith, Arthur Schlesinger, Jr., Robert McNamara y señora, Averell Harriman y señora, así como

Katherine Graham, la editora del *Washington Post*. La señora Mellon invitó también al peluquero de Jackie, Kenneth, y a su decorador, Milly Baldwin. Conociendo el cariño que Jackie sentía por J. Bernard West, el jefe de personal de la Casa Blanca, la señora Mellon lo invitó también; desgraciadamente la fiesta se celebró la noche antes de la boda de Luci Baines Johnson, la hija menor del presidente, y el señor West pensó que le resultaría imposible volar a la finca de la señora Mellon, en Osterville (Massachusetts) y estar de vuelta en la Casa Blanca a tiempo para la boda de la hija de Johnson, que requería su presencia profesional.

—Tiene que venir —insistió la señora Mellon—. Yo me ocuparé de arreglarlo todo.

Cuando llegó el señor West, la invitada de honor acudió a saludarlo con júbilo.

—¡Oh, señor West! —se rio sofocadamente Jackie—. ¿Qué va a hacer Luci sin usted? Si hubiera aquí una revolución francesa usted sería el primero en subir a la guillotina.

La tensión entre los Kennedy y Johnson y sus partidarios había alcanzado tal nivel, que Jackie llegó a quejarse abiertamente de ese «condenado Lyndon».

—¿Sabéis que no quiere permitir a los agentes del Servicio Secreto que lleven sus alfileres de corbata con el distintivo de las lanchas PT? —se quejó.

Ese verano recibió Jackie una carta de William Manchester en la que le comunicaba que había acabado de escribir su libro *The Death of a president* (*Muerte de un presidente*).

«Aunque he tratado desesperadamente de suprimir mis perjuicios contra cierto eminente estadista, que me recuerda siempre a un mal actor de una mala película sentimental —le escribió—, eso se ve con claridad.»

A Jackie le tenía sin cuidado. Su impresión era que Lyndon Baines Johnson se merecía de sobra todo lo que William Manchester pudiera escribir sobre él.

Antes de que el libro fuera publicado, el manuscrito fue sometido a la consideración de Bobby Kennedy, que se lo pasó a sus ayudantes del Departamento de Justicia, John Siegenthaler y Ed Guthman, así como a Arthur Schlesinger, Jr., y a Dick Goodwin, ayudantes que fueron de J. K. F., para que lo leyeran y opinaran sobre él. Cada uno de ellos hizo largas correcciones, con las que el autor se mostró conforme. Bobby, que pensaba presentarse a la campaña para la Presidencia en 1968, opinó que el libro debía publicarse en el otoño de 1966, antes de la fecha límite acordada de antemano con el editor. Le importaba más la sincronización de su publicación que el contenido del libro. Manchester había firmado un contrato con los Kennedy en el que les concedía plenos poderes para revisar el libro antes de su publicación si creían conveniente y darle la extensión que quisieran, por lo que Bobby dejó de preocuparse, puesto que tenía el control en su mano. El autor prometió igualmente que los derechos de autor del libro serían donados a la Biblioteca John F. Kennedy.

—Jackie creyó que esas cláusulas eran necesarias para evitar toda acusación de sensacionalismo o interés comercial —dijo uno de los ayudantes de Kennedy—, pero cuando se enteró de que la revista *Look* le estaba pagando a Manchester 665 000 dólares por los derechos de publicación en forma de serial, puso el grito al cielo diciendo que Manchester se estaba enriqueciendo a costa de la muerte de su esposo y que iba a evitarlo aun cuando fuera necesario recurrir a los tribunales.

Y así comenzó la batalla del libro.

Con anterioridad Jackie había puesto objeciones al libro de Maud Shaw, *White House Nannie*, y envió a Sol Linowitz a Londres para amenazar al editor con una denuncia si no se hacían determinados cambios en el texto. Jackie se oponía a que su niñera le hiciera saber al mundo que fue ella y no la señora Kennedy quien hubo de comunicarle a Caroline la noticia de la muerte de su padre. También hubo otros libros, como el de Paul Fay sobre Kennedy, titulado *The Pleasure of His Company*. Jackie insistió al máximo sobre Ken Galbraith hasta conseguir que Fay eliminara más de mil palabras del texto original.

En efecto, Fay eliminó todo lo que Jackie quiso que fuera suprimido. No obstante, la viuda de Kennedy siguió indignada con él, sobre todo por haber escrito ese libro. De nada sirvió que Fay le enviara un cheque de 3 000 dólares, parte de sus derechos de autor, para engrosar los fondos de la Biblioteca Kennedy, pues Jackie se lo devolvió. Fay fue en vida uno de los más íntimos amigos de John Kennedy, pero a causa del libro Jackie jamás volvió a dirigirle la palabra.

—Jackie, sin embargo, cooperó con Ted Sorenson y Arthur Schlesinger Jr., en sus respectivos libros sobre Kennedy —relató una de las antiguas empleadas de la administración Kennedy—, pero insistió en que se la citara siempre como Jacqueline, o señora Kennedy, pero nunca como Jackie. En ambos libros puede verse que el matrimonio Jackie-Jack está descrito en términos encomiásticos y en ninguno de los dos se hace la menor alusión a la penosa verdad que se ocultaba tras aquellas relaciones. ¡Que Dios nos ayude a nosotras, todas las demás mujeres de Jack!

Con respecto al libro de Manchester, Jackie censuró la mayor parte de las referencias personales a su vanidad, como cuando decía que se miraba frecuentemente al espejo para descubrir sus patas de gallo, o daba detalles sobre lo ocurrido la última noche en Dallas en que dejó dormir solo al Presidente; censuró también la descripción de la herida que causó la muerte de su esposo o cuando se refirió a los pensamientos y actos de Jackie de regreso en la Casa Blanca, en que se fue a dormir bajo los efectos de un calmante. Quiso también que quitara la descripción de cómo puso su anillo de boda en el dedo del cadáver de su esposo. Tampoco deseaba que se hablara de que fumaba como una chimenea y de que había bebido mucho esos días.

Pese a que le había concedido al autor diez horas de entrevistas grabadas en cinta magnetofónica, posteriormente insistió en que no usara nada de ese material en su libro. Exigió que las cintas se guardaran bajo llave en la biblioteca Kennedy y no se divulgaran hasta pasados cincuenta años. Insistió igualmente en que las cartas que escribió a su marido desde el yate de Onassis no se citaran en el libro, pese a que se las había enseñado a Manchester. Nadie comprendió en aquellos días lo seria que se ponía Jackie en sus objeciones.

Aún conmovido por la tragedia de Dallas, el país reverenciaba a la viuda de John F. Kennedy. Recordaban haberla visto con los ojos llenos de lágrimas, caminando al compás de los lúgubres tambores y haciendo, con su dignidad, que el pueblo americano se sintiera unido y orgulloso. Nadie sabía la firmeza que se ocultaba bajo aquel velo negro. Ni siquiera su cuñado Bobby comprendió el alcance de su determinación en esta materia.

En el desagradable asunto del libro estaban mezcladas amistades de mucho tiempo. La editorial de Manchester, Harper and Row, estaba dirigida por Cass Canfield, padrastro de Michael Canfield, que anteriormente estuvo casado con Lee Bouvier, la hermana de Jackie. Pese a su divorcio, Canfield seguía teniendo gran amistad con los Kennedy. Su empresa publicó *Profiles in Courage*, el libro de John F. Kennedy, que ganó el premio Pulitzer, así como *The Enemy Within*, de Robert Kennedy; *Kennedy*, de Theodore Sorenson y *The Uncertain Trumpet*, del general Maxwell Taylor. Naturalmente, Harper and Row fue la editorial elegida para la publicación de la versión autorizada por los Kennedy de *Muerte de un presidente*.

Cuando se ofrecieron fragmentos del libro para su publicación como serial, los Kennedy prefirieron *Look* a *Life*.

—Me alegro de que sea *Look* —dijo Bobby Kennedy— porque siempre se portaron muy bien con la familia y Luce, por el contrario, siempre fue una bastarda.

Gardiner Cowles, el editor de *Look*, fue un buen amigo de los Kennedy y su jefe literario, Bill Attwood, había sido designado por Kennedy para ocupar la embajada en Guinea.

Así, desde el principio los Kennedy tenían que vérselas con gentes en las que confiaban y que les habían servido bien en el pasado. Jackie estaba convencida de que podría utilizar esas circunstancias en su favor. Cuando se opuso a la serialización del libro en la revista pensó que le bastaría con llamar al editor y explicarle cómo se sentía, y él la complacería en sus deseos. Y telefoneó a Gardiner Cowles.

—Noviembre siempre es espantoso para los niños y para mí.

Cowles se mostró comprensivo y prometió retrasar la publicación hasta el año siguiente. Jackie insistió en que la anulara por completo. El editor le explicó que le era imposible porque la revista ya había firmado el contrato y estaba legalmente obligada a publicarlo. Jackie dijo que eso a ella la tenía sin cuidado y que debía cancelar la publicación, a lo que Bowles se negó. Jackie contrató los servicios del abogado Simon H. Rifkind para que la representara y volvió a telefonearle a Cowles insistiendo en que fuera a verla a Hyannis Port en compañía de su abogado.

—Si no viene sabré que tiene miedo de verme cara a cara —le dijo.

Así a Bowles no le quedó más remedio que ir a Hyannis Port con su abogado.

Allí, de nuevo Jackie trató de aprovecharse de su amistad.

—Simplemente no comprendo por qué tienes que publicar ese serial sabiendo que no quiero que lo hagas —dijo Jackie.

El editor respondió que según sus noticias la revista *Look* había adquirido el manuscrito con pleno consentimiento de la familia Kennedy.

—Estoy dispuesto a reducir el número de capítulos de siete a cuatro —dijo—, y aplazaré la publicación hasta principios de año, pero no creo que legalmente me sea posible hacer nada más.

—Si se trata de dinero, esto dispuesta a pagar un millón —añadió Jackie.

Intervino el abogado de Cowles para decirle que no era simplemente una cuestión de dinero.

—*Look* piensa que se trata de un buen libro que merece publicarse en forma de serial —insistió.

—Está usted sentado en la silla de mi difunto esposo —dijo Jackie—. Lo que exijo es que se cancele la publicación tanto del libro como del serial.

. La reunión terminó con confusión por ambas partes. Dándose cuenta de que no iba a conseguir nada de la gente de la revista, Jackie convocó a William Manchester a Hyannis Port y el autor, que la adoraba, acudió de inmediato y con gusto. De nuevo Jackie trató de sacar provecho de la amistad.

—Me parece que la conducta de Cowles es despreciable y odio a todas esas ratas de *Look* —le dijo—. Yo aún te aprecio y creo que somos nosotros contra ellos. Toda tu vida demuestra que eres un hombre de honor. Todo el mundo me dice que no lea tu libro, pero voy a leerlo, palabra por palabra. Soy más fuerte de lo que la gente cree. Quiero que te pongas de mi parte contra *Look*.

La mujer más famosa y admirada del mundo expuso las cosas lo más claramente posible:

Jackie con traje campero y sombrero cordobés
en la Feria de Sevilla.

—Todo el que esté contra mí será peor que una rata a los ojos de todos, a menos que me escape con Eddie Fisher —le dijo a Manchester.

En esos momentos el escritor estaba temblando y al borde de un colapso nervioso. Había dejado su puesto en la Waslayan University y, a petición de Jacqueline Kennedy, se trasladó con su mujer e hijos a Washington para trabajar en un libro en el que iba a emplear dos años. Recibió 40 000 dólares como adelanto de la editorial para que pudiera realizar su proyecto y cuando se le terminó el dinero hubo de recurrir a sus escasos ahorros para poder seguir investigando y escribiendo. Se pasó meses entrevistando a todo el mundo relacionado con el asesinato, yendo y viniendo a Dallas en avión, reviviendo todos los trágicos momentos de aquellos días. Su libro iba a ser destrozado por los editores, redactores y abogados, y la viuda a la que adoraba le estaba pidiendo que volviera a escribir su historia y perdiera el beneficio que tenía bien ganado. Unos días después, tuvo que ser hospitalizado por agotamiento nervioso. Al final, el libro proporcionó más de un millón de dólares, cantidad que pasó al fondo de la Biblioteca John F. Kennedy.

La lucha encarnizada entre la familia Kennedy y el autor y los editores de *The Death of a President* fue noticia de primera página durante semanas. Un ejército de abogados se reunió para deliberar, suplicó un compromiso y sugirió que se cambiase la fraseología de aquella parte del material que tanto ofendía a Jackie. Ésta siguió impertérrita, rehusando todo compromiso en lo que se refería a la revelación de cosas privadas o que según ella, significaran una invasión de su intimidad. Amenazó con una demanda por difamación y parecía dispuesta a recurrir a los tribunales para conseguir que se detuviera la publicación tanto del libro como de la serialización para la prensa. Después de una lucha de un mes, se llegó a un acuerdo. La revista accedió a suprimir una docena de párrafos de las 60 000 palabras que constituían su serial. Al final todo lo que *Look* dejó de publicar fueron 1 621 palabras, pero técnicamente Jackie quedó vencedora. Había conseguido censurar y suprimir parte de la obra de William Manchester. Sin embargo, todos esos párrafos tan descriptivos que ella deseó desesperadamente que no se publicaran ya se habían filtrado en la prensa y aparecieron en los diarios de todo el mundo. La gente pudo leer lo que ella había tratado de ocultar y dejó de contar con la aprobación pública.

Durante cinco años consecutivos, había estado en el primer lugar de la encuesta de George Gallup para determinar cuál era la mujer más admirada en Norteamérica. El pedestal empezaba a resquebrajarse y el ídolo reverenciado estaba a punto de caer.

Los Kennedy también estaban muy preocupados por la reacción del público contra ellos como consecuencia del debate sobre el libro y decidieron que Jackie debía renunciar al dinero que recibía del gobierno para mantener su oficina. Al cabo de pocos días el anuncio oficial de esa renuncia fue hecho por la oficina del senador Edward Kennedy en Washington. La carta que Jackie escribió en su despacho se dio a la prensa. Decía así: «En la actualidad el trabajo en mi oficina ha disminuido bastante y aunque todavía es considerable yo personalmente puedo hacerme cargo de mis asuntos oficiales. Consecuentemente, no deseo seguir recibiendo una subvención gubernamental con ese objeto.»

Jackie seguía manteniendo su deseo de conservar su vida privada dentro de los términos que consideraba justos y que eran bastante rigurosos. Y esa determinación abarcaba a todos los que la rodeaban. Sus secretarias callaban. Los amigos se negaban a hablar de ella con los reporteros. Quienes mencionaban su nombre a los periodistas se convertían en enemigos. Sus empleados estaban obligados a guardar en secreto todo lo relacionado con su vida privada bajo declaración jurada.

Jackie, al enterarse de que su cocinera alemana, Annemarie Huste, pensaba escribir un libro de cocina y, además, de publicarlo, utilizarlo para una serie de televisión, la puso de patitas en la calle inmediatamente. Con anterioridad Annemarie había escrito un artículo para *Weight Watchers*, una revista dietética, que no tenía en absoluto nada que ver con Jackie, pese a lo cual su nombre apareció con grandes letras en los titulares de la primera página: «La jefe de cocina de Jackie Kennedy presenta sus recetas de *gourmet* para *Weight Watchers*.» En esos momentos Jackie seguía una dieta de adelgazamiento a base de píldoras que la hicieron disminuir de peso. Se sintió ofendida por la suposición a que podía dar lugar el artículo, de que había contratado los servicios de una cocinera sólo para adelgazar. Sus abogados trataron de impedir la publicación del artículo, pero la revista ya estaba en los quioscos. Unos meses después apareció otro artículo en el que la guapa y rubia cocinera contaba cómo había entrado en las filas de los ricos y famosos, puesto que si antes trabajó para el multimillonario Billy Rose, luego lo hacía para Jacqueline Kennedy. En ese artículo decía, entre otras cosas, que Caroline era mejor cocinera que su madre. Eso enfureció más a Jackie que el hecho de que estuviera escribiendo un libro de cocina. Los abogados de la señora Kennedy intentaron impedir la publicación del libro, pero después, en vista de que resultaba imposible, se conformaron con la garantía de que el nombre de Jacqueline Kennedy no aparecería en la portada.

La cocinera, una chica de 24 años, trabajó dos años y medio para Jackie con un sueldo de 130 dólares a la semana por cinco horas de trabajo diario. Al igual que todas las demás empleadas de Jackie tuvo que firmar una declaración jurada de que nunca escribiría nada sobre su patrona o sus hijos. Nancy

Tuckerman, que inicialmente recomendó a Annemarie a la señora Kennedy, la llamó por teléfono poco después de la aparición del citado artículo en la revista.

—La señora Kennedy piensa que es mejor que no vuelva a su trabajo —le dijo.

La joven cocinera sintió remordimientos.

—No me siento ofendida porque me hayan echado —dijo—. Comprendo que la señora Kennedy desee que se respete su intimidad. Nunca diré nada desleal o malévolo contra ella y echaré mucho de menos a los niños. Cuando se ha trabajado tanto tiempo con una familia, una se siente muy unida con los pequeños de la casa. Ahora, después de esto, me siento tan deprimida y afectada que no sé si podré trabajar para otra familia.

La exigencia de respetar su intimidad iba tan lejos en Jackie que incluso llegó a afectar a los compradores de su casa en Wexford, que ella y su marido construyeron en un territorio de caza del Estado de Virginia. La vendió por 225 000 dólares en 1964 y exigió a los compradores el juramento de que no utilizarían la casa para nada relacionado con publicidad y que no descubrirían de ella nada en relación con sus antiguos propietarios.

—Es la única casa que Jack y yo construimos juntos y fui yo misma quien la diseñó —dijo—. No quiero que esta circunstancia sea explotada y que se fotografíen sus detalles sólo por esas circunstancias.

Los futuros compradores, el señor Quing Non Wong y señora, se mostraron conformes en firmar ese contrato tan especial.

—Al comprar la casa nos comprometimos a mantenerla apartada de toda publicidad por completo, a menos que la señora Kennedy decidiera lo contrario, durante diez años —dijo la señora Wong—. Me comprometí a mostrar a la señora Kennedy o sus abogados cualquier propuesta o petición de fotografiarla, y ella tiene que decidir.

Jackie, como era de esperar, jamás decidió favorablemente a ninguna de esas propuestas.

Durante la batalla del libro, Jackie trató igualmente de proteger a sus hijos contra la publicidad.

—No hablamos de eso, como es lógico —explicó—, pero los niños lo captan todo. Una palabra aquí, otra allí, y acaban por darse cuenta de que sucede algo que les concierne.

»No había forma de evitar que pasaran junto a los quioscos, el camino de ida y vuelta a la escuela, y era lógico que miraran las portadas de las revistas y los titulares de los periódicos. O que alguien les dijera algo en la calle o en la misma escuela. Los chicos, pues, tampoco tenían las cosas demasiado fáciles. Aun no he logrado sobreponerme al disgusto que me dio aquella extraña mujer que se dirigió a Caroline cuando salíamos de misa el día de Todos los Santos, un día de precepto, sin que nos diéramos cuenta de dónde salía, y le gritó a la pobre niña: «¡Tu madre es una mujer mala que ha matado a tres personas! ¡Y tu padre todavía vive!» Fue algo terrible; y no pudo nadie dar con ella posteriormente.

Jackie siempre tenía palabras de elogio para sus hijos. Cuando los matriculó en una escuela privada, dijo de ellos:

—Caroline es más retraída, pero John... Bueno, John es distinto. Hace amigos en seguida y en cualquier parte. Me sorprende en muchas cosas. Parece mucho mayor psíquicamente de lo que podía esperarse en un chico de su edad. En ocasiones es como si él tratara de protegerme a mí, cuando realmente es todo lo contrario.

»Me acuerdo también de un día de noviembre, fecha del aniversario trágico —continuó—, cuando los dos regresábamos a casa desde la escuela. Me di cuenta de que un grupo de niños, algunos de la misma clase de John, nos seguían. De repente uno de ellos empezó a gritar con fuerza: «¡Tu padre ha muerto! ¡Tu padre ha muerto!» Bien, ya sabe cómo son los niños. Incluso me gritaban lo mismo a mí cuando volví a la escuela corriendo, como si... Bien, ese día John los estuvo escuchando repetirlo una y otra vez sin decir ni una palabra. Se limitó a acercarse más a mí, tomar mi mano y apretarla, como si tratara de consolarme y darme a entender que las cosas iban bien. Así seguimos andando hasta casa con los otros niños detrás de nosotros.

»A veces no he podido evitar decirme a mí misma —continuó Jackie— que no podrá recordar a su padre, pues era demasiado niño cuando murió. Pero ahora creo que me equivocaba y sí lo recordará o, al menos, lo asociará con gentes que conocieron a Jack y con las cosas que a Jack le gustaba hacer. A veces le digo: ¡Oh, no te preocupes con tu ortografía, tu padre tampoco era muy bueno en eso! ¡Puede estar segura de que eso le gustaba! Por otra parte, siempre habrá alguien, como Dave Powers, para hablar de deportes con él. Al parecer John sabe mucho de eso. Habla de alguien llamado Bubba Smith y de Cassius Clay... Quiero ayudarle a que conserve el recuerdo de su padre. Creo que podré hacerlo. En Argentina, con ocasión de su visita oficial, Jack colocó un monolito sobre un monumento y cuando estuvimos allí John colocó una piedra sobre la de su padre. Le gustará volver a Argentina y ver su piedra y la de su padre... y eso será, parcialmente, conocer a su padre.

»El próximo verano, en Hyannis Port, John navegará en la lancha favorita de su padre, con su tío Ted, y eso también le ayudará. Incluso los más pequeños detalles pueden acercarlo al recuerdo de su padre. En su colegio, la dirección insiste en que los niños, aun cuando sean tan jóvenes como John, tienen que usar corbatas para ir a clase. Para John eso fue conveniente, pues así tuvo oportunidad de usar el sujetacorbatas de su padre, con la insignia de las lanchas PT en que prestó servicio durante la guerra. No quiero conformarme con que mis hijos sean dos niños más de los que viven en la Quinta Avenida y asisten a buenos colegios —añade Jackie—. ¡Hay tantas cosas en el mundo fuera de ese santuario en que vivimos! Bobby les habla de muchas de esas cosas... de los niños pobres de Harlem, por ejemplo. Les habla de las ratas y sobre las terribles condiciones de vida que existen incluso aquí, en plena ciudad de Nueva York. Casas de ventanas con los cristales rotos por los que entra frío. John se sintió tan impresionado por eso, que dijo que se iría a trabajar y con el dinero que ganara pondría cristales en esas ventanas. Mis hijos cogieron los mejores juguetes que recibieron en Navidad y se los dieron a los niños pobres.

»Quiero que sepan cómo viven en el resto del mundo —siguió Jackie—, pero al mismo tiempo ofrecerles un lugar donde refugiarse cuando ocurran cosas que no les suceden a los demás niños. Caroline, por ejemplo, sufrió una auténtica conmoción cuando fuimos asediados por los fotógrafos en una ocasión que la llevé a la montaña y traté de enseñarla a esquiar. ¿Cómo puede una explicarle esas cosas a una niña de su edad? Lo mismo ocurre cuando la gente se la queda mirando y la señala con el dedo... y las extrañas historias que no tienen ni una palabra de verdad, artículos que tratan de ser profundos, escritos por gente a la que uno no conoce ni ha visto jamás. Ya sé que tienen que ganarse la vida, pero ¿no pueden hacerlo respetando la vida privada de las personas y, sobre todo, de los niños?

Jamie Auchincloss recuerda los días felices que su hermanastra mayor trató de ofrecer a sus hijos.

—Una vez dio una cena de cumpleaños en su apartamento en honor del príncipe heredero de Marruecos y su hermanita —cuenta—. En esos tiempos yo estudiaba en la Universidad de Columbia y Jackie me pidió que asistiera. Quería que yo estuviera allí para que Caroline y John tuvieran una compañía masculina.

»Aquella noche el apartamento estaba lleno de agentes del servicio secreto marroquí y una niñera más triste que un funeral. Jackie fue a la cocina para buscar el pastel de cumpleaños con las velas que no se habían apagado. Y allí comenzó a cantar. Jackie tiene la peor de las voces del mundo y se echó a reír por lo mucho que desafinaba. No obstante, siguió cantando y comenzó a entonar «*Happy birthday to you, happy birthday*, querido príncipe heredero, león de Judea, heredero del Trono, líder del pueblo» Puso en la letra de la célebre canción de cumpleaños todos los títulos reales y algunos judíos, irlandeses y franceses. Todos reventábamos de risa, porque la cosa resultaba realmente cómica, pero la niñera se quedó desolada. El príncipe heredero trató de apagar las velas, pero no pudo hacerlo, lo cual resulta bastante divertido si se tiene en cuenta que es un descendiente directo de Mahoma y los descendientes del profeta no pueden fallar en nada. El niño tuvo un disgusto. La enfermera se enfadó también y acusó a Jackie de ser una persona terrible. Jackie se sintió realmente afectada porque ella jamás se hubiera atrevido a hablar así, pero supo contenerse y actuar como si también fuera una reina.

—Ésta es mi casa, y mi fiesta, y quiero que sea divertida. Ningún niño debe perder el control ni tampoco ser intimidado de ese modo. Quiero que el príncipe se divierta.

En esos días, también los deseos de conservar su intimidad se vieron complicados por las ambiciones de su hermana menor, que de repente anunció sus intenciones de dedicarse al teatro.

—He decidido dar a la gente oportunidad de chismorrear —dijo Lee—. Voy a... convertirme en actriz. Ya he dado mi conformidad para actuar en el papel de protagonista de *The Philadelphia Story*, en el teatro Ivanhoe de Chicago. Confío en que la gente no piense que quiero utilizar para apoyar mi carrera el nombre y la fama del difunto presidente... Jackie hace ya algún tiempo que conoce mi decisión y de momento no ha puesto ningún inconveniente.

La verdad es que Jackie se sentía mortificada por la decisión de su hermana.

—Estaba terriblemente enojada por la decisión de Lee de dedicarse al teatro —dijo Paul Mathias—, pero supo contenerse y comentó: «Si es eso lo que desea, debe tener su oportunidad.» Pero la verdad es que se sentía irritada. Sabía que eso pondría en marcha una enojosa publicidad que la afectaría a ella y a los Kennedy.

La princesa planeaba iniciarse en escena con el nombre de Lee Bouvier y en el papel de Tracy Lord, que hizo famoso Katherine Hepburn en la obra de Philip Barry. Con la ayuda de su buen amigo Truman Capote, comenzó los ensayos.

—Noel Coward, el famoso comediógrafo, también me dio algunos consejos —dijo—, y lo mismo hicieron Margot Fonteyn y Rudolph Nureyev, los famosos bailarines de ballet.

George Master se trasladó expresamente desde Hollywood para maquillarla y el peluquero Kenneth hizo lo mismo desde Nueva York para peinarla. Yves St. Laurent diseñó su vestuario. No obstante, la obra fue un fracaso. El único elogio que Lee obtuvo de la crítica fue que se había aprendido muy bien el papel.

La noche del estreno, mientras Lee actuaba a la luz de las candilejas, Jackie y sus hijos estaban en Irlanda pasando unas vacaciones con los McDonnell y sus ocho hijos en su lujosa mansión estilo regencia en Waterford.

—Se trata de unas vacaciones estrictamente privadas —dijo su anfitrión que posteriormente confesó que Jackie se había sentido bastante alivada por estar fuera de Estados Unidos el día que se presentó su hermana. No obstante, con gran corrección, le envió un cablegrama deseándole éxito, así como también le envió una preciosa cajita de esmalte de Battersea del siglo XVIII.

Esa peregrinación a Irlanda tuvo por objeto que sus hijos conocieran el país de origen de su padre y sus tradiciones históricas. Los irlandeses los vieron llegar a Dunganstown, el pueblo del que los Kennedy eran originarios, con ojos sonrientes.

—Me siento muy satisfecha de estar en este país que mi marido tanto amaba —dijo Jackie al llegar al aeropuerto de Shannon—. Para mí y para mis hijos es, en cierto modo, como venir a casa, y estábamos deseando hacerlo.

Jackie se pasó un mes en Irlanda. El primer ministro irlandés ofreció en su honor una cena de gala que se celebraría en el castillo de Dublín. Jackie hizo su radiante aparición en la fiesta con un vestido de noche, largo hasta el suelo, de chifón verde, con una estola de armiño. En el condado de Kildare se sentó en el palco presidencial, también vestida de verde, para presenciar el Derby de Irlanda. Asistió a una representación de los «Dunhill Players» y la obsequiaron con una bella fuente de cristal de Waterford, por haber honrado el acto con su presencia. Estuvo en el famoso Twomey Irish Pub, se compró un traje de montar de *tweed* irlandés y se pasó la fiesta del 4 de julio viendo cómo su hijo John aprendía a jugar al fútbol gaélico.

Mientras estaba en Irlanda, lord Harlech, ex embajador británico en Estados Unidos, acudió a Irlanda para permanecer unos días como invitado de Jackie. En el mes de mayo de ese mismo año, lady Harlech había muerto en un accidente de automóvil y Jackie estuvo en Londres para asistir al funeral, lo mismo que Bobby y el resto de los Kennedy. Jackie quiso ofrecerle a su antiguo y buen amigo unos días de descanso y calma. Ese acto de afecto hacia quien fue uno de los más íntimos amigos de su esposo dio origen a una oleada de rumores que caerían sobre ella como una plaga durante el resto del año. En los periódicos de todo el mundo se anunció que el noble caballero de la nariz aguileña era el nuevo hombre en la vida de Jackie y acaso su futuro marido.

Lord Harlech tenía entonces 46 años, y era todavía sir David Ormsby-Gore cuando se pasó cuatro años en Washington. Heredó el título y las tierras de su padre a la muerte de éste, en 1964. Su primo hermano el marqués de Hartington estaba casado con Kathleen Kennedy, hermana del difunto presidente, que murió en un accidente. Sus lazos con la familia Kennedy siempre fueron muy fuertes. Como embajador de Gran Bretaña tuvo con el presidente Kennedy un contacto más estrecho que cualquier otro diplomático. En cierta ocasión el presidente Kennedy dijo:

Por mucho
que Jackie pensara
en volver a casarse,
nunca entró
en sus cálculos
Lord Harlech
como segundo marido.

Jacqueline durante su viaje a Cambodia en otoño de 1967.

—Confío en David como en los propios miembros de mi gabinete.

El ex embajador había navegado con el presidente en Hyannis Port, jugado al golf en Palm Beach y estuvo invitado con mucha frecuencia a cenar en la Casa Blanca, en las habitaciones privadas de los Kennedy. A los pocos minutos de enterarse del asesinato, le envió a Bobby Kennnedy una carta en la que le decía: «Jack fue el más encantador, considerado y leal amigo que nunca tuve y siento su muerte como si se tratara de mi propio hermano.»

Consecuentemente, resultaba natural que Jacqueline tratara de consolar al amigo después de la muerte de su esposa. Se conocían bien mutuamente y en esos momentos compartían un lazo de tristeza y pesar. Pero por mucho que Jackie pensara en volver a casarse, nunca entró en sus cálculos lord Harlech como segundo marido. Tampoco se le ocurrió pensar en ello ni a la familia ni a los amigos más próximos de Jackie.

—Es un hombre encantador, pero muy aburrido —dijo Paul Mathias—. Jackie tiene miedo pensando en los niños. Piensa que Caroline puede volverse en contra suya a causa de la pérdida de su padre. Lo que ocurre es que Caroline está plena de recuerdos de su padre y le ha erigido un altar dentro de su alma. Jackie ha establecido un auténtico culto a Jack entre sus dos hijos, quizá excesivo. Stas Radziwill le preguntó en cierta ocasión por qué no hacía que Caroline retirase algunas de las muchas fotografías de su padre que tenía en las paredes de su habitación. Jackie le respondió: «¡Oh, Stás, no podría pedirle que quitara ni siquiera una sola de ellas!»

—Jackie no volverá a casarse —dijo su hermanastra Janet Auchincloss Rutherford—. Tanto mamá como yo no creemos que lo haga, por que quienquiera que se case con Jackie será «Mr. Kennedy» y creemos que eso no le gusta a ningún hombre. Jackie desea volver a casarse a causa de sus hijos. Y la familia también desearía que volviera a hacerlo. Y Bobby. Y también Teddy. Todos nosotros, pero nos tememos que nunca ocurrirá.

Como Jackie fue vista con mucha frecuencia en compañía de lord Harlech, los rumores siguieron creciendo. Se les vio asistiendo a un espectáculo de ballet, en el teatro, cenando, en un avión rumbo a Harvard, para dar una conferencia en la Biblioteca Kennedy. Un poco molesto por la amplitud y difusión que daba la prensa a esos rumores, lord Harlech hizo público un comunicado oficial: «La señora Kennedy y yo somos amigos desde hace trece años, pero no hay nada de verdad en los rumores de que existe un romance entre nosotros. Lo desmiento categóricamente.»

Jackie también negó públicamente esos rumores y lo mismo hizo en privado asegurando a sus amigos que jamás se casaría con lord Harlech. (Martha recuerda que Jackie comentó un día: «Abrazarlo amorosamente sería como abrazar una enciclopedia.») Su hermana Lee se echó a reír como una loca cuando le preguntaron qué había de verdad en esas relaciones:

—¿Estás de broma? —dijo—. ¿Lo has visto alguna vez?

Realmente pensaba que Harlech tenía un aspecto ridículo.

Pese a los mentís oficiales, las especulaciones continuaron y alcanzaron mayor fuerza en otoño de 1967, cuando Jackie le pidió que la acompañara a Camboya.

—La decisión fue de Jackie —contó Paul Mathias—. Dijo que hiciera lo que hiciera la gente hablaría igual, así que no cambiaba nada por invitarlo. Jackie siempre deseó ver las magníficas ruinas de Angkor Wat e hizo que lord Harlech fuera con ella.

—Sabíamos que la prensa de todo el mundo haría un buen escándalo, y así fue, pero por suerte ya lo habíamos previsto —comentaría Harlech más tarde—. Antes de emprender el viaje discutimos el asunto, qué debíamos hacer y lo que la prensa iba a decir. Es cierto que nos fotografiaron juntos, tanto como quisieron, y con las peores intenciones, pero como estábamos preparados no hicimos demasiado caso. La señora Kennedy, desde luego, se tomó las cosas muy bien.

Una guardia de honor real, en traje de gala, la recibió a su llegada a Camboya. Jackie vestía una minifalda verde y guantes blancos cortos. Chicas en edad escolar, con bandejas de plata, salpicaron la alfombra roja que le tendieron a los pies del avión con pétalos de rosa y jazmín. La esperaba un trono dorado, bajo palio, de acuerdo con el recibimiento budista a los visitantes más distinguidos. Incluso se permitió el flamear de banderas norteamericanas, lo que podía considerarse como una concesión muy especial dadas las circunstancias más bien difíciles que atravesaban las relaciones diplomáticas entre Camboya y Estados Unidos. Durante todo el viaje Jackie se negó a hablar con los periodistas. Sólo un discurso en público, y fue con ocasión de bautizar una calle con el nombre de avenida J. F. Kennedy.

En francés, Jackie dijo:

—El presidente Kennedy hubiera querido visitar Camboya. Se hubiera sentido muy atraído por la vitalidad del pueblo khmer, cualidad que él admiraba mucho en los demás. Al dar su nombre a una calle demostráis que reconocéis su dedicación a la paz y al entendimiento entre los pueblos.

El año siguiente Jackie hizo un viaje similar a Méjico, pero en esa ocasión su acompañante fue Roswell Gilpatric. También dicho viaje recibió gran publicidad en la prensa y se habló de otro romance, en esta ocasión con Gilpatric, que tenía 61 años, estaba separado de su tercera esposa y, según los periódicos, iba a convertirse en el segundo marido de Jackie. Ésta, acostumbrada ya a tales rumores y especulaciones, ni siquiera se molestó en desmentirlos.

—Cada vez se preocupa menos de lo que escriben sobre ella, porque se ha dado cuenta de que no puede hacer nada para evitar las cosas que se dicen —confió Paul Mathias—. Así, aunque al principio siempre quiso luchar contra ello, acabó por mandarlo todo al diablo.

Roswell Gilpatric, que admite haber conocido a Jackie muy bien, era lo suficientemente caballero para negar los rumores de que entre ellos había una relación amorosa.

—Jackie siempre se sentía atraída por los hombres como compañeros intelectuales más que por otras razones. Cuando salió de la niebla en que la sumió la muerte de su esposo, se dio cuenta de que se había transformado en una figura importante en el mundo y trató de sacar provecho de ello. La única cosa que le molestaba era esa publicidad de ojo de cerradura como la utilizada por la revista *Woman's Wear Daily*. Por otra parte le gustaba la prensa. Llegó a un acuerdo con ella, para el que se preparó cuidadosamente. Sabía qué ropa ponerse y cuál debía ser su aspecto en cada ocasión, y siempre lucía el mejor. En Méjico el avión dio unas cuantas vueltas en círculo antes de aterrizar porque no estaba, a su juicio, lo suficientemente arreglada para enfrentarse con los reporteros.

»Jackie es muy sensible a la opinión de la gente —continuó explicando—. No me atrevería a decir que sea una mujer de dos caras, pero lo cierto es que no quería que la gente supiera cuáles eran sus sentimientos si no se trataba de personas a las que apreciaba. Si se daba cuenta de que alguien trataba de aprovecharse de su amistad o de la de alguno de sus amigos, podía ser muy dura e hiriente en sus comentarios. Refiriéndose a determinada mujer comentó: «Ayuda a ponerte el abrigo sólo para mirar quién lo ha hecho y decírselo a *Women's Wear Daily*.»

»Jackie escribía estupendamente, y en su viaje a Méjico realmente se sintió muy interesada por la cultura y el arte precolombinos y leyó mucho al respecto y sobre los mayas. Traté de conseguir que escribiera un artículo al respecto y lo ilustrara con algunas de las maravillosas fotografías que para ella tomó un fotógrafo, pero le faltaba constancia. Podía sentir interés por algo y olvidarse de ello como podía hacer también con las personas de manera repentina.

Mientras estaban en Méjico, Jackie recibió la noticia de que Bobby Kennedy pensaba presentarse candidato a la presidencia. De inmediato redactó un breve comunicado para la prensa: «Siempre estaré con él de todo corazón. Siempre lo respaldaré.»

Los rumores sobre sus supuestas relaciones con Lord Harlech y con Roswell Gilpatric siguieron circulando y Jackie continuó siendo vista en público con ambos caballeros. A veces también aparecía con los esposos de algunas amigas y con hombres como Franklin D. Roosevelt, Jr., Richard Goodwin, Robert MacNamara y John Kenneth Galbraith, que se sentían muy complacidos acompañándola al teatro o al ballet. Los otros hombres a los que veía con relativa frecuencia, Mike Nichols, Chuck Spalding, Michael Forrestal, William Walton, Arthur Schlesinger, Jr., o Truman Capote, estaban de un modo u otro relacionados políticamente con la administración Kennedy. Algunos eran solteros, otros alegres. Todos estaban a salvo de complicaciones amorosas.

—Todos esos hombres o bien son miembros de la familia, muy en particular Bobby en aquellos días, o amigos y allegados de la familia —aclaró Rose Kennedy.

Sólo había una relación especial que empezaba a ser importante para Jackie: su amistad con Aristóteles Sócrates Onassis, el gran naviero y armador griego, que fue siempre un buen amigo, y muy especial en sus días de luto. El griego la visitaba con relativa frecuencia en su apartamento de Nueva York y cada vez llevaba preciosos regalos para ella o los niños. Era un compañero encantador y Jackie se sentía contenta viéndolo, pero al principio no quiso salir con él en público. Cuando finalmente se decidió a comunicarle a su cuñado Bobby que sentía gran afecto por el hombre al que la familia llamaba con cierto desprecio «El Griego», éste alzó las manos al cielo y exclamó:

—¡Ah, se trata de una enfermedad de familia!

Con eso se refería a la *liaison* anterior de su hermana Lee Radziwill con el millonario.

—Se porta maravillosamente conmigo, Bobby, y también con los niños —le dijo.

El impacto político de ver a Aristóteles Sócrates Onassis casado con la viuda de su hermano dejó al principio casi sin habla a Robert Kennedy, pero sólo momentáneamente. Le explicó que cualquier proyecto matrimonial debía aplazarse al menos cinco meses. Hasta haber obtenido su nombramiento como candidato demócrata. Hizo que Jackie le prometiera que no haría nada urgente antes de transcurrido ese plazo.

Y pensando en su imposibilitado padre político añadió:

—Sé que eso es lo que el embajador querría que hiciese.

CAPÍTULO DIECINUEVE

Todos los Kennedy se dedicaron plenamente a ayudar a Bobby en su campaña presidencial. Ethel, Joan, Eunice, Pat, Jean y Rose estaban dispuestas a intervenir ya en las primarias de los Estados. El volver a situar a un Kennedy en la Casa Blanca se convirtió en la gran ambición de aquellas mujeres que servían tan fielmente a sus maridos, ansiosos de poder. Steve Smith comenzó a organizarlo todo entre bastidores y los hombres de la Nueva Frontera se alinearon para ayudar al futuro heredero. Dick Goodwin, que había trabajado para el senador Eugene McCarthy en su campaña presidencial, inmediatamente lo dejó para unirse a Bobby.

En 1968, el tema principal de la política era la escalada de la guerra en Vietnam. McCarthy era el único líder demócrata que se oponía al presidente en la cuestión de la guerra. Al comienzo trató de persuadir a Bobby de que dirigiera la oposición, pero Bobby se negó a atacar a Lyndon Johnson públicamente. Convencido de que la guerra era un error desde el punto de vista moral, McCarthy decidió optar también él a la presidencia. Tuvo un éxito tan grande en las primarias de New Hampshire, que Lyndon Johnson reconoció la derrota y anunció que no aceptaría la designación como candidato del Partido Demócrata por segunda vez. Por primera vez en la historia un presidente que podía optar a un segundo plazo en el gobierno fue obligado a no presentarse por un miembro de su propio partido político. Al día siguiente del triunfo de McCarthy en New Hampshire, Bobby decidió presentarse a la presidencia. Naturalmente, esperaba que McCarthy se colocara a su lado o al menos se apartara para dejarle el campo libre, pero se equivocó y, por el contrario, declaró que estaba decidido a luchar hasta el fin. Debido a eso, las primarias de los demócratas se convirtieron en un duro enfrentamiento entre el liberal McCarthy, que se oponía a la guerra en el Vietnam, y el movimiento Kennedy con las fuerzas conservadoras que apoyaban la guerra de Lyndon Johnson. Los electores en potencia de Kennedy eran los pobres, los negros, los indios, los desheredados... más los hombres de la Nueva Frontera, deseosos de verse reinstaurados en sus cargos bajo el mando del heredero del presidente mártir. Todos los Kennedys, como se ha dicho, se lanzaron a apoyar a Bobby en su campaña. Excepto Jackie, que se quedó parcialmente al margen.

—Al principio de ese invierno cené con Jackie —contó Arthur Schlesinger, Jr.— y le dije que estaba convencido de que para Bobby era muy importante presentarse a la presidencia. Me escuchó con detenimiento y calma, y al cabo de un rato me respondió: «Confío en que Bobby nunca llegue a ser presidente de Estados Unidos.» Yo le pregunté por qué. Y me dijo: «Si llega a presidente, harán con él lo que hicieron con Jack.»

Apenas transcurrido un mes, una bala asesina alcanzó a Martin Luther King, Jr., cuando se hallaba en la terraza de un motel en Memphis (Tennessee). Bobby Kennedy estaba metido de lleno en la campaña cuando se enteró que el predicador negro había sido asesinado. Inmediatamente alquiló un avión para llevar el cuerpo de King de vuelta a Atlanta. Se ocupó después de que instalaran teléfonos suplementarios en el domicilio de Coretta King, y volvió a Georgia para estar junto a ella.

—Jackie le envía sus condolencias y realmente deseaba venir —le dijo Bobby a la viuda del líder asesinado—, pero sería para ella un golpe muy duro, debido a su propia experiencia. De todos modos, si para usted tiene algún significado su presencia, hará todo lo posible por estar a su lado.

Bobby llamó a su cuñada a Nueva York y Jackie, haciendo de tripas corazón, accedió a presentarse en Atlanta para asistir al funeral. Llegó con su buena amiga Bunny Mellon.

—Jacqueline Kennedy llegó a mi casa sólo unos minutos antes de que yo saliera para asistir al funeral —cuenta la señora King—. Regresamos al dormitorio y nos encontramos por primera vez. Intercambiamos saludos y le di las gracias por haber venido y también por lo que su familia y su marido hicieron por nosotros... Le dije que me sentía muy unida a su familia por esa razón... y añadí: «por nuestro pueblo». Jackie fue muy simpática. Me dijo algo sobre mi fortaleza y lo mucho que me admiraba. Yo le dije a ella lo mismo, porque lo pensaba así. Ella añadió además: «Es usted buena oradora. Habla usted muy bien.» Eso fue lo que dijo.

Jackie, realmente, estaba disgustada por haber tenido que asistir al funeral del asesinado líder negro y defensor de los derechos civiles, pero lo hizo por Bobby, pues sabía que su presencia resultaba importante para él desde un punto de vista político. Se sintió a disgusto entre los plañideros y llorosos negros, cuyos sentidos espirituales llenaban la iglesia anabaptista de Ebenezer. Antes del funeral Richard Nixon se alzó levemente en su banco para saludarla y sólo recibió como respuesta una mirada glacial. Tan pronto como terminó el servicio funeral, se dirigió a Nueva York en un avión alquilado.

De vuelta a su ambiente social, Jackie acudió a la boda de George Plimpton, acompañada de su hija Caroline. Unos días después, se marchó a Palm Beach, en el avión particular de Onassis, para pasar la Pascua con sus hijos en la villa de Charles Wrightsman. Onassis se quedó en el avión, negándose a bajar, para evitar ser fotografiado, y desde allí se trasladó a Nassau con su hija Christina. Jackie ya había hecho planes para reunirse con él al mes siguiente y realizar un crucero por el Caribe a bordo de su lujoso yate y quiso prepararse para esas elegantes vacaciones.

A Jackie le gustaba la vida agitada y social de los millonarios. Le encantaba la compañía de personajes célebres. Las fiestas elegantes y distinguidas eran su mejor distracción. Para ayudarle a luchar contra su depresión y soledad, Richard Goodwin le pidió a su amigo Norman Podhoretz que diera una fiesta a fin de que Jackie pudiera alternar con gente interesante.

—Quería que Jackie se divirtiera con gentes distintas a las que siempre se encontraba —dijo el escritor e intelectual—. Así, invité a Edmund Wilson y señora, a Bayard Rustin, a la señora de Robert Lowell, a Philip Roth y a Jules Pfeiffers. Pero la fiesta resultó traumatizante. Habíamos elegido mal, pues los invitados se sintieron intimidados por su presencia. La reunión fue fría, tensa.

—Jackie es como una muchacha joven, abierta y brillante —dijo Podhoretz—. Sin duda es también uno de los mejores oyentes que he encontrado en mi vida. Con sus ojos muy abiertos, fijos, escuchaba como si nunca hubiera oído hablar a un ser humano. Sabía hacer las preguntas precisas. Quería aprender, pero era una joven rica. Si no se hubiese casado con Kennedy hubiera sido poco más o menos como su hermana menor. Es fantásticamente *snob*, aunque lo oculta frecuentemente, pero yo supe verlo con facilidad. No al principio, desde luego, pues quedé ofuscado ante ella. Jackie se siente a gusto con la gente de su propia clase. También, como muchas de las chicas de su condición, rechaza fácilmente a las personas que no son de su ambiente. Es más curiosa y quizá más vulnerable que la mayoría de las jóvenes de su mundo. Le gusta flirtear, es muy coqueta y sabe desenvolverse muy bien con los hombres. No le gustan las mujeres. En realidad, puede ser muy ruda con ellas.

»Recuerdo que en una reunión, en su apartamento, los hombres y las mujeres nos separamos después de la cena. Jackie, casi en seguida, se excusó con las damas y fue a reunirse con los caballeros, un gesto que seguramente no le valdría las simpatías de las señoras. Yo me sentí sumamente atraído por ella y aquello me duró como un mes o mes y medio. La telefoneaba tres o cuatro y quizá hasta cinco veces al día, pero todo aquello quedó en nada. Hoy me daría de bofetadas y siempre lamentaré haber sido cobarde y no haberme atrevido a dar el paso definitivo, pero al pensar en ello me veía intentándolo y ella respondiéndome: «¿Por qué precisamente tú, desgraciado? ¿Crees que puedes acostarte con la viuda del presidente? ¡Pobrecito mío!» Ese pensamiento fue más fuerte que yo, así que lo dejé correr. No sé lo que me ocurrió. Más tarde caí en desgracia, quizá porque no hice ese intento final cuando debía haberlo hecho. La cosa resultaba peligrosa para mí. Mi mujer la odiaba.

Posteriormente, la señora Podhoretz describiría a Jackie como la «más brillante de las chicas norteamericanas de dieciséis años».

—Jackie puede ser muy sarcástica con los Kennedy, aunque los quiere mucho y los considera como su auténtica familia —dijo también el escritor, que añadió que Bobby consideraba a su famosa cuñada como una buena introducción para llegar a gente influyente—. Bobby está muy interesado en saber a quiénes conoce Jackie y se aprovecha de ello. Si Jackie conoce a una nueva persona, Bobby, o ella misma, se encargan de saber hasta qué punto puede serles de utilidad. Jackie no se da cuenta de los motivos, pero Bobby la usa para ello y así lo hizo con varios de los miembros de la comunidad intelectual de Nueva York, que se dieron cuenta de que Jackie estaba siendo utilizada para conseguir que apoyaran las ambiciones de Bobby.

Bobby y Jackie fueron vistos juntos con tanta frecuencia en Nueva York que hubo quien empezó a murmurar que, posiblemente, sus relaciones eran más que familiares. Jackie no sólo despreció esos rumores malintencionados, sino que aún echó más leña al fuego, abrazando a su cuñado en público, cogiéndole la mano y besándolo. Aunque públicamente se comprometió a ayudar a Bobby en la campaña electoral, en privado se mantuvo apartada.

—Psicológicamente, hubiera sido muy duro para ella ver a Ethel en la Casa Blanca como una segunda «señora Kennedy» —dijo Paul Mathias—. En ese caso, ¿quién sería Jackie? ¿La reina madre? Naturalmente, resultaba demasiado cruel; quería hacer algo bueno por Bobby, pero realmente no se lanzó a luchar en la campaña como mucha gente llegó a creer. Más bien lo contrario. Aunque quizá cambie y se lance de lleno a ella antes de que termine.

Pero Jackie nunca tendría esa oportunidad. El 5 de junio de 1968, Robert Francis Kennedy fue asesinado a tiros en el Hotel Ambassador de Los Ángeles, poco después de haber ganado las primarias de California. Embarazada de su undécimo hijo, Ethel se lanzó al suelo para proteger con su cuerpo a su esposo caído.

—¡Por favor, por favor, dejadle sitio para respirar! —gritó—. ¡Retírense, retírense!

Alguien puso un rosario entre sus dedos. Una multitud enardecida de colaboradores de la campaña, curiosos y periodistas abarrotaron la sala de baile del hotel, realmente horrorizados por la tragedia de un nuevo asesinato.

Roosevelt Grier, el famoso jugador de rugby de Los Ángeles, cogió el brazo del pistolero. Rafer Johnson, el campeón olímpico de decatlón sujetó al asesino y lo echó sobre una mesa de acero en la cocina.

—Nadie debe hacer daño a este hombre —gritaron—. Lo queremos vivo.

La sala se llenó de gritos y sollozos y la gente se empujaba y se pisaba llena de pánico. El pistolero, Sirhan Sirhan, fue sacado de allí por la policía. Minutos después, Kennedy fue puesto en una camilla y conducido en ambulancia al Good Samaritan Hospital, donde seis neurocirujanos trataron de salvar su vida.

A las 3,45 de la madrugada el teléfono sonó en el apartamento de Jacqueline Kennedy en Nueva York. Stas Radziwill la llamaba desde Londres, minutos después de haberse enterado del atentado.

—Jackie —le preguntó—, ¿cómo está Bobby?

—Muy bien, estupendamente —le respondió—. ¿Te has enterado que ganó en California con el 53 por ciento?

—Sí, pero ¿cómo está?

—Te lo acabo de decir. Ganó en California.

—Pero, Jackie —dijo Stas que, finalmente, se dio cuenta de que Jackie no sabía nada—. Han disparado contra él. Acaba de suceder hace sólo unos minutos.

—¡No, no puede ser cierto! —gritó—. ¡Otra vez no!

—No sabía nada de lo sucedido —diría Lee más tarde—. En Norteamérica era ya de noche, y Jackie había estado durmiendo. Se quedó realmente atónita.

Inmediatamente, Jackie tomó un avión para Los Ángeles y se quedó con Ethel a la cabecera de Bobby durante las terribles horas que luchó contra la muerte. Cuando se le declaró muerto, comenzó a llorar incontrolablemente. En esa ocasión no hizo el menor esfuerzo por mostrarse heroica. Se dejó llevar por el terrible dolor que la embargaba y lloró hasta agotarse. Después trató de consolar a su cuñada.

—Ahora está en el cielo, con Jack —dijo Ethel, cuya fe religiosa es inconmovible.

—¡Oh, Ethel —murmuró Jackie—, tienes tanta fe!

El legado de amor que rodeó la memoria de John F. Kennedy, se extendía también a su hermano menor, cuando las dos viudas Kennedy empezaron a trazar los planes para el funeral. Antes de abandonar la Costa Occidental, Jackie llamó a Leonard Bernstein.

—Estamos reunidos todos aquí —le dijo—, tratando de saber cuál será la música más adecuada para su funeral, y naturalmente hemos pensado en ti. Eres el único cuyo buen gusto y conocimientos pueden aconsejarnos.

El presidente Johnson envió un avión de la Casa Blanca para recoger el cadáver y llevarlo al Este. Jackie volvió a llamar a Bernstein.

—Estoy aquí, en el avión, al lado de Ethel —dijo—, que tiene algunos deseos con respecto al funeral.

—Le dije lo que yo había preparado, que era algo de Mahler, y ella me dijo que lo consideraba estupendo —contó Bernstein—. Añadí que estaba teniendo problemas con otros detalles y ella me interrumpió: «¡No, no, insiste, insiste! Puedes decirle a todo el mundo que te encargas de todo y que la familia te ha dado plenos poderes.»

—El primer deseo de Ethel —le explicó Jackie a Bernstein— es que las monjas de su vieja escuela, Manhattanville School, canten algunas cosas que ella recuerda de los días que pasó allí... en su juventud: *In Paradisum* y algo más que no recuerdo ahora. Quiere que las monjas canten esas dos cosas.

Bernstein informó que en la catedral de San Patricio no se permitía cantar a las mujeres, pero Jackie siguió firme en sus trece.

—¡Diles que se trata de un deseo expreso de Ethel! También quiere que se cante el himno de la armada... Mira, eso la hará sentirse mejor y la confortará mucho si lo conseguimos.

Ethel insistió en que se permitiera a Andy Williams cantar el *Himno de Batalla de la República*, que era una de las canciones favoritas de Bobby. Leonard Bernstein mostró su disconformidad diciendo que era de pésimo gusto.

—Si hay algo importante en nuestra fe religiosa es nuestra creencia de que la muerte es el comienzo de una vida eterna y no el fin de una existencia —dijo Ethel—. Y yo quiero que esta misa sea todo lo más alegre posible.

Jackie apoyó a Ethel en todos los puntos. Visitó al cardenal Spellman para pedirle que hiciera todo lo que Ethel deseaba, independientemente de cuáles fueran las tradiciones de la Iglesia. Finalmente el cardenal lo autorizó. El funeral subrayó la resurrección, el comienzo de una vida eterna. La plática fue expresada en inglés y los ornamentos de los oficiantes fueron morados, no negros. Los hijos de la familia Kennedy acudieron vestidos de blanco y se acercaron al altar para comulgar. Teddy, el único varón superviviente de la generación de los Kennedy pronunció la oración fúnebre. Con voz vacilante describió a su hermano como «un hombre bueno y decente que vio la injusticia y trató de ser justo, que vio el sufrimiento y trató de aliviarlo, que vio la guerra y trató de ponerle fin».

Desde el coro, Andy Williams, sin acompañamiento alguno, comenzó a cantar *The Battle Hymn of the Republic*. La emoción acongojada de esa voz, cantando en solitario, que hizo resonar sus ecos en la catedral de San Patricio, arrancó lágrimas a los presentes, incluso el propio Leonard Bernstein quedó impresionado, y así lo reconocería más tarde:

—Fue el éxito cumbre del funeral. Lo digo a disgusto, pues hubiera hecho cualquier cosa por impedirlo.

Después del funeral un tren llevó el cadáver de Robert Kennedy desde Nueva York a Washington para que fuese enterrado junto a su hermano en el cementerio de Arlington. El tren iba atestado con los amigos y compañeros de colegio de Bobby, sus asociados políticos y la familia. En las estaciones por las que debía pasar el tren la gente se aglomeraba para darle el último adiós. Truman Capote llamó a ese recorrido «el viaje del siglo». Ethel recorrió el tren tratando de consolar a todo el mundo. La gente se quedaba muda de asombro al verla llegar, animando a los que estaban más entristecidos y apesadumbrados, pidiéndoles que se sintieran dichosos y no lloraran.

—Fue la primera vez que no pude contener mi congoja en el tren —recuerda Pete Hamill—. Entre todos nosotros, Ethel era la que tenía más motivos para estar apesadumbrada... y, sin embargo, allí estaba ella, más preocupada por nuestro dolor que por cualquier otra cosa. ¡Algo notable! Realmente es una auténtica mujer. Jacqueline por su parte, recorría el tren con una bandeja y estaba más bien fría. El contraste resultaba sumamente interesante.

La verdad era que Jacqueline se hallaba en un estado de conmoción profunda. La muerte de Bobby le causó una terrible depresión; de repente se encontró sola en el mundo y sin protección alguna. Con el fuerte apoyo emocional de su cuñado, ya perdido, y con su suegro, incapaz incluso de alimentarse a sí mismo, no había nadie que pudiera protegerla, nadie en quien apoyarse y a quien dirigirse en demanda de auxilio.

—Jacqueline se quedó amargada después de la muerte de Bobby —dijo uno de los ayudantes de Kennedy—. Casi se volvió histérica y en cierto momento comentó: «Odio los Estados Unidos, desprecio a este país y no quiero que mis hijos sigan viviendo aquí. Si se han decidido a acabar con los Kennedy, mis hijos serán el objetivo número uno. Quiero marcharme de aquí, dejar todo esto.» Estaba aterrorizada, pero la verdad es que durante algún tiempo lo mismo le sucedió a toda la familia. Teddy se pasaba al menos dos horas diarias al teléfono, cada noche, hablando con sus sobrinos y sobrinas, asegurándoles que se encontraba bien y que nadie iba a disparar contra él. Les decía que estaría bien por la mañana y volvería a llamarlos. Cada uno de los veintisiete niños y niñas quedó traumatizado con el asesinato de Bobby y todos necesitaron asistencia psiquiátrica a causa de sus problemas emocionales graves. Fue una experiencia terrible para todos y nadie sabía cómo enfrentarse a ella. Algunos de nosotros alquilamos un barco poco después del funeral y nos hicimos a la mar, donde nos emborrachamos y lloramos mucho.

Terminado el funeral, Jackie llamó a Aristóteles Onassis y le pidió que trajera a su hija para pasar el fin de semana con ella y su familia en Hammersmith Farm (Newport).

—Todavía me acuerdo de ese fin de semana —dijo Jamie Auchincloss—. Fue algo terrible. Jackie llamó a mamá y le preguntó si podía invitar a un amigo. Mamá le dijo: «Sí, desde luego. ¿Quién es?»

»—Aristóteles Onassis —le respondió Jackie.

»—¡Oh, no, Jackie, no puedes hablar en serio!

»A mamá casi le dio un ataque de la impresión. No podía creerlo. Cuando Onassis llegó, mamá le trató con muy poca consideración. La razón de esa actitud de mi madre tiene su explicación en algo ocurrido unos años antes. Mamá estaba en Londres, en el Hotel Claridge, y sintió ganas de ver a su hija Lee. La llamó a su casa y le dijeron que estaba con Onassis en su *suite* del hotel. Lee todavía estaba casada con Stas. Mamá se presentó ante la puerta de la habitación de Onassis y llamó repetidas veces sin que nadie le respondiera. Golpeó la puerta y gritó, y finalmente se dio cuenta de que la puerta estaba entreabierta.

»¡Bien —continuó contando Jamie—, mamá no es de las personas que se andan con chiquitas! Es una de esas mujeres que no vacilan en abrir las cartas de los demás y entrar en sitios donde se supone que nadie debe hacerlo. Es tan curiosa que hará lo que sea para satisfacer su curiosidad. Una vez tuve que decirle, cuando vi que abrió unas cartas que venían dirigidas a mí, que si volvía a sorprenderla haciéndolo, la denunciaría ante los tribunales puesto que hay una ley que prohíbe abrir la correspondencia de los demás. Bueno, volvamos a aquel día. Mamá, al ver la puerta entreabierta entró en la *suite* y recorrió un amplio recibidor con una plataforma elevada a su extremo. Allí, sentado junto a una mesa estilo Napoleón, estaba Onassis con una bata de seda, gafas oscuras y los pies sobre la mesa. Hablaba por teléfono. Mi madre se lo quedó mirando y con tono brusco le preguntó: «¿Dónde está mi hija?»

»Onassis levantó los ojos y se quedó mirando intrigado a la malhumorada dama de pie en el centro de su *suite* privada.

»—¡Perdón, señora! —dijo—. ¿Podría usted decirme exactamente quién es su hija?

»—Mi hija es la princesa Radziwill —gritó la señora Auchincloss.

289

»—¡Ah, ya veo! —replicó Onassis—. Bien, se marchó hace una media hora.

»Onansis no le hizo más caso a mamá —siguió contando Jamie— y volvió a su conversación telefónica. Mamá se precipitó fuera, sin molestarse en decir adiós o excusarse por la interrupción. Naturalmente, pensó lo peor. Conociendo la fama de conquistador del armador griego y que Lee era una cazadora de fortunas, pensó que aquello podría traer líos grandes. Después, nunca se llevó bien con Onassis debido a ese incidente y siempre lo trató de modo desdeñoso.

Janet Auchincloss se sintió disgustada al ver que Jackie se volvía a Onassis en esos momentos de dolor. Además no tenía ni la más remota idea de que su hija, muy pronto, dependería enteramente del armador griego, que tenía ya 62 años, para el resto de su vida.

Aquel fin de semana en Newport, pasó en un ambiente de cordialidad por parte de la familia Auchincloss.

—Ari era un hombre sencillo, pero brillante en ciertos aspectos —dijo Jamie—. Yo me divertí a su lado. Le gustaba Chopin y la música melódica. Pero su hija Christina resultaba de todo punto imposible. Jackie trató por todos los medios de adaptarse a ella, pero la chica era realmente difícil. Terriblemente posesiva y celosa de su padre, no quería tratos con nadie más. Y cuando hablaba, era para hablar mal de los americanos, acusándolos de beber demasiado y de ser aburridos.

»Yo —continuó Jamie— estaba encargado de escoltarla a todas partes y resultaba muy difícil de complacer. Realmente imposible. Quería ir a un sitio y en seguida cambiaba de opinión y quería ir a otra parte. En cuanto la habíamos llevado a donde quería, se encerraba en sí misma como una ostra en su concha. Me alegré mucho cuando se fue y lo mismo le pasó a mamá; puedo asegurárselo.

Unos días más tarde, Jackie y su madre recibieron una nota dándole las gracias por la invitación, acompañada de una reproducción artística de una antigua joya macedónica. Durante ese verano visitó varias veces a Jackie en Hyannis Port y consolidó su amistad con Caroline, John-John y el resto de los Kennedy. Le gustaba, en especial, hablar de Rose. Se sentía encantado oyendo a Jackie contar sus cosas, las peculiaridades de aquella auténtica matrona que sabía ahorrar viviendo en medio de la mayor riqueza. Le contó que en una ocasión decidió pintar sólo la fachada delantera de la casa de Palm Beach, pero la parte de atrás no, porque resultaba demasiado caro. Le habló de que Rose se colocaba unos parches especiales entre las cejas para evitar las arrugas y que estaba enviándole continuamente recados para que no olvidara darle a sus hijos abundante leche ni dejara de llevarlos a misa los domingos y fiestas de guardar. También le contó que Rose era incapaz de contratar los servicios de un cocinero o de una camarera más, porque deseaba ahorrar dinero.

A Ari le encantaban esas excentricidades. Se rió de las respuestas de Rose a las críticas que se hacían de que Bobby estaba derrochando demasiado dinero para triunfar en las elecciones primarias a la presidencia.

—Es nuestro dinero y podemos gastarlo del modo que nos parezca —declaró la madre de los Kennedy—. Eso forma parte de la campaña. Si se dispone de dinero y se quiere ganar, hay que gastarlo. Cuanto más se disponga, más hay que gastar. Eso no está regulado y, por lo tanto, no es falta de ética. Los Rockefellers son asimismo como nosotros. Ambos tenemos el dinero suficiente como para gastarlo en nuestras campañas políticas.

Un día se conocieron por fin y Rose encontró a Onassis encantador, pero no muy atractivo como hombre. En privado lo censuró por no saber vestirse y dijo que siempre llevaba los pantalones tan anchos como sacos. Recordando su visita a Hyannis Port, comentó:

—Todavía me parece verlo un día de verano en nuestro porche, sentado más bien un poco encogido en una de nuestras sillas de mimbre pintadas de blanco. Muchos de nosotros nos sentábamos en cojines bastante estropeados por el sol, la humedad, la niebla y los juegos de los niños. La pintura blanca se estaba desprendiendo de las sillas de mimbre como sucede siempre. Todo aquello resultaba agradable, atractivo y práctico, pero distaba de ser elegante. Conociendo la enorme fortuna de Onassis y el modo de vida lujoso y mundano a que estaba acostumbrado, sus villas, su isla, su yate y sus ejércitos de sirvientes me pregunté si no encontraría aquello un tanto extraño y estaría a disgusto en un ambiente tan desprovisto de convencionalismos como el nuestro. Si era así, la verdad es que no dio muestras de ello. Era un compañero tranquilo con el que resultaba fácil hablar, inteligente, con sentido del humor, divertido y con un buen número de anécdotas que contar. Me gustó. Era agradable, interesante y, para usar una palabra de origen griego, carismático.

Durante esos días, Onassis invitó a Teddy a que acompañara a Jackie a pasar una semana de crucero en su yate *Christina* durante el mes de agosto. Teddy aceptó sabiendo que Jackie planeaba casarse con el magnate. Deseaba discutir con él el futuro financiero de Jackie y sus hijos y cambiar impresiones con Onassis sobre los fideicomisos que les había dejado Jack a su muerte. El matrimonio de Jackie con un hombre que había apoyado entusiásticamente la dictadura de la Junta Militar en Grecia, sólo podía tener consecuencias negativas para las ambiciones políticas de los Kennedy.

Antes de marchar con el armador, Teddy fue a Hyannis Port para hablar con Rose Kennedy.

—Mamá —le dijo—, voy a hacer un crucero en el yate de Onassis.

—Bien, ¿y qué hay de extraordinario en eso? —le preguntó intrigada la señora Kennedy.

—Onassis está muy enamorado de Jackie —dijo Teddy preparando a su madre para lo peor.

Pasaron unos minutos antes de que Rose respondiera.

—Conozco a Onassis desde hace 15 años —dijo por fin—. Es un hombre estupendo.

Al mismo tiempo que uno de los hombres más ricos del mundo, Aristóteles Sócrates Onassis fue uno de los más famosos. En 1954, detenido en Estados Unidos acusado de delitos comunes y puesto en libertad bajo fianza, se salvó de la cárcel sólo después de pagar una multa de siete millones de dólares. Hacía navegar sus buques con banderas de otros países para evitar el pago de impuestos y encubría sus negocios bajo una red de subterfugios y compañías bastante discutibles desde un punto de vista ético. Si su conducta profesional como hombre de negocios era censurable, también se alejó de la alta sociedad debido a su dudosa vida privada. Durante diez años mantuvo una tempestuosa relación amorosa con María Callas, la cantante de ópera que en 1959 abandonó a su esposo, italiano, para seguir a Onassis por todo el mundo. Unos meses después Onassis solicitó el divorcio de su esposa, Tina. El público siguió muy de cerca las relaciones entre el magnate naviero y la famosa cantante, devorando los detalles de sus dramáticas peleas, sus separaciones y sus románticas y frecuentes reconciliaciones.

La temperamental María Callas, una mujer con el pelo negro como ala de cuervo, era una artista famosa de gran categoría con una voz notable y que sabía dar a sus actuaciones además del encanto de su voz la dinámica emocional de una gran actriz. Durante 25 años sus actuaciones fueron realmente electrizantes, lo que la convirtió en la cantante de ópera más importante del mundo. Tenía una legión de admiradores que la idolatraban.

De los Kennedy no puede decirse que fueran grandes aficionados a la ópera, pero conocían a la Callas porque sus relaciones con Onassis eran del dominio público. Durante años sus fotografías aparecieron en las primeras páginas de los periódicos: a bordo del yate del millonario, recibiendo en él a personajes tan célebres como Winston Churchill, Elizabeth Taylor o Greta Garbo; besándose por encima de sus copas de champaña en los mejores restaurantes de París, Montecarlo o Atenas. Vieron fotografías de Onassis asistiendo a fiestas de buzuki en Grecia, arrojando platos al suelo, destrozando vajillas por valor de miles de dólares por simple diversión. Se enteraron de la demanda judicial, que era como un desafío por parte de Onassis y María Callas, contra otro armador al

La muerte de Bobby causó a Jacqueline una terrible depresión.
De repente se encontró sola en el mundo y sin protección
alguna. (En la foto, con sus dos hijos, ante la tumba
de Robert Kennedy, en el cementerio de Arlington.)

Convencida
firmemente de que
sólo Onassis podía
proporcionarle
felicidad y darle
la seguridad
que necesitaba,
Jacqueline se hizo
a la idea
de casarse con él
lo antes posible.

que disputaban un petrolero. Pronto se hizo del dominio público que Onassis había colocado tres millones de dólares en el petrolero para que su amante tuviera una buena inversión y el control del negocio, lo que hizo que otra vez sus relaciones salieran a la palestra del interés público con mayor intensidad que nunca. Y los comentarios ocuparon las portadas de las primeras páginas de los periódicos.

Lo que los Kennedy no sabían es que en marzo de 1968 la pareja estuvo a punto de legalizar sus larguísimas relaciones mediante el matrimonio, pero en el último momento la impetuosa diva y el riquísimo naviero se pelearon violentamente y Onassis se marchó a Estados Unidos y comenzó a verse con Jackie con más frecuencia. Se encontraban, por lo general, en el apartamento de Jackie, y algunas veces salían a cenar fuera. Se supuso que Onassis, cazador de mujeres célebres, se limitaba a rendir homenaje a la mujer más famosa de Estados Unidos.

Jackie se sentía segura y protegida al lado de aquel hombre, que en muchos aspectos era semejante a su suegro, Joe Kennedy. Se divertía en su compañía, recibía energía de su vitalidad y sabía apreciar sus atenciones galantes y su generosidad. Comenzó a confiar en él, descubriéndole sus sentimientos y los detalles de su matrimonio y de su vida en la Casa Blanca como primera dama. Le contó lo difícil que resultaba convivir con los Kennedy, tanto desde un punto de vista emocional como financiero. Recordaron juntos su primer encuentro, cuando Jack era senador y estaba visitando a sus padres en el sur de Francia.

El *Christina* estaba atracado en Montecarlo y Onassis invitó a la joven pareja a tomar unas copas a bordo para que pudieran conocer a Winston Churchill, que estaba allí. La información pública describió el encuentro entre el futuro presidente y el antiguo primer ministro como entusiástico, pero lo cierto es que Churchill estaba de mal humor y preocupado. Cuando dejaron el yate, Jackie le dijo a su marido:

—Jack, creo que Churchill pensó que eras un camarero.

Le contó aquellos días a Onassis lo desagradable que fue para su esposo que le presentaran a un hombre al que admiraba y no le acogiera bien. Cuando hablaban del esposo de Jackie lo hacían como si se estuvieran refiriendo a un jovencito con grandes sueños y aspiraciones. Públicamente luchaba por perpetuar la imagen inmaculada de Jack, pero la verdad era que no se forjaba muchas ilusiones sobre el mito Kennedy que ella misma había ayudado a crear. Habló francamente con Onassis de los amargos desengaños que sufrió como esposa de Jack Kennedy, de la muerte de su bebé, del horror de ver a su marido asesinado, precisamente cuando el matrimonio estaba comenzando a funcionar. Le confió sus temores sobre el porvenir de sus hijos. Jackie estaba preocupada en especial por su hijo John-John, que entonces tenía siete años y carecía de la necesaria influencia masculina de un padre que no tuvo nunca. John Kennedy Jr. se había convertido en un auténtico problema, tratando continuamente de llamar la atención, peleándose con sus compañeros de colegio, siempre metido en líos. El director del colegio de St. David recomendó que repitiera el segundo grado, pero Jackie se negó y, en vez de aceptar la idea del maestro, lo envió a una nueva escuela, interno, creyendo que la disciplina de un internado le ayudaría.

Onassis la escuchaba con simpatía y comprensión. Participaba de la preocupación de Jackie y se daba cuenta de lo sola que debía de encontrarse en su condición de viuda y cuánto deseaba volver a casarse. Se daba cuenta también de que Jackie se había sentido herida por las infidelidades de su marido y que Jack jamás entendió ni supo apreciar el gran estilo de su mujer. Al principio, sintió compasión por ella y deseó alegrar su vida. También comprendió que lo necesitaba.

Después de la muerte de Robert Kennedy, el mundo de Jackie aún se hizo más cavernoso. Invadida por el miedo y la violencia, se volvió hacia su buen amigo, el único hombre que sabía podía prestarle la protección y seguridad que tanto necesitaba. Existían dificultades que era preciso considerar lógicamente, especialmente en lo referente a la religión. Onassis era miembro de la Iglesia Ortodoxa griega y estaba divorciado. Como católica romana, al casarse con él, Jackie se exponía a la excomunión. Por el bien de sus hijos estaba interesada en evitar una condena pública del Vaticano. Necesitaba también un amortiguador contra las presiones de los Kennedy, aunque estaba determinada a casarse con el naviero con o sin la aprobación de la familia de su difunto esposo.

Convencida firmemente de que sólo Onassis podía proporcionarle felicidad y darle la seguridad que necesitaba, se hizo a la idea de casarse con él lo antes posible. Comenzó invitándolo a Hyannis Port para que pudiera pasar más tiempo con Caroline y John-John, confiando en que acabaría aceptándolos como su compañía de por vida. Buscó el consejo del cardenal Richard Cushing, que había oficiado su boda con Kennedy, bautizado a sus hijos y enterrado a su marido. Su apoyo le daría mayor confianza, la confianza que necesitaba para allanar el camino con los Kennedy. No pensó ni por un momento que Onassis fuera a adoptar a sus hijos. Quería que conservaran su apellido y su estrecha relación con la familia de su padre. Necesitaban esa identificación para su propia seguridad emocional. Jackie necesitaba a Onassis para la suya propia y por eso tenía que conseguirlo.

Mientras tanto, Onassis tenía sus propios problemas con sus hijos, Christina y Alexander, que adoraban a su madre y estarían en contra de cualquier otra mujer que se casara con su padre. Siempre despreciaron a María Callas, a quien reprochaban el divorcio de sus padres. Onassis nunca tuvo tiempo de ser un auténtico padre para sus hijos, pues se pasó el tiempo en su trabajo, sus negocios y sus viajes, pero los amaba con locura y no quería tampoco comprometer la pequeña seguridad emocional de que disfrutaban.

Para nombrar a Alexander y Christina sus únicos herederos, tenía que tener en cuenta una peculiaridad de la ley griega, conocida con el nombre de *nominos mira,* que exige que un marido deje a su mujer el 12,5 de su fortuna y el 37,5 a sus hijos, como mínimo. Esa ley hace imposible que un griego pueda desheredar a su familia. En caso de muerte sin testar esos porcentajes se doblan. Onassis deseaba proteger a Jackie y asegurar el futuro de sus hijos, facilitarles la realización de sus caprichos y su comodidad en caso de que muriera, pero no estaba dispuesto a dejarle a ella una parte de su inmensa fortuna a costa de sus propios hijos. De acuerdo con la mencionada ley, Jackie debería heredar como mínimo 64 millones de dólares de la fortuna de Onassis, valorada en 500 millones de dólares. Antes de la boda Onassis le pidió a Jackie que renunciara a los beneficios de esa ley de *nominos mira,* y el gobierno griego decretó una ley especial reconociendo la validez de esa renuncia. A cambio de su concesión Jackie recibió tres millones de dólares para ella y un millón para cada uno de sus hijos. Ese acuerdo fue concluido entre Teddy y Onassis durante el crucero del mes de agosto. En aquella fecha aún no se había fijado la de la boda; sólo se había convenido en que se celebraría próximamente.

Cuando Jackie regresó de ese crucero, se dirigió a Boston para hablar con el cardenal Cushing. Esa reunión, altamente emocional, duró dos horas y Jackie descargó sus sentimientos en el prelado, llegando a exponerle los más penosos detalles de su vida con Jack Kennedy y sus cinco años de solitaria viudez. Unos años antes, el cardenal recibió la visita de la señora Kate, la mujer que trató de impedir que Kennedy se convirtiera en presidente. Llevó consigo pruebas fotográficas de la infidelidad del candidato a la presidencia, que le hacía el salto a su mujer mientras ésta se encontraba fuera de la ciudad. Consecuentemente, el cardenal estaba preparado, al menos parcialmente, para recibir las confidencias íntimas de Jackie, que le explicó también lo bueno que Onassis había sido con ella durante muchos años y lo cariñoso que era con los hijos del asesinado presidente, a los que cuidaba como si se tratara de los suyos propios.

El cardenal reconoció que había sido asediado con llamadas telefónicas de la familia Kennedy rogándole que intercediera para evitar que Jackie se casara con el magnate griego. Los Kennedy estaban furiosos con la idea de ese posible matrimonio, y enviaron a Robert McNamara a Nueva York para que tratara de imponer sentido común a Jackie. Pero ésta siguió firme en su decisión y, con energía, rechazó todos sus argumentos.

El cardenal Cushing, hijo de un emigrante del sur de Boston de origen irlandés y herrero de profesión, se negó a someterse a las demandas de los Kennedy. En vez de ello, otorgó todo su apoyo a Jacqueline. Le dijo que, a su juicio, era como una persona a punto de ahogarse que buscó donde aferrarse hasta que el cardenal entró en su vida, muchos años antes. A partir de entonces —continuó diciendo Jackie— supo que siempre tenía alguien a quien dirigirse cuando se sintiera abandonada. El cardenal le dijo que él no creía posible hacer mucho para evitar que el Vaticano la excomulgara, pero prometió defenderla públicamente y decir que nadie tenía derecho a considerarla pecadora. Le dijo también que su hermana también había violado las leyes de la Iglesia al casarse con un judío, pero estaba convencido de que el matrimonio tendría validez después de treinta años de vida en común y feliz. Le aseguró igualmente que los encuentros de Jackie con Onassis, en lo que a él se refería, serían tan confidenciales como si se tratara de una confesión.

—Mis labios están cerrados para siempre —le prometió.

Jackie abrazó al prelado con lágrimas en los ojos y le dio las gracias por su comprensión. Más tarde le escribiría una carta muy larga repitiéndole su agradecimiento. Ninguno se dio cuenta entonces de lo mucho que habría de costarle ese apoyo del cardenal en términos de apoyo popular.

Los Kennedy, para entonces, estaban convencidos de que Jackie pensaba casarse con Onassis. Jackie le confió sus proyectos a su hermana, la que, a su vez, se lo dijo confidencialmente a Truman Capote. Jackie se lo contó también a su consejero financiero André Meyer, que se pasó dos semanas tratando de disuadirla. Meyer despreciaba a Onassis y estaba completamente convencido de que la señora Kennedy estaba cometiendo un error monumental. Jackie no hizo caso de sus quejas.

El día de la fiesta del trabajo y el fin de semana subsiguiente, la familia se unió en la finca de los Kennedy en Hyannis Port.

—Steve Smith estaba completamente furioso por los ·proyectos de Jackie —recuerda un colaborador de los Kennedy—. Llamó a Jackie y a Onassis con todos los apelativos ofensivos del diccionario y proclamó que aquella decisión arruinaría el apellido de los Kennedy en el terreno político. Él mismo pensaba dedicarse a la política y sabía que las consecuencias de ese matrimonio serían desastrosas para él. Durante los pasados dos años había trabajado entre bastidores en todas las campañas políticas de los Kennedy. Y cuando tenía una oportunidad propia se veía perjudicado por la actitud de su cuñada. Realmente estaba como loco. Pero Steve no era el único. Todos, incluso Teddy, se mostraban disgustadísimos. Finalmente, consiguió la promesa de Jackie de que Caroline y John serían educados y vivirían en Estados Unidos independientemente del tiempo que ella se pasara en el extranjero. También discutió con ella cómo debían reaccionar públicamente los Kennedy una vez que se hiciera público el anuncio de su matrimonio, aunque seguían sin saber cuándo iba a celebrarse. Y Jackie no parecía dispuesta a decírselo.

Eran ya demasiadas las personas que conocían «el secreto» para que éste pudiera mantenerse alejado del público. El 15 de octubre, el *Boston Herald Traveler* publicó un reportaje en primera página en el que se predecía para un próximo futuro el matrimonio de la viuda de John F. Kennedy con Aristóteles Onassis. El reportaje pasó sin confirmación oficial de la familia Kennedy, pero el cardenal Cushing, incapaz de mentir, no negó el rumor.

Ese día Jackie llamó a Onassis, que estaba en Atenas, para decirle que la noticia se había infiltrado en la prensa y que debían casarse cuanto antes. Onassis estaba esos días pendiente de la resolución de negocios complicados y delicados con el dictador militar griego George Papadopoulos, pero de todos modos se mostró conforme y lo dejó todo para comenzar los preparativos necesarios en Grecia.

Seguidamente, Jackie llamó a su madre a Virginia.

—¡Hola! —la saludó—. ¿Tienes un poco de tiempo?

—No, en absoluto —replicó Janet Auchincloss—. Estoy muy ocupada ahora trabajando en Stratford Hall.

—¡Mamá, por favor! Quiero que vengas conmigo a Grecia.

—¡Eso es ridículo, Jackie! Tengo muchas cosas que hacer aquí.

—También quiero que anuncies mi compromiso matrimonial con Ari. Después saldremos de Nueva York con los niños para Atenas, donde me casaré el domingo.

—¡Oh, Dios mío, Jackie, no puedes hablar en serio! —exclamó la señora Auchincloss—. ¿Cómo puedes hacer una cosa así? ¿Qué hay de los niños? Por favor, Jackie, pienso que deberías...

—Lo siento, mamá. Es demasiado tarde.

Ignorante hasta entonces de los planes de su hija, la señora Auchincloss se quedó atónita ante la llamada.

—Mamá se puso histérica —recuerda Jamie Auchincloss—. Hizo todo lo posible para convencer a Jackie de que no debía realizar ese matrimonio. Estaba indignada, pero eso no le sirvió. Jackie había tomado su decisión y nada en este mundo podría hacerle cambiar sus intenciones. Mamá no hacía más que repetir: «Quiere vengarse de mí por haberme divorciado de su padre. Eso es lo que está haciendo. Lo sé muy bien.» Mamá se mostraba reticente en cuanto a llamar a la prensa y darles el comunicado oficial, pero se sometió a lo que Jackie le había ordenado e hizo una declaración oficial por medio de Nancy Tuckerman, en Nueva York. Después debía recoger su pasaporte y casi se puso histérica de nuevo al buscarlo, pues lo había dejado en Newport y nadie podía encontrarlo. Finalmente llamó a Frances Knight, de la oficina de Pasaportes en Washington, y la señora Knight, que era también de Newport y siempre sintió mucho cariño por «mamá» y por Jackie, le hizo uno nuevo en quince minutos.

Nancy Tuckerman se sintió igualmente sorprendida.

—No puedo creerlo —le dijo a Jackie.

—¡Oh, Tucky, no tienes idea lo solitaria que me he sentido en todos estos años! —replicó Jackie—. Por favor, dame tu apoyo. Ahora te necesito más que nunca para que te ocupes de mis cosas.

Después Jackie llamó a su cuñada Jean Smith para decirle que su matrimonio había tenido que adelantarse después de que la noticia se publicara en la prensa. Le pidió a Jean que fuera a Grecia con ella y se llevara a sus hijos, pero Steve Smith se negó a permitir que se llevara a los niños, y en vez de ello los envió a pasar el fin de semana con Ethel Kennedy y su familia en Hickory Hill. Después Jackie le pidió a Jean que llamara a Rose Kennedy para comunicarle la noticia, antes de que ella le telefoneara más tarde ese mismo día. En efecto, por la tarde, ella misma llamó a su formidable suegra, la mujer a la que siempre llamó «Belle Mère» y sin duda esa llamada fue la que le costó más trabajo. Por eso no quiso darle de improviso la noticia y necesitó la intercesión de Jean para prepararla.

Rose Kennedy se quedó tan sorprendida como Janet Auchincloss y Nancy Tuckerman.

—Me quedé realmente atónita —dijo después—. En realidad, fue así. Y perpleja, lo primero que pensé fue en la diferencia de edad. También en la diferencia de religión, puesto que él era griego ortodoxo, y en el hecho de que estaba divorciado. Me preguntaba si el matrimonio sería válido a los ojos de la Iglesia. Pensé en Caroline y John, Jr., y si acabarían por aceptar a Onassis en el papel de padrastro de modo que pudiera darles la guía que todos los niños necesitan de un hombre. Había muchas cosas en mi mente, mis pensamientos estaban realmente confusos, y tuve que comenzar a elegirlos, dando a los distintos factores cierto orden de prioridad.

Cuando Jackie llamó a la patricia de la familia Kennedy, ésta ya se había serenado lo suficiente para felicitar a su hija política y decirle que, por su parte, estaba en plena libertad de realizar sus planes como considerase más oportuno. No fue una declaración de afecto, pero era todo lo que una ferviente católica como Rose podía ofrecerle.

Jackie trató de darle seguridades y le dijo que había hablado con el cardenal Cushing y éste le había ofrecido su apoyo. Rose se sintió complacida de que Jackie hubiera consultado al director espiritual de los Kennedy pidiéndole consejo, pero se negó a asistir a la boda en Grecia, poniendo como pretexto el delicado estado de salud de su esposo. Jackie lo comprendió perfectamente y no insistió en su petición.

Después Jackie telefoneó a Lee en Londres y le explicó las razones por las que había tenido que adelantar sus planes. Lee le aseguró que ella y Stas con sus dos hijos la estarían esperando en Atenas.

A las 3,30 de la tarde del 17 de octubre de 1968, Nancy Tuckerman hizo el anuncio de la boda en la prensa neoyorquina: «La señora de Hugh D. Auchincloss me ha pedido que les comunique que su hija, viuda de John F. Kennedy, piensa contraer matrimonio con Aristóteles Sócrates Onassis durante la próxima semana. Aún no se ha fijado la fecha ni el lugar de la boda.»

El comunicado era intencionadamente vago, porque Jackie quería que el lugar y la fecha se conservaran en secreto, para evitar la avalancha de fotógrafos y reporteros.

Dos horas después de llamar a su hermana salía de su apartamento de la Quinta Avenida, con un vestido de punto gris y llevando de la mano a sus hijos. Acompañada de su amiga Bunny Mellon y un grupo de agentes del Servicio Secreto, entró en un coche cerrado que la llevó rápidamente al aeropuerto.

Allí se encontró con su madre y su padrastro, con Jean Kennedy Smith y Pat Kennedy Lawford y su hija. Onassis se había ocupado de que los invitados a la boda volaran en su línea aérea, la Olimpic Airways, y dejó en el aeropuerto a noventa pasajeros que tenían reservadas sus plazas en el avión para que sus invitados pudieran gozar de completa intimidad en las ocho horas y media que duraba el vuelo a Grecia.

CAPÍTULO VEINTE

La dulce tranquilidad del país de Camelot comenzó a derrumbarse momentos después de haberse hecho público el comunicado oficial de la boda. La noticia de que Jacqueline Kennedy volvía a casarse ocupó las cabeceras de los periódicos en todo el mundo con titulares que registraban sorpresa, desilusión y hasta indignación.

DEJÓ DE SER UNA SANTA, tituló el *Verdens Gang*. JACKIE, ¿CÓMO HAS PODIDO HACERLO?, preguntó el *Stockholm Expressen*. JOHN KENNEDY HA MUERTO POR SEGUNDA VEZ, dramatizó el *Daily Morninger* de Estambul. Tras esos títulos venían los comentarios de personas próximas a los círculos de la pareja, algunos de los cuales se limitaban a desearles felicidades, pero otros no tenían pelos en la lengua.

Rose Kennedy: «Jamás podrá sorprenderme ya nada de lo que haga mi familia.»

Teddy Kennedy: «Hablé con Jackie hace unos días y me dijo cuáles eran sus proyectos. Le expresé mis mejores deseos de felicidad.»

Steve Smith: «*No comment.*»

Sargent Shriver, que se encontraba en París como embajador de Estados Unidos en Francia: «No sé nada al respecto. Pero tengo la impresión de que no es apropiado que desde aquí haga comentario alguno.»

Eunice Kennedy Shriver: «*No comment.*»

Alexander Onassis: «Mi padre necesita una esposa, pero yo no necesito una madre.»

Lewis Auchincloss: «Bien, suponemos que necesitaba el dinero. Al fin y al cabo, ¿cómo podía vivir con 250 000 dólares al año?»

Gore Vidal: «Sólo puedo decirle dos palabras: ¡Altamente apropiado!»

María Callas: «Jackie ha sabido hacer bien las cosas y dar un abuelo a sus hijos. Ari es bello como Creso.»

Presidente Lyndon B. Johnson: «*No comment.*»

Lady Bird Johnson: «Me siento mucho más libre. Ahora ya no me acompaña ninguna sombra por la Casa Blanca ni aquí en Camp David... Me pregunto cómo hubiera sido todo si hubiéramos entrado en esta vida sin la compañía de esa sombra.»

Tish Baldridge: «Se trata de su vida y es ella quien debe decidir cómo vivirla. Todos debemos estar contentos si ella se siente feliz.»

George Smathers: «Creo que lo hace para no tener que depender nunca más de los Kennedy.»

Nancy Tuckerman: «Estoy excitadísima.»

Larry O'Brien: «*No comment.*»

La señora de Larry O'Brien: «No puede ser. Es algo disparatado.»

Roswell Gilpatric: «En una ocasión Jackie me dijo que sabía podía contar con él. Ésta es una condición que ella buscaba en todos sus amigos.»

Lord Harlech: «La señora Kennedy ha sido una buena amiga mía durante catorce años. Espero que sea muy feliz.»

Bill Walton: «Se merece una gran felicidad y confío en que llegue a encontrarla.»

Truman Capote: «Yo lo sabía desde hace mucho tiempo, al menos seis meses. Bueno, digamos que hace seis meses que conozco su compromiso. Harlech nunca pretendió ser otra cosa que un amigo. Su supuesto romance fue una invención de la prensa. Y en cuanto al anuncio oficial, me siento feliz por cualquier cosa que pueda hacerla feliz a ella. Somos grandes amigos.»

Paul Mathias: «Le deseo la mayor felicidad. Merece ser feliz.»

Coco Chanel: «Todo el mundo sabe que Jackie no estaba hecha para esa dignidad. No se puede pedir a una mujer con un toque de vulgaridad que se pase el resto de su vida sobre un cadáver.»

Joan Rivers: «¡Vamos, dime la verdad! ¿Te acostarías con Onassis? ¿Crees que ella lo hace? Bien, Jackie tenía que hacer algo. Una no puede pasarse el día en Bergdorf sin hacer otra cosa que ir de compras.»

Bop Hope: «Nixon tiene un compañero de carrera griego. Ahora todo el mundo quiere uno.»

Monseñor Fausto Vellaine, jefe de la oficina de prensa vaticana: «Está claro que cuando una católica se casa con un hombre divorciado sabe que viola la ley de la Iglesia.»

La única persona que se puso a su lado de corazón, y le deseó sinceramente la mayor felicidad, fue el cardenal Cushing.

—¿Por qué razón no habría de poder casarse con quien deseara? —preguntó—. ¿Por qué razón tengo que ser censurado? ¿O ella? Pongo la radio y oigo a la gente pedir su cabeza, y lo malo es que la critican con argumentos que están muy lejos de la verdad, hasta tal punto que si yo me presentara en la radio y dijera lo que sé de Jacqueline Kennedy no me creerían. Son muy pocas las personas que la conocen realmente... Yo la he animado y ayudado de todas las formas posibles. Recibí una carta suya que valdría cientos de miles de dólares si permitiera su publicación en alguna de esas revistas sensacionalistas seculares, pero la quemé. En esa carta me daba las gracias por mi comprensión.

»Se han puesto en contacto conmigo muchas de esas personas que se ocuparon cargos de importancia en la administración Kennedy y también familiares y amigos íntimos de Jacqueline pidiéndome que hiciera lo posible por impedir el matrimonio, es decir, que la viuda de Jack, a quien Dios tenga en su gloria, se casara con Aristóteles Sócrates Onassis... Y lo único que me siento capaz de decirle a usted es una palabra: *caritas*, caridad.

La reacción que motivó la declaración del cardenal fue cualquier cosa menos caritativa. Fue inundado de cartas odiosas, insultantes y hasta amenazadoras. Se sintió tan afectado por ello, que decidió retirarse dos años antes de lo que había previsto.

—He actuado como creí justo —dijo unos días después—. La consideración que merezca el matrimonio de Jacqueline a la Iglesia Católica es algo que yo no soy el llamado a decidir. Pero de lo que sí estoy seguro es de una cosa: mi muy querido amigo John Fitzgerald Kennedy, el 35.º presidente de los Estados Unidos, me pidió que cuidara de Jacqueline y sus hijos si algo le sucedía, y hoy puedo saludar su memoria y decirle: «Jack, he cumplido mi promesa.» Pero han llegado a mí tantas cartas, muchas en lenguaje grosero, si se me permite llamarlo así, que he decidido cambiar mis proyectos. Pensaba retirarme del arzobispado de Boston el 24 de agosto de 1970. Ese día se cumplirían mis cincuenta años de sacerdocio y unos treinta de obispo, de los cuales 25 he sido arzobispo de Boston. Ahora, después de esta desagradable publicidad que se ha hecho contra mí en mi propia ciudad natal y que se ha extendido por todo el mundo, he decidido ofrecer mi renuncia a Su Santidad Pablo VI a finales de año.

Ese ambiente de odio que rodeaba en Boston al cardenal Cushing no se notaba en la pequeña capilla de Nuestra Señora, en la isla griega de Skorpios. Allí, bajo una fuerte lluvia —de acuerdo con la tradición griega es buen augurio para una boda—, la reina del mundo norteamericana se casó con el rey multimillonario de la alta sociedad internacional en las nupcias más celebradas de todo el siglo xx.

Cogida de la mano de su hija de diez años, con aspecto muy solemne, Jackie entró en la capilla con un vestido de dos piezas de chifón de seda y encaje, de color beige, obra de Valentino, con mangas largas, y que pasaba unos diez centímetros debajo de sus rodillas. Fue el mismo vestido que usó para asistir a la boda de la hija de su amiga Bunny Mellon unos meses antes. Un peluquero llegó expresamente de Atenas para peinar su largo cabello castaño en un crepado que caía sobre los hombros y una cola de caballo sobre la espalda, sujeta con una cinta beige haciendo juego con su vestido. Pese a usar zapatos de tacón bajo, la novia, de 1,70 metros de estatura, sobresalía más que su novio, bajo y rechoncho, que llevaba un traje azul cruzado y bastante ancho, camisa blanca y corbata roja. John-John y Caroline, esta última con un vestido de organdí blanco, estaban junto a su madre. Las únicas flores en toda la iglesia eran una planta de gardenias con dos capullos. El agente del Servicio Secreto hasta entonces al servicio de la Primera Dama, con un clip de corbata con la insignia de las lanchas PT que había sido de John Kennedy, estaba en la puerta para impedir la entrada a los reporteros.

—Y ahora, Señor, envíanos tu mano desde tu divina mansión y une a tus siervos, Aristóteles y Jacqueline —entonó el sacerdote.

En griego le dijo a la pareja que la esposa debía obedecer y respetar a su marido y el marido debía amar a su esposa como Cristo amaba a su Iglesia. Seguidamente, Artemis, la hermana de Aristóteles, se adelantó para colocar una delicada guirnalda de flores de azahar y cintas blancas sobre las cabezas de los contrayentes. Mientras el sacerdote entonaba sus cánticos en griego, ella hizo tres veces el signo de la Cruz sobre sus frentes. El número tres simboliza la unidad de Dios en la Santísima Trinidad. Sencillos anillos de oro fueron puestos en sus dedos durante tres veces. Ayudado por tres acólitos, el sacerdote les ofreció un cáliz de plata, lleno de vino tinto, que debían besar antes de beber de él. Durante toda la ceremonia, Jackie no apartó los ojos del sacerdote ni un solo momento. Cuando comenzó la *Danza de Esiah*, tomó su mano y la de Ari y dio la vuelta tres veces en torno al altar, como es costumbre en las ceremonias nupciales de rito ortodoxo. No se besaron al final de la ceremonia y sólo se oyeron las palabras del sacerdote: «El siervo de Dios Aristóteles queda unido a la sierva de Dios Jacqueline en el nombre del Padre y del Hijo y del Espíritu Santo.»

Apretados en la pequeña capilla, los invitados a la boda por parte de Jacqueline presenciaron la ceremonia junto a los dos hijos de Onassis, su hermana Artemis Garofalides, su hermanastra, y sus respectivos esposos, más algunos amigos y allegados de Onassis en Montecarlo y el señor Nicholas Kokims y señora, así como Joannis Georgakis, el director general de los Olimpic Airways, y su esposa. En total sólo se permitió la entrada a la capilla, para presenciar la ceremonia, a 22 personas.

Onassis no ahorró esfuerzo alguno para proteger la intimidad de la novia. Alquiló dos helicópteros, con altavoces y sirenas de alarma para proteger la isla. Una fuerza de seguridad de 200 hombres armados se encargó de contener a la multitud de periodistas y fotógrafos que llegaron por la mañana de ese día. Lanchas patrulleras, reforzadas con unidades y helicópteros de la Armada griega, cercaron la isla para impedir que los periodistas se acercaran a menos de un kilómetro de distancia.

Cercada y atosigada por las demandas de los periodistas, esa mañana Jackie hizo una declaración pidiendo que se respetara la intimidad de la ceremonia y prometiéndoles posar para ellos una vez terminada ésta: «Sabemos que ustedes comprenderán que incluso las personas populares y conocidas guardan en sus corazones los mismos sentimientos y emociones que las personas sencillas en los momentos más importantes de sus vidas en la tierra, como nacimientos, bodas o fallecimientos. Deseamos que nuestra boda sea una ceremonia privada, en la pequeña capilla bajo los cipreses de Skorpios, sin otra presencia que unos pocos miembros de las familias, de ellos cinco niños. Si nos conceden esos momentos de intimidad nosotros estaremos contentos de poderles ofrecer todas las facilidades para que puedan tomar las fotografías que necesiten.»

Esa cooperación postnupcial se redujo a unos minutos para que pudieran tomarse algunas fotos. Las fotografías resultantes mostraban a una novia de 39 años, que sonreía serenamente, cogida del brazo de su desgarbado esposo de 62 años. La expresión sombría en los rostros de Alexander y Christina Onassis daba la impresión de que en vez de una boda salían de un funeral. No hubo tampoco ni una sola fotografía en la que John-John y Caroline sonrieran. Ambos permanecieron con las cabezas bajas y se negaron a sonreír para la prensa.

Los invitados a la ceremonia y los novios dejaron la capilla y en jeeps se dirigieron al lujoso yate de Onassis *Christina*, para cambiarse de ropa para la recepción y la cena. Bautizado en honor a su única hija, ese palacio flotante que le había costado tres millones de dólares y cuya longitud superaba a la de un campo de fútbol, tenía una tripulación de cincuenta personas y contenía balaustradas de lapislázuli, y grifería de oro macizo en los cuartos de baño. Los gastos de manutención del yate, que estaba dispuesto siempre, ascendían a 1 140 000 dólares al año. Disponía de nueve camarotes, todos acolchados y amueblados con el mayor lujo, destinados a los invitados, cada uno de los cuales llevaba el nombre de una isla griega y con un cuarto de baño anexo, más un saloncito tocador.

La sala de juegos de los niños, decorada por **Ludwig Bemelmans**, contenía, entre otras cosas, muñecas vestidas por

Christian Dior, un caballo mecedora, máquinas de juegos y juguetes musicales decorados a mano.

La *suite* particular de Onassis, situada en la parte superior de una escalera de caracol, estaba compuesta de tres habitaciones. En el gigantesco estudio había un cuadro del Greco valorado en dos millones quinientos mil dólares, que colgaba sobre una enorme mesa imperio y estaba flanqueado por iconos rusos y espadas con empuñaduras incrustadas en oro y piedras preciosas: un regalo del rey Ibn Saud, de la Arabia Saudita.

El dormitorio estaba adornado con espejos venecianos del siglo XVIII. Sobre la mesita tocador, había un Buda con piedras preciosas incrustadas, la estatua más antigua de ese tipo existente en Occidente y valorada en 300 000 dólares. Un cuarto de vestir con las paredes de cristales conducía al cuarto de baño de mármol de Siena, que parecía un templo. El baño, con mosaicos labrados con peces y delfines, obra de grandes artistas berlineses, era una réplica exacta del baño del rey Minos en su perdido palacio de Knossos, en la antigua Grecia.

En uno de los salones había un paisaje pintado por Winston Churchill y en el otro un cine privado. El comedor, decorado en blanco, estaba circundado por cuadros de Marcel Vertes. En el amplio fumador había un gran piano, cerca de una enorme chimenea de lapislázuli, material por el que hubo que pagar siete mil dólares el metro cuadrado. La *pièce de resistance* del *Christina* era la piscina, decorada con una reproducción aumentada de otro mosaico del palacio de Minos. El fondo de la piscina podía elevarse para ser usado como pista de baile.

El yate tenía un servicio de teléfonos con 42 líneas exteriores, más las interiores, desde los cuales se podía llamar a las doncellas, camareros, costureras, masajistas, etc. Había bares y salones así como un hospital con equipo quirúrgico y rayos X. El yate llevaba ocho fuerabordas, dos grandes botes salvavidas, tres botes de remos, un velero, dos kayaks, una lancha con el fondo de plástico transparente y un hidroplano.

Más que un palacio flotante, el *Christina* servía como la mansión ejecutiva de un imperio internacional financiero que se adaptó a los caprichos de un hombre que había logrado una fortuna, un poder y una influencia muy pocas veces conseguidos.

Las hermanas Kennedy, aunque acostumbradas al lujo, se quedaron atónitas la primera vez que pusieron sus pies a bordo.

—¡Dios mío! —exclamó Pat Lawford—. No puedo creerlo.

—Hace que una casi se sienta pobre —se rió entre dientes Jean Kennedy Smith.

Janet Auchincloss se quedó igualmente anonadada.

—Sí, era realmente fabuloso —le diría posteriormente a una amiga—. Casi excesivo, si entiendes lo que quiero decir.

Pero, con o sin ese estupendo yate, Janet Auchincloss no estaba muy dispuesta a aceptar como hijo político a un hombre bastante mayor que ella. Especialmente a ese hombre, siempre con gafas de cristales oscuros y trajes como sacos, que huyó de Turquía para llegar a la Argentina con sólo 60 dólares en el bolsillo, y creó lo que se decía era el mayor imperio naval privado de la historia. Incluso con su fortuna superior a los 500 millones de dólares, Aristóteles Sócrates Onassis no estaba a la altura social que ella exigía.

—Naturalmente, no era el matrimonio que yo hubiera deseado para mi hija —dijo—. Onassis no es el tipo de hombre con el que me hubiera gustado verla casarse, pero yo no podía hacer nada para cambiar las cosas. Puedes creerme que lo intenté.

Ethel Kennedy, que esperaba todavía a su undécimo hijo y con luto de cuatro meses tras de ser asesinado su marido, sorprendió a Jackie con su felicitación. La noche antes de la boda le envió un cable a Ari en el que decía: «¿Queda por esas tierras algún otro como tú?» Pero por parte de Eunice Kennedy Shriver continuó el silencio glacial. Tampoco se recibieron felicitaciones de Teddy, y en cuanto a Rose Kennedy hubieron de pasar varios días antes de que se decidiera a desear días dichosos a su ex hija política, pero no hubo noticias suyas en el día de la boda.

Después de un rápido brindis con champaña rosado en el salón del bar, los invitados se retiraron a sus camarotes con el fin de prepararse para el banquete nupcial. Jackie se pasó una hora con Onassis en sus habitaciones privadas mientras su doncella particular y la gobernanta de Lee Radziwill preparaban a los niños.

Caroline y John-John, Sidney Lawford, Tina y Tony Radziwill se pusieron sus ropas de gala y subieron para reunirse con los adultos en la sala de estar.

Jean Kennedy Smith fue la primera en presentarse, llevando un traje de noche con amplio pantalón de lamé de plata. Pocos minutos después llegó Patricia Kennedy Lawford, con una espectacular túnica adornada con piezas de platino del tamaño de un dólar de plata. Después llegó Jackie, radiante con su falda blanca, larga hasta el suelo, blusa negra y el cinturón de caftán, de oro y piedras preciosas que le regaló el rey de Marruecos cuando todavía era Primera Dama.

Lo que Jackie llevaba en el dedo anular de la mano izquierda hizo que todos se quedaran inmóviles. Se había quitado el anillo de boda de John Kennedy, que conservó durante su viudez, y en su lugar llevaba una sortija con un rubí del tamaño de un huevo de paloma rodeado de docenas de brillantes de un quilate cada uno. De sus oídos pendían similares rubíes en forma de corazón, rodeados de brillantes. Asombrados por esa exhibición de joyas, valoradas en un millón doscientos mil dólares, nadie dijo ni una sola palabra. Finalmente Caroline corrió hacia su madre y rompió el silencio.

—¡Mamá, mamá, mamá! —gritó—. ¡Qué guapa estás!

Alzó las manos hasta el rostro de Jackie y apartó a un lado los cabellos espesos y oscuros de su madre para mirar de cerca los brillantes zarcillos. Jackie se echó a reír al ver la alegría que las joyas producían en su hija y se quitó el anillo para que su hija pudiera probárselo en su dedito. La niña, con sus diez años, lanzó el rubí al aire, haciendo el gozo de sus primos al ver cómo las piedras resplandecían en mil rayos de fuego al reflejar las luces. Onassis le regaló también a su esposa un enorme brazalete de oro, adornado con cabezas de carnero incrustadas de rubíes.

Ni uno solo de los invitados salió del *Christina* sin un valioso regalo, y esa noche Onassis les entregó los tesoros de Zolotas, el mejor joyero de Atenas —el equivalente a Tiffany's de Nueva York—. Lee, Jean y Pat recibieron anillos con su signo zodiacal y la madre de la novia un broche de brillantes. Caroline, Sidney y Tina temblaron de placer al abrir sus estuches de terciopelo que contenían brazaletes de oro con brillantes y zafiros. John-John, Jr., y Tony Radziwill recibieron sendos relojes Accutron con instrumentos para la hora, el tiempo, la fecha, la latitud y la longitud.

—Los necesitaréis si alguna vez tenéis que ser los capitanes de este yate —bromeó Onassis.

El magnate se puso de rodillas en el suelo y empezó a jugar con los más pequeños, que se echaron sobre él, revolcándose de risa. Jackie los observó con expresión cariñosa y los presentes a su vez observaron a Jackie. Después los invitados fueron conducidos al comedor para la cena. Los novios se sentaron juntos. A la izquierda de Onassis estaba su hija, Christina, y sentado junto a Jackie, Alexander.

—Abundaron las lágrimas y los brindis —recordó un invitado...

El gesto más amistoso y conmovedor procedió de Jean Kennedy Smith, que se levantó, alzó su vaso de vino y dijo:

—¡Quiero brindar por mi querida hermana!

Jackie se echó a llorar al oír a su antigua cuñada, que había desafiado a su marido para estar con ella en ese día.

Janet Auchincloss vio cómo se le humedecían los ojos al escuchar los distintos brindis de los presentes dedicados a la novia y al novio. Finalmente, ella también se levantó, miró directamente a su hijo político, de 62 años de edad, y dijo:

—Sé que mi hija encontrará contigo paz y felicidad.

Onassis se levantó y brindó por las siete hermanas reunidas en su mesa, diciendo que eso era un buen augurio para una familia, unida por el amor y el matrimonio. Después se levantó Jackie y alzó su copa:

—Yo brindo por el único hermano en esta mesa —dijo re-

Jacqueline Kennedy el día de su boda con el magnate griego Aristóteles Onassis, en 1968. Arriba, en la pequeña capilla de la isla de
Skorpios. Abajo, con sus hijos y su esposo, en el interior del coche.

firiéndose a su nuevo hijastro, Alexander. Tenía los ojos llenos de lágrimas. Christina también lloró y abrazó a su padre.

Cuando se sirvió el pastel de boda, no había nadie que tuviera los ojos secos. Las hermanas de Onassis se rieron entre lágrimas al ver cómo su hermano lo pasaba tan bien. Cuando el camarero sirvió los platos de postre, Onassis llamó a su lado a las hermanas Kennedy para mostrarles el diseño: impreso en la porcelana había un antiguo símbolo griego que tenía un aspecto semejante al signo que se usa para designar al dólar norteamericano, un detalle que las hijas de Joe Kennedy realmente agradecieron.

Jackie y Ari cortaron el pastel con un antiguo cuchillo griego. Después de que todos se sirvieron, Caroline, John y los otros niños la emprendieron con las golosinas que adornaban la tarta. Pronto besaron y abrazaron a los adultos y se retiraron a la cama, mientras los mayores se fueron al salón de fumar para tomar unas copas y bailar. Jackie y Ari se sentaron juntos, cogidos de la mano. No se besaban, pero de vez en cuando intercambiaban una mirada ocasional y misteriosa como si compartieran un secreto que el resto del mundo nunca llegaría a saber.

Al día siguiente de la boda, los invitados dejaron el yate y regresaron a sus casas. Ari se marchó en avión a Atenas para continuar sus operaciones financieras, interrumpidas por la preparación urgente de la boda. Jackie se despidió de sus hijos y se quedó en Grecia para comenzar la luna de miel con su nuevo esposo. Después llamó a Billy Baldwin, en Nueva York, y le pidió que tomara el avión y se fuera a Grecia para comenzar la decoración de la casa en Skorpios, que debería estar terminada antes de Navidad.

Cuando el decorador llegó, se le enseñó la casa y después se le llevó a dar un paseo por el yate. La casa le decepcionó:

—Por dentro era la cosa más fea que he visto en toda mi vida. Los suelos enteramente cubiertos de alfombras que lo llenaban todo... La comida era selecta y muy buena, pero el servicio de mesa catastrófico. La porcelana y cristalería falsas, como también falsos los cubiertos. Y un exceso de flores por todas partes.

El exigente hombrecillo estuvo a punto de perder el habla al ser invitado por Jackie a pasar al salón para tomar el café después de comer.

—Las paredes estaban horriblemente empapeladas con un papel francés de color verde manzana y los muebles eran también reproducciones pésimas del estilo francés —se quejó con amargura.

Inmediatamente se puso a trabajar para tener la casa en condiciones antes de las vacaciones navideñas. Onassis le dio completa libertad e insistió en que no quería ocuparse en absoluto de los detalles.

—Billy —le explicó—, haré todo lo que esté en mi mano para que la casa esté lista, pero hay algo que deseo dejar claro desde el principio. La casa tiene que ser una sorpresa para mí. Confío en usted y en Jackie y no quiero saber nada de lo que hacen. Sólo tengo una petición que hacer: ¿Puede colocarse un gran sofá, muy cómodo, junto al fuego para que yo pueda leer o dormir la siesta en él y mirar las llamas?

El decorador accedió a la única imposición de Onassis y gastó más de doscientos cincuenta mil dólares en muebles, alfombras y telas para cortinas, que pidió a Londres de acuerdo con los deseos de Jackie.

La reacción general causada por el casamiento continuó con la misma fuerza, y las noticias de la boda ocuparon las primeras páginas de los periódicos. Pocas mujeres en la historia del mundo han tenido el poder de paralizar la vida sólo con su matrimonio.

Durante los cinco años de viuda del presidente John F. Kennedy fue objeto de la admiración y las simpatías de todo el mundo, que se sintió como afectado por un complejo de culpabilidad. En el momento en que Jackie decidió casarse con un hombre que no pertenecía a su confesión y que sólo contaba con una educación mediana, aquellos que antes la ensalzaban vieron defraudadas sus esperanzas. Al convertirse en la esposa de un bucanero internacional de los negocios, muy por debajo del mito que había rodeado al difunto presidente, rompió el conjuro. Pero incluso después de haber caído de su pedestal, Jackie siguió siendo objetivo de una insaciable curiosidad y objeto de especulaciones interminables.

Sus fotografías aparecieron en las primeras páginas de *Time* y *Newsweek* con reportajes que la describían y ensalzaban como la primera dama de Skorpios, con setenta y dos criados a su disposición; la nueva señora de una villa en Glyfalda con diez sirvientes; de un ático en París con otros cinco servidores más; una extensa hacienda en Montevideo, con treinta y ocho criados, y un apartamento en la Quinta Avenida de Nueva York con cinco subordinados más.

En otros artículos se hacía su sicoanálisis, presentándola como hija de un borracho que nunca pagó sus cuentas e hijastra de un millonario que nunca la mimó. Adulta ya, pasó a convertirse en la esposa del hombre más poderoso del mundo, de un presidente que había sabido dominar todas las formas de adversidad, excepto los caprichos y las extravagancias de Jackie. Finalmente, se convirtió en la esposa de uno de los hombres más ricos de la tierra y dispuesto a darle gustosamente todo lo que le pidiera. Su vida parecía una progresión lógica hasta lo inevitable. Siempre se subrayaba la gran riqueza de Onassis y el gran amor al dinero que caracterizó a Jackie desde siempre. El público ridiculizó su matrimonio con una serie de chistes a costa de Jackie, que circularon durante semanas. Uno de éstos cuenta que un día John-John se acercó a Onassis y le preguntó:

—¿Quieres hacer la rana para mí?

—¿El qué? —preguntó el magnate.

—La rana. Que si quieres imitar el canto de la rana para mí.

Onassis siguió sin entender lo que el chiquillo deseaba y volvió a preguntarle una vez más.

—Quiero oírte imitar el canto de la rana —dijo John-John—, porque mamá dice que cuando croes[1] seremos las personas más ricas del mundo.

Los chistes se fueron haciendo cada vez más macabros. Uno, repetido por el congresista Morris Udall durante su campaña, decía así:

Un reportero entrevistó al entonces jefe de gobierno soviético Nikita Kruschev y le dijo que Lee Harvey Oswald, el supuesto asesino de Kennedy, había estado en Rusia. El periodista preguntó al líder soviético si creía que los acontecimientos del mundo habrían cambiado si Oswald se hubiera quedado en la Unión Soviética y le hubiera matado a él en vez de a Kennedy. Kruschev se quedó pensando un momento y después respondió:

—Sí, desde luego. Estoy convencido de que Aristóteles Sócrates Onassis no se hubiera casado con la señora Kruschev.

Posteriormente, un libro escrito por uno de los camareros del yate de Onassis, hizo pública la información de que el autor había visto un contrato matrimonial de 170 artículos firmado por la pareja. De acuerdo con el libro, se había estipulado que tendrían habitaciones separadas, una asignación anual de 585 040 dólares al año para Jackie mientras estuvieran casados y el compromiso de entregarle 20 000 000 de dólares en caso de divorcio. La noticia se extendió por todo el mundo y hasta los mejores amigos de Jackie aceptaron su posible veracidad.

Hubo, sin embargo, algunos que no pensaron así.

—Es una mentira, una completa y absoluta mentira —le dijo Jackie a Truman Capote—. Yo no tengo dinero. Cuando me casé con Ari dejé de recibir mi pensión de viudedad del Gobierno de los Estados Unidos y la asignación de los Kennedy. No hice ningún acuerdo económico prematrimonial con Ari. Ya sé que se trata de una costumbre griega antigua y tradicional, pero yo no podía hacer una cosa así. Me hubiera parecido una venta. Excepto lo que puedan valer mis propiedades personales, lo único que tengo son 5 200 dólares en una cuenta bancaria. Todos mis gastos los cargo a las Olimpic Airways.

En cuanto a Onassis, fue descrito por la prensa como un hombre ambicioso sin más deseo que hacer dinero, y que no

---

1. *To croak* significa cantar la rana, y en sentido figurado morir, «estirar la pata». *(N. del t.)*

vaciló en comprar a la mujer más famosa del mundo para sumarla a su lista, ya grande, de celebridades.

—Está obsesionado por las mujeres famosas —diría María Callas—. Estaba obsesionado conmigo porque soy una mujer famosa. Jackie y su hermana le obsesionaban igualmente, ahora que son más que famosas.

Se dice que más adelante la célebre diva se lamentó:

—Primero perdí peso, después perdí la voz y ahora he perdido a Onassis.

Lee Radziwill trató de defender a su hermana ante esas acusaciones y censuras de su matrimonio, comparando a Onassis con otros potentados europeos que viven lujosamente y gastan el dinero con mucha mayor esplendidez que Onassis en una vida placentera y frívola. Pero las palabras de Lee, en vez de ayudar a su hermana, no hicieron sino promover una controversia más profunda y amplia.

—Mi hermana necesita un hombre como Onassis —dijo—. Un hombre que pueda defenderla y protegerla de la curiosidad del mundo. Creo que ya está cansada de mantenerse sometida a un continuo autocontrol enorme, al no poder dar un paso sin que sus más simples gestos sean juzgados y todos sus pasos seguidos, de no poder vivir como cualquiera otra mujer. Creo que está harta de ser un personaje público y parte de la vida política. La política es algo que nunca le interesó. En absoluto. No obstante, en el pasado supo asumir muy bien sus responsabilidades públicas, o al menos así me lo parece. No es justo, sin embargo, que tenga que estar forzando siempre su naturaleza. Mi hermana es muy celosa de su vida privada y muy tímida.

»En cuanto a Onassis —continuó Lee— pueden decirse muchas cosas, pero no que sea un viejo. Por el contrario, es joven, enérgico y vigoroso. Cuando se le conoce eso salta a la vista. Pese a la diferencia de edades, estoy convencida de que mi hermana será feliz con él. Lo que ocurre es que la gente no se acostumbra a hombres como Onassis, que hacen exhibiciones de su riqueza; los millonarios europeos son así; ostentosos. Quieren que todo el mundo sepa que son ricos, comprar todo lo que puede dar el dinero, divertirse y, en ocasiones, permitirse el lujo de tirar su capital. Los millonarios norteamericanos, por el contrario, no quieren que se sepa lo ricos que son y no tiran su dinero. Crean bibliotecas, son filántropos o apoyan movimientos políticos. Es como si pensaran que tener dinero es algo malo y pretendieran ser perdonados por eso. Los norteamericanos no pueden comprender nunca a un hombre como Onassis. Si el nuevo esposo de mi hermana fuera joven, rubio, rico y anglosajón, la mayor parte de los norteamericanos se sentirían mucho más felices, creo.

La suposición era correcta. Los norteamericanos se quedaron sobrecogidos al ver la elección de Jackie. Su valor como moneda real se devaluó de manera rápida y profunda. Ella, por su parte, sintió amargura y resentimiento por los comentarios públicos, pero se resignó. Leyó miles y miles de palabras escritas sobre su matrimonio aquel fin de semana, seleccionando diversos periódicos de todas partes del mundo. Lo que más la conmovió fueron los comentarios de Roswell Gilpatric e inmediatamente le escribió una carta desde Grecia: «Querido Ros: Debí decírtelo antes de partir, pero todo sucedió de manera más rápida e imprevista de lo que había planeado. He visto lo que has escrito, querido Ros, y confío en que no olvides lo que fuiste, eres y siempre serás para mí. Con amor, Jackie.»

En la isla privada de Skorpios, Jackie buscó refugio contra los ultrajes del mundo, sin saber que su matrimonio era el primer acto de una tragedia griega que se desarrollaría a lo largo de los próximos siete años, un drama que la acongojaría con una serie de muertes y escándalos familiares que acabarían por despojarla de esa felicidad que tan ansiosamente deseaba.

El miedo que sintió al casarse con John, al entrar en el seno de la familia Kennedy y tener que formar parte de la batalla por el poder, casi estuvo a punto de acabar con ella cuando apenas si era una mujer de 24 años. Muy pronto se dio cuenta de que no estaba emocionalmente preparada para enfrentarse con la política al nivel de la familia de su esposo, y el esfuerzo alteró su equilibrio psicológico. Nunca podría llegar a sentirse recompensada ante los asesinatos de su esposo y su cuñado. Toda su amargura, todo su resentimiento se dirigió al país que estimulaba una violencia de ese tipo. Su boda con un extranjero que no tenía el menor contacto con la política norteamericana pareció un escape excelente para librarse de su soledad, su papel de consagrada en el altar que se elevó para la viuda de un presidente mártir. Podía refugiarse junto a un hombre que la trataría como una esposa-niña, lo que ella siempre deseó, darle lo que quisiera y divertirla con todo lo que el dinero puede comprar. No tendría nunca que darle cuenta de cómo empleaba el dinero. Podría emprender una nueva vida, apartada y distinta al papel de heroína norteamericana, tan doloroso, que se vio obligada a representar en el escenario del mundo.

—Soy distinta y eso es muy incómodo para el estilo de vida americano —había dicho unos meses antes de casarse.

Nunca había conocido una verdadera felicidad y siempre se sintió defraudada. Teniendo esto en cuenta, se comprende que gravitara hacia un hombre que le prometía una existencia libre de preocupaciones, bajo su protección y con una atención que nunca había recibido de los Kennedy. La lluvia, precursora de buena suerte que cayera el día en que entró en la capilla para unirse a Onassis en la isla de Skorpios, sólo significó, sin embargo, intermitentes períodos de felicidad. Se incluían en ellos los broches de brillantes y el abrigo de marta cebellina de 60 000 dólares, así como una colección de cuadros de valor incalculable, obras de arte antiguas y otros objetos de lujo, pero no una auténtica felicidad interior. En sus momentos más desesperados, Jackie trataba de olvidar cómo se sentía realmente, gastando el dinero a manos llenas, a veces a un ritmo de tres mil dólares por minuto.

Por primera vez en su vida podía irse de compras y adquirir lo que quisiera sin tener que rendir cuentas a nadie. No tenía necesidad alguna de llevar dinero en el bolsillo. Su rostro era moneda contante y sonante, aceptada por todos. Las cuentas se enviaban directamente a la oficina de Onassis, donde eran pagadas sin rechistar por un pródigo magnate dichoso de complacer a su esposa. Él podía permitirse el lujo de satisfacer la pasión de Jackie por adquirir objetos y volver a decorar sus casas.

—Dios sabe que Jackie ha pasado muchos años de pesares y sufrimientos —comentó—; si ahora le divierte comprar, dejemos que lo haga tanto como su corazón le pida.

Onassis la anegó con viajes, vacaciones y cruceros alrededor del mundo, siempre en clase de lujo, alojamientos en las mejores *suites* de los mejores hoteles, en habitaciones llenas de flores, frutas y champaña. Convocaba a grupos de famosos entre los más distinguidos del mundo para que le hicieran compañía, pedía Rolls-Royces con chóferes uniformados para que la llevaran donde quisiera, guardaespaldas para que la protegieran y aviones privados para sus desplazamientos más largos. Todo lo que puede dar el dinero, comenzó a llover sobre Jackie desde el día en que se casó con Aristóteles Onassis.

Lo único que no podía comprar fue protección contra la marea de acontecimientos que habrían de envolverla haciendo estragos en su nuevo matrimonio.

La mujer que Jack Kennedy calificó un día de «hada» conocería pronto la cara adversa y oscura de esa palabra: se vería marcada por sentimientos premonitorios de muerte y calamidad. Con su segundo esposo afrontaría también la tragedia con tanta frecuencia, que casi acabaría por insensibilizarse. Sufriría amargamente con él por la repentina muerte de su cuñada y la misteriosa muerte de la que fuera primera mujer del magnate griego.

Juntos enterrarían a su único y muy querido hijo, Alexander. Tendrían que soportar el escándalo de Chappaquiddick y la muerte, ahogada, de la joven que iba con Teddy Kennedy. Llorarían el fallecimiento del embajador Joseph Kennedy, del cardenal Cushing y de Stas Radziwill. Después se afligirían con la noticia de que Teddy Kennedy, Jr., padecía de cáncer y con la amputación de su pierna. Sobrevivirían al intento de suicidio de Christina Onassis y su rápido matrimonio, que sólo duró nueve meses. La tragedia la envolvió. Realmente puede decirse que Jackie casi perdió todo lo que ambos se desearon al convertirse en marido y mujer, y es posible que sólo la muerte de Aristóteles Sócrates Onassis salvara a Jackie de la vergüenza de un divorcio, pero a costa de que la esposa-niña volviera a enviudar.

CAPÍTULO VEINTIUNO

Jackie se quedó en Grecia con su marido casi un mes. Después regresó sola a casa para quedarse con sus hijos, mientras su marido se quedaba en Atenas empeñado en la discusión de sus negocios con el dictador griego George Papadopoulos. Estaba empeñado en la negociación de uno de los asuntos financieros más importantes de su vida: una inversión de cuatrocientos millones de dólares en la Deuda Pública griega. La negociación se vino abajo con la caída de la Junta. Pero Onassis llevó adelante sus planes para la·construcción de una refinería petrolífera, una planta de aluminio, varias industrias ligeras, una terminal aérea y una serie de estaciones turísticas que habrían de revolucionar a Grecia y convertirle a él en el hombre más rico del mundo.

En Estados Unidos Onassis fue duramente criticado por su intención de convertirse en asociado del régimen dictatorial de Grecia, la famosa Junta Militar, pero no puede decirse que eso le importara. En sus operaciones financieras nunca se dejó influir por ningún tipo de consideraciones morales. Era un hombre totalmente apolítico, interesado solamente en la construcción de su colosal imperio.

—No es cuestión de dinero —explicaba—. Cuando se llega a un determinado nivel, el dinero deja de ser importante. Lo que importa es el éxito. Lo más sensato que podría hacer sería detenerme ahora. Pero no puedo. Tengo que intentar seguir ascendiendo en mi carrera, cada vez más alto. Sólo por el interés y el riesgo de la lucha.

Unos días más tarde se desplazó a Nueva York para pasar el fin de semana con su nueva familia, en la casa que Jackie había alquilado en Peapack (Nueva Jersey). Poco antes de la llegada de Onassis, su esposa había ordenado la detención de un fotógrafo que había entrado en su propiedad ilegalmente y, poco después, hizo que se levantaran barricadas de control en los caminos que llevaban a su casa. Onassis se burló amablemente de ella diciéndole que había establecido un auténtico campamento armado.

Poco antes del regreso de Jackie, su secretaria Nancy Tuckerman llamó a Rosemary Sorrentino, del salón de belleza de Kenneth, para pedirle que acudiera al apartamento de Jackie en Nueva York para arreglarle el pelo.

—Tuve que mantenerlo en secreto, ya que la prensa estaba ansiosa por localizarla —dijo. la señora Sorrentino—. Ella no podía acudir al salón porque hubiera provocado un colapso del tráfico. Realmente la gente se pasaba horas y horas en la puerta de su casa esperándola con la esperanza de verla aunque fuera sólo un momento.

La señora Sorrentino no se sintió sorprendida por Nancy Tuckerman y sus instrucciones. Como Primera Dama, Jackie ordenaba a la peluquera que dijera que se trataba de una secretaria, de manera que los reporteros de servicio en la Casa Blanca no supieran que la hacía ir desde Nueva York a Washington para arreglar su cabello.

—En una ocasión en que el ballet de Jerome Robbins actuaba en una cena oficial, Jackie me dejó bajar para ver la representación, pero exigió que Kenneth se quedara arriba por temor a que fuera reconocido por la prensa —dijo la señora Sorrentino.

—Estaba tan acostumbrada a esos pequeños caprichos —sigue la peluquera—, que no le presté demasiada atención cuando Nancy me llamó. Pero cuando llegué al apartamento Jackie tenía un aspecto soberbio. La felicité por su matrimonio y le dije que estaba muy guapa. Bunny Mellon estuvo presente todo el tiempo y Jackie no se cansaba de repetirnos lo feliz que se encontraba y lo que había hecho durante su luna de miel. Realmente, su aspecto era maravilloso.

En el salón de Kenneth, la señora de Aristóteles Sócrates Onassis no se consideraba una cliente normal. De acuerdo con las palabras de la señora Sorrentino, se la trataba como a un personaje de la realeza.

—Cuando comenzó a frecuentar el salón lo hacía con nombre supuesto para que nadie pudiera localizarla. Tenía una habitación privada en la octava planta, donde se le teñía el pelo. No quería que nadie supiera que la teñíamos y nos hizo jurar que nunca se lo diríamos a los periodistas. Se puso realmente furiosa cuando se corrió la voz de que usaba postizos para hacer que su pelo pareciera más espeso. Me pidió que le enseñara a una jovencita griega a lavarle y marcarle el cabello, porque en lo futuro no podría acudir con tanta frecuencia, puesto que pensaba viajar mucho en compañía de Onassis.

En diciembre, Jackie se fue a Washington para visitar a Ethel Kennedy, que acababa de dar a luz a su undécimo hijo. Antes de marcharse visitó las tumbas de su primer esposo y de su cuñado en el cementerio nacional de Arlington. Después, con Caroline y John-John Jr., emprendió el viaje a Grecia para pasar las Navidades con Onassis y sus hijos en Skorpios. Antes de marcharse compró para Ethel una escena de la Anunciación, de oro y del siglo XVI, como regalo de Navidad. Se trataba de una obra que Bobby había elegido con la finalidad de adquirirla como regalo navideño para su esposa.

Jackie le regaló a su marido un retrato obra de Aaron Shikler. A cambio recibió unos pendientes valorados en 300 000 dólares. En los años siguientes, Onassis vertió sobre ella joyas por valor de más de tres millones de dólares. Con ocasión de su 40.º aniversario, Ari le regaló un brillante de cuarenta quilates —un quilate por cada año de edad— más un collar y un brazalete de brillantes cuyo valor ascendía a más de un millón de dólares.

Onassis sabía que fue el presidente Kennedy quien puso en marcha el Proyecto Espacial Apolo, así que para conmemorar el éxito del Apolo XI Onassis encargó para Jackie unos pendientes que representaban una Tierra de zafiros, sobre el oído, y una pequeña luna de rubíes colgando de una cadenita. Era un diseño único, aunque quizá demasiado ostentoso, y el joyero aceptó el encargo por 150 000 dólares para complacer a la mujer de su mejor cliente.

Cuando Onassis deseaba una joya de diseño especial se dirigía al joyero Zolotas, pero cuando se trataba de comprar piezas de mayor categoría, como por ejemplo el brillante de cuarenta quilates, acudía a Van Cleef et Arpels, en París. Por lo general, pagaba en efectivo y ordenaba que la joya fuera enviada acompañada de flores. Antes de casarse envió a Jackie varias pulseras de diamantes con sendos ramos de flores. Otras veces hacía que las joyas fueran entregadas en las Olimpic Airways desde donde se la hacía llegar como una sorpresa.

Ilias Lalaounis, el diseñador de Zolotas en Atenas, recuerda que Jackie los visitó frecuentemente antes de su matrimonio.

—Acostumbraba a decir que las joyas hacen época y consecuentemente deseaba que las suyas fueran originales. Se limitaba a insistir en ser siempre la primera en lucir un diseño original.

Después de las vacaciones de Navidad, Jackie regresó a Nueva York con sus hijos, mientras Onassis se marchó a París, donde cenó reservadamente con María Callas, en la casa de campo de su buena amiga la baronesa de Zuylen. Después hizo el recorrido de sus favoritos clubs nocturnos con Elsa Martinelli y su esposo, Henri Dubonnet, heredero de la famosa firma de aperitivos. Estuvo en contacto personal telefónico con su mujer a diario. El mes siguiente la pareja de oro se reunió en Nueva York para pasar algún tiempo con Caroline y John antes de marchar para un crucero, en su yate, a las islas Canarias.

La Pascua de Resurrección la pasaron en otro crucero en el *Christina* con los niños, Rose Kennedy y Nancy Tuckerman, que fue incluida en la nómina de las Olimpic Airways para que continuara prestando sus servicios como secretaria de Jackie. Durante el crucero Onassis regaló a la patricia de la familia Kennedy una pulsera de oro que figuraba una serpiente con la cabeza incrustada en piedras preciosas. Rose Kennedy pensó que se trataba de una pieza de bisutería de lujo con piedras falsas, pero posteriormente la hizo valorar y se enteró de que valía mil quinientos dólares.

Convertida en señora de Onassis, Jackie llegó a intimar mucho más con su antigua madre política y con frecuencia la invitaba a que la acompañara en sus viajes en el *Christina*.

—Cuando me casé con Ari ella fue entre todas las personas la que me dio mayores ánimos —contó Jackie—. Me dijo que Ari era un hombre excelente y que no tenía por qué preocuparme. Fue extraordinariamente generosa conmigo. Y así estaban las cosas. Me había casado con su hijo y tenido hijos de él, pero eso no tenía que ser un inconveniente para que yo intentara seguir mi propia vida. Rose venía a vernos con frecuencia, lo cual era estupendo para Caroline y John. Y Ari la adoraba. La primera Pascua de Pentecostés después de nuestra boda, pasó unos días con nosotros en el Caribe. En el verano siguiente se detuvo en Grecia cuando iba de camino para Etiopía a visitar al rey Haile Selassie, que celebraba su cumpleaños. También pasó el Año Nuevo con nosotros.

Durante la estancia de Rose en Grecia, Jackie se dejó fotografiar con ella en la Acrópolis y puso esas fotos en su álbum, con unos pies bastante divertidos. Le escribió a su suegra una carta comentando lo diversa que puede ser una vida y cómo los acontecimientos se suceden de la manera menos prevista, y que ella y Rose, después de las muchas experiencias que habían tenido juntas, debían comenzar a intercambiar sus nuevas experiencias en ambientes muy diversos. Puesto que ya no dependía en absoluto de la fortuna de los Kennedy, inició cordialmente un acercamiento hacia la mujer con la que durante muchos años estuvo resentida.

Después de pasar el Año Nuevo en Grecia con Jackie y Ari, Rose dijo:

—Me siento verdaderamente emocionada y excitada por sus recibimientos tan acogedores, porque de ese modo siempre estaré en condiciones de permanecer en contacto con Caroline y John, y sé que todos se divierten cuando estoy a su lado, incluso Ari y sus parientes. Además, de ese modo creo que el Año Nuevo les resultó menos exótico a los niños gracias a mi compañía.

Rose tenía motivos para estar preocupada por sus nietos. Caroline nunca llegó a aceptar por completo a Onassis como padrastro y con frecuencia hacía comentarios dispares sobre él con sus compañeras y amigas de colegio. John parecía entenderse mejor con él, pero también se daba cuenta de que Onassis trataba de ganarse su afecto con regalos tales como ponies o lanchas. Realmente, Onassis quería a los niños y trataba de pasar a su lado todo el tiempo que le era posible, sin descuidar sus negocios. Era también muy generoso con una tía y una prima hermana de Jackie que residían en una finca medio arruinada, llamada Grey Gardens, en East Hampton (Long Island).

En 1971, Edith Bouvier Beale, la hermana de Jack el Negro y su hija, una solterona, a la que todos llamaban Little Edie, estuvieron a punto de ser obligadas a dejar su casa, a orillas del mar, por las autoridades del Departamento de Sanidad de Suffolk County después que sus inspectores encontraron que la casa, de 28 habitaciones, estaba invadida por telarañas, excrementos, mapaches y 18 gatos enfermos y comidos por las pulgas. Las Beale no tenían calefacción ni agua corriente, y en muchas ocasiones incluso carecían de alimentos. Todo eso hizo que los funcionarios públicos se mostraran decididos a declarar la casa inhabitable para seres humanos.

Uno de los funcionarios del Departamento de Sanidad llamó al hijo de Big Edie, Bouvier Beale, un abogado de Nueva York que estaba casado con una chica de la alta sociedad y vivía en una lujosa finca en Glen Cove. Le dijo a Beale que su madre iba a perder su casa, que sería declarada inhabitable salvo que alguien le facilitara el dinero para ponerla en condiciones de habitabilidad. Le avisó que la próxima inspección sanitaria en la casa provocaría un escándalo nacional. Pese a todo, Bouvier Beale no hizo nada.

—Si es necesario echar a mi madre de su casa, háganlo —dijo negando toda ayuda.

Unos días más tarde pudo leerse en la primera página de algunos periódicos: LA TÍA DE JACKIE, DESAHUCIADA. La noticia, con sus correspondientes comentarios, recorrió el mundo, contando la sórdida historia de Big Edie, cuyo esposo la había abandonado muchos años antes, y de Little Edie, que había dedicado su vida a cuidar a su excéntrica madre en aquella miserable y lúgubre mansión rodeada de grandes parras gruesas como boas. Sus parientes, todos ellos ricos, bien situados y con prestigio social, la habían dado de lado, avergonzados, prefiriendo el escándalo antes que ofrecerle un solo céntimo de sus grandes fortunas para ayudarla a reconstruir la finca, entonces arruinada y que antaño fue una lujosa mansión residencial. Jackie desdeñó las peticiones de las Beale durante un mes, alegando que vivían del modo que ellas mismas habían elegido y que no quería intervenir en sus vidas.

—Fue algo realmente terrible —se quejó Little Edie—. Los Bouvier nos odiaban, a mi madre y a mí, porque nos consideraban rebeldes en el seno de la familia. Nosotras éramos las artistas. Descendemos de monarcas franceses del siglo XIV, ¿sabe? Sé leer y escribir francés, porque me eduqué en la lu-

321

josa escuela de Miss Porter en Farmington, pero no lo hablo muy bien. Los vecinos dicen que estamos locas, sólo porque deseamos conservar nuestra casa al estilo de Luisiana... Además, odian nuestros gatos... Sin la ayuda del señor Onassis hubiéramos muerto de hambre.

Las palabras salían de los labios de Little Edie sin ilación lógica, pasando del pasado al presente a ráfagas para hablarnos del marido de su más famosa prima.

—Es un hombre maravilloso. Nos llamó a mamá y a mí. Mamá tiene una voz excelente y Onassis le pidió que le cantara algo por teléfono y él también le cantó algunas bellas canciones de amor. Estuvieron hablando durante tres cuartos de hora. Fue maravilloso. Jackie nos presentó por teléfono y nos dijo que lo quería mucho.

Hizo una pausa y continuó:

—Jackie nos dijo: «¿No os parece estupendo que me haya casado con una persona tan espléndida?» Yo le respondí que sí. Me hubiera gustado mucho ver a Onassis en persona pero, ¿sabe?, yo no me encontraba en buena forma... no estoy tan delgada como cuando era joven. He vivido en esta caverna toda mi vida... Jackie siempre tiene un aspecto excelente... Me dijo que Nehru se había enamorado de ella locamente... pero que no le gustaban los políticos... Sabíamos que no fue muy feliz con Kennedy.

Onassis salvó a las dos mujeres del desahucio gastando más de cincuenta mil dólares en reparar los agujeros que los mapaches habían hecho en el tejado. Les compró un nuevo sistema de calefacción para que no tuvieran que envolverse en periódicos a fin de conservar el calor durante la noche, financió la instalación de agua corriente en toda la casa y comenzó a pagar todas sus cuentas atrasadas.

—Jackie nos preguntó cómo pensábamos seguir viviendo, y mamá le respondió que deseaba continuar residiendo en Grey Gardens, que era su hogar. Así el señor Onassis nos arregló toda la casa y le dio dinero a Jackie para que lo pusiera en el Banco a fin de que mamá pudiera pagar el combustible para la calefacción, la luz eléctrica y el agua —dijo Little Edie—. Vino a vernos en una ocasión y conocimos a Caroline y a John... ¿sabe usted...? Lee es más guapa que Jackie y es princesa... Yo la tuve en mis brazos cuando era un bebé... Lee también vino a vernos... Tuve que vender nuestros cubiertos de plata para comprar comida y sólo me dieron seis mil dólares, y el marchante se quedó con la mitad del precio sólo por ayudarme a venderla.

Más tarde, cuando Big Edie tenía ya 76 años, John Davis fue a East Hampton a visitar a su tía, que se pasaba la mayor parte del tiempo en la cama, cantando operetas francesas y rodeada de gatos que comían en la cama y hacían sus necesidades sobre la colcha azul, deslustrada.

Era extravagante, espléndida consigo misma,
y se gastaba miles de dólares en vestidos.

—Cuando llegué —cuenta Davis— tenía puesto un vestido de seda realmente magnífico. Le dije que era precioso y me respondió: «¿Te gusta, verdad? Es de Givenchy. Jackie me da los vestidos más lujosos.»

La visión de su tía recorriendo la sombría mansión con aquellos lujosos vestidos de los más caros modistas puso nervioso a John Davis, que continuó:

Era un espectáculo ridículo, pero me parece muy cariñoso por parte de Jackie que enviara los vestidos a su tía. Creo que le destrozaba el corazón ver la forma como vivían y deseaba ayudarlas. Su forma de ayuda era muy amable.

Jackie pasaba la mayor parte de su tiempo volando sobre el Atlántico, yendo y viniendo a Europa. Durante las vacaciones se llevaba a sus hijos a Grecia para reunirse con Onassis, después regresaba con su marido a Nueva York cuando Onassis tenía que ocuparse de alguno de los muchos asuntos de su imperio financiero mundial. Su estilo de vidas separadas continuó a lo largo de todo el tiempo que duró el matrimonio, combinado con encuentros regulares y frecuentes en continentes diversos. Esas relaciones a larga distancia eran ideales para Jackie, que nunca pudo estar junto a nadie de manera continuada. En Onassis encontró un hombre que no le exigía nada y le dejaba toda la libertad para vivir con sus hijos.

—Jackie es un pajarito pequeño que necesita su libertad tanto como su seguridad —dijo el millonario—, y yo le doy ambas. Puede hacer exactamente lo que le venga en gana: visitar exhibiciones de moda internacionales, viajar, salir con sus amigos y amigas para ir al teatro o a donde quiera. Y yo, naturalmente, hago también lo que me gusta. Nunca le pregunto ni ella me pregunta a mí.

En Nueva Jork, Jackie comenzó a telefonear a viejas amistades para que la acompañaran en sus salidas cuando Onassis no estaba allí. Se la vio con frecuencia comiendo y recibiendo las atenciones de Andre Meyer, Bill Walton, Franklin D. Roosevelt, Jr., y Paul Mathias.

—Se siente maravillosamente satisfecha y lleva el género de vida que siempre deseó —observó Walton.

Apodados «Papi O» y «Jackie O» por el *Women's Wear Daily*, Ari y Jackie atrajeron la atención de las mismas masas frenéticas que se vuelven locas por la realeza y transforman en ídolos a los astros y estrellas del cine. Se convirtieron en la pareja más famosa del mundo, desplazando a Elizabeth Taylor y Richard Burton de las primeras páginas de las revistas. Incluso por sí sola, la esposa de Onassis se convirtió en la mayor atracción humana del mundo para los turistas, despertando más curiosidad que ninguna otra mujer viva.

Reporteros y fotógrafos la siguieron por todas partes para informar detalladamente sobre su extravagante estilo de vida, sus espléndidas joyas, sus fabulosos viajes y sus compras insaciables. Se situó al nivel de los personajes más célebres del mundo. Sus túnicas de Valentino, sus vestidos de Halston, sus pieles de Maximillan y sus joyas de Zolotas la catapultaron al *hall* de la fama de las mujeres mejores vestidas del mundo. Pero incluso sin ropas provocaba la atención mundial. Fotos de Jackie desnuda tomando el sol en Skorpios fueron adquiridas por la prensa por miles de dólares. Una colección de esas fotos que la presentaba de frente, titulada *El bosquecillo del billón de dólares*, dio la vuelta al mundo y se convirtió en una pieza buscada por los coleccionistas de esta especialidad.

Sin tener que someterse a los impedimentos de los dictados políticos de los Kennedy, Jackie comenzó a divertirse por primera vez en su vida. Se sentía halagada por su nueva riqueza, que no vacilaba en exhibir .revelándola en sus brillantes, zafiros y rubíes que el indulgente Onassis hacía llover sobre ella. Dejó a un lado sus guantes blancos de los días de Primera Dama y se exhibió con pantalones ceñidos, camisetas T, sin sostén debajo, vistosas faldas calipso y llamativos sombreros.

Como la joya más exquisita de su colección, Onassis animaba a Jackie a que comprara y gastara en sí misma cuanto quisiera. Incluso le sugirió que invirtiera su dinero en un nuevo tipo de ropa interior y dejara la emperifollada lencería de Elizabeth Arden y las bragas de algodón largas, que le recordaban los pantalones de boxeador de un niño. Con gran sorpresa de Jackie, fue Onassis quien le pidió a Halston que diseñara para ella alguna ropa interior sexy y le envió al modista unas bragas y unos sostenes para que supiera cuáles eran sus medidas.

—Podría haber subastado esas prendas y obtener suficiente dinero para retirarme de por vida —dijo Halston, que se hizo cargo del pedido y comenzó a diseñar prendas transparentes de seda natural.

Cuando hubo terminado su colección la envió a Jackie, que se quedó enormemente sorprendida. Y tan ofendida que se la devolvió con una breve nota.

Jackie disfrutaba de su fama y gozaba de la publicidad, pero sólo si podía imponer las condiciones. Los flashes inesperados la irritaban y cuando se veía observada por las cámaras se ponía realmente furiosa. Un día un fotógrafo tomó una instantánea suya en el momento en que salía de un cine de ver una película pornográfica titulada *I am curious yellow* y lo atacó en plena calle con un golpe de judo. Los *papparazzi* la ponían especialmente furiosa, particularmente uno llamado Ron Galella, que la perseguía continuamente. Se quejó amargamente a Onassis de este fotógrafo, y el millonario trató de convencer al hombre de que la dejara en paz. En una ocasión en que lo encontró, le pasó el brazo por encima del hombro y le preguntó:

—¿Por qué hace usted una cosa así?

—Usted tiene su trabajo, yo tengo el mío —fue la respuesta lacónica del fotógrafo.

—Jackie ha sufrido mucho en su vida.

—Sí, pero la vida sigue. Yo no soy un sádico que trate de hacerla sufrir. Al contrario, creo que eso la hará olvidar. Si no fuera por mí la gente acabaría matándola con su curiosidad hacia ella y hacia sus hijos. Es un buen tema para un *papparazzi* americano con valor, y yo estoy tratando de realizarlo.

—No vuelva a hacerlo.

—Entonces deme un empleo en las Olimpic Airways.

—Sí, desde luego. Con un dólar de sueldo.

Jackie se puso furiosa con Onassis por haberse rebajado a dirigirle la palabra al fotógrafo. Y terminó haciendo detener a Galella, acusándolo de molestarla en público. Galella le puso una demanda en la que le exigía una indemnización de 1 300 000 dólares, acusándola de ataque, detención injustificada, persecución maliciosa e interferencia en su trabajo. Jackie volvió a atacar exigiéndole 6 000 000 de indemnización por intromisión en su vida privada y causarle angustia mental. Realmente, logró hacerse con una orden judicial que le prohibía al fotógrafo «alarmarla y asustarla». Más tarde Jackie alegaría que era una «prisionera absoluta» en su apartamento de Nueva York, viviendo continuamente con un «terror cerval» hacia el fotógrafo y su cámara...

Cuando Galella publicó su colección de 4 000 fotografías de Jackie, en ellas la señora Onassis aparecía exquisitamente hermosa. Ninguna de ellas era ofensiva en absoluto; ni siquiera la fotografió una sola vez con un cigarrillo en la mano o en los labios, y siempre las fotografías fueron tomadas con la luz y el ángulo adecuados para camuflar sus dientes grises y suavizar las arrugas en torno a sus ojos. En un año, Galella ganó 15 000 dólares vendiendo fotos de Jackie a revistas de tirada nacional en todos los países del mundo. Fotos que había tomado saltando verjas, escondido detrás de guardarropas y persiguiéndola desde Capri a Nápoles, Skorpios, Peapack, New Jersey y Brooklyn Heights. En todas y cada una de las fotografías podía apreciarse el amor que el fotógrafo ponía en su trabajo.

El juicio contra Galella duró días y días, debido a que los agentes del Servicio Secreto designados para proteger a Caroline y John, testificaron a favor de su madre. Finalmente, el juez federal designado para aquel cargo por el presidente Kennedy, pronunció sentencia favorable a Jackie. Ordenó al fotógrafo que no se aproximara a menos de cincuenta yardas (unos cuarenta metros) de aquella mujer que estaba en primera fila entre los personajes públicos más buscados por la prensa de todo el mundo, ni a menos de cien yardas de su apartamento. Dicha sentencia fue anulada posteriormente por el Tribunal de Apelación y la distancia fue reducida a 25 pies (unos diez metros). No obstante, la sentencia bastó para que Jackie dijera que había conseguido una victoria y sumara la prohibición de Ron Galella a la *masacre* de William Manchester.

—Lo tiene bien merecido —se jactó ante sus amigos—. No tiene el menor derecho a molestarme continuamente en la forma en que lo hace.

Onassis, por su parte, no se sintió tan satisfecho y cuando los abogados de Jackie le enviaron la cuenta, que sumaba 235 000 dólares, se negó a pagarla.

—No tengo nada que ver con ese maldito asunto —dijo.

Jackie se quejó de que su marido era un tacaño tozudo. Meses más tarde, la prestigiosa firma de abogados Paul, Weiss, Rifkind, Wharton y Garrison demandaron a Onassis exigiéndole 235 000 dólares de gastos y minutas que el millonario hubo de pagar.

—Jackie siempre será un personaje público —dijo su hermanastro Jamie Auchincloss—. Profesionalmente es la señora de John F. Kennedy y la señora de Aristóteles Sócrates Onassis 24 horas al día. Sabe descender de un coche como una estrella de cine que acude al estreno de una de sus películas. Pese a lo mucho que se jacta de amar la intimidad, se ha ensayado para hacer sus entradas triunfales, de modo que se mueve como una auténtica profesional. Sabe exactamente como sonreír y animar a una multitud de admiradores. Realmente acaba agotada después de sus noches porque pone demasiada energía en todas esas cosas. Pero es entonces cuando verdaderamente le gusta ser fotografiada; sólo entonces. Lo que le hace subirse por las paredes es que los fotógrafos la sorprendan de improviso. Las modelos fotográficos obtienen miles de dólares por aparecer en la portada de las grandes revistas, pero Jackie no consigue ni un céntimo por ello. Eso la pone furiosa.

Con millones de dólares a su disposición, Jackie tenía detalles verdaderamente avaros. Secretamente vendía sus vestidos usados a las tiendas de segunda mano, que los aceptaban en depósito y le entregaban el 60 por ciento del precio obtenido. En vez de regalar sus vestidos a obras de caridad y obtener así reducciones de impuestos, prefería venderlos al contado. El beneficio era importante para Jackie, que nunca llevaba dinero en el bolso. Poco después de su boda, Onassis le entregó 2 000 000 de dólares y le recomendó que los invirtiera en obligaciones libres de impuestos, pero en vez de hacerlo así prefirió especular en la bolsa y lo perdió casi todo. Jackie le pidió a su marido que le reembolsara de sus pérdidas, pero éste se negó, diciendo que le había aconsejado que no pusiera su capital en unas inversiones tan arriesgadas.

Contrariamente a su marido, Jackie no era un tipo dilapidador. Pagaba a sus empleados lo menos posible y esperaba que trabajaran el máximo suponiendo que estaban ya bien pagados con el honor de servirla. Era extravagante, espléndida consigo misma, y se gastaba miles de dólares en vestidos. Era igualmente espléndida con sus hijos y al principio trató, sin demasiado éxito, de aconsejar a su hija política en la compra de sus ropas.

Christina era una chica difícil, desgarbada y torpe, dada al uso frecuente de anfetaminas para controlar su peso y de tranquilizantes para vencer sus depresiones. Era absolutamente imposible que aceptase a Jackie como madrastra. Siempre confió en que su padre acabara por reconciliarse con su vivaz y guapa madre, que sólo era una chiquilla rubia preciosa de 16 años cuando se casó con el griego, que ya tenía cuarenta. Tina Livanos Onassis se casó con el marqués de Blandford cuando Ari decidió casarse con Jackie, pero Christina, al igual que su hermano Alexander, confiaban inocentemente en que sus padres se reconciliarían. En 1959, Tina compareció a declarar ante el Tribunal Supremo de Nueva York, al comenzar su proceso de divorcio contra Onassis, al que acusó de adulterio.

—Hace ya casi trece años que el señor Onassis y yo nos casamos en New York City. En este tiempo se ha convertido en uno de los hombres más ricos del mundo, pero su gran riqueza no le ha traído la felicidad a mi lado.

Desde su niñez, Christina y Alexander se vieron sometidos al brillo de la fama que rodeaba a su padre. Ellos hubieron de soportar todos los tratos de su padre con las compañías de petróleo, asociaciones con Estados soberanos, líderes mundiales, estadistas y potentados. Sintieron la tirantez entre su padre y su tío, Stavros Niarchos, casado con la hermana de su madre, la seria y morena Eugenie. Tuvieron que sufrir durante diez años las relaciones de su padre con María Callas y la despreciaron.

Mimados, consentidos y regalados, crecieron en medio de personajes de clase y fama mundial. El príncipe Rainiero y la princesa Grace de Mónaco eran considerados casi miembros de la familia. Sir Winston Churchill era un amigo muy estimado y Greta Garbo frecuente invitada en la casa. Sus retratos fueron pintados por Vertes, Domerque y Vidal-Quadras. Los ponies que montaban eran un regalo especial del rey de Arabia Saudita. El dinero llovía sobre ellos de los imperios de Onassis y Livanos. Los fideicomisos establecidos para ellos por sus padres los convertirían en multimillonarios al cumplir 21 años. Sin embargo, los dos niños parecían más malditos que bendecidos por sus grandes riquezas.

Christina creció junto a un padre que nunca dedicaba demasiado tiempo a su hija y que no ocultaba su desengaño porque la madre no le daba un segundo hijo. Pasó por una vida fácil de yates, apartamentos de lujo, siempre preocupada por su cabello rebelde, su figura pesada y su larga nariz, que finalmente acabó por hacerse operar. Cuando su padre se casó con Jacqueline Kennedy trató de ser cordial con ella, pero no pudo

Jacqueline, en el funeral del hijo de Onassis, muerto en 1973 a los veinticuatro años.

hacer gran cosa por lograrlo. Consecuentemente, se refería a Jackie llamándola «la desgraciada obligación de mi padre».

Amigos íntimos de Jackie dicen que el sentimiento era mutuo.

—Jackie me dijo que Christina era un monstruo mimado con piernas gordas, tobillos hinchados y que se vestía como una campesina griega —cuenta una amiga de Jackie—. Al principio trató de esforzarse en complacer a Ari ofreciendo algunas fiestas para Christina en su apartamento de Nueva York o yendo con ella de compras, pero todo sirvió de bien poco.

Un amigo de Christina afirmó:

—No hay que equivocarse al respecto. Odió a Jackie desde el principio. En el mejor de los casos, se toleraban mutuamente... Simplemente cuestión de educación.

Menos de tres años después de que Jackie se convirtiera en la señora de Onassis, su hija política se fugó con Joseph Bolker, un americano de 48 años de edad, vendedor de fincas en Los Ángeles. Onassis fue informado por teléfono del matrimonio, que tuvo lugar en Las Vegas, precisamente mientras celebraban en Skorpios el 42.º cumpleaños de Jackie. Esa llamada lo enfureció e, inmediatamente, desheredó a su hija, a la que le comunicó que no recibiría ni un céntimo más, aparte del fideicomiso de cien millones de dólares que ya le había hecho, mientras siguiera casada con Bolker. La idea de que su única hija se había casado con un vendedor de fincas judío, divorciado y con cuatro hijos mayores, le causó un profundo enojo. Onassis siempre detestó y despreció a los judíos, y, como era lógico, el que su hija se casara con uno de ellos fue para él un durísimo golpe. Su furia fue verdaderamente incontrolable. Al ver su rabia, Jackie se mantuvo al margen del asunto, asustada, incapaz de decir nada por temor a enfurecerlo aún más. Fue entonces cuando se dio cuenta de lo peligroso que podía llegar a ser cuando estaba enfadado.

El matrimonio de Christina duró sólo nueve meses. Bolker, asediado por Onassis, inició su proceso de divorcio en California.

—Nos vimos sometidos a extraordinarias presiones —contó—. Christina es una mujer muy joven y creo que no debe enfrentarse con su padre.

—Es posible que Bolker pronto sea mi ex esposo, pero será siempre mi mejor amigo —diría Christina—. Lo malo es que yo soy demasiado griega y él es demasiado Beverly Hill.

Onassis también puso objeciones a las relaciones de su hijo con Fiona Thyssen. Su oposición se basaba en que Fiona, una baronesa divorciada y con dos hijos, pese a su belleza juvenil tenía edad casi suficiente para ser la madre de Alexander. Éste se vengó atacando a su padre por su matrimonio con Jackie y se refería a ella como «su cortesana». Nunca hizo el menor esfuerzo por ocultar su hostilidad hacia ella y en la mayor parte de las ocasiones era muy rudo. Una noche, en Maxim's, los tres comenzaron a hacer comentarios irónicos sobre una joven que estaba tratando de conquistar a un hombre de bastante edad, indudablemente por su dinero. Alexander se volvió hacia la esposa de su padre y le dijo:

—Jackie, tú no piensas que haya nada malo en que una chica se case por dinero, ¿verdad que no?

Haciendo suya la enemistad de su padre hacia Stavros Niarchos, Alexander se sintió traicionado cuando su madre se casó con el hombre que antaño fuera el marido de su hermana.

En ese momento, sus relaciones con su padre mejoraron ostensiblemente y comenzaron a cambiar impresiones entre ellos cuando había que tomar alguna decisión importante en sus negocios. Onassis, por fin, comenzó a escuchar y tener en cuenta las opiniones de su hijo y aceptar sus consejos.

Alexander trató de convencerlo de que reemplazara los viejos aviones Piaggio de su flota por helicópteros, una decisión que de ser tomada, aunque entonces no pudiera sospecharlo, es muy posible que hubiera evitado su muerte. Onassis, que cada vez confiaba más en su hijo, al que acabó por aceptar como un igual en sus negocios, siguió algunas de sus ideas. Incluso llegó a admitir que su matrimonio con Jackie había sido algo sin objeto, y comenzaron a hablar de las posibilidades de divorcio y cuánto le costaría conseguirlo.

En la noche del 21 de enero de 1973, Alexander llamó a Fiona desde Atenas y fijó un encuentro con ella, a la noche siguiente, en Londres. Le explicó que debía buscar un piloto para el Piaggio que iba a bordo del *Christina*, el yate de su padre. Acababa de llegar desde Ohío un piloto norteamericano, especializado en aviones anfibios, y Alexander deseaba entrevistarse personalmente con él antes de confiarle el avión.

Ambos, el piloto y Alexander, despegaron de Atenas al día siguiente. Segundos después de que el avión despegara entró en barrena y se estrelló. Los miembros del equipo de socorro que acudieron a rescatarlo, reconocieron a Alexander sólo por las iniciales de su pañuelo, pues su cabeza había quedado destrozada. Conducido al hospital, le sometieron a una operación de urgencia de tres horas de duración, luego, le colocaron en una tienda de oxígeno con un sistema de mantenimiento artificial de vida. Sólo un milagro podría salvarlo.

La noticia les llegó a Ari y a Jackie en Estados Unidos. Christina estaba en Brasil. Tina, la madre del accidentado, y su nuevo esposo, Stavros Niarchos, estaban en Suiza. Fiona seguía esperándolo en Londres. Todos volaron para acudir al lado de Alexander y rezar pidiendo que el milagro se realizara. Onassis, sin embargo, se dio cuenta muy pronto de que no había esperanzas y dijo que no quería seguir torturando por más tiempo a su hijo. Ordenó a los médicos que cerraran el sistema de vida artificial. Sin nada que hacer, desesperados, hubieron de contemplar cómo el hijo moría pocos minutos después.

—No lo matamos nosotros —dijo Onassis—. Nos limitamos a dejarlo morir. No se trató, pues, de una cuestión de eutanasia. Incluso de haber salvado su vida, hubiera quedado convertido en un muerto viviente. Su cerebro estaba destruido y sus facciones completamente desfiguradas. No había nada que hacer por él.

Onassis se sintió profundamente afectado hasta el fondo de su alma por la muerte de su hijo. Lo acontecido lo llenó de un sentimiento de culpabilidad al pensar que si no hubiese pedido un nuevo piloto para el Piaggio, su hijo no hubiera muerto. Insistió en que de haber seguido el consejo de Alexander con anterioridad, hubiera sustituido el Piaggio por un helicóptero y su hijo seguiría vivo. No podía aceptar que aquella muerte fuese sólo un accidente. Estaba convencido de que se trató de un sabotaje organizado por sus enemigos. De inmediato ordenó que se llevara a cabo una concienzuda investigación y ofreció una elevadísima recompensa a quien pudiera demostrar que había existido complot.

Esa manía persecutoria lo estuvo consumiendo interiormente muchas semanas, durante las cuales prescindió de su familia y de sus negocios para tejer una tela de araña de sospechas paranoicas, siempre imaginando quiénes podían ser sospechosos y tratando de encontrar los motivos. Estaba dispuesto a dedicar toda su fortuna y el resto de sus días a averiguar las causas y las razones por las que mataron a su hijo.

Rodeado por sus familiares griegos, que se lo consentían todo y hasta llegaban a apoyar sus ideas, aumentó su sentimiento de culpabilidad y su autocompasión, Jackie se sintió junto a Onassis como una especie de marginada, una extraña. Ese duelo pesaroso y ostentoso estaba por encima del límite de sus emociones controladas. Su instinto la llevaba a enterrar el dolor, a olvidar y a continuar viviendo. Onassis, por el contrario, parecía decidido a seguir anclado en su dolor y en las reminiscencias del pasado. Sólo había una mujer que posiblemente podría entender su dolor, la única que podría consolarle y ayudarle a reconstruir su vida, a darle la fuerza suficiente para seguir viviendo. Y así fue. Onassis, en esos días de desesperada necesidad de consuelo y comprensión, se volvió hacia María Callas.

CAPÍTULO VEINTIDÓS

En febrero de 1970 se hicieron públicas todas las cartas que Jackie le había escrito a Roswell Gilpatric. Charles Hamilton, experto en autógrafos neoyorquino, las recibió de alguien que previamente estuvo en contacto con Gilpatric y su firma de abogados. Fue esa firma legal la que guardó las cartas seguras en una caja de caudales. Hamilton preparó una subasta para venderlas. Algunos periodistas se enteraron del contenido y publicaron en sus periódicos lo que la entonces señora de John F. Kennedy había escrito a Gilpatric, el hombre que había pasado con ella un día entero en Camp David cuando Jackie estaba embarazada de seis meses. Para Onassis, sin embargo, aquello no era más que agua pasada. Lo que le indignó fue la carta que le escribió Jackie a su «Mi más querido Ros», desde el *Christina*, cuando iba en viaje de boda.

—¡Dios mío, cómo me he puesto en ridículo! —dijo Onassis a sus amigos—. ¡Qué estúpido he sido! Temo que mi esposa sea una mujer calculadora, materialista y sin carácter.

Las cartas, fueron puestas inmediatamente bajo protección judicial y devueltas a Gilpatric, pero no antes de que su contenido fuese publicado en todas partes. La desazón que eso produjo en Jackie se hizo mayor cuando la tercera esposa de Gilpatric, Madelin, empezó a preparar sus documentos al día siguiente para pedir la separación matrimonial. Todo el mundo supuso, y así se dijo, que Jackie era culpable de que se rompieran las relaciones sentimentales entre el abogado de 63 años y su esposa.

—Eso es totalmente incierto y muy poco noble para ambos —dijo Nancy Tuckerman—. Son muy buenos amigos. Él estuvo en el apartamento de los señores Onassis con ocasión de la fiesta que ofrecieron para celebrar su primer aniversario de boda, en octubre. Y Gilpatric era también buen amigo del presidente Kennedy.

Para la tercera esposa de Gilpatric, aquellas implicaciones

333

no eran injustas ni desleales. Señaló en más de una ocasión que entre su marido y Jackie hubo unas relaciones más intensas de lo que indicaban las cartas. En privado le dijo a sus amigos que Gilpatric sentía una devoción psicopática hacia Jackie y que ésta tenía cierta culpa en la ruptura de su matrimonio. Públicamente no dejó dudas de ello.

—Yo tengo mis propios sentimientos al respecto, pero no quiero hablar de ellos. Ciertamente eran amigos íntimos —dijo—. Puede decirse que se trataba de unas relaciones particularmente cálidas y duraderas.

Onassis se sintió humillado por las especulaciones sobre las relaciones de su esposa con Gilpatric. Si habían sido amantes o no lo llegaron a ser, era algo que no le importaba ya. Se sentía herido por las miradas de suspicacia de sus amigos, las malintencionadas observaciones de sus enemigos y los comentarios de disgusto de sus hijos. Estaba acostumbrado a ser censurado, criticado y acusado por sus negocios, pero nunca había previsto una situación en la que se pusiera en juego su virilidad. Se trataba de una ofensa involuntaria de su esposa, pero eso no reducía el daño causado al ego de Onassis. Llegó a tener miedo de enfrentarse con él y le confió a algunos amigos sus temores de que fuera a divorciarse de ella. Cuando llegó, por fin, la ocasión de explicarse y pedir disculpas, Jackie se sorprendió enormemente de su reacción.

Con tranquilidad y calma le aseguró que no pasaba nada y que no tenía que preocuparse. Él la entendía perfectamente. Le dijo que a su juicio se trataba sólo de otro ejemplo de cómo la prensa y demás medios de comunicación pueden hinchar una noticia, lo mismo que hicieron un mes antes cuando él se hallaba en París con María Callas, celebrando el estreno de una de sus películas. Sólo los más íntimos asociados griegos de Onassis sabían que la carta «Mi más querido Ros» significaba el comienzo de una ruptura.

Onassis tenía con madame Callas —así era como él la llamaba— un tipo de relación muy especial que permaneció intacta pese a su boda con Jackie Kennedy. El millonario griego continuó viendo a la diva, al principio sólo en la intimidad del apartamento de María Callas, en la avenida Georges Madel de París, pero poco después también públicamente, en restaurantes y clubs nocturnos.

Pese a que Onassis se quedaba dormido cuando la oía cantar, gozaba de su fama mundial y se sentía orgulloso de su talento, altamente proclamado por todos. Callas era brillante, interesante y guapa, con un estilo sensual. Era el desafío perfecto para Onassis, al que atraía de modo intelectual, emocional y sexual. Como ambos eran griegos, él la comprendía a ella tan completamente como ella lo entendía a él, aun cuando en ocasiones no había nadie que pudiera sacarlo tanto de sus casillas.

Aun cuando se sentía enojado por los hirientes comentarios

que María Callas hizo de su matrimonio, la visitó en privado después de la boda y supo arreglárselas para suavizar y aplacar sus sentimientos heridos. Onassis seguía necesitando mantener sus relaciones con la cantante, la única persona que lo amaba sin reservas y aceptaba sus cambios de humor y sus arrebatos como parte integrante de su personalidad. María sabía lo mucho que le complacía el acceso a la alta sociedad neoyorquina, que le había facilitado su nueva esposa. Mientras se burlaba de él por relacionarse socialmente con gentes como Bill y Babe Paley, Murray McDonnells y esposa, y Peter y Cheray Dublin, no le negaba su compañía. Sabía lo mucho que significaba para él ser aceptado en los salones de los ricos norteamericanos.

Comprendía también que Onassis se sentía como un protector hacia Jackie, que, según decía, no poseía la entereza y la fuerza de la Callas ni su capacidad de independencia. Se sentía orgulloso de ofrecer a su esposa un remanso de paz, una zona acolchonada que la protegía de la curiosidad de los extraños y de un mundo cruel en ocasiones. Le gustaba hacerla reír y divertirla, como anteriormente hiciera también con la Callas.

La cantante se ofreció como amiga de su nueva esposa, pero Jackie se negó a aceptarla. Así María Callas continuó viendo a Onassis siempre que le era posible, encontrándose en casa de amigos comunes a los que habían visitado frecuentemente con anterioridad. En París comía a veces en el apartamento de ella o en la finca de campo de la baronesa Van Zuylen. En Nueva York, uno de los compañeros de negocios de Aristóteles, Constantine Gratsos, estaba en condiciones de ofrecerles esa intimidad. María Callas siempre dio muestras de discreción al referirse a esos encuentros, aunque no los negó.

—Onassis es mi mejor amigo —dijo—. Lo fue, lo es y siempre lo será. Cuando dos personas han estado juntas como lo estuvimos nosotros, siempre quedan muchas cosas que unen. El escándalo se debe a que jamás me he visto con su esposa, pues ésta no lo desea. Francamente, no comprendo por qué no quiere que seamos amigas. Si se nos viera juntas, seguramente terminarían todos esos chismorreos de los periódicos.

Se le preguntó si un encuentro con Jackie no significaría una tensión emocional tremenda. María negó con la cabeza.

—¡Oh, no lo sé! Depende de para qué te necesite el hombre. Hay muchas ocasiones, estoy segura, en que Onassis me necesita como amiga porque siempre le digo la verdad. Siempre vendrá a mí con sus problemas, sabiendo que jamás repetiré ni una palabra de lo que me diga y que encontrará en mí una mente objetiva. Compartimos el mismo buen humor, la amistad mutua y la honestidad.

Onassis, conspirador por naturaleza, no se confiaba con demasiada gente, pero María Callas le había probado que era alguien en quien se podía confiar. En cierto modo era su contrapartida femenina, puesto que había logrado fama y riqueza por sí misma. Él apreciaba a la gente que luchaba por abrirse camino hasta la cumbre y veía en ella una mujer ambiciosa que podía competir con él en energía e ímpetu. Ella veía en él a un hombre notable, con un toque de genio para los negocios, pero también reconocía en él su oportunismo tenaz y la amoralidad con que se entregaba a tortuosas intrigas y horribles crímenes para alcanzar sus fines. Al contrario de Jackie, María se preocupaba y se interesaba por sus negocios y se sentía fascinada por las bizantinas operaciones que solía llevar a cabo. Ella fue la única persona que recibió del gran magnate el regalo de un petrolero. En el transcurso de los años lo había visto enfrentándose con el Gobierno norteamericano en las zonas de sus intereses petrolíferos, con la Armada peruana y con el príncipe de Mónaco. Disfrutaba con esos riesgos, con los enemigos y con las dificultades.

—Aceptar todos esos desafíos ha sido algo agotador, peligroso y desgastador —dijo en cierta ocasión—, pero le doy gracias a Dios por haber sabido enfrentarme con ellos y por tener un estómago tan fuerte.

Al principio de sus relaciones, Callas reconoció que su propio talento había sido un vehículo para la autopromoción de Onassis.

También se dio cuenta de que si ella renunciaba a su carrera para estar con él, restaría algo vital a sus relaciones. Después de que Ari se casó con Jacqueline Kennedy, María Callas volvió a concentrarse de nuevo en su voz y preparó su vuelta a la escena.

Poco después de la publicación de la carta «Mi más querido Ros», Onassis fue visto cuatro noches sucesivas con María Callas, en el apartamento de ésta, a la una de la madrugada. Tres meses más tarde fue en helicóptero a la isla de Tragonisis, donde estaba María con la familia Embiricos, y le regaló unos pendientes de más de cien años de antigüedad. Le fotografiaron besándola en la boca, bajo un gran parasol en la playa, así como besándose por encima de las copas de champaña en París. En otras fotos se le veía jugar cariñosamente con su perrito faldero y riendo alegremente. Las fotografías aparecieron a ambos lados del Atlántico. Cuando un periodista le pidió a la Callas un comentario, ésta dijo:

—Siento un gran respeto por Aristóteles y ninguna razón impide que podamos vernos aquí, puesto que el señor Embiricos es un amigo común.

Jackie vio las fotos cuando iba en avión, rumbo a Grecia, para reunirse con su marido. Pocas noches después se esforzó en aparecer públicamente con él en Maxim's, cenando en compañía de otros amigos y con apariencia de pasarlo muy bien. Pese a toda esta sociabilidad y encanto, Onassis no era ni con mucho un hombre feliz. Su mundo se había hundido con la muerte de su hijo y su matrimonio apenas si le producía consuelo.

Comenzó a quejarse abiertamente de su mujer y de ese vicio de comprar que la dominaba; a censurar sus excesos, tanto como antes se los toleró. Se puso furioso cuando supo que Jackie había tomado 23 aviones y helicópteros de las Olimpic Airways para utilizarlos en sus viajes privados, aunque para ello tuviera que apartarlos del servicio. Exasperado por sus constantes retrasos y falta de puntualidad, continuamente se quejaba de que las noches que tenían invitados siempre llegaba tarde, y se refería especialmente al día en que dieron una cena en el apartamento de Jackie: citaron a la gente para que estuviera allí a las 6 de la tarde y ella no apareció hasta después de las ocho y media. Durante más de dos horas, Onassis tuvo que actuar de anfitrión exclusivo para recibir a Frank Sinatra, a los Duchins, a Leonard Bernstein y señora, a Bill y Babe Paley.

Finalmente, Jacqueline salió de sus habitaciones minutos antes de que llegaran el alcalde de Nueva York, John Lindsay, y su esposa. Jackie ni se molestó en explicar su retraso.

Onassis se quejó también de su excesiva tolerancia con los niños, y de modo muy especial se refería a cómo les permitía llevar *jeans* viejos y sucios. Tenía la fuerte impresión de que Jackie podría esforzarse más con sus hijos, Alexander y Christina, amargamente resentidos contra ella. Aunque Onassis hablaba seis idiomas perfectamente, jamás leyó un libro y, por lo tanto, no podía entender que Jackie pasara tanto tiempo a solas y leyendo. Continuamente se lamentaba de su esplendidez, especialmente cuando tuvo que pagar cinco mil dólares por los servicios de recaderos, pues ella prefería enviar sus cartas y paquetes por este sistema en vez de enviarlos por correo.

Pronto empezó a pasar más tiempo alejado de Jackie que antes. Ponía como excusa sus negocios en el extranjero, pero lo cierto era que estaba comenzando a perder el interés por su extenso imperio.

Onassis dejó sola a Jackie en Nueva York para hacer un largo crucero con su hija Christina, el único lazo de unión con el destino del imperio Onassis. Por naturaleza se mostraba escéptico en que fuera una mujer quien heredara sus negocios, que se desarrollaban en un mundo de hombres, pero muerto su hijo, no le quedaba otro medio más que preparar a su hija para que se hiciera cargo de ellos. Pensando melancólicamente en la posibilidad de que su hija fuera su sucesora la envió a Nueva York para que trabajara con sus agentes de seguros y sus consignatarios. La llevó con regularidad a sus reuniones con los ejecutivos de sus compañías, pidiéndole que no dijera ni una sola palabra, pero que oyera y guardara todo lo que allí se dijese y estuviera preparada para un día asumir el control.

Por primera vez en su vida, Christina tuvo que expresar un sentido de responsabilidad por algo importante. Dejó a un lado su anterior vida de diversiones y trabajó largas horas cada día tratando de aprender las interioridades de los negocios de su padre. Seguía padeciendo todavía profundas depresiones, especialmente después de la muerte de su hermano, pero, contrariamente a su padre, no podía concentrarse en su trabajo. Abrumada por sus nuevos deberes, comenzó a retirarse de su familia y amigos, sintiendo que pronto no estaría en condiciones de enfrentarse con nada. Semanas más tarde, en Londres, tomó una sobredosis de unos somníferos y hubo de ser llevada a toda prisa al Middlesex Hospital bajo un nombre ficticio. Allí, en una sala de urgencia, le salvaron la vida.

Apenas se hubo recuperado de su propio desafío a la muerte, recibió la noticia de que su madre Tina Niarchos había muerto en el hotel de Chaneleilles, en París, a consecuencia de un edema pulmonar. Onassis recibió la noticia en París e inmediatamente marchó a ver a Niarchos, su enemigo de muchos años. El encuentro fue triste, desprovisto de rencor. Christina llegó pocas horas después y exigió que se hiciera la autopsia de su madre, posiblemente porque sospechaba que Niarchos podía tener algo que ver en aquello. Cuando su tía Eugenie murió en 1970 como consecuencia de un exceso de somníferos, la autopsia descubrió que en su cuerpo tenía catorce lesiones que los doctores dijeron le fueron causadas por su marido en su intento de reanimarla. Existió la sospecha de que Niarchos había tratado deliberadamente de matar a su esposa, pero no se hizo acusación alguna contra él. Un año más tarde, la madre de Christina, Tina, se divorció del marqués de Blandford y se casó con el viudo de su hermana.

La autopsia confirmó la muerte por edema pulmonar, pero Christina no quedó convencida del todo. Posteriormente dijo que si Stavros hubiera dormido en la misma habitación que su madre, ésta seguiría viva. Niarchos se dio cuenta de su animosidad e indignado le dijo a los periodistas que su esposa había venido sufriendo una gran depresión desde que regresó de visitar a su hija en el hospital unas semanas antes. Añadió que Tina no se había recobrado del choque emocional que le produjo el intento de suicidio de su hija, con lo que se hizo público por primera vez lo que Christina había querido mantener en privado. Más tarde Christina demandó a su padrastro por los 300 millones de dólares de la herencia que éste recibió a la muerte de Tina.

Onassis no fue capaz de asistir al entierro y al funeral de su ex esposa. De repente se sintió cansado y viejo y en contacto con su propia mortalidad. Últimamente había tenido dificultades para mantener abiertos los ojos y hablar sin tartamudeos. Finalmente, se presentó en un hospital neoyorquino. Su enfermedad fue diagnosticada como *myasthenia gravis*. Le aseguraron que el mal no era fatal.

Los médicos, preocupados por la posibilidad de que la enfermedad pudiera afectar a su corazón, insistieron en que se hicieran exámenes frecuentes. En caso de *myasthenia gravis*, un defecto en la química corporal impide la conexión de los nervios con los músculos, lo que dificulta la transmisión normal de los impulsos. La única evidencia física de la enfermedad, en el caso de Onassis, era la caída de sus párpados, que tenían que ser sujetados con esparadrapo a las cejas para evitar que los ojos se cerraran. Escondía esos esparadrapos tras sus gafas oscuras y se tomaba su mal con deportivo talante:

—Si yo me pasara tanto tiempo maquillándome como Jackie, podría usar un esparadrapo invisible y nadie se daría cuenta.

Esas bromitas a costa de su mujer se fueron haciendo más numerosas cuando se quedaba a tomar unas copas hasta tarde con sus amigos. Frecuentemente, en vez de regresar con su mujer al apartamento de Manhattan, a las cuatro de la mañana se dirigía directamente a sus *suites* del hotel Pierre y se quedaba dormido hasta después del mediodía.

Jackie trató sinceramente de aliviar la pena de su marido tras la muerte de su hijo Alexander. Invitó a Pierre Salinger y a su esposa para hacer un crucero con ellos en el *Christina*, desde Dakar, en África Occidental, a las Antillas. Durante años Jackie le había venido diciendo a Ari que si podía separarse un tanto de sus negocios y olvidarlos, eso le haría relajarse y encontrarse mucho mejor. Anteriormente eso pareció cierto, pero en esa ocasión Onassis logró obtener poco provecho y diversión de las excursiones planeadas por su mujer. Onassis no hablaba de su duelo y su dolor pero se filtraban en su vida cotidiana. Se quedaba levantado hasta muy tarde cada noche porque no podía dormir mucho tiempo.

—Realmente Onassis no quería seguir viviendo —dijo Costa Gratsos—. Tenía la impresión de haber sido engañado y se culpaba a sí mismo. Se consideraba responsable de la muerte de su hijo Alexander, pero no sentía autocompasión. Había un alto grado de estoicismo en la forma de aceptar todo lo que le sucedía.

Sintiendo lo que le estaba ocurriendo a su matrimonio, Jackie sugirió, una vez más, en enero de 1974, marchar a Acapulco, donde había pasado la luna de miel con John Kennedy, y Aristóteles Onassis asintió. Onassis no se forjaba muchas ilusiones sobre aquel matrimonio y no consideraba necesario sentirse amenazado por algo pasado... Al principio, la sombra de John Kennedy no pareció afectarle lo más mínimo. Comprendía perfectamente que Jackie tuviera que conmemorar la vida del asesinado presidente y su carrera, para ayudar a sus hijos a establecer su propia identidad, y la animaba a que lo hiciera así... Siempre recordaba que la fama de Jackie se debía más al asesinado presidente que a él mismo. Más tarde, atormentado por su depresión y su corazón, debilitado, se puso furioso cuando Jackie le dijo en el avión que los llevaba a Méjico, que pensaba hacerse construir una casa en Acapulco. El hecho de que Jackie hubiera pasado en aquel lugar la luna de miel con su primer marido, no le afectó tanto como su inevitable necesidad de adquirir cosas, expresada en esa ocasión, precisamente cuando se avecinaba un retroceso en los negocios.

Onassis deseó siempre desesperadamente introducirse en el mundo del petróleo y, consecuentemente, había propuesto la construcción de una refinería petrolífera en New Hampshire. Durante meses estuvo intentándolo para encontrarse siempre con una negativa basada en las leyes de aquel Estado. Por vez primera en su vida le fallaron sus poderes de persuasión. Pagó muy caro sus esfuerzos en salud y energía. Para empeorar más las cosas, Olimpic Airways había venido perdiendo dinero últimamente y el embargo del petróleo por los países árabes casi arruinó su negocio de transporte. No estaba dispuesto a permitir a su mujer esos lujosos caprichos y frivolidades, y así se lo dijo. Cuando Jackie le sugirió edificar una casa en Acapulco, lo tomó como una nueva sangría contra su fortuna y acusó a Jackie de ser ella la sanguijuela.

Jackie perdió el control y gritó que era odioso y malévolo al atreverse a pensar una cosa así. Le recordó amargamente lo mucho que le había costado a ella casarse con él, en términos de pérdida de su propia imagen en Estados Unidos y en el extranjero... De nuevo volvió a mencionar el hecho de que se había casado con él sin ningún tipo de contrato matrimonial. Le dijo que había firmado voluntaria y gustosamente aquella cláusula renunciando al *nominos mira*, como él le había pedido, lo que implicaba su renuncia a todo derecho a su herencia. Le dijo que no deseaba su dinero ni en esos momentos ni tampoco lo había deseado nunca.

Onassis le replicó con acritud que no tenía por qué preocuparse de ello puesto que nunca lo recibiría. Seguidamente, sin una palabra más entre ellos, Onassis se trasladó a la parte de atrás del avión y escribió de propia mano su última voluntad y testamento. El documento, redactado durante las seis horas que duró el vuelo, dejaba la mayor parte de su fortuna a su hija Christina. Contenía también una cláusula estableciendo la creación de una fundación en honor de su hijo Alexander. Eso resulta muy significativo de por sí, pues fue la primera vez que Onassis mostraba instintos filantrópicos.

El magnate griego había hecho su carrera eludiendo el pago

Onassis en los últimos años de su vida.
Se sentía cansado, viejo
y desengañado de su matrimonio con Jackie.

de impuestos siempre que pudo; matriculando sus buques con banderas extranjeras y distribuyendo su fortuna en empresas multinacionales enlazadas entre sí. Nunca con anterioridad había entregado dinero para obras de caridad o benéficas. Jamás consideró la filantropía como una inversión que valiera la pena. Y entonces preveía la creación de una institución cultural que llevara el nombre de su hijo «para promover, mantener y operar la enseñanza en el campo educacional, literario, religioso, científico, de investigación, periodístico y artístico, proclamando concursos nacionales e internacionales, con premios en metálico, similares a los planes de la institución Nobel de Suecia».

Se ocupó de Jackie limitando la participación en su herencia a una renta vitalicia de 150 000 dólares anuales para ella, más otros 150 000 para sus hijos, también de por vida... Temeroso de que tratara de impugnar esa limitación, incluyó otra cláusula dando instrucciones a los ejecutores testamentarios para que hicieran todo lo posible por evitar que Jackie lo consiguiera: «Ordeno a mis ejecutores testamentarios y a mis demás herederos que le nieguen cualquier otro derecho —escribió— y con todos los medios legales. Los gastos que esto origine se cargarán globalmente a mi herencia.» Si sus demandas legales llegaban a tener éxito no debería recibir, en ningún caso, más del 12,5 % de su fortuna total. Eso era el mínimo que estaba obligado a dejar a su esposa de acuerdo con la ley del *nominos mira*.

Después del viaje a Acapulco, sus relaciones se deterioraron aún más y Onassis, además, hubo de recurrir a un tratamiento a base de cortisona para controlar su enfermedad. Sus disminuidas energías se concentraron en el proyecto de las Olimpic Towers, en Nueva York, la construcción de un rascacielos de 52 pisos, con una inversión de 90 millones de dólares. Las Torres Olimpic debían tener doscientos cincuenta apartamentos en condominio y 19 pisos destinados a oficinas, y estaban situadas frente a la catedral de San Patricio.

Onassis dejó de preocuparse por mantener las apariencias de su matrimonio. Sus apariciones en público con Jackie se hicieron raras y cuando lo hacía siempre era en compañía de otros amigos. Jackie habitaba en su apartamento de la Quinta Avenida mientras él ocupaba su *suite* en el hotel Pierre. Finalmente, animado por su hija, Onassis empezó a sondear las posibilidades de obtener el divorcio.

Sin decirle nada a su mujer, le dio instrucciones a su hombre de confianza, Johnny Meyer, para que se pusiera en contacto con Roy Cohn y le preguntara si estaría dispuesto a representar a Onassis en un proceso de divorcio.

—Me llamó en presencia del señor Onassis —relató el abogado, que en los años cincuenta fue uno de los mejores investigadores del senador Joseph McCarthy, en el Comité del Senado para la Investigación de Actividades antinorteamericanas—. Me dijo que era absolutamente definitivo y que el señor Onassis deseaba poner fin a aquel matrimonio.

Onassis, además, contrató a un detective privado para que siguiera a Jackie, confiando en obtener alguna prueba de adulterio que utilizar contra ella ante un tribunal en el caso de que se negara a concederle la separación. El listo griego sabía que si podía probar que su mujer le había sido infiel, eso haría que el divorcio le costara menos dinero. Puesto que Jackie no se acostaba con él, deducía que debía de estar acostándose con algún otro.

Onassis, en secreto, se preparaba para el divorcio. Jackie, por mediación de su secretaria Nancy Tuckerman, lo desmintió:

—Es absurdo —dijo—, completamente absurdo.

Pero en privado, Jackie les decía a sus amigos que su marido estaba enfermo y medio loco, y que resultaba de todo punto imposible, en ocasiones, tratar con él, pero que desde luego no había planes de divorcio.

Realmente, Jackie estaba enterada de las cosas. Los grandes jefes de los negocios de Onassis describían a su patrono y a Jackie como dos personas «totalmente incompatibles» y Jackie sabía que ellos no se atreverían a hablar así sin su aprobación. No obstante, no hizo el menor esfuerzo para comunicarse con él y, simplemente, lo ignoró y continuó viviendo su propia vida.

En otoño, Jackie se dirigió en avión a Newport con sus hijos y Lee para asistir a las carreras de la Copa de América. Unos días más tarde regresaba a Nueva York, asistiendo a sus clases de ejercicios corporales, visitando a su dermatólogo, paseando por el Central Park y acudiendo al salón de Kenneth para que le arreglaran el pelo. Compró su vestuario de invierno en Valentino y adquirió una finca en Bernardville, en el centro de las tierras de New Jersey, donde es abundante la caza del zorro, por un total de 200 000 dólares. Se llevó a sus hijos a Kenia para pasar sus vacaciones en un campamento de caza y dio su nombre para varias obras de beneficencia y caridad. Pasó a formar parte de un comité para salvar la Grand Central Station de Nueva York. Visitó el International Center for Photography y escribió sobre éste la sección «Talk of the Town» del *The New Yorker*.

Onassis decidió humillar públicamente a su esposa levantando un caso de divorcio justificado. Le pidió a su secretaria que invitara al periodista Jack Anderson para que fuera a verle desde Washington a Nueva York y almorzar juntos. El periodista, autor de una columna enormemente difundida por los Estados Unidos y también en el extranjero, nunca había visto a Onassis, ni siquiera había tratado de entrevistarlo, por lo cual la llamada le sorprendió. Rápidamente aceptó la invitación. En el aeropuerto le esperaba un lujoso automóvil que lo dejó a la puerta del Club 21, el restaurante favorito de Onassis en Nueva York.

En el pasado el magnate naviero había mantenido una relación ambigua de amor-odio con la prensa. Siempre trató de mantener un contacto amistoso con ciertos articulistas especializados en temas de la alta sociedad, como por ejemplo Suzy y Earl Wilson, pero no era muy dado a aceptar fotógrafos o reporteros. De vez en cuando cooperó en largas entrevistas, pero las más de las veces se limitaba a decir:

—Pueden publicar lo que quieran sobre mí, me importa un pepino.

En cierta ocasión se sintió muy divertido con la noticia de su muerte, publicada prematuramente.

—Eso los ayuda a vender periódicos —dijo—. Yo ni me molesté en negar el rumor; me limité a pasear y salir a la calle para que la gente pudiera verme.

Pero se daba cuenta del poder de la prensa y en esa ocasión estaba dispuesto a sacar provecho de ello. Mientras almorzaba con Jack Anderson, comenzó a quejarse de su esposa.

—¿Qué hace con todos esos vestidos? —preguntó—. Sólo la veo con *bluejeans.*

Acompañó a Anderson a su oficina y le presentó a sus ejecutivos más importantes y lo dejó con ellos para que el periodista pudiera obtener cuantos detalles necesitara para su trabajo.

Éstos le mostraron a Anderson un montón de facturas, memorándums y cartas que demostraban sin lugar a dudas la prodigalidad de Jackie. Se enteró de que Onassis, tras de pasarle a su esposa una asignación de 30 000 dólares al mes, se enfadó tanto con el montante astronómico de sus cuentas, que transfirió su cuenta a Montecarlo, en vez de conservarla como hasta entonces en Nueva York, para poder vigilarla más de cerca. Finalmente, Ari redujo la asignación a 20 000 dólares al mes, y se negó a darle ni un céntimo más, ignorando las quejas de Nancy Tuckerman, la secretaria de Jackie, de que ésta no podía pagar sus gastos personales con esa cantidad.

Para entonces Onassis se había dado cuenta ya de que Jackie lo había aceptado por su dinero. Jackie se sintió como una víctima de su tiranía y comenzó a odiarlo por esa repentina limitación de sus gastos y por el intento de Onassis de utilizar su dinero como arma para dominarla. Odiaba pedir a su marido todo lo que necesitaba, pero, por otra parte, se negó totalmente a rebajar su nivel de vida, que era el que antaño el propio Onassis le había animado a llevar. Comenzaron a pelearse airadamente. De acuerdo con la declaración de algunos amigos, se produjo en Roma un incidente en el que estaba involucrada la estrella Elizabeth Taylor, lo que causó a Jackie un especial disgusto.

Lo ocurrido fue lo siguiente: Onassis y la famosa estrella estaban comiendo juntos, y un extraño comenzó a molestar a la señorita Taylor. Onassis no se anduvo por las ramas y le arrojó una copa de champaña a la cara para librarse de él. Se produjo un gran escándalo y la noticia recorrió el mundo. Jackie se enfureció.

—Me avergüenzo de ti —le dijo—. Los niños han leído la noticia de lo ocurrido y se han sentido avergonzados también. ¿Cómo puedes ser tan ordinario?

La conducta un tanto vulgar y campesina de Onassis, que antes tanto le gustaba a Jackie, ahora causaba turbación a la ex señora Kennedy. Se ruborizaba cada vez que Onassis se jactaba de que los taburetes del bar de su yate estaban tapizados con la piel de los testículos de ballenas macho. También se indignaba con las salidas nocturnas de bar en bar o cabaret en cabaret y sus continuas fiestas en el *Christina*, en las que todos acababan borrachos. Hacía tiempo ya que había dejado de participar en esos bailes y reuniones que a él tanto le gustaban. Se sentía como apresada y se lamentó de estar como prisionera en Skorpios durante todo el verano. El diplomático británico sir John Bussell, que visitaba a Onassis con frecuencia, describió a Jackie como mujer un tanto inhibida y seria.

—Allí no había nadie que tuviera gran cosa en común con ella —dijo—, nadie con quien pudiera relajarse por completo.

Si antaño gozó recibiendo regalos de rubíes como puños, luego se negaba a ponerse las joyas que su marido le había dado. Les dijo a sus amigos que las consideraba de mal gusto y vulgares, como correspondía al gusto de Onassis. Para éste, sin embargo, las joyas continuaban siendo un modo de demostrar al mundo que él podía permitirse todos esos despilfarros. Eran la prueba de su éxito, de su riqueza. Confiaba en que su esposa las luciría para demostrar la gratitud que le debía.

La próxima vez que Jackie le pidió dinero Onassis le sugirió que, puesto que nunca las usaba, podía vender sus joyas. Irónicamente observó que las joyas no hacían otra cosa más que ocupar espacio en su caja de caudales. Jackie se negó a aceptar esa sarcástica observación y fue alejándose de él cada vez más.

Mientras Onassis se hallaba gravemente enfermo en París, Jackie se divertía en Nueva York, asistiendo a funciones de ballet y a algunas obras benéficas, casi siempre en compañía de su hermana Lee. Acudió a una fiesta ofrecida por Lenox Hill y la fotografiaron comiéndose unos pasteles de nata mientras mostraba una amplia sonrisa. Subastó sus muebles de campo en las galerías de William Doyle y apareció en público para hablar en favor del comité para salvar la Grand Central Station.

—Se nos ha dicho que es demasiado tarde para salvar esa estación, pero no es cierto —dijo—. Siempre hay tiempo de conseguir el triunfo, incluso a última hora. Eso es lo que creo que vamos a lograr nosotros. Estoy enormemente interesada por la salvación de edificios antiguos.

Unos días más tarde recibió una llamada desde Atenas para decirle que su marido había sufrido un ataque con grandes dolores de abdomen. Acompañada por un especialista en enfermedades cardíacas, Jackie emprendió el viaje desde Nueva York a Grecia y se dirigió a la casa de Onassis en Glyfalda. Unos días más tarde el doctor recomendó que Onassis fuera hospitalizado y Jackie asintió. Las hermanas de Onassis insistieron en que debía quedarse en casa y que fuera atendido allí por los especialistas, pero Jackie insistió en que fuera conducido al Hospital Americano, en las afueras de París.

—Es mi marido y creo que ese traslado se hace necesario —dijo—. No admito discusiones.

Esa misma tarde Jackie y Christina tomaron con Onassis su avión privado rumbo a París. Durante el viaje fue el propio millonario quien llevó la mayor parte de la conversación con el doctor que los acompañaba.

—Doctor —dijo el magnate griego—, usted comprende el significado de la palabra griega *thanatos*, muerte. Sabe, como yo, que jamás saldré con vida de ese hospital. Por favor, practique *thanatos* conmigo.[1]

En el aeropuerto de Orly, Onassis se negó a ser trasladado al hospital en camilla. Se resistió a todos los esfuerzos que se hicieron para llevarlo directamente al hospital e insistió en pasar la noche en su apartamento de la avenida Foch. Desde allí telefoneó a María Callas. Por la mañana salió para Neuilly y entró en el hospital por la puerta de servicio para evitar que le reconocieran.

En el transcurso de las cinco semanas siguientes estuvo en un estado de semiinconsciencia, le alimentaban intravenosamente y le mantenían en vida en un pulmón artificial. Los médicos realizaron una operación de vesícula. Cada veinticuatro horas tenían que reemplazar su sangre. Sus hermanas y su hija estuvieron continuamente a su lado, las veinticuatro horas del día, turnándose para que al menos una de ellas estuviera allí en caso de que recobrara el conocimiento. Durante los primeros días, Jackie permaneció a su lado largas horas, pero la tirantez entre ella y la familia de su marido se hizo tan insoportable que acabó por acudir al hospital sólo una vez al día. Deprimida por aquella espera de la muerte, como un velatorio en vida de la familia de Onassis, llamó a su buen amigo Paul Mathias y en su compañía se dirigió a ver la colección de arte de Peggy Guggenheim. Comieron frecuen-

---

1. Se refiere a la eutanasia. *(N. del t.)*

temente en Les Deux Maggot, un famoso café en St. Germain des Près, y juntos dieron largos paseos. Muchas de sus horas las pasó con sus amigos Peggy y Clem Wood. Cenó en Lucas Carter y en la Place de la Madeleine. Fue a ver la película *The Towering Inferno*, en un cine de los Campos Elíseos. Una noche fue fotografiada cenando sonriente con Francis Fabre, presidente de las líneas aéreas francesas. Compró algunos vestidos y con regularidad acudía al peluquero.

Las fotografías de Jackie recorriendo París y las afueras, mientras su marido agonizaba en el hospital, hicieron que Christina Onassis se pusiera furiosa. Incapaz de resistir la presencia de su madrastra, dejó el apartamento de Onassis y se inscribió en el hotel Plaza Athenee. Ni siquiera se molestó en llevarse sus maletas.

En los pocos minutos que tuvo de lucidez, Onassis habló de negocios con su hija. Ésta sabía lo aliviado que habría de sentirse su padre si ella contraía matrimonio con alguien como Peter Goulandris, heredero de otra dinastía de navieros griegos. Estuvieron prometidos durante algún tiempo y Onassis se sintió verdaderamente defraudado cuando se rompió el compromiso. Se daba cuenta de que Peter, graduado en la Universidad de Harvard, era lo bastante inteligente y listo para controlar su imperio financiero, y que la unión de las dos fortunas familiares convertirían la asociación en la firma naviera más poderosa del mundo. Dándose cuenta, Christina le dijo a su padre que estaba saliendo de nuevo con Peter. Onassis sonrió levemente y le pidió que el joven fuera a visitarlo. Cuando lo hizo así y se presentó cogida de la mano de Peter, Ari hizo que todo el mundo saliera de la habitación para hablar él a solas con la pareja. Poco después, salieron de allí con la noticia de que iban a casarse. Para Christina aquella fue su última decepción amorosa, en realidad motivada sólo por su deseo de hacer las cosas más fáciles para su padre, cuya vida se iba extinguiendo lentamente.

A fin de mes Onassis pareció mejorar un poco. Se mantenía con vida gracias a los efectos de un aparato de diálisis, porque le fallaban sus riñones y tenía que ser mantenido en una tienda de oxígeno para facilitar el trabajo de sus exhaustos pulmones. Los médicos afirmaron que podía seguir allí durante semanas o meses, en vista de lo cual Jackie decidió regresar a Estados Unidos para ver en directo el noticiario para la NBC-TV, en el que intervino su hija Caroline en los Apalaches durante el verano. Cuando consultó esos proyectos con su marido éste no hizo el menor esfuerzo por disuadirla. Christina pensó que su madrastra se iría sólo por una semana y decidió permitir que María Callas acudiera al lado de Onassis para darle su último adiós.

Jackie telefoneó el lunes y, al enterarse de que el estado de Onassis no había sufrido modificación alguna, decidió quedarse en Nueva York. Hacia finales de la semana Onassis cogió una neumonía y entró en agonía. Jackie siguió sin moverse de Estados Unidos. El sábado 15 de marzo de 1975, Onassis murió con Christina a su lado y su esposa a más de cinco mil kilómetros de distancia.

CAPÍTULO VEINTITRÉS

La lluvia precursora de buena suerte que cayó el día de su boda con Onassis se convirtió en tormenta de abusos. Fue ridiculizada por no estar al lado de su esposo en las horas finales. La hostilidad pública la hirió como un rayo. De nuevo se quedaba viuda, pero en esta ocasión no tuvo el consuelo de la tristeza y compasión de todo un pueblo. Nadie, al menos nadie en el seno de la familia de Onassis, podía entender por qué había dejado solo a su marido en el hospital, sabiéndolo tan gravemente enfermo para no estar a su lado en el momento de su muerte...

—Había un previo acuerdo con Ari según el cual cada uno de ellos podía pasar separado del otro el tiempo que creyera conveniente para estar junto a sus hijos —explicó Nancy Tuckerman—. Fue precisamente él quien lo quiso así. Y en esos momentos Jackie pensó que su obligación era estar al lado de Caroline y John.

—Jackie recibió una llamada telefónica de los médicos de su marido en París y le dijeron que Ari estaba muy grave, agonizando —contó su padrastro Hugh Auchincloss—. Estaba haciendo las maletas para salir hacia París cuando llegó la noticia de la muerte. No creo que significara un golpe demasiado duro para ella.

En cambio, su hermana Lee Radziwill afirmó:

—Creo que sintió terriblemente no estar allí cuando su marido murió.

Jackie recibió la noticia el domingo por la mañana y se quedó en su apartamento todo el día. Incapaz de enfrentarse a la familia Onassis a solas, llamó a Teddy Kennedy y le rogó que la acompañara para asistir al funeral con ella y sus hijos. Esa noche, completamente vestida de negro, salió en avión para París acompañada de su madre. Sus hijos llegarían más tarde con su tío. La única persona que acudió a recibirla al aeropuerto de Orly fue el chófer de la familia, que la acompañó directamente al apartamento de Onassis, donde permaneció diez horas antes de acudir al hospital para ver a su difunto esposo que ya estaba en el ataúd.

Durante todo el día los ejecutivos de las compañías de Onassis la esquivaron y sus parientes políticos apenas si hablaron con ella, excepto para decirle que Christina no podía verla, pues se hallaba sometida a la acción de unos sedantes ordenados por el médico. De todos los parientes de Onassis siempre fue Artemis, la hermana de Ari, la que mejor se llevó con ella, pero en esa ocasión incluso la señora Garafoulides la evitó y no hizo el menor intento para ocultar su enemistad con ella.

Cuando Jackie se ofreció para ayudar en los preparativos del funeral de Onassis, se le dijo que ya estaba todo hecho. Onassis había pedido ser enterrado en Skorpios, junto a su hijo Alexander, y que deseaba un funeral muy sencillo, acorde con los ritos de la religión ortodoxa griega. Sus deseos fueron atendidos por su familia griega.

Unas horas más tarde Jackie se dirigió al Hospital Americano de Neuilly. Acompañada por la enfermera particular de Onassis y su guardaespaldas, cruzó las puertas de bronce de la capilla para ofrecer su último homenaje a su difunto esposo. Fue una despedida muy rápida. No hubo lágrimas, ni sollozos, ni miradas de angustia, ni siquiera un último beso de adiós. Se limitó a inclinar la cabeza y a rezar unos minutos. Compuesta y ecuánime, sonrió a los fotógrafos que la esperaban en las cercanías del hospital.

En esa ocasión no hubo muestras de compasión ni condolencia hacia la viuda cuando asistió al funeral de su marido. Jackie mantuvo en sus labios una sonrisa fija y un tanto desconcertante.

Al día siguiente acompañó el cadáver de su esposo, que fue llevado en avión al aeropuerto de Actium en Grecia. Cuando salieron del aeroplano se cogió del brazo de Christina y juntas se dirigieron a un lujoso coche cerrado que las aguardaba. Se sentaron en el asiento trasero junto al senador Kennedy cuando el cortejo fúnebre se puso en marcha en dirección a Skorpios. Pese a estar sometida a los efectos de fuertes sedantes, Christina no podía dominar sus emociones. La visión de la sonrisa continua con que su madrastra se enfrentaba a los fotógrafos la hizo olvidar las normas de cortesía.

—¡Oh, Dios mío...! —gimió— ...incluso ahora... ¿Cómo puedes...?

—Sé fuerte —le respondió Jackie con control total de sus emociones—. Pronto habrá pasado todo.

Christina había estado al lado de su padre las cuarenta y ocho últimas horas de su vida, contemplando su agonía. Al fin dejó escapar su pena. Salió del coche hecha un mar de lágrimas y, dejando a la viuda de su padre, fue a reunirse con sus tías.

En el cementerio y junto a la tumba de su marido, Jackie fue obligada a marchar detrás de la familia, con su madre, sus hijos y su ex cuñado Teddy Kennedy. La muerte de Onassis hizo salir al exterior toda la rabia contenida que la familia del magnate siempre sintió hacia la intrusa. Pero tras sus gafas de sol y su plácida sonrisa, Jackie parecía impenetrable.

Lirios blancos en macetas cubiertas con terciopelo del mismo color adornaban el pequeño patio delante de la capilla de Skorpios. Junto al enorme catafalco, en un trípode blanco, había un pequeño y sencillo ramo de flores con una tarjeta que decía: «Para Ari, de Jackie.» Fuera, en la bahía, el yate *Christina*, había izado la bandera a media asta y su tripulación formó sobre cubierta para rendir los últimos honores al jefe muerto. Después de un breve servicio religioso, el féretro de Onassis fue sacado de la capilla y colocado en una tumba recién cavada cerca de la de su hijo. Después, el cortejo fúnebre siguió a su única hija hasta el yate, donde Christina se dirigió en griego a la tripulación del buque.

—Este buque y esta isla son míos —dijo—. Vosotros sois ahora mi gente.

Jackie se sonrió al oír las palabras de su hijastra. Más tarde Teddy Kennedy trató de aproximarse a Christina para hablar de la última voluntad de su padre, pero la joven se lo impidió diciéndole:

—Creo preferible que hable con mis abogados.

Jackie se pasó la noche en Atenas, después mandó a su hijo a Estados Unidos con su tío, mientras ella se iba a París con Caroline, para pasar unas vacaciones en la finca de los señores Fabre. Poco antes de partir hizo una breve declaración a los periodistas.

—Aristóteles Sócrates Onassis me rescató en un momento en que mi vida estaba rodeada de sombras —dijo—. Significó mucho para mí. Me llevó a un mundo en el que era posible encontrar felicidad y amor al mismo tiempo. Juntos vivimos experiencias magníficas que nunca podrán ser olvidadas y por las cuales le estaré eternamente agradecida.

Declaró también que sus lazos con la familia Onassis seguían siendo tan estrechos como siempre lo fueron.

—Nada ha cambiado —añadió—, lo mismo en relación con su hija Christina que con sus hermanas. Nos siguen uniendo los mismos lazos de amor que cuando él vivió.

Mantuvo a continuación que sus hijos «serían educados en la cultura griega». A continuación se le preguntó cuál era la posición que mantenía con su hijastra en relación al testamento de Onassis.

—Voy a contestar con algo que mi marido me expuso en una ocasión —dijo—. En todo el mundo la gente gusta de oír leyendas e historias de amor, sobre todo las referentes a los más ricos. Hay que aprender a comprenderlo y aceptar las consecuencias.

De ese modo, la reina de las hadas comenzó su segunda viudedad. En esa ocasión no guardó un período oficial de luto. Evitó toda manifestación pública de pesar o duelo. No pretendió sentirse agobiada por la pena. En pocas horas la fotografiaron en su peluquería de París arreglándose el cabello y, poco después, en una corrida de toros de Ganeron. Regresó a Skorpios un mes más tarde para asistir a una misa de difuntos por el alma de Onassis y también en esa ocasión fue un tanto postergada por la familia del esposo. Recogió todas sus pertenencias y se marchó. En verano regresó de nuevo, acompañada de su buen amigo Karl Katz y Caroline, para dedicar una ala de un campamento de verano para niños, que debía dedicarse a la memoria de su marido.

—El principal motivo de mi visita a Grecia, aparte de mi amor por el país, es obedecer los últimos deseos de mi esposo en cuanto a la conservación de su apellido —explicó.

Fue su última visita a Skorpios.

Los abogados neoyorquinos de Jackie contrataron los servicios de un colega griego para averiguar cuáles eran los derechos de Jackie a la herencia de Onassis. Ciertos rumores públicos dijeron que iba a heredar un mínimo de 120 millones de dólares, mientras otros elevaban la suma a 250 millones. Tuvo que considerarse dichosa con recibir una asignación mensual. La publicación del testamento de Onassis descubrió que éste le había dejado una asignación de cien mil dólares en bonos libres de impuestos más otros 100 000 de ingresos y 50 000 dólares para los hijos. Aunque demasiado enfermo para conseguir el divorcio que deseaba, Onassis se las arregló para demostrar en su testamento que no consideraba ya a Jackie su esposa en el estricto sentido de la palabra. Se cuidó de su futuro como de cualquiera de sus otros parientes y leales servidores, pero su fortuna pasaba íntegra a su hija.

Christina se negó a aumentar la asignación de Jackie y estaba resuelta a luchar contra cualquier reclamación legal que ésta hiciera sobre la fortuna de Onassis. Encargó a sus abogados que llegaran a un acuerdo para que ella pudiera disponer en propiedad exclusiva de la isla de Skorpios y del lujoso yate. Estaba tan resentida con Jackie que no quiso ni tomar en cuenta la posibilidad de compartir esas propiedades. Sus abogados la aconsejaron que tratara de aceptar la voluntad de su padre, que especificaba que esas dos propiedades debían ser compartidas entre Jackie y ella, pero Christina insistió en que quería poseer el control total y absoluto sobre ambas. Consideraba a su madrastra una oportunista que sólo buscó la fortuna de su padre.

Los abogados aconsejaron a Christina que negara públicamente el hecho de que su padre pensaba divorciarse de Jackie. Razonaron que una declaración en este sentido, procedente de la hija del difunto millonario, establecería mejores relaciones entre ella y Jackie y de ese modo resultaría más fácil conseguir un acuerdo definitivo con respecto a la isla y el yate. El testamento de Onassis podía teóricamente dar lugar a una demanda de nulidad por parte de su mujer, y los abogados de Christina trataban de evitar un pleito a toda costa. Le pidieron, pues, que no se enemistara con su madrastra de ningún modo hasta que se hubiera llegado a un acuerdo legal con respecto a la herencia.

El día en que apareció con amplia difusión por todo el mundo, el artículo de Jack Anderson que daba a entender que Onassis planeaba divorciarse de Jackie antes de morir, los abogados de Christina hicieron pública una declaración de ésta a través de las oficinas de los Olimpic Airways:

La señorita Christina Onassis se halla muy disgustada por las deformadas historias y especulaciones que aparecen en la prensa internacional sobre su difunto padre y la señora Jacqueline Onassis.

Esas historias son totalmente falsas y las repudia totalmente. En realidad, el matrimonio del difunto señor Onassis y Jacqueline Onassis fue una unión feliz y todos los rumores que hablan de una intención de divorcio son falsos.

Sus propias relaciones personales con la señora Jacqueline Onassis siempre estuvieron basadas en la mutua amistad y respeto, y continúan así. No hay divergencias financieras ni de otro tipo que las separen.

Es deseo de la señorita Christina Onassis, que supone también comparte la señora Jacqueline Onassis, que se las deje en paz y que cesen todas especulaciones que van dirigidas contra las dos.

Mientras los abogados de Jackie estaban actuando en su representación, ella se quejó a su familia de que no estaba recibiendo dinero alguno de la fortuna de Onassis.

—Le dijo a mi prima que casi se hallaba en la ruina —contó John Davis—. Jackie dijo: «No creáis nada de lo que leéis en los periódicos. Estoy en la ruina. No se me ha permitido recibir un céntimo desde Grecia, ni siquiera mi asignación. He tenido que pedir dinero prestado y vender mis acciones para pagar mis cuentas.»

Jackie insistió en recibir una participación mayor de la fortuna de su difunto marido. Si se la obligaba a renunciar a su asignación mensual no estaba dispuesta a aceptar menos de 20 millones de dólares como compensación, más la cuarta parte de su participación en Skorpios y el yate. Le preguntó a sus abogados si no podía pleitear para la anulación de la

353

cláusula por la que renunciaba a la legítima *nominos mira* de la legislación griega, es decir al 12,5 del valor total de los bienes de su esposo. Si los abogados lo conseguían, recibiría aproximadamente unos 63 millones de dólares, de acuerdo con la ley griega su normal participación en la herencia del naviero griego valorada en quinientos millones de dólares. Ésa fue la velada amenaza que sus abogados utilizaron para las negociaciones con Christina, que seguía deseando que Jackie renunciara a sus derechos al yate y la isla.

La primera oferta hecha por Christina fue de ocho millones de dólares. Jackie se negó a aceptarla, insistiendo en que no admitiría ni un céntimo menos de los veinte millones de dólares. Incluso insistió en que debía sumarse otros seis millones para pagar los impuestos de esa herencia en Estados Unidos. Finalmente, tras dieciocho meses de costosas y difíciles negociaciones, Christina accedió a las demandas de su madrastra a condición de que ésta rompiera todos sus lazos con la familia Onassis y renunciara a cualquier otra reclamación futura sobre la fortuna de su difunto esposo. Seguidamente firmó el acuerdo de sus 26 millones de dólares, precio de la venganza de Jackie.

Christina aceptó porque para ella 26 millones de dólares era un precio barato en comparación con el sufrimiento y la publicidad de tener que enfrentarse a su madrastra ante los tribunales públicos. Después que Jackie recibió el dinero de la fundación Onassis, un miembro de su junta de directores, dijo:

—La señora Onassis es una dama que sabe cómo proteger y aumentar sus derechos. Se ha aprovechado de los deseos de Christina de controlar también la parte de la fortuna de Onassis a la que su viuda tenía derecho.

La noticia del acuerdo entre Jackie y su hijastra ocupó la primera página de los periódicos de todo el mundo. El imperio de Onassis se sintió humillado por estas revelaciones y los Kennedy prefirieron ignorar el asunto y no hacer el menor comentario. Recordaron entre ellos lo que Jackie le había dicho al anciano Joe Kennedy el día en que éste decidió entregar un millón de dólares a cada uno de sus hijos cuando llegaran a los 21 años de edad.

—Lo hice así, para que pudieran ser independientes y me mandaran al cuerno si así lo deseaban —explicó el embajador.

—¿Sabe usted lo que yo le diría si me diera un millón de dólares? —le preguntó Jackie—. Le pediría que me diera otro millón.

En aquellos momentos el comentario no pareció más que una broma por parte de Jackie, pero con el transcurso de los años su tendencia a despilfarrar el dinero se convirtió en una especie de trastorno para los Kennedy. En determinada ocasión, Ethel se dirigió a Jackie para reprenderla porque sus ex-

Christina y Jacqueline, sorprendidas por los fotógrafos
al salir del Hospital Americano de Neuilly,
tras la muerte de Onassis.

En esta ocasión no hubo muestras de compasión
ni condolencia hacia la viuda
cuando asistió al funeral de su marido.

cesivas compras recaían desfavorablemente sobre la reputación de la familia.

—Siempre la familia, la familia, la familia —le respondió Jackie sin andarse por las ramas—. Eso es lo único que sois capaces de pensar. Nadie toma en consideración mi felicidad.

Sin dejarse influir por la opinión pública o los sentimientos particulares de los Kennedy o los Onassis, Jackie aseguró sus 26 millones, la participación de la fortuna del hombre que había querido divorciarse de ella. Favorecida por la suerte, de viuda fue mucho más rica de lo que nunca lo fuera de casada.

Un año más tarde Constantine Gratsos, el jefe del imperio de Onassis, aún tuvo que hacer un esfuerzo cuando quise saber su opinión sobre Jackie.

—Por favor, no me hable de esa mujer —dijo—. Es despreciable. No quiero ni siquiera volver a pensar en ella. Si se tratara de otro asunto la ayudaría con gusto, pero esto es algo que no puedo hacer. Y no se le ocurra intentar ver a Christina para hablar de Jackie. La pondrá de patitas en la calle. No desea verla nunca más, ni siquiera oír su nombre. Y no tiene más remedio que pensar que ha pagado caro para ganarse esa consideración.

En su lujosa *suite* de las Olympic Towers, Costa Gratsos tenía todo el aspecto del genuino representante de un constructor de imperios: un hombre distinguido, alto, con el pelo blanco y gafas de gruesa montura, todavía esbelto y fuerte pese a haber llegado ya a los setenta. La única cosa que ponía en peligro su ecuanimidad y su control era la mención de Jackie Kennedy Onassis, a la que se refería sólo como «ella» o «esa mujer». Ni siquiera lograba pronunciar su nombre.

—Es una mujer todo lo contrario de amable o buena —dijo—. Una mujer que sólo puede ser definida con un adjetivo que no puede ser publicado en un libro.

Apretó las manos con tanta fuerza que sus nudillos palidecieron al pensar en la segunda mujer de su mejor amigo. Después cambió de tema:

—Conocí a la primera señora Onassis muy bien y llegué a apreciarla de veras —dijo el más alto de los ejecutivos de Onassis—. Y a María Callas la adoré. Una persona magnífica, una mujer cálida, capaz de entregarse, espléndida y la única que verdaderamente quiso a Onassis por sí mismo. Onassis lamentó después el haberse casado con «esa mujer». Y, gracias a Dios, María Callas lo sabía. Le habló de su desgracia y así pudieron continuar manteniendo sus relaciones de siempre. Muchas veces, cuando los dos coincidían en Nueva York, se encontraban en mi casa para cenar y poder estar a solas. Onassis la amaba de verdad y muchas veces lamentó lo que había hecho.

»Era muy triste —continuó— todo aquello. Sufrí mucho por él y su fracasado matrimonio. Se sentía muy desgraciado con esa mujer, sobre todo en los tres últimos años de su vida, y seguramente hubiera muerto mucho antes de no ser por María Callas. Se dio cuenta de lo que valía esta mujer sólo después de casarse con la otra. Era demasiado tarde, pero conservaron su amor y siguieron manteniendo sus relaciones. Después de la muerte del señor Onassis, Callas se encerró en su apartamento de París y no quiso ver a nadie. Ni siquiera cogió el teléfono cuando la llamé, y eso que soy uno de sus mejores amigos. En septiembre de 1977 murió, y he de decir que murió con el corazón destrozado por la tristeza. Una vez fallecido Onassis para ella la vida carecía de objeto.

En cuanto a Jackie, finalmente libre de su tutela griega y financieramente independiente por vez primera en su vida, vio su existencia transformada en algo especialmente placentero. Seis meses después de haber muerto Onassis comenzó a trabajar como consejero en la editorial Viking Press, trabajo que se aseguró gracias a la ayuda de su buen amigo Thomas Guinzburg, el presidente de esa empresa neoyorquina.

—No puede dejar de tenerse en cuenta los muchos contactos que tiene esa dama —dijo Guinzburg refiriéndose al amplio círculo de sus relaciones sociales y políticas de ámbito internacional.

Con un sueldo de 200 dólares a la semana, a Jackie se le dio un despacho pero no se le exigían horas fijas de trabajo. Su misión consistía en conseguir nuevos autores para la empresa.

—Creo que poco a poco estoy aprendiendo a atar cabos —dijo Jackie—. Una acude a conferencias editoriales en las que se discuten temas generales. Tal vez se le asigna un proyecto especial. Realmente espero hacer lo que mis patronos me indiquen y hacerlo bien.

Muy pronto Viking Press se vio invadida por una enorme cantidad de material no solicitado, extrañas llamadas telefónicas y docenas de cuestiones de todas partes del mundo. Llegaban muchas cartas de gentes que sólo deseaban una respuesta con la firma de Jacqueline Bouvier Onassis, nombre que usaba para ese trabajo. Viking, para evitarlo, contestaba a las cartas con impresos. Los colaboradores de Jackie evitaban sus memorándums, que llegaban en grandes cantidades.

Jackie ayudó en la planificación de una obra que exponía el papel de la mujer en el siglo XVIII. También viajó a Moscú, con Thomas Hoving, director del Museo Metropolitano de Arte, y más tarde publicaron *Al estilo ruso*, un volumen de fotografías lujosamente ilustrado, que trataba de la moda y los muebles en la Rusia imperial. Para el lanzamiento del primero de los libros, Viking Press ofreció una recepción de prensa muy exclusiva en honor de Jackie, que se celebró en la sala Versailles del hotel Carlyle. No se invitó al *The New York Daily News*, el periódico de mayor circulación en los Estados

Unidos, porque Jackie dijo que no le gustaba. A los seis periodistas invitados al almuerzo se les advirtió que no debían llevar fotógrafos, cámaras ni grabadoras. También se les dijo que todo tipo de preguntas que no estuvieran relacionadas con el libro serían consideradas como fuera de lugar y, consecuentemente, prohibidas.

Jackie entró en la sala del hotel acompañada de su editor y ofreció a los periodistas un apretón de manos más bien frío, con su enigmática sonrisa de siempre. Llevaba un jersey de cuello alto de cachemira, negro, y pantalones marrones a cuadros, un maquillaje bastante discreto y ninguna joya. Dijo que fue ella la que seleccionó todos los vestidos, los sombreros y demás accesorios para el libro de fotografías. Eso impulsó a su editor a decir:

—Jackie no hubiera permitido que su nombre apareciera en un libro si ella no fuese el primer autor tras él. No es uno de esos tipos de estrellas de Hollywood con un doble para que practique escenas difíciles en su nombre.

Después de haber aclarado así que ella había realizado la mayor parte de trabajo del libro, Jackie dijo:

—Después que dejé la Universidad quise escribir para un periódico o trabajar en una editorial, pero acabé haciendo otras cosas. Cuando me llegó la ocasión propicia he hecho esto, algo que siempre me gustó. Veo con esperanzas mi futuro como redactora en Viking Press. Me gusta mucho el trabajo que hago.

Sin embargo, los problemas subsistían. Su secretaria en Viking Press la despreciaba y se consideraba rebajada al tener que tomar sus recados telefónicos particulares y copiar a máquina las cartas que ella le dictaba. Otros colegas eran corteses con ella en apariencia, pero entre todos circulaba la creencia de que Jackie no debía ser tomada en serio y que su nuevo trabajo no era más que un juguete, un capricho que la divertía. Se rechazó una de sus propuestas en una reunión editorial, con galantería desde luego, cuando sugirió la idea de hacer un libro con fotografías en colores sobre algo tan poco original como las ruinas de Angkor Wat. Otra sugestión suya: la de que su amiga Doris Duke escribiera un libro sobre su proyecto de restauración histórica en Newport, también fue rechazada. Trató de introducir la publicación de grandes libros con las *Memorias* de lord Snowdon o la autobiografía de Frank Sinatra, pero pese a su amistad con los dos no consiguió que los escribieran. Le escribió a Steve Roberts, que estaba en Atenas trabajando para el *New York Times* y le sugirió que escribiera un libro sobre Grecia, pero el proyecto no se materializó. Más tarde ella misma voló a Grecia para hablar con él sobre el proyecto y le mencionó las dificultades que encontraba en el desempeño de su trabajo. Le dijo que el hecho de ser una celebridad perjudicaba su efectividad y sarcásticamente se refirió a la publicidad que se le hizo cuando acudió a trabajar presentándola como una caprichosa que sólo trataba de realizar un *hobby*.

Jackie se dio cuenta de que en realidad no era aceptada como auténtica profesional y eso la puso furiosa y a la defensiva.

—Es como si yo no hubiese trabajado nunca en algo interesante —se lamentó—. He sido reportero y he vivido una parte importante de la historia de Estados Unidos. No creo ser la menos apta para mi cargo.

Realmente Jackie fue contratada para que atrajera a escritores famosos a la editorial Viking Press, pero al cabo de algún tiempo se negó a llevar amigos a la editorial debido a cómo eran tratados.

—Estuvo a punto de sufrir un ataque cuando invitó a su amigo lord Snowdon a almorzar con Tom Guinzburg —cuenta un empleado de la empresa—. Tom era muy vulgar y no estaba interesado en las *Memorias* del esposo de la princesa Margarita, que Jackie estaba tratando de conseguir, así que a ésta no le quedó más remedio que pedir disculpas a Tony Armstrong-Jones por la forma descortés en que había sido tratado. Se veía en continua necesidad de ir disculpándose por la forma de tratar la firma a las personas que ella presentaba.

—La editorial tenía algunos escritores estupendos, como Saul Bellow. También gozaba de una reputación de gran clase —cuenta la ex empleada de Viking Press—, pero todo eso era pura fachada. La verdad es que nunca tienen dinero suficiente para abonar a los escritores un anticipo decente. No se hace una adecuada promoción de ventas ni un *marketing* agresivo y eficaz. Jackie no sabía qué hacer para combatir la pereza y desidia de la compañía y ella no es de las que preguntan cómo debe hacerse una cosa. No podía o no quería rebajarse a hablar con gentes que estaban a un nivel inferior, así que nunca estuvo en condiciones de ver cómo se desarrollaba un proyecto desde el principio hasta el fin. Me dijo que estaba muy desilusionada, que había confiado en Guinzburg y que se sintió defraudada al ver que la compañía realmente estaba atrasada en todos los aspectos. Admitió que había entrado en una empresa que no era la adecuada para ella y planeaba dejar su empleo tan pronto le fuera posible. No podía ir a ver a Tom y decirle directamente las cosas que iban mal, porque Jackie era incapaz de tratar con la gente de manera directa y abierta. Necesitaba un pretexto para marcharse. Jackie es así y no puede hacerse nada para que cambie.

En octubre de 1977, Viking publicó la discutida novela de Jeffery Archer, *Shall We Tell the President?*, en la que se describía a Teddy Kennedy como el posible objetivo de un nuevo asesinato político. Jackie estaba enterada de la existencia del libro y su posible publicación desde hacía muchos meses. Se le consultó sobre él y, de modo extraoficial, se le dio la oportunidad de impedir la publicación si creía que había falta de tacto en ese libro, pero respondió que por su parte no tenía ninguna objeción. Sólo después que John Leonard leyó el libro e hizo su crítica en *The New York Time*, Jackie puso algunas objeciones. Había un párrafo en la crítica que la hizo sentirse humillada: «Hay una palabra para un libro como éste —escribió Leonard—. Y esa palabra es *basura*. Quien haya intervenido en su publicación debe sentirse avergonzada de sí misma.» El pronombre puesto en femenino fue el pretexto que Jackie necesitaba.

Consultó a sus buenos amigos Richard Goodwin, antiguo colaborador de John Kennedy, así como al periodista Pete Hamill y a Jann Wenner, director de *Rolling Stone*. Seguidamente envió una carta de dimisión a Tom Guinzburg. Posteriormente hizo una declaración pública por mediación de Nancy Tuckerman, que trabajaba con Doubleday, otra famosa editorial, en la que, eventualmente, Jackie pensaba trabajar como redactora.

—La pasada semana cuando se me habló del libro, traté de separar mi vida, como viuda de John F. Kennedy y miembro de la familia, de mis deberes como empleada de la empresa Viking Press —dijo Jackie—. Pero este otoño, cuando se insinuó que yo tenía algo que ver con la adquisición del libro y que no me había disgustado su publicación, me di cuenta de que tenía que dimitir.

Tom Guinzburg se negó a ser entrevistado, pero dio a la prensa una declaración que en parte, decía así: «Después de haber sido amigos durante la mitad de nuestras vidas, deploro profundamente que la señora Onassis tomara la decisión de dimitir de la Viking Press sin tener antes un intercambio de impresiones conmigo... Fue, precisamente, la postura generosa y comprensible de la señora Onassis, cuando discutimos la publicación del libro y antes de la firma del contrato, lo que me dio confianza para proceder a la publicación de la novela.»

Jackie había vuelto al seno de los Kennedy antes de que decidiera dimitir de la Viking Press. Apoyó a Sargent Shriver, en su desgraciada campaña a la presidencia, en 1976, y contribuyó con 25 000 dólares a ésta. Apoyó una fábrica textil en la zona de Bedford-Stuyvesant, de Brooklin, porque ese proyecto significó mucho para Robert Kennedy. Ayudó a promocionar los tejidos africanos que allí se producían e incluso compró algunas telas para sí misma y permitió que se la fotografiara con ellas en su apartamento de la Quinta Avenida. Se las arregló para que Caroline trabajara durante el verano en la oficina de Teddy, en el Senado, y envió a su hijo John con los hijos de Sargent Shriver que estudiaban en un proyecto para aliviar la pobreza en Ultramar. Estuvo presente en la inauguración de la Biblioteca Kennedy Memorial en Massachusetts. Actuó como presidente honorario en una obra benéfica del Centro Kennedy en Washington y sorprendió a muchos haciendo acto de presencia allí. Cambió su residencia legal a Hyannis Port después de la muerte de Onassis y pasó gran parte de su tiempo con amigos como Pete Hamill y sus hijos.

Hamill, un redactor columnista muy popular del *New York Daily News*, había convivido con Shirley MacLaine durante varios años, pero se separó de ella cuando la estrella le dijo que no deseaba casarse con él. Hamill había sido siempre un duro crítico para Jackie y de pronto empezó a sentirse apesadumbrado al pensar en la mala publicidad que se estaba haciendo contra ella. Eso sucedió poco más o menos en los momentos en que Jackie comenzaba su tarea con la Viking Press. Hamill la llamó y se ofreció para presentarle a los escritores de la ciudad, Jackie aceptó de inmediato y pronto se convirtieron en íntimos amigos y amantes. Esa aventura, bastante breve, fue objeto de gran publicidad, y las fotografías de la pareja aparecieron en todos los periódicos. Los fotógrafos los acosaban. Pete dijo muy pronto que salir a cenar con Jackie era como pasear por la calle con un coche de bomberos de color rojo.

Lograron algunos momentos de intimidad tomando unas cervezas y viendo zarpar los barcos en la Sheepshead Bay. Hammil era lo suficientemente caballero para no referirse a Jackie en sus contactos con la prensa y jamás habló sobre su vida privada con ningún reportero. Sin embargo, su anterior falta de caballerosidad hacia Jackie Kennedy habría de volverse contra él como un *bumerang* y lo golpearía duramente. Cuando Jackie se casó con Onassis, Hamill, un seguidor leal de los Kennedy, trabajaba como redactor en *The New York Post*. Indignado porque Jackie volviera a casarse usó su máquina de escribir contra ésta como Jack el Destripador hubiera usado su cuchillo de carnicero.

Muchos matrimonios se unen del mismo que han pactado Jackie y Ari —escribió— aunque en ocasiones la índole estrictamente comercial del contrato se disimula con pretextos románticos sobre el amor y el tiempo. Son muchas las mujeres que pueden ser compradas con una garantía de huevos con jamón para el desayuno y un techo sobre sus cabezas; otras con un abrigo de visón para conmemorar el aniversario de la firma del contrato...

Si fuera posible ver la historia Jackie Kennedy-Aristóteles Onassis como una novela en vez de como un serial aburrido, podríamos entender los motivos de Aristóteles, a la luz de lo que ya conocemos de él: un hombre embarcado en una enemistosa lucha con su gran rival Niarchos, que utiliza su dinero y prestigio para sabotear su éxito en los negocios y que, *finalmente, adquiere uno de los objetos reinantes en el campo internacional, la inalcanzable viuda de un príncipe asesinado, comprándola del mismo modo que otros comprarían un Lear o un Velázquez. Pero el entender a Jackie Kennedy resulta más difícil y complicado. Ésta se pasó la mayor parte de su vida oculta tras la maquinaria publicitaria de los Kennedy; pasó otra parte crucial de su vida, después de la muerte de su esposo, venerada como un objeto de culto nacional...*

Naturalmente, ella no era la víctima de esa veneración; sino que por el contrario la fomentó y cultivó su imagen de solitaria para que la gente deseara saber más de ello. El precio de un objeto de arte aumenta en razón directa con su rareza...

La mayor parte de las mujeres norteamericanas entienden que se piense en ellas sólo como objeto. Algunas luchan contra esa presunción y se crean una posición en el campo de batalla donde al menos es posible una lucha o un tratado de paz. Muchas otras se limitan a aceptar los hechos. Se convierten en azafatas glorificadas que ponen las mesas a sus maridos y a los amigos de sus maridos; otras ofrecen su sexo y su presencia por un precio. En un mundo en el cual los hombres tienen el poder y el dinero, muchas mujeres tienen que usar su astucia y su inteligencia, o aceptar la sumisión, si quieren seguir existiendo...

Resulta ultrajante pensar que alguien gasta 120 000 dólares al año en vestidos en un mundo en el que son pocos los que tienen más ropa que la que llevan puesta. Es obsceno que una mujer disponga de más dinero al mes para gastarlo en pastas para acicalar su rostro y esprais para su cabello que el ciudadano medio de la América Latina gana en cien años de trabajo...

Después de desahogar su furia en la máquina de escribir, Hamill tuvo reparos antes de ofrecer el artículo para su publicación.

—Era demasiado duro, cruel —diría más tarde—, así que les dije que no lo publicaran y escribí otra cosa que fue publicada en su lugar.

Así, ese artículo desapareció para resurgir seis años más tarde cuando Hamill y Jackie estaban tomando en serio sus relaciones amorosas. En un intento de humillar al periodista, que había cambiado de periódico y se había pasado a la competencia, el director de *The New York Post*, Rupert Murdoch, publicó el artículo en la página sexta de su periódico, en la sección dedicada a los chismorreos sociales. Durante cuatro días, los lectores del periódico se quedaron verdaderamente estupefactos ante la incógnita, pues el artículo se publicó bajo el intrigante título de «¿Quién escribió esto?».

Al quinto día, el *Post* publicó una fotografía. Y escribió: «En 1971, Pete Hamill escribió sobre Jackie Onassis que si no

Su dedicación a sus hijos,
huérfanos de padre,
fue auténtica
y el tipo de relación
que logró establecer entre ellos,
en el transcurso de los años,
puede calificarse de único.

"parecía una cortesana... se estaba vendiendo por mayor cantidad de dinero". No aprobaba su matrimonio con Ari, como puede verse. Los tiempos cambian y también las opiniones de Pete, pues los rumores dicen que la señora Onassis, de 48 años de edad, hará de Hamill, 42 años, su tercer marido.»

Como es comprensible, Pete se indignó.

—El primer día que vi aparecer parte de mi maldito escrito supe exactamente lo que el *Post* trataba de hacer. Inmediatamente llamé a Jackie y le expliqué el asunto en su totalidad y ella lo comprendió, así que su indignación lógica no fue contra mí sino contra ese cubo de basura, Rupert Murdoch. Estuvo de acuerdo conmigo que lo que estaba haciendo era un periodismo del peor estilo, sucio y barato. Ese tipo es un cerdo y por todas partes que voy se me dice que Murdoch es un indeseable.

Jackie continuó viéndose con Pete Hamill en público y en privado. Pasaron muchas noches juntos e incluso algunos fines de semana con sus hijos. Ayudó a Caroline a conseguir un trabajo temporal de verano en el *News*. Estaba con Jackie en Hyannis Port cuando recibió la noticia de la muerte de Elvis Presley y de inmediato se dirigió a Memphis para ampliar la noticia y se llevó con él a Caroline. Ésta hizo algunas entrevistas con los familiares del cantante y Hamill le ayudó a escribir sus reportajes. La información no fue aceptada por el *News,* pero fue reescrita luego y aceptada en *Rolling Stone,* la conocida revista.

Indudablemente, Jackie estaba enamorada de Hamill, hombre dotado de un encanto irlandés, buena apariencia y sentido del humor. Pero el cariño que el periodista parecía sentir por los hijos de Jackie, y al que éstos correspondían, lo convertía en algo especial.

—Lo que más me importa —dijo Jackie— es la felicidad de mis hijos. Si fallara con ellos es como si no me quedara nada importante en el mundo, al menos así me sucede.

Pocas personas se han atrevido a criticar a Jackie en su papel de madre. Su dedicación a sus hijos, huérfanos de padre, fue auténtica y el tipo de relación que logró establecer con ellos, en el transcurso de los años, puede calificarse de único. Los acompañaba a todas partes, viajaban con ella y lo pasaban bien en su compañía. Después de la muerte de Onassis, comenzó a salir con hombres más jóvenes que ella para que se llevaran mejor con sus hijos. Hombres como el citado periodista Pete Hamill, el banquero Skip Stein y Jann Wenner no eran como padres para Caroline y John, pero le facilitaban a Jackie compañía masculina y un nivel distinto de comunicación con sus hijos. Todos la consideraban una madre ejemplar.

—Cuando Caroline trabajaba como ayudante de redacción en *The New York Daily News,* solíamos salir juntos con bastante frecuencia —cuenta un muchacho amigo suyo—. Una noche nos hartamos de cervezas y porros y Caroline regresó a casa con una trompa como un piano. Cuando la llamé a la mañana siguiente, fue Jackie la que respondió al teléfono. No pude creerla cuando le oí decir, en esa voz dulce de niña pequeña tan típicamente suya: «He oído hablar de la divertida fiesta de anoche y me gustaría saber por qué no me invitasteis a ir con vosotros. La próxima vez me lleváis con vosotros, no quiero perderme algo tan divertido.» Estuvo muy amable y no pareció disgustarle demasiado que Caroline llegara a casa como un cosaco. Jackie es para sus hijos más bien una amiga que una madre. Ya sé que eso es un tópico, pero, en este caso, era realmente cierto.

Jackie, por otra parte, trata de que sus hijos tengan conciencia de quiénes son. Ambos están orgullosos de su apellido Kennedy y del hecho de que son los hijos del difunto presidente, los herederos de Camelot. No tienen ninguna necesidad material que no puedan satisfacer. Ambos serán millonarios al cumplir los 21 años gracias a los depósitos bancarios a su nombre hechos por Jack Kennedy y Aristóteles Onassis.

Jackie, en su condición de esposa de John F. Kennedy, se sintió un tanto defraudada y desilusionada, pero como madre de sus hijos trata por todos los medios de consagrar su memoria. Por esta razón, les ha dicho a algunos amigos íntimos que estaba dispuesta a pagar la cantidad de dinero que fuera para evitar la publicación de las revelaciones que se publicaron años después relacionadas con la vida privada del difunto presidente.

—Han sido mucho más dolorosas para ella en su condición de madre que como esposa —dijo Jamie Auchincloss.

»Cada vez que aparece un libro o un artículo relacionado con alguna de las amantes de Jack Kennedy, Jackie tiene que decirles a John y a Caroline que su padre la quería a ella y que ella lo amaba a él también —dijo Jamie Auchincloss—. Es algo muy doloroso para ella, pero no puede hacer otra cosa. Todo el mundo en la familia ha tenido que dar un mentís a esas historias, porque Jackie no quiere que sus hijos recuerden esa faceta del carácter de su padre. Dice que eso no tiene relación alguna con su papel de padre y ha tenido éxito en su intento porque no pienso que ni Caroline ni John crean nada en absoluto de lo que han leído sobre su padre y sus relaciones con otras mujeres.

Los antiguos colaboradores y amigos del fallecido presidente también están de acuerdo en proteger a sus hijos contra todo intento de interferencia personal en sus vidas privadas. Cuando se habló de Judith Campbell Exner en el Senado como una de las mujeres que Jack conoció íntimamente en la Casa Blanca, Kenny O'Donnell, Evelyn Lincoln y Dave Powers negaron públicamente conocerla, aunque todos y cada uno de ellos había preparado sus encuentros con el presidente.

—Nunca oí hablar de ella anteriormente —dijo Kenny O'Donnell.

—Lo siento, no recuerdo ese nombre —fue la respuesta de Evelyn Lincoln.

—La única Campbell que conozco es la sopa Campbell [1] —contestó Dave Powers.

Éste, más tarde y en privado, reconocería hablando con el biógrafo de la señora Exner, que desde luego sabía quién era, pero añadió que nunca podría admitirlo porque eso le llevaría a perder su empleo como director de la Biblioteca John F. Kennedy Memorial.

Caroline y John fueron educados para reverenciar a su padre. Sólo regresaron en una ocasión a la Casa Blanca desde que la abandonaron siendo todavía unos niños. Eso ocurrió en 1971, cuando acudieron una noche con su madre para cenar con el presidente Nixon y su esposa. Se les invitó para que pudieran ver los retratos oficiales del presidente Kennedy antes de que éstos fueran descubiertos al público. Jackie quería que sus hijos, Caroline de 13 y John de 10 años, vieran los retratos oficiales de su padre y su madre como presidente y Primera Dama de Estados Unidos.

—Me advirtió que no deseaba que nadie se enterara de su visita, que debía realizarse en privado —dijo la señora Nixon—. Insistió en que ni siquiera el servicio debía saberlo. No quería de ningún modo que su visita diera lugar a chismorreos.

En esos días Jackie no sabía que la señora Nixon iba a quitar la placa que ella había hecho colocar en la repisa de la chimenea de la alcoba presidencial, antes de salir de allí en 1973. El encargado de la conservación artístico-histórica de la Casa Blanca decretó que el recordatorio de Jackie como esposa del presidente no tenía significado histórico alguno para la mansión ejecutiva, así que después de su visita fue despegada y archivada. Cuando Jackie llegó a la Casa Blanca el cuadro de Monet que la familia Kennedy había regalado a la Casa Blanca en memoria de John, seguía colgado en la habitación Verde, pero también fue trasladado poco después a un lugar menos importante de la mansión.

Caroline y John se sintieron muy nerviosos al entrar de nuevo en la Casa Blanca. Dijeron que no recordaban que fuera tan grande y tan elegante. Estuvieron en el Despacho Oval, donde su padre se sentó como presidente de la nación, y vieron el Jardín Jacqueline Kennedy dedicado a su madre como Primera Dama. Visitaron los dormitorios y el solario del tercer piso, donde un día estuvo su jardín de infancia. Para los dos hermanos eso significó un regreso sentimental y Jackie se mostró muy agradecida a la señora Nixon por darles la oportuni-

1. Una famosa marca de sopas enlatadas anglo-norteamericana. *(N. del t.)*

dad de poder visitar de nuevo la mansión que fuera su hogar durante siete años. Posteriormente le escribiría a la Primera Dama una carta de reconocimiento en la que le decía: «Ha hecho usted posible para mí y para mis hijos que volvamos a ver la Casa Blanca en visita privada, y ha permitido a mis hijos ver nuestros retratos en los lugares donde están colgados y que redescubrieran las habitaciones que antaño conocieron. Por esta experiencia tan conmovedora le expresamos nuestro más profundo agradecimiento.»

El retrato que Jackie había hecho pintar de sí misma para la posteridad es el que desea que el mundo recuerde. Se pasó tres años posando para ese empañado cuadro que ahora cuelga en el piso bajo de la Casa Blanca. El apagado retrato, obra de Aaron Shikler, muestra a una mujer bella y etérea, con aire romántico, soñador y lejano. Está frente a la labrada chimenea de su apartamento de Nueva York entre flores frescas y un busto de bronce que permanece un poco en segundo plano. Jackie lleva un vestido largo, de Givenchy en color melocotón pálido, con el cuello abierto y las mangas largas. Tiene un aspecto inocente, casi infantil. No hay en él la menor señal que descubra su tensión interior, la turbulencia emocional, la inseguridad y la inquietud que la atormentaba. Los pinceles del artista han apartado a un lado toda traza de tormento o soledad y han dejado sólo la imagen unidimensional de una mujerniña con voz susurrante. Es el reflejo idealizado y elegante de la mujer norteamericana del siglo XX, con una mente arraigada en la Francia del siglo XVIII. La calma, la serenidad exterior no indican, en absoluto, las contradicciones y la complejidad ocultas bajo la superficie.

Incluso las manos alargadas son irreales y no se corresponden con los dedos fuertes, rudos y las uñas roídas de la retratada. La pintura recoge un rostro exquisito y unos ojos enormes que parecen estar buscando algo en la distancia infinita, lejos de la realidad.

No hay colores fuertes ni primarios en ese retrato; nada que pueda indicar la esencia impulsiva de una mujer que conquistó, sobrevivió y tuvo éxito a costa de pagar un gran tributo personal. Una calidad fugaz, elusiva parece surgir de las pinceladas rosa, malva y color champaña, pero la personalidad de la mujer retratada se pierde en resplandores. Se trata de una ilusión artística, amable, fantasmagórica, misteriosa, pero que sigue decepcionando.

Es el retrato que Jacqueline Bouvier Kennedy Onassis quería presentar de sí misma al mundo. Es la imagen pública impuesta sobre la realidad.

—Me hubiera gustado la imagen aún más perdida en las sombras —dijo—, menos específica, más impresionista.

Índice onomástico

Las cifras en cursiva remiten a las ilustraciones

DATE DUE

		DEC 2 2 1997
NOV 2 0 1983		JAN 1 7 1998
JAN 3 1984		JAN 1 4 1999
AUG 2 4 1984		
OCT 27 1986		NOV 18 1999
DEC 23 1986		FEB 7 - 2002
JUN 5 1989		OCT 2 1 2002
OCT 1 7 1989		DEC 2 2002
JUL 1 3 1990		
AUG 8 1990		
APR 1 4 1991		
5/13		
NOV 2 8 1997		

261-2500

Printed in USA